동아시아 문명교류사 3
동아시아의 철기문화와 고조선

- 동아시아 문명교류사 3 -
동아시아의 철기문화와 고조선

2013년 10월 25일 초판 1쇄 인쇄
2013년 10월 31일 초판 1쇄 발행

글쓴이 오강원, 박선미, 이종수, 이청규, 주영강, 보스뜨레쪼프, 에르덴바타르, 무라카미 야스유키
엮은이 단국대학교 동양학연구원
펴낸이 권혁재

책임편집 박현주·
편집 조혜진·오미선
출력 엘렉스프린팅
인쇄 한영인쇄

펴낸곳 학연문화사
등록 1988년 2월 26일 제2-501호
주소 서울시 금천구 가산동 371-28 우림라이온스밸리 B동 712호
전화 02-2026-0541~4
팩스 02-2026-0547
E-mail hak7891@chol.net

책값은 뒷표지에 있습니다.
잘못된 책은 바꾸어 드립니다.

ISBN 978-89-5508-308-8 94910

동아시아 문명교류사 3
동아시아의 철기문화와 고조선

오강원, 박선미, 이종수, 이청규, 주영강,
보스뜨레쪼프, 에르덴바타르, 무라카미 야스유키

단국대학교 동양학연구원

학연문화사

간행사

1. 단국대학교 東洋學硏究院은 1970년 설립된 이래 한국문화를 중심으로 동아시아의 역사와 전통문화에 관한 다양하고 깊이 있는 연구 성과들을 쌓아왔다. 그동안 희귀자료를 발굴 정리한 <동양학총서>와 전문학술지인 『東洋學』을 매년 발간하였으며, 30여 년 동안 심혈을 기울여 세계최대의 한문 사전인 『漢韓大辭典』(16권)과 『한국한자어사전』(4권)을 완간하여 동아시아 인문학 연구의 새로운 지평을 열었다.

이러한 성과를 바탕으로 동양학연구원은 2010년 개원 40주년을 맞이하여 그동안의 학술성과를 정리하고 동아시아 인문학의 발전을 위해 '동아시아의 문명교류'라는 새로운 국제학술회의를 기획 개최하게 되었다. 새롭게 시작하는 '동양학국제학술회의'는 객관적이고 균형 잡힌 시각에서 동아시아를 바라보는 학문적 효과를 얻는 동시에 동아시아 주변국들 간에 화해와 교류를 위한 초석이 될 것으로 기대된다.

그 첫 번째 학술회의는 2010년 10월 <동아시아 문명의 기원과 교류>라는 주제로 한국, 중국, 일본, 러시아, 몽골 등 국내외 저명학자들이 참석하여 북방초원지역, 요서, 요동, 송눈 평원, 연해주, 한반도, 일본열도 등으로 구분하여 각 지역의 문명 기원과 주변지역과의 교류 관계에 대한 발제와 토론이 이루어졌으며, 그 연구 결과는 『동아시아문명교류사1-동북아시아의 문명기원과 교류』로 간행된바 있다.

두 번째 학술회의는 2011년 11월 <동아시아 청동기문화의 교류와 국가형성>이라는 주제로 한국, 중국, 일본, 러시아, 몽골 등의 국내외 전문가들이 참석하여 쟁점이 되어왔던 동아시아 청동기문화의 기원과 교류에 대한 발제와 토론이 이루어졌다. 여기에서 한반도는 물론 시베리아의 미누신스크 지역으로부터 몽골초원지역, 중국의 황하유역과 요서 및 요동, 일본열도의 청동기문화의 양상과 주변지역과의 교류 현상이 체계적으로 검토되었으며, 이를 통하여 동아시아 청동기문화의 교류현상은 물론 한국을 비롯한 동아시아 여러 민족의 국가형성 계기가 밝혀지게 되었다. 그 연구 결과는 『동아시아문명교류사2-동아시아 청동기문화의 교류와 국가형성』으로 간행되었다.

올해 간행하게 된 『동아시아문명교류사Ⅲ —동아시아의 철기문화와 고조선』은 2012년 11월 단국대에서 열린 제 42회 <동양학국제학술회의-동아시아의 철기문화와 고조선>을 정리한 것이다. 여기에는 한국, 중국, 일본, 몽골, 러시아의 학자가 참여하였으며, 한반도를 둘러싼 몽골초원, 요서, 요동, 송화강 유역, 연해주, 서북한, 남한, 일본 등 동아시아 제 지역의 철기문화의 발생과 교류현상 및 이를 바탕으로 한 고조선, 부여 등 한국 초기사회가 어떻게 발전하였는지를 다룬 논문 들이 발표되었다.

이 책은 학술회의에서 발표된 연구 성과를 정리 보완한 것으로 "한국의 철기문화와 고조선", "동아시아의 철기 문화"로 구성되어 있다.

2. 제1부 "한국의 철기문화와 고조선"편에는 고조선과 위만조선 및 부여, 남한 지역에 관한 4편의 글을 실었다.

오강원은 <청동기~철기시대 요령·서북한 지역 물질문화의 전개와 고조선>에서 청동기~철기시대 전기의 요령~서북한 지역의 물질문화는 기원전 3세기 전국 연문화가 요서와 요동 등지의 일부 지역에까지 확산됨에 따라 커다란 변동을 겪게 되었음을 지적하고, 이 가운데 대동강~재령강 유역의 정백동 유형 전기 문화는 이 지역 토착의 신흥동유형이 아닌 십이대영자문화 정가와자유형을 직접적인 계보로 하여 형성되었을 뿐 아니라 후기의 물질문화 양상이 위만조선과 낙랑군에 대응된다는 점에서 연장 진개의 침공 이후 이 일대로 밀려난 준왕의 고조선과 준왕으로부터 정권을 빼앗은 위만조선에 의해 남겨진 것으로 볼 수 있다고 하였다.

주목되는 것은 요서의 십이대영자문화와 요동의 정가와자유형을 모두 준왕 이전의 고조선으로 볼 수 있으나, 『위략』의 연과 충돌한 조선후 기사와 부합하는 것은 심양의 정가와자유형이 아닌 요서 객좌의 남동구유형이라는 주장이다. 이는 십이대영자문화권이 기원전 6~4세기 각각 스스로 '조선'이라 표방한 객좌 중심과 심양 중심의 2개 연맹체로 재편되었기 때문이라는 새로운 견해를 제시하였다.

박선미는 <위만조선의 고고학적 문화 일고>에서 기원전 2세기 평양 일대에 조성된 고분을 검토하여 고고학적 관점에서 위만조선의 문화적 성격을 이해하고자 하였으며, 이를 통해 위만조선이 토착계 주민과 연(燕)·제(齊)·조(趙)의 중국계 이주민으로 구성된 다종족(Multi-Ethnic Groups) 국가였다고 파악하였다.

문헌에 고조선이 명확히 등장하는 시기, 즉 고조선이 연과 직간접적으로 충돌하는 기원전 4세기 이후 서북한 지역의 고고학적 배경을 무덤을 중심으로 살펴보았는데, 기원전 2세기 평양 일대에 조성된 무덤을 토광직장묘, 토광목관묘, 토광목곽묘(북한 학계의 나무곽무덤)로 구분하고 이들 무덤의 부장품을 분석한 결과 당시 평양일원에는 토착의 돌무덤 전통이 사라지고 토광묘계 무덤이 새롭게 주 묘제로 채택되었으며 부장품은 세형동검 관계 유물 위주에 철기가 추가되는 양상이 보인다고 한다. 무기류에서는 여전히 청동기에 의존하면서 철제 이기류(利器類)를 겸용하고 있었지만 아직은 철기의 사용이 정치 엘리트들 사이에서도 일반화되지는 않았음을 지적하고, 철기의 존재, 세문경의 부재, 세형동검과 세형동과 등 무기적 성격이 강한 위세품의 부장을 통해 위만조선이 중국 전국(戰國)과 한의 영향을 받은 상대적으로 군사적 성격이 강한 국가였다는 견해를 제시하였다. 또한 유리제 구슬류 등 장신구의 다량 부장 양상은 위만조선의 대외 교역이 활발하였음을 의미한다고 한다.

시기가 내려오면서 철기의 부장이 일반화된다는 점 외에, 이러한 고고학적 양상은 기원전 1세기까지 계속되는데, 이는 위만조선인 가운데 일부는 국가 멸망한 이후에도 현지에 그대로 남아 한 군현의 정치 엘리트로서 어느 정도 독자성을 가지고 고유의 토착문화를 유지하고 있었음을 보여주는 현상이라고 한다.

이종수는 <松花江유역 初期鐵器文化의 변천과 夫餘文化 성립과정 고찰>에서 기원전 5세기에서 기원전 1세기까지 송화강 유역 초기철기시대 유적의 특징을 분석하여 부여문화의 형성에 어떤 영향을 미치고 있는지 파악하고자 하였다.

기원전 5세기경 눈강 하류지역과 요북 지역에 기존의 청동기문화를 대체하여 새로운 초기철기문화인 한서2기 문화와 보산문화가 출현하면서 점차 서단산문화 권역에 영향을 미치고 있다. 기원전 4~3세기에 이들 초기철기문화의 영향으로 송화강 유역에 망해둔식 유적군, 경화성지식 유적군, 전가타자식 유적군, 형가점식 유적군, 관마산식 유적군, 서황산둔식 유적군 등 다양한 유적군이 형성되고 있으며, 서단산문화의 중심지인 제2송화강 중류지역은 일부 한서 2기 문화 요소가 유입되고 있지만 여전히 서단산문가 그대로 존속되고 있다. 기원전 2~1세기경이 되면 서단산문화의 영향이 늦게까지 남아 있던 제2송화강 중류지역에도 기존의 서단산문화가 소멸되고 보산문화, 한서2기문화, 한(漢)문화 요소가 함께 내재된 포자연전산식 유적군이 새롭게 출현하고 있으며, 이후 부여가 성립되면서 초기철기문화의 다양성이 점차 사라지고 하나로 통합되어 가는 문화변천 과정을 보이고 있다고 한다.

부여문화를 대표하는 노하심고분군은 그 문화기원을 눈강하류 일대의 평양고분식 유적군에서 찾을 수 있으며, 평양고분식 유적군의 문화내용에는 북방초원문화 요소가 강하게 내재되어 있는데, 이는 당시 흉노의 동호 격파로 동호족의 북천에 기인한 것으로 추정하였다. 부여 건국세력은 당시 눈강 하류 지역에 거주하던 평양고분식 유적군을 조영했던 세력 집단이며, 이들 중 일부가 집단 내부의 세력 갈등을 피해 제2송화강 중류 일대로 남하하여 부여를 건국하였다는 부여사 해명의 실마리를 풀 수 있는 새로운 견해를 제시하였다.

이청규는 <남한의 초기 철기문화에 대한 몇 가지 논의>에서 기원전 3-1세기경의 남한지역 철기문화의 양상을 살펴보았다. 이시기 한반도 남부의 동부와 서부에 보급되는 철기 갖춤새에는 차이가 있는데, 서남한에서는 기원전 2세기 전후에 부(斧), 착(鑿), 사(鉇) 등의 주조(鑄造)철기가 동남한에서는 기원전 1세기 전후에 검(劍), 모(鉾), 과(戈) 등의 단조(鍛造)철기가 집중적으로 분포한다고 한다. 이러한 차이는 지금까지 확보된 고고학 자료를 문헌기록의 정황과 맞추어 볼 때, 각각 위만조선(衛滿朝鮮)과의 물자기술교류, 위만조선 멸망 후 유이민(流移民)의 이주(移住)와 관련될 가능성이 가장 높다고 보았다.

3. 제2부 "동아시아의 철기문화"편에는 중국 동북지역, 연해주, 몽골초원, 일본열도에 관한 4편의 글을 실었다.

주영강(朱永剛)은 <중국 동북경내의 연·진·한 장성과 조기 철기시대 문화>에서 중국 동북지역내 연진한(燕秦漢) 장성(長城)과 초기 철기시대 문화에 대해 살펴보았다. 1장에서는 장성의 대체적인 위치를 비정한 후, 2장에서는 장성 이북의 유적과 무덤에서 나온 철제 유물들을 자료로 제시하였다. 3장에서는 이 철제유물들의 시기를 분석하고, 중원문화가 이 지역에 많이 전파되고 영향을 주었음을 논증하였다. 즉, 장성 이북 지역에 중원계통에 속하지 않는 무덤들이 존재하므로 독자의 문화가 존재하였음에도 불구하고, 이 지역의 철기문화는 중원의 철제 기술이 전파되어 이를 흡수하여 이루어진 것으로 보았다. 4장에서 이러한 동북지역의 초기 철기문화 범주 안의 여러 문화를 구분하고 이 문화의 주인공을 각기 동이집단(동부), 오환·선비집단(서부)의 범주에 넣고 그들 집단의 기원을 추적하여 ①서류 송화강 유역과 길림시는 부여족(泡子沿문화, 동요하 보산유적, 서단산문화), ②압록강 중상류지역은 先고구려, 고구려문화 ③도문강, 수분하유역의 단결문화는 옥저, ④삼강평원의 파이체(波爾采)문화, 곤토령(滾兎嶺)문화는 읍루족계, ⑤호륜패이 초원은 탁발선비족, ⑥송눈 평원의 한서2기 문화(平洋고분)는 부여 초기문화 및 초기 탁발선비의 문화로 보았다.

유리 보스뜨레쪼프는 <연해주의 철기시대 문화>에서 연해주의 철기문화를 동예·옥저와 관련하여 단계별로 분석하였다.

연해주의 철기시대 문화를 단계별로 살펴보면 우선 초기철기시대 문화 출현시기에는 청동기 시대 주민들이 철기시대 주민들과 일정기간 공존 및 혼합된 과도기가 되며, 그 문화 내용은 대체로 내륙 유적들에 보이는 독특성과 문화적 다양성을 통해서 살펴 볼 수 있는데, 이는 따뜻한 기후단계 말과 기후 한랭화 초에 연해주의 내륙 지역으로 아무르 유역의 철기시대 여러 그룹 주민들이 침투하였음을 말해주는 것으로 보았다.

이 지역의 해당시기 문화적 흐름은 두 가지 방향에서 볼 수 있다. 우선 얀꼽스끼 고고학 문화를 통하여 초기철기시대 남연해주와 남동연해주 주민들의 문화 적응을 살필 수 있는데, 이 문화를 문헌자료와 연결시키면 동예(東濊)와 관련지을 수 있다고 한다.

다음은 기원전 6세기 이후 기원전 3세기 중엽까지 계속된 기후 한랭화와 약간의 기후 건조화가 일어났는데, 이로 인한 인구밀도의 증가와 경작토지 면적의 축소는 잉여 주민들을 동쪽 방향으로 밀어내고, 곤토령, 동강, 끄로우노브까-단결 등과 같은 새로운 문화 그룹들의 형성을 촉진하였다. 이들 가운데 대표적인 문화가 중국 문헌자료에 알려져 있는, 부여 및 고구려 주민들과 친족인 옥저족들과 관련되며, 문헌자료와 고고학 자료를 통해 볼 때에 이들은 사회적 계층화가 들어나지 않는 발달된 농경 공동체였다.

결국 기원전 1천년 기는 세계 곳곳에서 깊은 변혁의 시대였고, 인류 문화 발전에서 하나의 전환기였다. 더욱 기원전 3세기부터 시작된 급격한 지구 한랭화는 연해주에서 얀꼽스끼 문화 주민들의 급격한 인구밀도 감소 그리고 영역 축소를 가져왔다. 그리고 바다와 강의 자원을 선택할 수 있는 해안지역으로 주민들을 밀어내었다. 이러한 인구분산은 5개 방향으로 일어났는데, 그 중 3개 방향이 연구되었다. 첫 번째는 남쪽 두만강 하구 지역 방향이었고, 나머지는 동쪽과 남동쪽 방향이었다. 이러한 이주의 연장선상에서 끄로우노브까-단결인들의 개별적인 그리고 늦은 시기의 이주 방향은 한반도의 중앙지역으로 진행되었고, 이곳에서 그들은 중도문화를 형성시키게 된다고 한다.

에르덴바타르는 <몽골 하노이강 계곡에서 발견한 초기 철기 시대의 고고학 유물들>에서 울란바타르대학교 고고학과, 피츠버그대학교 고고학과, 과학아카데미 역사연구소가 2000년부터 아르항가이 아이막(Arkhangai aimag)의 언더르-올랑 솜(Öndör-Ulaan sum)의 하노이 박(Khanui bag)의 지역에 있는 하노이강 계곡 유역의 길이 65km, 폭27-35km에 이르는 범위에서 공동 진행한 "하노이(Khanui)강 계곡: 유목민들의 삶"이란 명칭의 고고학 조사 프로젝트의 결과를 설명하였다.

유적들은 크게 두 부류로 구분되는데, 제1유물군은 후기 청동기시기부터 초기 철기시기 역사와 관련된 판석묘와 원형 둘레돌과 사슴돌 딸린 케렉수르의 유물, 판석묘, 사슴돌 들이며, 제2유물군은 하노이강 계곡 지역에 있는 발가싱 탈(Balgasiin tal) 지역에서 발견한 200여 기의 고분과 흉노시대 왕족·귀족의 무덤이 있는 골 모드-Ⅱ(Gol Mod-Ⅱ)의 고고학 유물들이다.

제1유물군에 속하는 유적들을 발굴한 결과, 항가이 산 지역에 경계를 맞대고 살고 있었던 고대 청동기-철기시대의 부족들을 대표하는 "사슴돌이 딸린 케렉수르 문화"인들과 "판석묘 문화"인들이 남긴 고고학적 유적들에서 발견한 청동 유물들을 통해 몽골지역 철제 가공업이 매우 높은 수준에 도달해 있었음을 알수있다고 한다.

제2유물군은 흉노제국시대의 고고학적유물들인데, 구슬형 장신구, 철봉, 등잔대, 동경, 금 장신구, 청동 쟁반, 유리잔, 칠그릇, 탄월형 철제장신구 등이 발굴되었다. 발가싱 탈의 발굴조사를 통해 흉노시대 귀족묘에 평민무덤을 함께 배장하였다는 것이 확인되었다고 하며, 주목되는 것은 발굴된 유리잔이 로마시대 유럽형식의 것으로 확인되어 실크로드를 통한 상거래의 흔적을 찾을 수 있었다고 한다.

무라카미 야스유키는 <일본 초기 철기문화의 특질~야요이 시대 야금 없는 금속문화>에서 일본의 철기의 생산 시기와 그 특성을 살펴보았다.

일본열도에서는 야요이시대(弥生時代)전기부터 중기로의 이행기(기원전 3세기)에 철기가 사용되기 시작하는데 구주를 중심으로 서일본으로 확산된 철기는 대부분이 중국 혹은 한반도로부터 들여온 주조철기 파편을 재생한 소형철기이다. 1단계의 철기는 소위 단야로에서 생산된 것이 아니고, 석기생산기술과 동일하게 마연하여 생산된 것이다. 단야로에서 철기를 생산하기 시작한 것은 야요이시대 중기말(기원전1세기)부터이며, 그 이후 단야 공방은 구주북반부에 밀도 높게 분포하고, 서일본 각지에 점재한다. 다만, 일본열도를 동진할수록 재지생산 가능한 기종은 한정되어 소형철기가 많아지고, 공존하는 마제석기류도 많았으며 이기(利器)조성, 철기조성, 철기생산기술 등 지역 격차가 확인된다.

이러한 전체적인 경향 속에서 종종 집중적으로 대량의 철제품이 출토되는 유적이 여러 지역에서 확인되는데, 동해연안의 산인지방(山陰地方)에서는 아오야카미지치(青谷上寺地)유적과 같이 대량의 철제품이 출토되었고, 철제품은 박재철기(舶載鉄器), 구주산철기, 재래철기의 세종류가 확인된다. 조잡한 제작방식을 보이는 재래철기는 지역 특산품인 정교한 목제품의 가공구로서 사용되었다고 보여지나 목제품 생산에 종속된 철기

생산은 그 발전에 한계가 있었다. 이러한 한계는 철기를 대량으로 생산하고 소비한 구주북부지역에서도 관찰된다. 쿠마모토현(熊本県) 아소(阿蘇)지역은 일본에서도 철제품과 단야공방이 가장 밀집하는 지역이지만, 야요이시대 종말기에는 철기생산 흔적이 전혀 보이지 않고, 취락자체도 현저하게 쇠퇴한다. 철기를 대량으로 생산하고 소유하는 경제적 우위성이 차세대의 부와 번영을 보증하지 않았음을 보여주는 예이다. 이러한 야요이시대의 철기와 철기생산은 지역격차가 크고, 다음 단계로의 발전과 번영의 기초가 되지 않았음을 보여준다고 한다.

4. 이번 국제학술회의를 통해 철기문화가 한반도를 중심으로 동북아시아 지역에서 어떻게 수용 발전되었으며, 이 지역의 국가 형성과 발전에 어떠한 영향을 끼쳤는지가 구명되었다. 특히 요서와 요동지역에서 연·진·한 등 중원의 동진세력에 맞섰던 고조선의 실체와 위만조선의 국가적 성격이 보다 분명한 모습으로 들어났으며, 위만조선의 철기문화가 한반도 남부에 어떻게 수용되어 문화적 변용을 일으켰는지를 조감하였다. 종래 한국고대사 연구의 사각지대였던 부여사의 경우도 송화강 유역의 다양한 고고학적 유적을 심층적으로 분석한 결과 그 해명의 실마리를 찾았다. 또한 변방지역이었던 동예와 옥저의 경우도 고고학적 연구를 통해 그 모습이 들어나기 시작하였다.

뿐만 아니라 중국의 동북지역과 몽골초원, 연해주 및 일본 열도 등 동북아시아 지역 철기시대의 고고학 자료를 객관적인 입장에서 지역별, 특성별로 검토하고, 그것을 토대로 그 문화유형과 담당자 문제를 구체적으로 파악함으로써 한국고대사회의 철기문화를 보다 객관적으로 이해할 수 있는 자료를 제시한 것도 큰 성과라고 할 수 있다. 이러한 작업을 통해 한국의 고대사회가 동북아시아에서 어떠한 위상을 갖고 있었는가와 국가형성과 발전과정의 계기에 대해 폭넓은 이해가 가능해졌다고 생각된다.

 이 책이 나오기까지 많은 분들의 도움과 수고가 있었다. 국제학술대회를 개최할 수 있도록 물심양면으로 도움을 주신 단국대학교 장호성총장님께 먼저 고마움을 전하며, 발표문의 출판을 허락해주신 이청규 교수를 비롯한 국내외 모든 발표자들과 국제학술대회를 주관하고 이 책의 편집과 교정에 힘써준 동양학연구원 식구들에게 진심으로 감사의 말씀을 드린다. 끝으로 어려운 출판여건 속에서도 꾸준히 <동아시아문명교류사> 출간에 응해주신 학연문화사 권혁재 사장님과 편집부 직원 여러분께도 감사의 인사를 올린다.

2013년 10월
단국대학교 동양학연구원장 서 영 수

차 례

간행사 · 서영수(단국대학교 동양학연구원장)

Part 1 한국의 철기문화와 고조선

제1장 청동기~철기시대 요령 · 서북한 지역 물질문화의 전개와 고조선 · 오강원
    Ⅰ. 머리말 ··· 25
    Ⅱ. 요령·서북한 지역 청동기~철기시대 전기의 여러 유형과 획기 ················ 27
    Ⅲ. 요령~서북한 지역 물질문화의 전개 ·· 55
    Ⅳ. 역사와 고고 자료 대비를 통하여 본 고조선 ·· 67
    Ⅴ. 맺음말 ·· 81

제2장 위만조선의 고고학적 문화 일고~평양 일대의 고분 자료를 중심으로 · 박선미
    Ⅰ. 머리말 ·· 99
    Ⅱ. 평양 일대 고분의 종류와 특징 ··· 101
    Ⅲ. 고분 출토 유물 검토 ··· 123
    Ⅳ. 고고학 자료로 본 위만조선의 정체성 ·· 131
    Ⅴ. 맺음말 ·· 135

제3장 송화강유역 초기 철기문화와 부여의 성립과정 고찰 · 이종수
    Ⅰ. 머리말 ·· 145
    Ⅱ. 기원전5세기, 동북지구 초기철기문화의 형성과 서단산문화권으로의 진입

　　　　……………………………………………………………………148
　　Ⅲ. 기원전4~3세기, 다양한 초기철기문화의 출현과 서단산문화의 소멸……153
　　Ⅳ. 기원전2~1세기, 부여문화의 형성과 그 기원……………………………167
　　Ⅴ. 맺음말………………………………………………………………………172

제4장 남한의 초기철기문화에 대한 몇 가지 논의 · 이청규

　　Ⅰ. 머리말………………………………………………………………………183
　　Ⅱ. 초기철기시대 개념에 대한 검토……………………………………………184
　　Ⅲ. 청동기의 제조과 보급………………………………………………………187
　　Ⅳ. 철기의 생산과 보급…………………………………………………………191
　　Ⅴ. 맺음말………………………………………………………………………197

Part 2 동아시아의 철기문화

제5장 중국 동북경내의 연 · 진 · 한 장성과 초기철기시대문화 · 주영강

　　Ⅰ. 동북 지역내 燕 · 秦 · 漢 長城의 考定……………………………………211
　　Ⅱ. 燕 · 秦 · 漢 長城 이북지역에 있는 초기 鐵器의 유적지와 고분…………216
　　Ⅲ. 漢式 鐵器의 전파와 동북지역 초기철기시대………………………………225
　　Ⅳ. 東北 초기鐵器時代 문화와 족속……………………………………………230

제6장 연해주의 철기시대 문화 · 유리 보스뜨레쪼프

　　Ⅰ. 머리말………………………………………………………………………239
　　Ⅱ. 초기철기시대 문화 출현 이전의 사건들……………………………………241

Ⅲ. 초기철기시대 남연해주와 남동연해주 주민들의 문화 적응 - 얀꼽스끼 문화
　　　···243
　　Ⅳ. 연해주의 끄로우노브까 문화···249
　　Ⅴ. 급격한 기후 한랭화 단계의 문화적 사건들·······································252
　　Ⅵ. 맺음말···254

제7장 몽골 하노이강 계곡에서 발견한 초기 철기 시대의 고고학 유물들 · 디마자브 에르덴바타르

　　Ⅰ. 머리말···281
　　Ⅱ. 하노이강 계곡의 고고학적 발굴조사···282
　　Ⅲ. 하노이강 지역의 고대문화와 발굴조사의 의의·································289
　　Ⅳ. 흉노제국시대의 무덤-골모드2의 발굴 조사······································296
　　Ⅴ. 출토 유물의 유형··308
　　Ⅵ. 맺음말···314

제8장 일본 초기 철기문화의 특질~야요이 시대 야금없는 금속문화 · 무라카미 야스유키

　　Ⅰ. 머리말···331
　　Ⅱ. 일본열도에서 철기보급 제1기-야요이 시대 전기말~중기초두-·······333
　　Ⅲ. 단야 개시와 철기보급 제2기···337
　　Ⅳ. 야요이 문화 철의 한계···341
　　Ⅴ. 맺음말-동아시아 주변지역의 야요이 시대 철기문화·······················346

집필자 사진과 약력

오강원
강원대학교 사학과, 한국학중앙연구원 한국학대학원 졸업. 영남대학교 민족문화연구소 연구원, 동북아역사재단 부연구위원 역임.
현) 한국학중앙연구원 교수.
주요논저:『비파형동검문화와 요령지역의 청동기문화』,『서단산문화와 길림지역의 청동기문화』

박선미
서울시립대학교 대학원 국사학과 졸업.
현) 서울시립대학교 국사학과 강사.
주요논저:『고조선과 동북아의 고대 화폐』, "Buffer Zone Trade in Northeast Asia in the Second Century B.C."

이종수
단국대학교 역사학과, 吉林大學 대학원 고고학 및 박물관학과 졸업. 역사학박사.
현) 단국대학교 사학과 교수.
주요논저:『송화강유역 초기철기문화와 부여의 문화기원』,『부여의 대외교류와 교통로 연구』

이청규
서울대학교 고고미술사학과 및 동대학원 졸업. 문학박사. 제주대학교 교수, 한국청동기학회 회장 역임.
현) 영남대학교 문화인류학과 교수.
주요논저:『고조선 단군 부여(공저)』,『요하유역의 초기 청동기문화(공저)』

주영강(朱永剛)
지린(吉林)대학 歷史系 및 동대학원 졸업.
현) 중국 지린(吉林)대학 변경고고연구센타(邊疆考古硏究中心) 교수.
주요논저: 『东北古代民族考古与疆域』, 『肇源白金宝遗址第三次发掘与松嫩平原汉代以前古文化遗存的年代序列』, 『东北青铜文化的发展阶段与文化区系』

유리 보스뜨레쪼프(Yury Vostretsov)
현) 러시아과학원 극동지소 역사고고민족학연구소(Institute of History, Archaeology, and Ethnology of the People of the Far East Vladivostok) 교수.
주요논저: "Interaction of Maritime and Agricultural Adaptations in the Japan Sea Basin"

디마자브 에르덴바타르(Diimaajav Erdenebaatar)
몽골과학아카데미(Mongolian Academy of Science) 교수 역임.
현) 몽골 울란바타르대학(University of Ulanbaatar) 교수.
주요논저: "A Xiongnu Cemetery Found in Mongolia(공저)", "Khirigisuurs, Ritual and Mobility in the Bronze Age of Mongolia(공저)"

무라카미 야스유키(村上恭通)
熊本大學 문학부 사학과 졸업. 広島大學 문학연구과 고고학박사.
현) 일본 에히메(愛媛)대학 동아시아 고대철문화연구센타·법문학부 교수.
주요논저: 『東アジア周縁域の鉄器文化』, 『弥生時代の鉄文化』, 『古代国家成立過程と鉄器生産』

Part I. 한국의 철기문화와 고조선

청동기~철기시대 요령·서북한 지역 물질문화의 전개와 고조선

吳 江 原

오강원 (吳江原)

강원대학교 사학과, 한국학중앙연구원 한국학대학원 졸업.
영남대학교 민족문화연구소 연구원, 동북아역사재단 부연구위원 역임.
현) 한국학중앙연구원 교수.

주요논저: 『비파형동검문화와 요령지역의 청동기문화』, 『서단산문화와 길림지역의 청동기문화』

Ⅰ. 머리말

청동기~철기시대 전기 요령~서북한 지역 물질문화의 전개는 그간 고조선과 관련하여 많은 주목을 받아왔다. 이러한 주목은 첫째 평양을 중심으로 한 대동강~재령강 유역이 준왕 고조선과 준왕으로부터 정권을 빼앗은 위만조선, 그리고 위만조선을 멸망시키고 그 핵심지에 설치된 낙랑군에 의해 남겨진 물질문화일 것이라든지,[1] 둘째 대동강~재령강 유역의 세형동검 등의 토착적인 청동기가 요령 지역의 물질문화와 친연성을 갖고 있다든지,[2] 셋째 대동강~재령강 유역 뿐만 아니라 요령 일대의 물질문화 가운데 일부가 고조선과 연관된다든지 하는 인식이 있었기 때문이다.[3]

이러한 인식은 연구자 별로 고조선 관련 역사 자료와 요령~서북한 지역 물질문화 양상을 바라보는 시각과 해석의 차이에 따라 다양한 견해가 제기되게 하는 원인으로 작용하였는데, 역사 자료의 경우 신뢰할만한 핵심 자료가 『사기』를 비

---

1) 原田淑人·高橋勇·駒井和愛, 「樂浪土城址の調査」, 『昭和十二年度古蹟調査報告』, 朝鮮總督府, 1938, 103~115쪽; 도유호, 「왕검성의 위치」, 『문화유산』 1962년 5호, 62~63쪽; 李丙燾, 「衛氏朝鮮興亡考」, 『韓國古代史硏究』, 博英社, 1983, 69~71쪽; 中村春壽, 『樂浪文化』, 六興出版, 1990, 9~22쪽; 오영찬, 『낙랑군 연구』, 사계절, 2006, 91~130쪽.

2) 金元龍, 「朝陽十二臺營子 靑銅短劍墓」, 『歷史學報』 16, 1961, 109~121쪽; 金廷鶴, 「靑銅器의 展開」, 『韓國史論 13: 한국의 고고학 Ⅱ·上』, 國史編纂委員會, 1986(3판), 128~129쪽; 崔盛洛, 1992, 「鐵器文化를 통해서 본 古朝鮮」, 『國史館論叢』 33, 55~63쪽; 朴淳發, 「우리나라 初期鐵器文化의 展開過程에 대한 약간의 考察」, 『考古美術史論』 3, 忠北大學校 考古美術史學科, 1993, 48쪽; 李淸圭, 「청동기를 통해 본 고조선」, 『國史館論叢』 42, 1993, 12~16쪽; 金貞培, 「東北亞의 琵琶形銅劍文化에 대한 綜合的 硏究」, 『國史館論叢』 88, 2000, 57~63쪽.

3) 리지린, 『고조선 연구』, 과학원출판사, 1963, 11~96쪽; 김용간·황기덕, 「기원전 천년기전반기의 고조선문화」, 『고고민속』 1967년 2호, 14~17쪽; 황기덕·박진욱·정찬영, 「기원전5세기~기원3세기 서북조선의 문화」, 『고고민속론문집』 3, 사회과학출판사, 1971, 80~86쪽; 尹乃鉉, 『韓國古代史新論』, 一志社, 1986, 38~76쪽; 박진욱, 「비파형단검문화의 발원지와 그 창조자에 대하여」, 『비파형단검문화에 관한 연구』, 과학, 백과사전출판사, 1987, 59~71쪽; 金廷鶴, 「考古學上으로 본 古朝鮮」, 『韓國上古史의 諸問題』, 韓國精神文化硏究院, 1987, 75~83쪽; 林炳泰, 「考古學上으로 본 濊貊」, 『韓國古代史論叢』 1, 1991, 94~96쪽; 吳江原, 「古朝鮮 位置比定에 관한 硏究史的 檢討(2)」, 『白山學報』 48, 1997, 102~107쪽; 박준형, 「대릉하~서북한지역 비파형동검문화의 변동과 고조선의 위치」, 『한국고대사연구』 66, 2012, 186~193쪽.

롯한 몇몇의 단편적인 소수 자료로 한정되어 있어 이들 자료만을 갖고는 고조선 연구와 관련하여 가장 핵심적인 중심지 문제조차 제대로 파악하기 힘들 정도이다. 이러한 점에서 다른 역사시대의 정치체·사회와는 달리 고조선의 경우 요령으로부터 서북한에 이르는 다양한 환경과 비교적 넓은 범위 내의 물질문화를 세밀한 편년 체계와 유형 분류와 함께 분석되어야지만 한다.

그렇지 않을 경우 고조선사의 복원은 그만두고라도 이 일대 물질문화에 대한 잘못된 해석을 하게 된다. 예를 들어, 김용간과 박진욱이 고조선문화의 중심적인 유물 요소로 본 비파형동검·미송리형호·지석묘의 조합 관계는 요동과 서북한은 물론 요동 남부 지역에서조차 적용되지 않는 쌍방 6호 개석식 지석묘의 출토 사례에 지나지 않을 따름이고, 대동강 유역의 지석묘사회가 성숙하여 고조선이 형성되었다는 평양설[4]은 대동강~재령강 유역의 신흥동유형과 같은 지역의 정백동유형 전기 유물복합이 토기·금속기·묘제 모두에서 연관성을 보이고 있지 않다는 점에서 지지하기 어렵다.

여기서는 이러한 점에 주목하여 우선 요령~서북한 지역에 산재하고 있는 여러 유물 유적을 이들 유물 유적의 지역적 조합 관계를 기준으로 몇 개의 지역과 유형으로 나눈 뒤, 그에 이어 각 유형과 주요 유적의 시간적인 병행과 선후행 관계 및 편년 체계에 대해 살펴 본 다음, 그에 이어 이러한 분석을 기초로 하여 고조선의 일부를 밝히는데에 유효한 분석 기준의 일률적인 대입을 통한 각 지역 물질문화의 전개에 대해 살펴보고, 마지막으로 고조선과 관련하여 신뢰할 수 있는 핵심 역사 자료 몇 건과의 대비를 통해 고조선에 대한 몇 가지 새로운 해석을 보태 보기로 하겠다.

---

4) 藤田亮策, 『朝鮮考古學研究』, 高桐書院, 1948, 19~37쪽; 三上次男, 「衛氏朝鮮國の政治と社會的性格」, 『中國古代史の諸問題』, 東大出版會, 1954, 213~215쪽; 도유호, 「고조선에 관한 약간의 고찰」, 『문화유산』 1960년 4호, 49~52쪽; 송호정, 『한국 고대사 속의 고조선사』, 푸른역사, 2003, 209~244쪽.

Ⅱ. 요령·서북한 지역 청동기~철기시대 전기의 여러 유형과 획기

본 장에서는 청동기 철기시대 전기 요령~서북한 지역의 물질문화의 전개와 고조선의 문제를 살펴보기에 앞서, 각 지역 유형 및 편년과 관련된 예비적인 성격의 논의를 하고자 한다. 이와 같은 예비적 논의가 필요한 까닭은 청동기~철기시대 전기 요령·서북한 지역의 여러 유물 유적과 이러한 유물 유적들의 시공간적인 복합, 그리고 요서·요동·서북한 지역 유적들 간의 시간적인 병열 관계를 분명하게 정리해야지만, 이를 토대로 이들 지역에서 광범위하게 진행되었던 지역—내·지역—외적인 상호 작용과 물질문화의 동향, 그리고 고조선의 문제를 제대로 풀어나갈 수 있기 때문이다.

그간 필자는 요령 지역을 중심으로 청동기~철기시대 전기 요령 지역의 제 유형과 편년 체계 등과 관련된 여러 편의 글을 발표하였다.[5] 그에 따르면 요서 지역에는 십이대영자문화(기원전 9~7세기의 십이대영자유형, 기원전 6~4세기의 남동구유형)가, 요동 북부 지역에는 이도하자유형(기원전 10~5세기)과 유가초유형(기원전 4~3세기)이, 요동 남부 지역에는 쌍방유형(기원전 10~5세기)이, 요동 남단 지역에는 강상유형(기원전 10~4세기)이, 요동 동부 지역에는 대이수구유형(기원전 11~5세기)과 대전자유형

---

5) 吳江原, 「東北亞地域 扇形銅斧의 型式과 時空間의 樣相」, 『江原考古學報』 2, 2003b; 吳江原, 「遼寧~吉林地域 靑銅刀子의 型式과 時空間의 樣相」, 『古文化』 61, 2003c; 吳江原, 「琵琶形銅劍~細形銅劍 T字形 靑銅製劍柄의 型式과 時空間의 樣相」, 『韓國上古史學報』 41, 2003d; 吳江原, 「中國 東北 地域 세 靑銅短劍文化의 文化地形과 交涉關係」, 『先史와 古代』 20, 2004b; 오강원, 「萬發撥子를 통하여 본 通化地域 先·原史文化의 展開와 初期 高句麗文化의 形成過程」, 『북방사논총』 창간호, 2004c; 오강원, 「오녀산과 환인지역의 청동기문화와 사회」, 『북방사논총』 3, 고구려연구재단, 2005; 오강원, 『비파형동검문화와 요령 지역의 청동기문화』, 청계, 2006, 217~290쪽; 오강원, 「중국 동북 지역의 청동기 제작과 용범」, 『한국기독교박물관지』 2, 2007; 吳江原, 「紀元前 3世紀 遼寧 地域의 燕나라 遺物 共伴 遺蹟의 諸 類型과 燕文化와의 關係」, 『韓國上古史學報』 71, 2011a; 吳江原, 「商末周初 大凌河 流域과 그 周邊 地域의 文化動向과 大凌河 流域의 靑銅禮器 埋納遺構」, 『韓國上古史學報』 74, 2011b; 吳江原, 「靑銅器文明 周邊 集團의 墓制와 社會: 遼夷과 吉林地域의 支石墓와 社會」, 『湖西考古學』 26, 2012b.

(기원전 4~3세기)이 있었고, 이외 십이대영자문화 정가와자유형(기원전 6~4세기)이 있었다.

여기에서는 관련 지역의 유형 분류와 편년과 관련해 중복을 피하기 위해 기존에 다루었던 내용들은 재론하지 않고자 한다. 따라서 본고에서는 기존에 편년관을 제시하기는 했지만 보완할 부분이 있는 위영자유형과 전혀 다루지 않았던 서북한 지역의 청동기~철기시대 전기에 대해서만 언급하고자 한다. 특히 서북한 지역의 경우, 세형동검기 요령의 대부분 지역이 전국연문화권에 포괄된 것과는 달리 비파형동검문화를 직접적인 선행 계보로 하는 세형동검문화가 지속적으로 발전되었으므로 예외적으로 목실묘 전기까지 다룰 것이고, 최근 편년과 관련하여 논쟁이 있으므로 자세하게 다루고자 한다.

먼저 선비파형동검기의 위영자유형은 의현(義縣) 향양령(向陽嶺)[6] 유적의 최하층에 하북성 고성(藁城) 대서촌(臺西村) 6호 주거지에서 출토된 것과 같은 형식의 력(鬲)[7]과 객좌현(喀左縣) 고가동(高家洞) 1호 토광묘에 은허2기에 상당하는 동부(銅瓿)[8]가 부장되어 있다는 것과[9] 섬서성 북부·산서성 북부·하북성 북부에 이르는 지역에서 이와 같은 유물 조합이 기원전 12세기에 동서 횡대를 이루며 광범위한 지역에 걸쳐 형성되어 있었다는 점[10] 등을 고려하여 기원전 12세기를 형성 시점으로 보고자 한다. 여기에 부신현(阜新縣) 평정산(平頂山)[11] 112호 폐기구덩이가 고대산문화 후기의 108호 토광묘를 파괴하고 있는 점[12]을 고려할 때, 기원전 12세기를 하나의 소획기로 잡을 수 있다.

---

6) 遼寧省文物考古研究所,「遼寧省義縣向陽嶺青銅時代遺址發掘報告」,『考古學集刊』13, 中國大百科全書出版社, 1999.
7) 河北省文物研究所,『藁城臺西商代遺址』, 文物出版社, 1985, 圖版.
8) 遼寧省文物考古研究所,「遼寧喀左高家洞商周墓」,『考古』1998年 4期, 圖6-3.
9) 董新林,「魏營子文化初步研究」,『考古學報』2000年 1期, 86쪽.
10) 오강원,『비파형동검문화와 요령 지역의 청동기문화』, 청계, 2006, 396~409쪽.
11) 遼寧省文物考古研究所·吉林大學考古系,「遼寧阜新平頂山石城址發掘報告」,『考古』1992年 5期.
12) 董新林,「高臺山文化研究」,『考古』1996年 6期, 59쪽.

또한 위영자유형에 속하는 유적 가운데 객좌현 산만자(山灣子) 매납유구에 매납되어 있는 청동예기 가운데 가장 늦은 속성을 보이고 있는 기물이 섬서성 부풍현(扶風縣) 장백(庄白) 출토 청동여기와의 비교를 통해 서주 중기 후반 무렵인 목왕기(기원전 963~908년)까지 내려올 가능성이 있는 것으로 추정되고 있고,[13] 조양현(朝陽縣) 위영자(魏營子) 목곽묘[14]의 교제와 부장 유물이 하북성 창평현(昌平縣) 백부촌(白浮村) 목곽묘에 대응되면서 그보다 다소 늦은 시간성을 보이고 있다는 점, 그리고 객좌현 화상구(和尙溝) A구 1호 목곽묘에 위영자 목곽묘의 것과 유사한 속성의 토기가 부장되어 있다는 점을 고려하여,[15] 기원전 10세기를 하나의 소획기로 잡고자 한다.

이렇게 볼 때, 위영자유형의 전기와 후기의 중간 시기에 해당하는 기원전 11세기가 자연스럽게 하나의 소획기로 구분된다. 기원전 11세기의 대표적인 예로는 의현 향양령 제2단의 늦은 시기의 유구와 유물들, 그리고 객좌현 북동촌(北洞村) 청동예기 매납유구 등이 이에 속한다. 향양령 제2단의 늦은 시기의 유구에서는 서주전기문화층의 폐기구덩이에 의해 주거지 상부 퇴적토가 파괴되어 있는 계현(薊縣) 장가원(張家園) 1호 주거지 출토의 장가원상층형 존(尊)이 공반하고 있고, 북동촌 매납유구의 청동예기는 상나라 중후기[16]와 서주 중기[17]로 보는 소수 의견이 있기는 하지만 서주 초기로[18] 보는 것이 일반적이다.

---

13) 劉淑娟, 「山灣子商周靑銅器斷代及銘文簡釋」, 『遼海文物學刊』 1991年 2期, 76쪽.
14) 遼寧省博物館文物工作隊, 「遼寧朝陽縣魏營子西周墓和古遺址」, 『考古』 1977年 5期.
15) 廣川守는 和尙溝 A구 1호 목곽묘 부장 銅卣의 제작 연대를 商末周初로 편년하고 있는데(廣川守, 「遼寧大凌河流域的殷周靑銅器」, 『東北亞考古學硏究—中日合作硏究報告書』, 文物出版社, 1997, 228쪽), 청동예기의 제작 연대가 곧 부장 연대를 의미하지 않는다는 점을 보여주는 좋은 사례에 속한다.
16) 李健才, 「箕子朝鮮是否初在遼西的問題」, 『東北史地考略』, 吉林文史出版社, 2001, 69쪽.
17) 劉淑娟, 앞의 글, 1991, 76쪽.
18) 喀左縣文化館·朝陽地區博物館·遼寧省博物館 北洞文物發掘小組, 「遼寧喀左縣北洞村發現殷代靑銅器」, 『考古』 1973年 4期, 77쪽; 張震澤, 「喀左北洞村出土銅器銘文考釋」, 『社會科學戰線』 1979年 2期, 153쪽; 田章, 「殷周と孤竹國」, 『立命館文學』 430·431·432, 1981, 立命館大學人文學會, 285쪽; 甲元眞之, 「燕の成立と東北アジア」, 『東北アジアの考古學(天

따라서 위영자유형기 요서 지역의 청동기문화는 기원전 12세기를 위영자유형 Ⅰ, 기원전 11세기를 위영자유형 Ⅱ, 기원전 10세기를 위영자유형 Ⅲ으로 각각 분류할 수 있다. 그러나 위영자유형기 위영자유형의 유물 복합이 요서 전 지역에 고르게 분포하고 있는 것이 아니므로 이를 모든 요서 지역의 유물 정황으로 보기는 어렵다. 다만 같은 시기 대릉하 상류역을 제외한 다른 지역에서의 유물 유적 정황이 분명치 않으므로 편의적이나마 위영자유형으로 대표하고자 한다. 위영자유형 Ⅰ·Ⅱ기 의무려산과 요하 사이의 유하(柳河) 유역과 요동 지역은 고대산문화 말기, 망화유형, 마성자문화 후기, 쌍타자3기유형 후기에 해당한다.

청동기시대 서북한 지역은 청천강 이남에서는 대동강과 재령강 유역에 팽이형호·팽이형옹·마제석검·유단석부·신흥동형 주거지·지석묘가 유물복합의 중심을 이루고 있는 신흥동유형이 분포하고 있던 반면, 그 이북 지역, 특히 압록강 중류역 이남의 자강도를 중심으로 한 지역에서는 공귀리형호·공귀리형발·공귀리형 주거지·석관묘가 유물복합의 중심을 이루고 있는 공귀리유형이 분포하고 있었다. 또한 압록강 하류역 이남의 용천군과 의주군을 중심으로 하는 평안북도 일대에서는 공귀리유형과 신흥동유형 등이 융합된 신암리—미송리유형이 형성되어 있었다.

공귀리유형의 표지 유적으로는 자강도 강계시 공귀리,[19] 시중군 심귀리,[20] 시중군 노남리,[21] 중강군 토성리[22]가 있다. 이들 유적 모두 공귀리형 토기를 출토하는

池)』, 六興出版, 1990, 74~75쪽.
19) 김용간, 「강계시 공귀리 원시 유적에 대하여」, 『문화유산』 1958년 4호; 과학원 고고학 및 민속학연구소, 『유적 발굴 보고 제6집: 강계시 공귀리 원시 유적 발굴 보고』, 과학원출판사, 1959.
20) 정찬영, 「자강도 시중군 심귀리 원시 유적 발굴 중간 보고」, 『문화유산』 1961년 2호; 정찬영, 「심귀리집자리」, 『유적발굴보고 제13집: 압록강, 독로강 류역 고구려 유적발굴보고』, 과학, 백과사전출판사, 1983.
21) 정찬영, 「로남리의 집자리와 쇠부리터」, 『유적발굴보고 제13집: 압록강, 독로강 류역 고구려 유적발굴보고』, 과학, 백과사전출판사, 1983.
22) 리병선, 「중강군 토성리 원시 및 고대 유적 발굴 중간 보고」, 『문화유산』 1961년 5호; 정찬영, 「토성리유적」, 『유적발굴보고 제13집: 압록강, 독로강 류역 고구려 유적발굴보고』, 과학, 백과사전출판사, 1983.

문화층이 층위를 이룬 채 발굴 조사된 까닭에 비교적 유적 간 병행 관계를 파악하기가 쉽다. 이 가운데 공귀리유형의 대표적인 표지 유적인 공귀리 유적은 일반적으로 4·5호 주거지 사이를 지나가고 있는 노구(路溝)와 유적 내에서 조사된 전체 주거지 간의 중첩 관계 등을 근거하여 1·2·3·6호 주거지를 한 묶음으로 하는 하층(공귀리 Ⅰ)과 4·5호 주거지를 한 묶음으로 하는 상층(공귀리 Ⅱ)의 2개 층위로 나누어 보고 있다.

공귀리 유적은 조사 미비로 공귀리 Ⅰ의 주거지 공반 유물이 충분하게 조사되지 못한 까닭에 그 자체로는 토기의 구체적인 속성 변화를 밝히기 어렵다. 그러나 공귀리 유적을 통해 이 일대의 청동기시대 유적이 돌대문토기가 다수 공반하는 단계(공귀리 Ⅰ)[23]로부터 돌대문토기가 퇴화·소멸하는 단계(공귀리 Ⅱ)로, 장삼각형 요저 석촉이 석촉의 절대 중심을 이루고 있는 단계(공귀리 Ⅰ)로부터 양익유경식 석촉과 단삼각형 석촉이 유행하는 단계(공귀리 Ⅱ)로 변천하였을 것임을 예견할 수 있다고 생각한다. 만약 이러한 예견이 맞다면 다른 유적의 정황 또한 이와 같을 것이다.

이와 관련하여 주목되는 것이 공귀리유형의 표지 유적 가운데 하나인 심귀리 유적이다. 심귀리 유적은 3호 주거지가 1호 주거지 서남쪽 벽선 위에 중첩되어 있고 1호 주거지 동남쪽 2.6m에서 발견된 2호 주거지의 유물 조합이 3호 주거지와 같은 것을 통해, 2호·3호 주거지는 상층(심귀리 Ⅱ), 1호 주거지는 하층(심귀리 Ⅰ)으로 구분되고 있다. 그런데 심귀리 Ⅰ에서는 장삼각형 요저 석촉과 평기(平基)의 흑요석제 석촉만이 출토된 반면 심귀리 Ⅱ에서는 단삼각형 요저 석촉과 양익유경식 석촉이 출토되었다. 따라서 이를 통해 공귀리 Ⅰ과 심귀리 Ⅰ, 공귀리 Ⅱ와 심귀리 Ⅱ가 비교적 근사한 시간대에 속하여 있을 것임을 알 수 있다.

그런데 공귀리와 심귀리는 각목돌대문토기·종향 대상파수 단경호·심발형토기·천발형토기·유상파수 등에서 문화적 공통성을 강하게 보이고 있는 반면, 세

---

23) 裵眞晟, 「압록강~청천강유역 무둔토기 편년과 남한 조기~전기를 중심으로」, 『韓國上古史學報』 64, 2009, 14쪽.

부적으로는 심귀리 Ⅰ·Ⅱ에서 연속적인 변천 관계를 보이며 확인되는 저부에 비해 동체부 또는 어깨부가 이상적으로 비대하여 양파 꼴을 하고 있는 토기가 공귀리에서는 전혀 발견되지 않는 등 차이점이 확인된다. 필자는 이와 같은 차이점이 유적 간의 차이도 있겠지만 시간적인 관계도 일정 정도 반영되어 있는 것이라고 생각한다. 따라서 심귀리 Ⅱ와 공귀리 Ⅱ를 병열적인[24] 것으로만 보기 어렵다.[25]

이러한 점은 심귀리 Ⅰ·Ⅱ와 공귀리 Ⅱ의 종향 대상파수 단경호의 형태 차이에서도 드러난다. 심귀리 Ⅰ의 종향 대상파수 단경호는 저부가 마치 팽이형토기의 저부처럼 작고 오똑하게 세워져 있으면서 동최대경의 위와 아래가 완만한 곡선을 이루며 축약되어 있어 전체적으로 고구마 꼴을 하고 있다. 심귀리 Ⅱ에서는 종향 대상파수 단경호의 완형이 발견되지는 않았지만, 기종을 불문하고 토기 전체의 저부가, 심귀리 Ⅰ의 것보다는 확대되어 있기는 하나 여전히 제약되어 있다. 이에 반해 공귀리 Ⅱ는 저부가 안정적으로 확장되어 있고 기신 높이와 동최대경 너비의 비율이 짧아져 기형이 안정적인 수립감(竪立感)을 준다.

이러한 점을 고려할 때, 공귀리와 심귀리에서 발견되는 종향 대상파수 단경호는 팽이형토기의 저부와 같이 불안정하고 작은 형태의 저부에서 청동기시대 일반적인 무문토기와 유사한 비율의 저부로, 동최대경을 중심으로 경부와 저부에 이르는 곡율이 적은 것에서 큰 것으로, 기신의 상대 높이 비율이 큰 것에서 작은 것으로 변천하였을 것으로 여겨진다. 이렇게 볼 때, 심귀리와는 달리 공귀리의 경우 Ⅰ과 Ⅱ의 시간적 간격이 생각보다 컸을 것임을 어렵지 않게 짐작할 수 있다. 아무튼 위의 여러 점들을 감안할 때, 공귀리와 심귀리 각 층의 시간적인 서열은 심귀리 Ⅰ·공귀리 Ⅰ → 심귀리 Ⅱ → 공귀리 Ⅱ로 볼 수 있다.

중강군 토성리 유적은 청동기시대문화층의 토기가 전형적인 공귀리형토기(종

---

24) 裵眞晟, 위의 글, 2009, 14쪽.
25) 藤口健二 또한 구체적인 비교에서는 다르지만 深貴里 Ⅱ가 公貴里 Ⅱ보다 시간적으로 앞선다고 본 바 있다. 藤口健二, 「朝鮮無文土器と彌生土器」, 『彌生文化の研究 3: 彌生土器 Ⅰ』, 雄山閣, 1986, 148쪽.

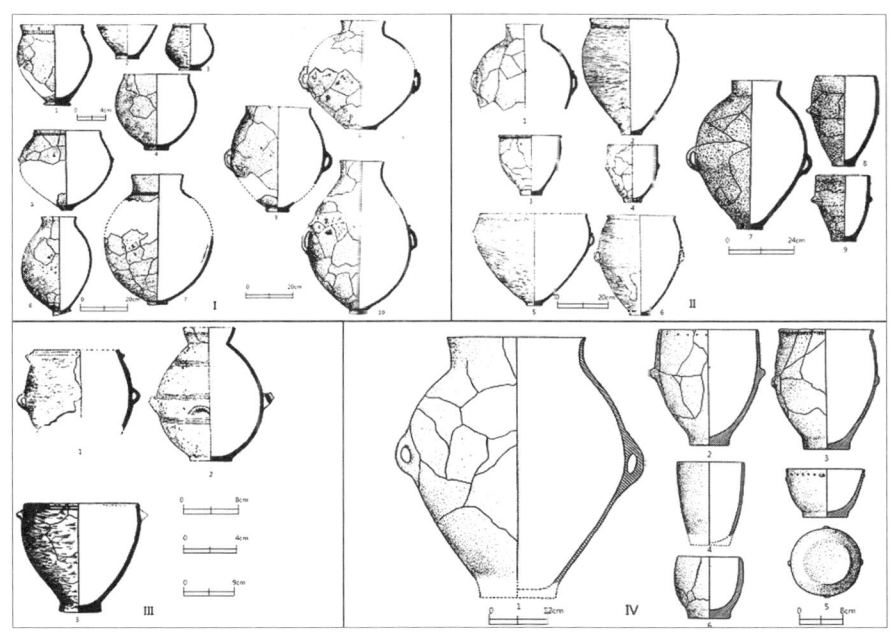

그림 · 공귀리유형 1~3기의 주요 토기

향 대상파수 단경호, 유상파수 심발형토기)와 내만 구연의 공귀리형 천발과 함께 미송리형호가 조합하는 2개의 그룹으로 나뉘어진다는 점을 고려할 때, 이를 각각 토성리 Ⅱa와 Ⅱb로 나누어 볼 수 있을 것 같다. 토성리 Ⅱa의 토기는 심귀리 Ⅱ와 병열적인 관계에 놓여져 있다. 시중군 노남리 Ⅰ은 전형적인 각목돌대문토기 구연부편과 미송리형토기편, 그리고 각목돌대 또는 이중구연의 퇴화로 보이는 구연외 복선 침선문 시문의 유상파수 심발형토기의 공존 상태로 보아 실제로는 2개 층의 유물이 섞여 있는 것으로 여겨지는데, 심발형토기의 속성이 심귀리 Ⅱ와 공귀리 Ⅱ의 중간 속성을 보인다.

신암리—미송리유형의 표지 유적으로는 용천군 신암리,[26] 의주군 미송리가 있

---

26) 김례환, 「룡천군 신암리 신창 부락에서 원시 유적 발견」, 『문화유산』 1959년 1호; 리순진, 「신암리 유적 발굴 중간 보고」, 『고고민속』 1965년 3호; 김용간·리순진, 「1965년도 신암리유적발굴보고」, 『고고민속』 1966년 3호; 신의주력사박물관, 「1967년도 신암리유적발굴간략보고」, 『고고

다. 이외 용천군 용연리[27]·왕산,[28] 의주군 원하리, 염주군 도봉리·향봉리,[29] 벽동군 송련리,[30] 동림군 인두리 당모루,[31] 정주군 석산리 당터산[32] 등이 있으나 유물산포지여서 압록강 하류역 일대의 물질문화 양상을 파악하는데에 참고 자료로서만 의미가 있다. 신암리—미송리유형은 일찍이 도유호가 당산과 신암리를 표지로 하여 이를 당산문화로 분류한 후, 이들 유적의 토기가 장해현(長海縣) 상마석(上馬石) 패총 하층과 병열 관계에 있다는 것에 주목하여, 당산문화가 신흥동유형의 거석문화 보다 앞선 문화였다는 견해[33]를 제시한 뒤 많은 주목을 받아왔다.

신암리 유적에서 청동기시대문화층에 속하는 것은 신석기시대문화층인 신암리 Ⅰ과 고구려문화층인 신암리 Ⅲ 사이에 있는 신암리 Ⅱ를 말한다. 그런데 신암리 Ⅱ는 다른 문화층에 비해 퇴적층이 두터워 2개 문화층으로 세분될 가능성이 있다.[34] 이러하였을 가능성은 신암리 Ⅱ의 토기를 크게 미송리형호·횡향 대상파수+순형파수 쌍방형 심발형토기·쌍방형 심발형토기·이중구연토기 조합과 경부에 횡대집선문이 있는 장경호·단경호·나팔상 대각이 있는 두 조합으로 나누어 볼 수 있다는 점, 신암리 Ⅱ의 석촉이 이른 시기의 장삼각형 요저석촉과 단삼각형 요저석촉으로 나뉘어진다는 점에서도 드러난다.

민속』 1967년 2호.
27) 리병선, 「평안북도 룡천군, 염주군 일대의 유적 답사 보고」, 『문화유산』 1962년 1호.
28) 정일섭, 「평안북도 벽동군 송련리와 룡천군 왕산 원시 유적 답사 보고」, 『문화유산』 1962년 1호.
29) 리병선, 앞의 글, 1962.
30) 정일섭, 앞의 글, 1962.
31) 신의주력사박물관, 「동림군 인두리 당모루 원시 유적 조사 간략 보고」, 『문화유산』 1959년 5호.
32) 신의주력사박물관, 「정주군 석산리 당터산 원시 유적 조사 간략 보고」, 『문화유산』 1959년 5호.
33) 도유호, 「조선 거석 문화 연구」, 『문화유산』 1959년 2호, 34쪽.
34) 필자에 앞서 後藤直, 小川靜夫, 鄭漢德, 裵眞晟 등 또한 신암리 Ⅱ문화층을 토기를 기준으로 몇 개의 층위로 재분하였는데, 최근 배진성은 3분기의 가능성을 제시하기도 하였다. 여러 가능성이 있으나 여기에서는 토기의 기형과 성격이 명확하게 다른 2개 그룹만을 추려 2분기하였음을 밝혀둔다. 後藤直, 「西朝鮮の無文土器にいてつ」, 『考古學研究』 17卷 4號, 1971, 51쪽; 小川靜夫, 「極東先史土器の一考察」, 『東京大學文學部考古學研究室研究紀要』 1, 1982; 鄭漢德, 「美松里型土器形成期に於ける若干の問題」, 『東北アジアの考古學』 第二(槿域), 六興出版, 1996, 211쪽; 裵眞晟, 앞의 글, 2009, 8~12쪽.

따라서 신암리 Ⅱ를 시간성이 분명한 토기 조합을 기준으로 신암리 Ⅱa와 Ⅱb 2개 층으로 나누어 볼 수 있다. 신암리 Ⅱ는 선후의 2개 층위로 나뉘어져 있을 가능성 여부를 떠나, 호류와 돌대끈토기 등의 비교, 그리고 신암리 Ⅰ과의 상대적인 시간차 등을 고려하여 상마석 A지점 하층,[35] 또는 대련 양두와(羊頭窪) 유적,[36] 또는 쌍타자3기층,[37] 대취자2기~3기층[38] 등과 병렬 관계에 있는 것으로 보는 견해들이 제기되어 있다. 한편 신암리 Ⅱ의 토기를 장경호 · 고배 · 발의 조합이 중심을 이루고 있다고 보면서 이러한 토기 조합이 쌍타자3기유형의 전기에 대응된다고 분석한 견해도 있다.[39]

그런데 신암리 Ⅱa는 호류의 경부에서 쌍타자2기유형 전형의 능각이 져있는 돌릉문이 일체 확인되지 않는다는 점에서 일단 쌍타자2기유형과의 병렬 관계는 논하기 어렵다. 또한 장경호 · 고배 · 발의 조합 관계에서는 쌍타자3기유형과 상사성이 확인되지만, 단경호 · 장경호 · 옹형토기를 막론하고 쌍타자3기유형 토기에서 광범위하게 나타나는 망문 · 파상문 · 횡대구획문 등이 사실상 소멸되어 있다는 점에서 큰 차이를 보이고 있다. 두형토기의 반부 · 대부 등의 형태 또한 다르다. 또한 신암리 Ⅱa에서는 장삼각 요저 석촉이 조합하는 반면 쌍타자3기유형에서는 단삼각 요저 석촉이 조합하고 있다.

이러한 점을 고려할 때 신암리 Ⅱa는 요동 남부 지역의 쌍타자3기유형 보다 다소 늦은 시기의 유적과 병렬 관계를 형성하고 있었다고 생각된다. 이러한 점은 신암리 Ⅱa의 장경호와 두의 형태가 대부분 쌍타자3기유형 보다 강상유형에 보다 가깝다는 점, 그러면서도 신암리 Ⅱa의 대부장경호와 경부 횡대집선문 장경호

---

35) 宮本一夫, 『中國古代北疆史の考古學的研究』, 2000, 中國書店.
36) 朴淳發, 「錦山 水塘里 靑銅器時代 聚落의 時間的 位置」, 『錦山 水塘里遺蹟』, 忠南大學校 百濟研究所, 2002.
37) 中村大介, 『彌生文化形成と東アジア社會』, 塙書房, 2012; 裵眞晟, 「압록강~청천강유역 무문토기 편년과 남한 조기~전기를 중심으로」, 『韓國上古史學報』 64, 2009.
38) 安在晧, 「韓半島 靑銅器時代의 時期區分」, 『考古學誌』 16, 國立中央博物館, 2010, 43쪽.
39) 大貫靜夫, 「雙砣子3期文化の土器編年」, 『遼寧を中心とする東北アジア古代史の再構成』, 東京大學大學院人文社會系研究科, 2007.

가 쌍타자3기유형에 보다 가깝다는 점을 통해서도 짐작할 수 있다. 같은 시기 요동 남부 연해 지역에서는 단삼각 요저 석촉이 유행한 반면 신암리 Ⅱa에서는 장삼각 요저 석촉이 유행한 것은 지역적인 차이에 의한 것으로 볼 수 있다. 따라서 신암리 Ⅱa를 쌍타자3기유형과 강상유형의 중간으로 볼 수 있다.

신암리 Ⅱb는 미송리형호 · 쌍방형 심발형토기 · 단삼각 요저 석촉이 조합 관계를 이루고 있는 층위로 여겨진다. 신암리 Ⅱb의 미송리형호는 아래에서 미송리 상층을 검토하면서 자세하게 언급할 바와 같이, 기형과 계측적 속성이 미송리 상층과는 큰 차이를 보이면서 보란점시(普蘭店市) 쌍방(雙房) 6호 개석식 지석묘[40] 출토의 것과 근사하다. 다만 횡향 대상파수가 쌍방 등과는 달리 대체로 수평을 유지하고 있다는 점에서 시간적으로 늦은 속성을 보일 따름이다. 쌍방형 심발형토기는 전체 기신의 높이와 동최대경의 너비 비율의 차이에 따라 시간적 차이를 보이는데, 쌍방 6호 · 왕둔(王屯) 1호[41] 보다는 후기적인 속성을 보이고 있다.[42]

신암리 유적과 함께 신암리—미송리유형의 표지 유적으로 들 수 있는 것으로 위에서 예거한 의주군 미송리 동굴 상층[43]이 있다. 그런데 요동과 서북한의 미송리형호는 전체 기고에서 구경부가 차지하는 상대 길이 비율을 기준으로 할 때 크게 산성자~황화산 집단[44]과 미송리~묵방리 집단[45]으로, 파수의 종류와 조합 관계를 기준으로 할 때 횡대상파수와 순형파수의 조합이 정형화되지 않은 산성자~동

---

40) 許明綱 · 許玉林,「新金雙房石棚和石盖石棺墓」,『遼寧文物』1期, 1980.
41) 劉俊勇 · 戴廷德,「遼寧新金縣王屯石棺墓」,『北方文物』1988年 3期.
42) 吳江原,「遼東 南部地域 雙房型 二重口緣 深鉢形土器에 관한 연구」,『博物館誌』2 · 3, 關東大學校博物館, 2003a, 11~13쪽.
43) 김용간,「미송리 동굴 유적 발굴 중간 보고(1)」,『문화유산』1961년 1호; 김용간,「미송리 동굴 유적 발굴 중간 보고(Ⅱ)」,『문화유산』1961년 2호.
44) 이 집단에는 本溪市 山城子-CM2, 普蘭店市 雙房M6, 遼陽市 二道河子-M1, 西豊縣 消防院, 法庫縣 長條山M9 · 黃花山M1, 撫順縣 小靑島M5 · 八寶溝M6 · 祝家溝M2 · 大甲邦, 鳳城縣 東山M7, 龍川郡 新岩里, 中江郡 土城里 등의 표본이 포함된다. 구경부의 상대 길이 비율 지수는 0.14~0.17의 값을 보인다.
45) 이 집단에는 義州郡 美松里 상층, 북창군 大坪M5, 介川郡 墨房里M24, 平壤市 南京F3 등이 포함된다. 구경부의 상대 길이 비율 지수는 0.23~0.33의 값을 보인다.

산 집단[46]과 정형화된 쌍방~토성리 집단[47] 및 이러한 조합이 변용하는 미송리~묵방리 집단[48]으로 구분된다. 이들 표본 집단은 구체적인 예를 들지 않더라도 공반하는 청동기의 단계성을 고려할 때, 첫 번째 집단이 가장 앞서고, 세 번째 집단이 가장 뒤늦은 특징을 보인다.

이러한 점을 고려할 때, 미송리 상층의 연대가 북한 학계에서 '전형 비파형동검'으로 분류하고 있는 요서형 십이대영자식(AⅠ식) 비파형동검기에 속하는 것이라고 볼 수 없다. 그런데 미송리 상층의 미송리형호는 전체 기고에서 차지하는 구경부의 길이 비율 뿐 아니라 기신 전체의 형태, 특히 동체의 형태에서 요동 지역의 것과 차이를 보인다. 먼저 기신에서는 요동 지역의 것이 상대적으로 위 아래가 눌린 공 모양으로 납작하고 짤뚱한 반면 미송리 상층의 것은 장동형이다. 동체부 또한 요동 지역의 것은 최대 복경이 대개 동체 중위의 아래에 있는 반면 미송리 상층의 것은 중위에 있다.

미송리 상층의 미송리형호는 요동 지역의 것에 비해 시간적인 후행성과 지역성이 모두 복합되어 있는 토기로 볼 수 있다. 이와 같은 지역적인 변용과 선택적 조절은 미송리 상층에서 횡향 대상파수가 부착되어 있는 대화방형관의 변형과 함께 공귀리형 심발·천발형 토기와 근사한 토기·대화당형관의 기형+횡대상파수+미송리형호의 횡대집선문+구연 직하의 일주 돌대문 흔적의 연속꺽쇠문이 복합되어 있는 옹형천발(甕形淺鉢)·구경부와 동체의 접합처에 일주돌대문의 퇴화문이 있는 공귀리형 사경 단경호가 미송리식 미송리형호와 함께 조합 관계를 이루고 있는 점에서도 잘 드러난다.

---

46) 이 집단에는 本溪市 山城子CM2와 鳳城縣 東山M7 등의 표본이 포함된다. 山城子에는 脣形 把手가 4개가, 東山에는 橫帶狀把手 2개만이 있다.
47) 山城子~黃花山 집단과 美松里~墨房里 집단 이외의 모든 표본이 이에 속한다.
48) 이 집단에는 大坪M5(파수 없음), 美松里 상층(횡대상파수 2, 유상파수 2), 墨房里M24(횡대상파수 2), 南京F3(순형파수 4) 등의 표본이 포함된다.

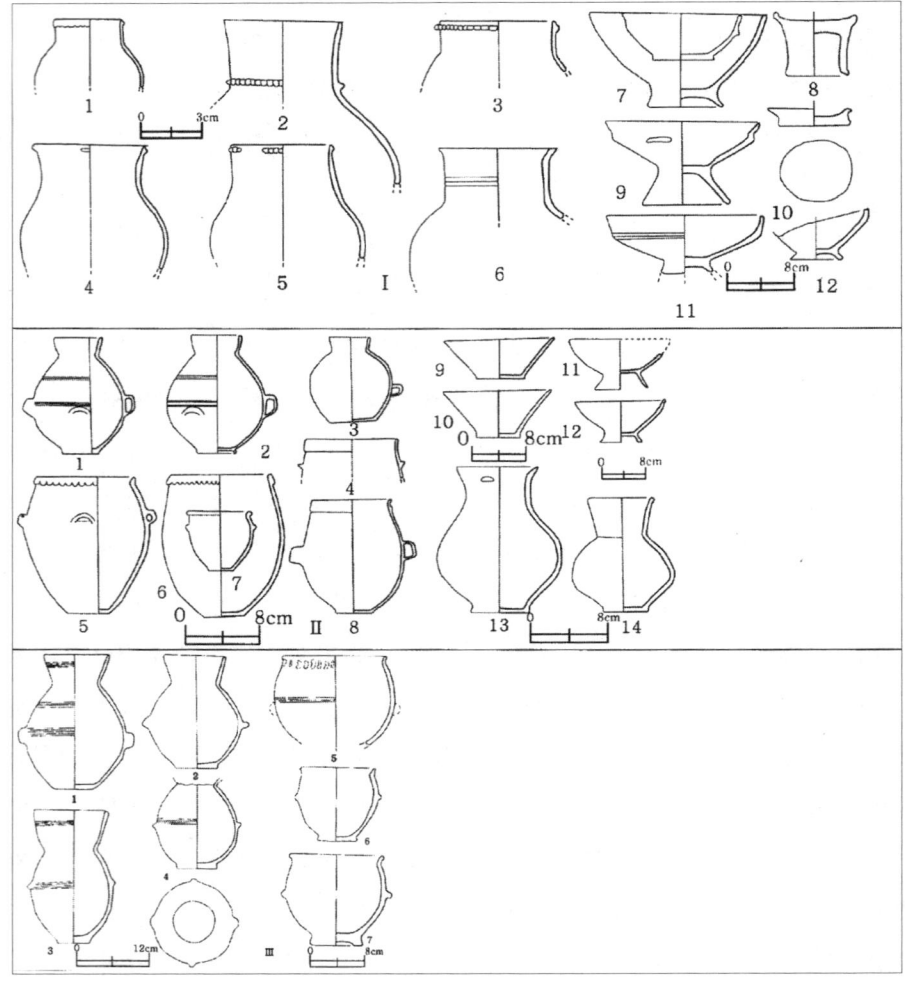

그림 2 신암리-미송리유형 1~3기의 주요 토기

 이렇게 볼 때, 신암리—미송리유형 주요 표지 유적의 상대적인 시간적 순서는 신암리 Ⅱa → 신암리 Ⅱb → 미송리 상층으로 파악할 수 있다.
 한편 공귀리유형과 신암리—미송리유형 외에 청천강 중류역의 영변군 일대에서는 전체적으로는 공귀리유형적인 요소가 강하면서 공귀리유형·신암리—미송리유형·신흥동유형이 복합되어 있는 독특한 유적들이 조사되어 있다. 세죽리 유적과 구룡강 유적이 대표적인 예에 속한다. 최근 이들 유적을 주변의 다른 유형과 별개로 따로 떼어 청천강 느역의 지역군으로 분류한 견해[49] 또한 이러한 점을 고려한 것이라 볼 수 있다. 전체적으로 보아 청천강 중류역은 공귀리유형의 영향이 상대적으로 우세한 가운데 공귀리유형과 신흥동유형이 시기에 따라 갈마들며 우세를 점하는 양상을 띄는 양상을 보이고 있다.[50]

이러한 양상이 대표적으로 드러나는 것이 바로 영변군 구룡강 유적이다. 구룡강 유적은 층위와 주거지 간의 중첩 관계 등을 고려하여 Ⅰ·Ⅱa·Ⅱb·Ⅲ문화층으로 나뉘어지고 있다. Ⅰ문화층은 각목돌대문토기·이중구연토기·종향 대상파수부 토기 등이(공귀리유형), Ⅱa층은 장경호·미송리형호·공귀리형 단경호·공귀리형 심발형토기 등이(공귀리유형 우세), Ⅱb층은 종향 대상파수 심발형토기도 있지만 쌍방형 심발형토기·팽이형토기의 요소가 토기 조합의 우세를 점하고 있으며(신흥동유형 우세), Ⅲ층은 묵방리식 미송리형호·유상파수 심발형토기 등이 조합(공귀리유형 우세)하고 있어, 위의 점을 실감케 한다.

아무튼 구룡강 유적의 층위 관계와 토기 조합의 변화를 통해서 또 하나 짐작할 수 있는 것은 Ⅲ층이 구룡강 유적, 즉 청동기문화층의 제일 윗 문화층을 이루고 있고, 이 층에서 묵방리식 미송리형호가 출토되었다는 점이다. 이러한 점을 고려할 때 청천강 유역의 청동기시대의 최말기는 묵방리식 미송리형호가 조합하는 구룡강 Ⅲ문화층이었을 가능성이 높다. 이와 관련하여 세죽리 유적이 주목된다. 세죽리 유적은 전국연계 회색 승석타날문토기·철곽·명도전 등이 공반하는 3문화층(세죽리 Ⅲ)[51]의 바로 아랫 층에 2문화층(세죽리 Ⅱ)으로 일괄 보고된 청동기시대문화층이 있다.

세죽리 Ⅱ로 보고된 유물들은 토기만을 놓고 볼 때에도 여러 층위로 세분되고

---

49) 裵眞晟, 앞의 글, 2009, 18쪽.
50) 細竹里 지표 채집품을 대상으로 한 판단이기는 하지만, 팽이형토기의 영향을 강조하는 경우 이 일대를 신흥동유형의 주변으로 보는 인식도 있다. 안병찬, 「평북도 박천군 녕변군의 유적 조사 보고」, 『문화유산』 1962년 5호, 68쪽.
51) 細竹里 Ⅲ에서는 이외 고병두, 盞, 甑, 흙가바락퀴, 슷돌, 주조철부, 철낫, 철도자, 철끌, 철고리, 삼익 철경동촉, 삼릉 철경동촉, 襄平布, 安陽布 등이 출토되었다.

있다. 분류의 타당성을 떠나 가장 최근 제기된 견해에 따르면, 경부와 견부가 만나는 지점에 일주각목돌대문이 있는 단경호 등은 세죽리 Ⅱa, 이중구연 심발형토기는 세죽리 Ⅱb, 공열거치문 심발형토기 등은 세죽리 Ⅱc에 해당한다고 한다.[52] 그런데 같은 Ⅱ문화층에서 출토된 유물 가운데 입두부 십자형 검병두식이 있다. 이 검병두식은 평면이 십자형이라는 점에서는 영흥읍[53]·양양 감곡리[54]·평양 석암리[55] 목곽묘 등과, 입두에서는 춘천 칠전동[56]·보성 봉릉리[57]·안동 지례리 19호 개석식 지석묘[58]·울진 후정리[59] 등과 유사하다.

검병두식의 형태와 장착 방식 변천에서 볼 때, 입두의 발생은 입두가 없는 것에 비해 상대적으로 늦다. 그런데 칠전동과 지례리는 입두부 검병두식류 가운데 가장 이른 속성적 특징을 갖고 있다. 칠전동 검병두식은 부근에서 단면 원형 점토대토기가 수습되었고, 지례리 19호 개석식 지석묘는 유경식 마제석검·단삼각형 요저 석촉·반월형석도와 함께 출토되었으며, 후정리 단삼각형 요저 석촉·돌창·돌끌·흙가락바퀴·무문토기편 등과 함께 수습되었다. 이러한 발견 정황을 고려할 때 칠전동 등의 KⅡa식 검병두식은 기원전 4세기를 넘지 않는다.[60] 따라서 세죽리 Ⅱ의 검병두식 또한 늦어도 이 연대를 넘을 수 없다.

이렇게 볼 때, 세죽리의 입두부 십자형 검병두식이 Ⅱ문화층에서 출토된 것이 확실하다면, 세죽리 Ⅱ문화층의 가장 늦은 층위로는 일반적으로 알려진 세죽리

---

52) 安在晧, 앞의 글, 2010, 42~43쪽.
53) 서국태, 「영흥읍 유적에 관한 보고」, 『고고민속』 1965년 2호.
54) 崔夢龍, 「江原道 襄陽 甘谷里所在 高麗古墳 及 先史遺物에 對하여」, 『歷史學硏究』 Ⅳ, 全北大學校 史學科, 1972.
55) 백련행, 「석암리에서 나온 고조선 유물」, 『고고민속』 1965년 4호.
56) 심재연·구문경, 「춘천시 칠전동 신남초등학교 소장 유물 소고」, 『강원지역문화연구』, 2001.
57) 文化公報部 文化財管理局, 『重要發見埋藏文化財圖錄』 Ⅱ, 1989.
58) 慶北大博物館, 『臨河댐水沒地域 文化遺蹟 發掘調査報告書』(Ⅱ), 安東郡·安東大博物館·慶北大博物館, 1990.
59) 文化觀光部 文化財管理局, 『重要發見埋藏文化財圖錄』 Ⅲ, 1998.
60) 오강원, 「遼寧~韓半島地域 琵琶形銅劍과 細形銅劍의 劍柄頭飾 硏究」, 『북방사논총』 2, 고구려연구재단, 2004a, 11~15쪽.

Ⅱ문화층의 토기보다 더욱 늦은 기원전 4세기층이 더 있었다고 생각된다. 또한 세죽리 Ⅱ문화층에서 철기는 물른 전국연계 유물이 단 한 점도 출토되지 않은 것을 통해, 북한 측 보고자가 청동기문화층으로 일괄한 세죽리 Ⅱ문화층의 윗 문화층이 이 일대 청동기문화층의 가장 마지막 단계 후기의 양상을 반영하고 있다고 볼 수 있다. 이 시기는 북한 측에서 '묵방리층'이라고 표준화한 묵방리식 미송리형호가 공반하는 단계의 후기를 갈한다.

북한 측에서 '묵방리층'의 표지 유적으로 삼고 있는 묵방리 지석묘군[61]은 묘실과 상석 사이에 적석 분구가 있다는 점에서 구조적으로 매우 독특하다. 보고자는 묵방리 지석묘군을 장축 방향에 따라 동서향의 Ⅰ부류와 남북향의 Ⅱ부류로 구분하였는데, Ⅰ부류의 지석묘군에 어형 석도·미송리형호·양익유경식 석촉 등이 부장되어 있는 반면, Ⅱ부류 지석묘군의 경우 묘실 바닥에서 양익유경식 석촉과 함께 일반적인 서북한 일대의 청동기시대 무문토기와는 전혀 다른 태토와 소성 분위기를 가진 니질회색토기편이 출토된 것으로 보아 두 부류가 조성 연대에서 차이를 갖고 있음을 알 수 있다.

이러한 점을 고려할 때, 묵방리 지석묘군 가운데 니질회색토기편 등이 출토된 장축 방향 남북의 Ⅱ부류 지석묘군은 조성 연대가 기원전 3세기 무렵이었을 것으로 생각된다. 묵방리 지석묘군의 절대 다수를 차지하고 있는 Ⅰ부류 지석묘군은 세부적인 차이에도 불구하고 Ⅱ부류 지석묘군과 단독형 적석식 지석묘에 속하고 구조적으로도 연속적인 연계성을 보이고 있는 점을 고려할 때, Ⅱ부류와 시간적 차이가 크지 않을 것으로 생각된다. 이러한 점과 함께 무순현 산용(山龍) 적석식 지석묘[62] 등의 시간성 등을 고려할 때, 묵방리 Ⅰ부류 지석묘군의 연대는 기원전 5세기 즈음이라 생각된다.

북한 측에서 서북한 일대 청동기문화의 마지각 단계르 잡고 있는 이른 바 '묵방리층'의 표지 유적인 묵방리 지석묘군의 조성 연대가 기원전 5~3세기라고 하

---

61) 김기웅, 「평안남도 개천군 묵방리 고인돌 발굴 중간 토고」, 『문화유산』 1961년 2호.
62) 武家昌, 「撫順山龍石棚與積石墓」, 『遼海文物學刊』 1997年 1期.

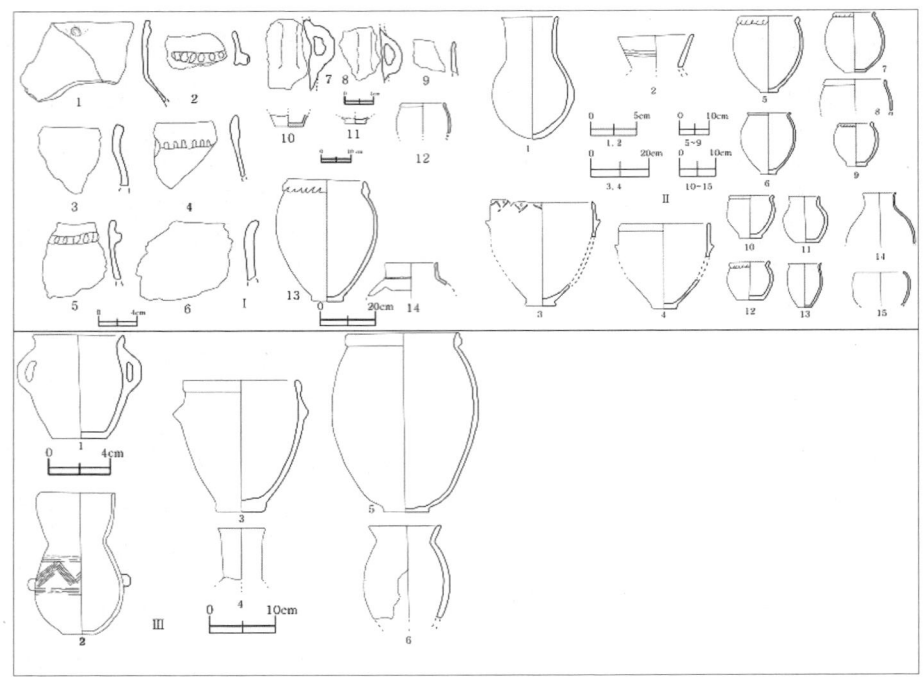

그림 3 구룡강-세죽리유형 1~3기의 주요 토기

는 것은 세죽리 문화층의 정황과 아주 잘 부합된다. 따라서 청천강 유역의 물질문화가 기원전 3세기를 기점으로 하여 그 이전의 청동기시대와 그 이후의 철기시대로 획기된다고 볼 수 있다. 그런데 이러한 사정은 압록강 중류역의 자강도 일대와 압록강 하류역의 평안북도 일대는 물론 대동강과 재령강 유역 또한 마찬가지였다고 생각한다. 그 이유는 지역을 막론하고 서북한 일대의 청동기시대 유적의 하한이 대체로 기원전 5~4세기에서 그치고 있기 때문이다.

  서북한 일대 청동기시대 각 유형의 하한이 밝혀진 만큼, 지금부터는 앞서 상대서열화한 각 유형 주요 유적의 연대에 대해 살펴보고자 한다.

  압록강 유역의 청동기시대 유적을 편년하는데에 논의의 출발점으로 삼을 수 있는 것 가운데 하나가 미송리 상층 동굴 유적이라고 생각한다. 앞서 살펴 본 바와 같이, 미송리 상층의 토기는 여러 속성이 후기적이다. 따라서 이른 시기로 편년되기 어렵다. 이와 관련하여 동굴 입구 쪽 동벽 가에서 신전장된 인골·돌끌·

토기 5개체분과 함께 출토된 선형동부[63]가 주목된다. 출토 상태로 보아 이 선형동부는 미송리형호 뿐만 아니라 미송리 동굴 상층에서 출토된 토기 일괄과 동시성을 갖고 있는 유물로 볼 수 있다. 따라서 이 선형동부에서 드러나는 시간성을 통해 미송리 상층 전체를 편년할 수 있다.

미송리 상층의 선형동부는 형태적 속성에서는 전 요령과 길림 지역의 선형동부 가운데 대련시 강상 적석총[64]에서 처음으로 출현하여 와룡천(臥龍泉) 적석총[65]으로 이어지는 무문계(C형)에 속한다. 또한 계측적 속성에서는 대련시 와룡천 적석총과 길림시 후석산(猴石山) 1호 석관묘[66] 출토의 것과 병행하고 함경남도 영흥읍의 영흥읍②斧[67] 보다는 선행한다.[68] 와룡천 적석총은 와룡천식(CⅢ식) T자형 청동검병과 정가와자식(J형) 검병두식의 조합 관계를 통해 기원전 6세기 중반~전반으로,[69] 후석산은 후석산 79西M34 석관묘 출토 인골의 절대 연대 측정치 등을 고려할 때 기원전 5세기 중반~4세기 전반으로 편년된다.[70]

따라서 미송리 상층 선형동부는 와룡천 적석총과 후석산 석관묘군에 의해 범위지어지는 기원전 6세기 중반~4세기 전반에 해당한다. 그런데 미송리 상층의 토기는, 비록 형태적으로 지역적으로 변형되기는 하였지만, 요동 북부 이도하자 유형 석관묘 유적군의 미송리형호와 대화방형관의 기본 조합이 아직 유지되고 있고 공귀리형 토기의 요소 또한 상당히 잔존되어 있다. 이러한 양상은 묵방리[71]

---

63) 김용간, 「미송리 동굴 유적 발굴 중간 보고(1)」, 『문화유산』 1961년 1호, 그림 9-4.
64) 조중 공동 고고학 발굴대, 「강상」, 『중국 동북 지방의 유적 발굴 보고(1963~1965)』, 사회과학원 출판사, 1966, 그림 60-1.
65) 조중 공동 고고학 발굴대, 「와룡천」, 위의 책, 1966, 그림 79-5.
66) 吉林省文物考古硏究所·吉林市博物館, 「吉林市猴石山遺址第二次發掘」, 『考古學報』 1993年 3期, 圖31-4.
67) 서국태, 「영흥읍 유적에 관한 보고」, 『고고민속』 1965년 2호, 그림 12-2.
68) 吳江原, 앞의 글, 2003b, 64~80쪽.
69) 오강원, 앞의 글, 2003d, 7~13쪽.
70) 오강원, 『서단산문화와 길림 지역의 청동기문화』, 학연문화사, 2008, 260~262쪽.
71) 김기웅, 앞의 글, 1961, 그림 9-4.

나 남경 3호 주거지[72] 등과는 사뭇 다른 것으로서 이 자체를 시간적인 것으로 보아도 좋다고 생각한다. 이러한 점을 고려할 때, 미송리 동굴 상층의 연대를 상층의 최초 퇴적층 형성 시점까지를 고려하여 기원전 6세기로 잡을 수 있다.

따라서 형태와 파수 조합 등에서 미송리 상층 보다는 한 단계 앞서면서 쌍방 6호 개석식 지석묘 등 보다는 늦은 속성을 보이는 미송리형호가 조합하는 신암리 Ⅱb는 기원전 7세기로 편년된다. 신암리 Ⅱa는 장경호와 두의 속성이 쌍타자3기 유형 보다는 다소 늦으면서 강상 유적 보다는 이르다는 점을 고려할 때 기원전 11~9세기로 편년된다. 이를 단계로 치환하여 시간 범위를 다소 넓게 잡으면, 신암리—미송리유형 1기는 신암리 Ⅱa를 표지로 한 시기로 기원전 11~9세기, 2기는 신암리 Ⅱb를 표지로 한 시기로 기원전 8~7세기, 3기는 미송리 상층을 표지로 한 시기로 기원전 6~5세기가 된다.

공귀리유형 제 유적의 연대는, 토성리 Ⅱ에서 신암리 Ⅱb와 완전히 같은 형식의 미송리형호가 출토된 것을 통해, 이를 우선 기원전 7세기로 잡을 수 있다. 노남리 Ⅰ은 구연부에 각목돌대문이 퇴화하여 변용된 것과 관련이 있을 듯한 복선이 돌려져 있는 유상파수 심발형토기가 심귀리 Ⅱ보다 늦으면서 공귀리 Ⅱ보다 앞선 속성을 보이고 있다는 점을 고려할 때, 비록 미송리형호가 공반하고 있지는 않지만 토성리 Ⅱ와 같은 시기로 편년할 수 있다. 따라서 토성리 Ⅱ 보다 늦은 속성의 토기가 공반하는 공귀리 Ⅱ를 토성리 Ⅱ보다 한 단계 늦은 기원전 6세기로 편년할 수 있다.

심귀리 Ⅱ는 각목돌대문이 상대적으로 퇴화하기는 하였지만 여전히 지속되고 있고, 종향 대상파수 대구소저옹(大口小底甕)이 쌍타자3기유형의 대구옹과 유사하며, 공귀리형호(종향 대상파수 단경호)가 토성리 Ⅱ의 것보다 선행하는 속성을 보이고 있다는 점을 고려할 때 기원전 10~9세기로 잡을 수 있다. 심귀리 Ⅰ의 공귀리형호가 좁은 저부·고구마 꼴 동체 등 여러 속성에서 마성자문화 장가보(張家堡)

---

72) 김용간·석광준, 『남경유적에 관한 연구』, 과학, 백과사전출판사, 1984, 그림 54-1, 2.

A동 28호 무덤 출토의 것[73]과 상사하다는 점을 고려할 때, 그와 유사한 시기로 볼 수 있다. 장가보 A동 3층 11호 무덤의 보정 연대는 3270±135년이다. 따라서 심귀리 I은 기원전 12~11세기 어간이 된다.

위의 주요 유적에서 나타나는 시간적 위치를 치환하여 단계화하면 공귀리유형 1기는 심귀리 I·공귀리 I을 표지로 한 시기로서 기원전 12~11세기, 공귀리유형 II는 심귀리 II·토성리 IIa를 표지로 한 시기로서 기원전 10~9세기, 공귀리유형 3기는 토성리 IIb·노남리 I을 표지로 한 시기로서 기원전 8~7세기, 공귀리유형 4기는 공귀리 II를 표지로 한 시기로서 기원전 6~5세기로 잡을 수 있다. 이 외 신암리—미송리유형과 공귀리유형 모두 기원전 4세기의 유적 정황이 알려진 바 없는데, 이후 관련 유적이 조사된다면 이 시기의 유물 양상을 토대로 추가로 1개 기를 설정할 수 있을 것이다.

그간 신흥동유형 제 유적의 편년과 획기는 주로 팽이형토기호·팽이형토기옹의 형식 분류를 기초로 진행되었다. 팽이형토기를 형식 분류하는데에는 일반적으로 기형·구연 처리(이중구연, 홑구연)·단사선문의 시문 방식과 종류·단사선문의 소멸 여부 등이 고려되어 왔다.[74] 이러한 분류 기준에 따른 속성 조합 및 변천 관계에 의해 대체적인 획기안이 도출되었는데, 현재 북한 측은 물론 한국과 일본 등 모두 팽이형옹의 전형과 석기 조합이 단순한 금탄리가 이르고 전형 속성과 기형에 변화가 많은 입석리·원암리·쉴바위를 가장 늦은 단계로 보는데에는 의견이 일치되어 있다.

그러나 금탄리의 토기와 석기 조합 또한 이미 전형성이 확립되어 있는 상태여

---

73) 遼寧省文物考古研究所·本溪市博物館, 1994, 『馬城子—太子河上游洞穴遺存』, 文物出版社, 1994, 圖152-4.
74) 황기덕, 「조선 서북 지방 원시 토기의 연구」, 『문화유산』 1958년 4호; 황기덕, 「서부지방 팽이그릇유적의 년대에 대하여」, 『고고민속』 1966년 4호; 鄭漢德, 「朝鮮西北地方巨石文化期におけるコマ形土器とその文化にいてつ」, 『考古學雜誌』 52卷 2號, 1966; 後藤直, 「西朝鮮の無文土器にいてつ」, 『考古學研究』 17卷 4號, 1971; 藤口健二, 「朝鮮コマ形土器の再檢討」, 『森貞次郎博士古稀記念古文化論集』, 1982; 韓永熙, 「角形土器考」, 『韓國考古學報』 14·15, 1983.

서 이를 가장 이른 시기의 것으로 보기에는 무리한 점이 있다. 이러한 까닭에 팽이형토기옹이 신석기시대 말기의 빗살무늬토기가 무문화되어 가는 과정에 이중구연과 평저가 결합되어 발생한 것일 가능성이 높다는 점에[75] 주목하여 금탄리 Ⅱ문화층의 토기와 가장 유사한 기형을 발생기의 팽이형토기로 볼 수 있다고 본 후 석교리를 조기 단계로 설정한 견해가 있는데,[76] 석교리에서 신흥동유형 전성기의 유단석부·양익유경식 석촉·석화 등의 석기 조합이 확인되지 않는 점을 고려할 때 타당성이 인정된다.

이렇게 볼 때 조기로 설정된 석교리, 중간의 금탄리, 후기로 설정된 입석리에서 나타나는 유물 간의 대비를 통해 신흥동유형의 기타 유적들을 서열화할 수 있고, 나아가 그 결과를 토대로 획기할 수 있다고 생각한다. 이와 관련하여 우선 주목되는 것이 입석리에 후기 팽이형토기와 함께 조합하고 있는 소형 장경호이다. 이 소형 장경호는 서북한 지역의 청동기시대 호류와는 외면 색조·외면 마연·기형 등에서 전혀 다른 것으로서 획기성이 뚜렷하다. 따라서 이러한 장경호가 조합하고 있는 주암리·남양리 Ⅳ·석탄리 41호 주거지(석탄리 Ⅱ)[77] 등을 입석리와 같은 단계의 것으로 분류할 수 있다.

또한 석교리가 가장 이른 시기로, 금탄리가 중간 시기로, 입석리가 가장 늦은 시기로 배열되고 석교리가 금탄리 Ⅱ문화층의 토기가 변모된 것이라고 할 때, 팽이형토기의 대표 기종인 팽이형옹의 석교리로부터 입석리까지로의 기형은 배가 불룩하고 구연이 상대적으로 넓게 벌어진 것에서 기신이 상대적으로 홀쭉하고 구연이 작은 방향으로 변천하였을 것임을 유추해 볼 수 있다. 물론 기형 변천과 함께 이중구연의 쇠퇴 소멸·단사선문의 성행에 이은 쇠퇴로의 변화도 함께 진행되었을 것이다. 그러나 구연과 단사선문만으로는 구분이 어려운 중간 단계는 기형에 의한 구분이 보다 유효할 것 같다.

---

75) 金元龍, 「韓國無文土器地域分類試論」, 『考古學』 1, 1968, 13쪽.
76) 韓永熙, 앞의 글, 1983, 117쪽.
77) 韓永熙, 위의 글, 1983, 121쪽.

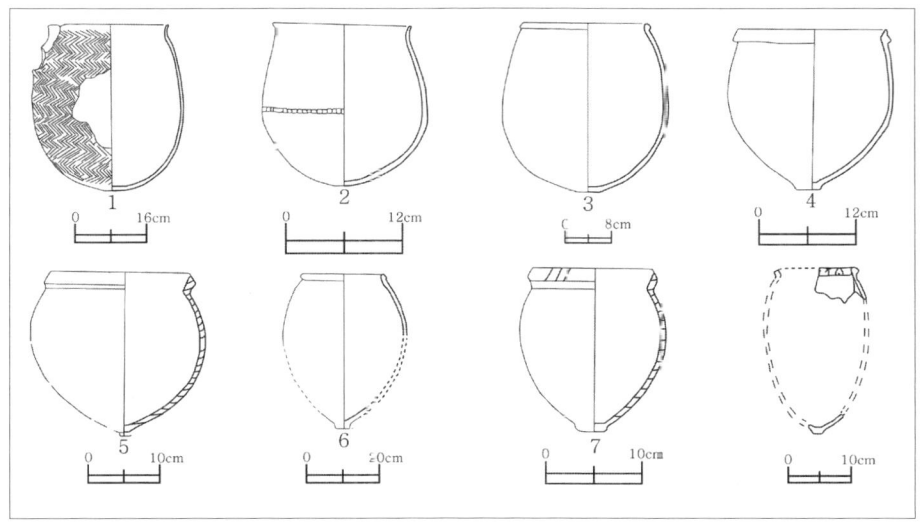

그림 4 신흥동유형 팽이형옹의 발생과 변천 관계

    이러한 기준에 의거하여 신흥동유형의 주요 유적의 시간적 순서를 재배열하면 석교리 → 침촌리 → 석탄리 Ⅰ → 금탄리 → 신흥동·표대 Ⅰ·마산리 Ⅰ·남양리 Ⅰ·Ⅱ → 표대 Ⅱ·Ⅲ·Ⅳ·마산리 Ⅱ·Ⅲ·남양리 Ⅲ → 석탄리 Ⅱ·입석리·주암리·남양리 Ⅳ가 된다. 무덤 유적 가운데 비파형동검·양익유경식 동촉·양익유경식 석촉 등이 부장되어 있는 연탄군 송신동 지석묘, 신평군 선암里 석관묘, 배천군 대아리 석관묘, 사리원시 상매리 석관묘, 연안군 장곡리 석관묘 등은 주로는 표대 Ⅰ~Ⅱ기에 속하지만, 양익유경식 석촉의 최초 출현기는 금탄리기까지 올라가는 것으로 생각된다. 묵방리류 지석묘는 입석리 전후로 볼 수 있다.

    아무튼 이들 유적은 석기 조합의 세부에 따라 몇 개의 그룹으로 묶어진다. 첫 번째는 유경식 마제석검을 제외하고는 신흥동유형 전형의 유단석부·유혈구식 마제석검·양익유경식 석촉·석화 등이 출현하지 않은 단계로서 석교리가 이에 해당한다. 여기서는 이를 신흥동유형 1기로 설정하고자 한다. 다음은 신흥동유형의 주요 석기가 모두 출현하였으되 석촉의 조합이 계엽형(桂葉形) 무경식 석촉·평기(平基)의 유경식 석촉·촉신 하부가 사상(斜上)되어 있는 유경식 석촉 등이 중심을 이루고 있는 시기로서 침촌리~신흥동이 이에 해당된다. 이를 신흥동유형 2

기로 설정하고자 한다.

다음으로는 양익유경식 석촉과 함께 양익유경식 동촉·비파형동검·비파형동모가 일부 조합하는 단계로서 표대 Ⅱ~Ⅳ가 이에 해당한다. 이를 신흥동유형 3기로 묶고자 한다. 마지막으로 신흥동유형 전성기의 석화의 존재가 확인되지 않으면서 경형동식 등을 모방한 석제품과 청동방울 거푸집 등이 출현하는 단계로서 입석리 등이 이에 해당한다. 이를 신흥동유형 4기로 묶고자 한다. 이와 같은 획기는 기존의 유적 간 상대 서열화·획기안과 큰 차이를 보이고 있기는 하지만, 최근 북한 지역에서 유구 간 중첩 관계가 다소 복잡한 주거지 출토 정황 등을 고려하였다는 점에서 의미가 있다고 본다.

신흥동유형은 청천강 중류역의 세죽리 유적의 층위 상태를 고려할 때 기원전 3세기로 편년되는[78] 세죽리 Ⅲ 직전인 기원전 4세기까지 지속된 것으로 생각된다. 이 시기는 세죽리 Ⅲ의 바로 아랫 층, 세죽리 Ⅱ의 가장 윗 층에서 요동 지역 검병두식을 서북한 지역에서 발전 변형시킨 입두부 십자형 검병두식과 능형의 청동검코 등이 출토된 것으로 보아 요동 지역 청동기와 그 제작 기술의 영향이 더욱 강렬해진 것으로 볼 수 있다. 이러한 점은 立石里 팽이형호의 외면이 흑색마연 처리되어 있고,[79] 남양리 Ⅳ에서 청동방울 거푸집[80]이 출토된 것을 통해서 드러난다.

신흥동유형 3기는 표대 Ⅱ에 미송리 상층의 미송리형호와 유사한 구경부 길이 비율과 기형을 하고 있는 미송리형호가, 표대 Ⅲ에 묵방리식 미송리형호가 공반하고 있는 것으로 보아 미송리 상층과 같은 기원전 6~5세기로 잡을 수 있다. 표대 미송리형호의 동체에서 나타나는 형태 차이는 지역적 차이에 의한 것으로 생각된다. 신흥동유형 1기는 금탄리 2문화층의 하한이 기원전 12세기로 편년되고

---

78) 유정준, 「자강도 전천 출토 명도전(明刀錢)에 대하여」, 『문화유산』 1957년 1호, 105쪽.
79) 리원근·백룡규, 앞의 글, 1962, 74쪽.
80) 서국태·지화산, 앞의 책, 2002, 137쪽.

있으므로[81] 그 직후인 기원전 11~9세기로, 신흥동유형 2기는 중간 시기인 기원전 8~7세기로 잡을 수 있다. 신흥동유형 2기의 유적 가운데 신흥동·표대 Ⅰ·마산리 Ⅰ·남양리 Ⅰ·Ⅱ는 기원전 7세기로 일괄된다.

그런데 청천강 이남 지역은 그 이북 지역이 기원전 3~2세기 토착 집단의 유적이 불분명한 것과는 달리 세형동검을 표지로 한 독특한 철기문화(정백동유형[82])가 발전된다. 일찍이 정백운은 이 일대의 세형동검과 한식 유물을 부장하고 있는 토광묘·목곽묘·목실분·전축분 가운데 주조철기만이 공반하는 토광묘·목곽묘에 세형동검 등 토착 청동기의 부장 비중이 높다는 점을 근거로 하여 이를 기원전 3~2세기 준왕 고조선과 위만조선의 분묘로, 그 이후를 한사군 관련 분묘로 보았다.[83] 정백운의 견해는 이후 전주농[84] 등에 의해 고고학적 자료를 더욱 보강한 형태로 다시 제기되었다.

정백동유형의 세형동검 부장 목곽묘 가운데 비교적 이른 시기에 속하는 평양시 정백동 부조예군묘[85]·상리[86]·석암리,[87] 황주군 금석리,[88] 은파군 갈현리,[89] 재령군 부덕리[90] 등에는 결입부의 흔적이 남아 있을 뿐 직인화된 고상현묘식과 결입부가 뚜렷하고 검신 하부가 호선을 이루고 있는 괴정동식의 중간 속성을 보이고 있는 세형동검이 부장되어 있을 뿐 아니라 전형적인 한식 철장검·철극·철

---

81) 김용간, 「금탄리 유적 제2문화층에 대하여」, 『문화유산』 1962년 3호, 13~18쪽; 황기덕, 앞의 글, 12쪽.
82) 본고에서는 대동강~재령강 유역의 세형동검 공반 유적군을 평양시 정백동 고분 유적을 표지로 하여 정백동유형이라 부르기로 하겠다.
83) 정백운, 「우리 나라에서 철기 사용의 개시에 관하여」, 『문화유산』 1958년 1호, 57쪽.
84) 전주농, 「고조선 문화에 관하여—토광 무덤 년대의 고찰을 중심으로」, 『문화유산』 1960년 2호.
85) 리순진, 「부조예군무덤 발굴보고」, 『고고학자료집』 4, 과학, 백과사전출판사, 1974.
86) 榧本杜人, 「平安南道大同郡龍岳面上里遺跡調査報告」, 『朝鮮總督府博物館報』 6, 朝鮮總督府博物館, 1934.
87) 백련행, 「석암리에서 나온 고조선 유물」, 『고고민속』 1965년 4호.
88) 편집부, 「황주군 금석리 나무곽무덤」, 『고고학자료집』 6, 과학, 백과사전출판사, 1983.
89) 과학원 고고학 및 민속학 연구소, 「황해북도 은파군 갈현리 하석동 토광묘 유적 조사 보고」, 『고고학자료집 제2집: 대동강 및 재령강 류역 고분 발굴 보고』, 과학원출판사, 1972.
90) 리순진, 「재령군 부덕리 수역동의 토광 무덤」, 『문화유산』 1961년 6호.

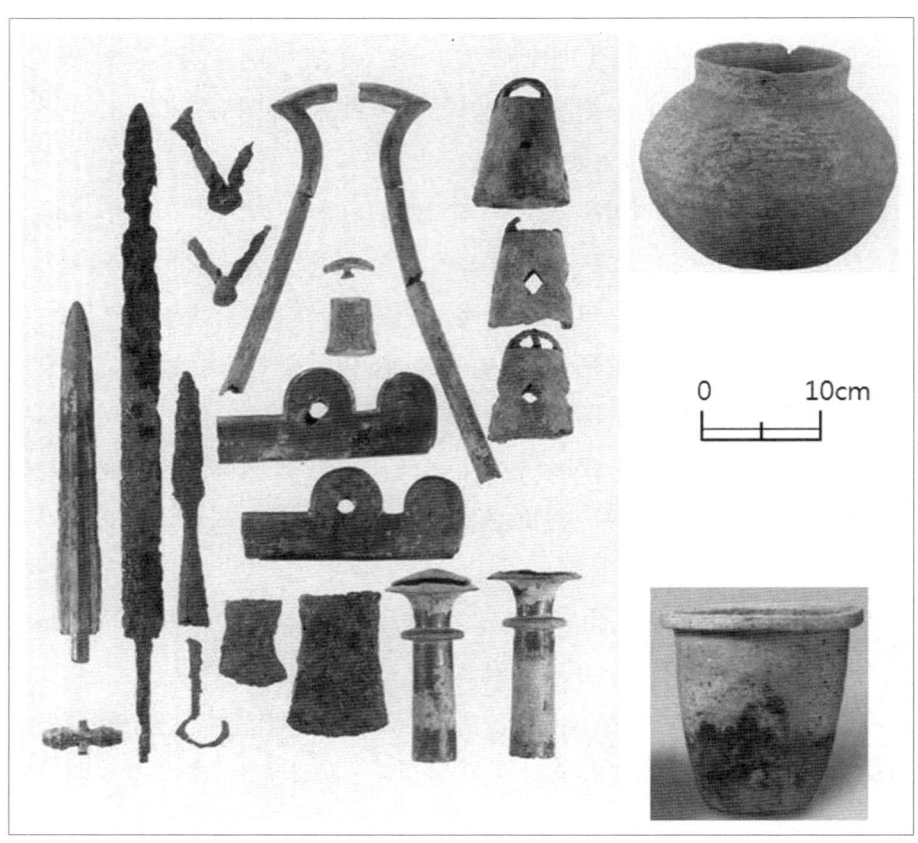

그림 5 정백동유형 부조예군묘기의 유물 조합(대동군 상리 목곽묘)

모·말재갈·찰갑편 등이 공반하고 있다. 그런데 세형동검과 같은 토착 청동기가 부장되어 있지는 않지만, 이와 같은 조합상을 보이고 있는 정백동 92호와 97호[91], 토성동 4호[92]에 성운문경(星雲文鏡)·소명경(昭明鏡)이 부장되어 있다.

남한 지역에서 성운문경은 경산 임당동 E-58호 목관묘,[93] 창원 다호리 1호 목

---

91) 사회과학원고고학연구소 전야공작대, 『고고학자료집』 5, 과학, 백과사전출판사, 1978, 6쪽.
92) 김종혁, 「토성동 제4호무덤발굴보고」, 『고고학자료집』 4, 과학, 백과사전출판사, 1974.
93) 국립대구박물관 편, 『압독 사람들의 삶과 죽음』, 통천문화사, 2000, 30쪽.

관묘[94] 등에 세형동검을 비롯한 토착적 청동기·주머니호 등과 함께 조합 관계를 이룬 채 부장되어 있는데, 중국 내지에서는 일러도 기원전 2세기 말까지 올라가지 않는 것으로 알려져 있다.[95] 스명경은 남한 지역에서 경주 안계리 목관묘[96]에서 세형동검기의 동모와 함께 출토되었는데, 중국 내지에서는 서한 후기에 출현하였다.[97] 또한 요동 지역에서 아직까지 출현 직후 부장된 성운문경은 발견되지 않고 있다. 이러한 점들을 고려할 때, 정백동유형에서 목곽묘가 출현한 시점은 일러야 위만조선 멸망 직후인 기원전 1세기 초가 아닐까 한다.[98]

그런데 정백동유형에서는 검신이 직인화되고 결입부가 완전히 형식화된 말기 형식의 세형동검과 한식 철지 무기·한식 단조 농공구·기년명이 있는 부장품·규형(圭形) 마면·양단 테두리에 운문 장식이 부가되어 있는 S자형 말재갈멈치·칠기 등이 조합하는 고분들이 있다. 평양시 정백동 2호(고상현묘)[99]·정백동 88호,[100] 강서군 태성리 10호,[101] 은율군 운성리,[102] 황주군 천주리[103] 목곽묘·목실묘 등이 그러한 예에 속한다. 이들 고분은 대부분의 유물에서 뚜렷한 한화(漢化) 현상이 관측되는데, 단장(單葬) 일색인 부조예군묘류와는 달리 동분이혈·동분동혈 합장묘가 출현한다는 점에서 차별적이다.

---

94) 李健茂 等,「昌原 茶戶里遺蹟 發掘進展報告」(Ⅱ),『考古學誌』3, 1991.
95) 岡村秀典,「前漢鏡の編年と樣式」『史林』67卷 5號, 1984.
96) 李健茂,「傳月城 安溪里 出土 一括遺物」,『菊隱 李養璿蒐集文化財』, 國立慶州博物館, 1987.
97) 樋口隆康,『古鏡』, 新潮社, 1979.
98) 高久健二,『樂浪古墳文化 硏究』, 學硏文化社, 1995, 73쪽.
99) 사회과학원 고고학연구소,「락랑구역일대의 고분 발굴보고」,『고고학자료집』6, 과학, 백과사전출판사, 1978, 17~25쪽.
100) 사회과학원고고학연구소 전야공작대,『고고학자료집』5, 과학, 백과사전출판사, 1978, 45~49쪽.
101) 과학원 고고학 및 민속학연구소,『유적 발굴 보고 제5집: 태성리 고분군 발굴 보고』, 과학원출판사, 1959.
102) 리규태,「은률군 운송리 나무곽구덩과 귀틀무덤」,『고고학자료집』6, 과학, 백과사전출판사, 1983.
103) 과학원 고고학 및 민속학연구소,「황해북도 황주군 천주리 한밭골 토광묘 조사 보고」,『고고학자료집 제2집: 대동강 및 재령강 류역 고분 발굴 보고』, 과학원출판사, 1958.

따라서 부조예군묘류와는 여러 면에서 후기성을 보이고 있는 이들 고분을 부조예군묘류의 목곽묘의 바로 뒤를 잇는 고분군으로 분류할 수 있다. 이들 고분은 정백동 2호를 표지로 하여 고상현묘류라 별칭할 수 있다. 고상현묘류에 대해서는 정백동 37호의 '地節四年銘(기원전 66년)' 등을 근거로 상한을 기원전 1세기 후반[104]으로 보거나, 흑교리의 천상횡문오수전과 고상현묘의 '永始三年銘(기원전 14년)'을 근거로 기원전 50~기원후 50년으로 보는 견해[105]가 제시되어 있는데, 유물 조합과 합장 지향으로의 변천 등을 고려하여 기원전 1세기 후반의 이른 시점을 상한으로 보고자 한다. 하한은 기원후 1세기 중반이다.

정백동유형의 세형동검 공반 유적 가운데에는 위에서 다룬 목곽묘·목실묘 외에 퇴화 석곽묘, 토광묘, 목관묘가 있다. 이들 고분 유적은 목곽묘기와 목실묘기에 비해 이른 단계의 유물 조합상을 보이고 있다는 점에서 기원전 1세기 초 이전 시기로 획기된다. 그런데 정백동유형의 석곽묘·토광묘·목관묘 유적은 다뉴세문경의 유무, 선형동부와 서한계 주조철부, 수레부속구의 유무에서 2개의 그룹으로 나뉘어진다. 하나는 아직 전형적인 다뉴세문경이 출현하지 않으면서 재래의 선형동부가 여전히 부장되고 있고 수레부속구가 결여된 것이고, 다른 하나는 서한계 주조철부·수레부속구 등이 조합하는 것이다.

전자에 속하는 유적으로는 대동군 반천리 토광묘,[106] 서흥군 천곡리 석관묘,[107] 재령군 고산리 토광묘,[108] 신계군 정봉리 석곽묘[109] 등이, 후자에 속하는 것으로는

---

104) 高久健二, 위의 책, 78쪽.
105) 李淸圭, 「細形銅劍의 型式分類 및 그 變遷에 對하여」, 『韓國考古學報』 13, 1982, 33쪽.
106) 梅原末治·藤田亮策, 『朝鮮古文化綜鑑』 1, 養德社, 1947.
107) 백련행, 「천곡리 돌상자 무덤」, 『고고민속』 1966년 1호.
108) 황기덕, 「재령군 고산리 성황동에서 나온 유물」, 『고고학자료집』 4, 과학, 백과사전출판사, 1974.
109) 라명관, 「신계군 정봉리 돌곽무덤」, 『고고학자료집』 6, 과학, 백과사전출판사, 1983.

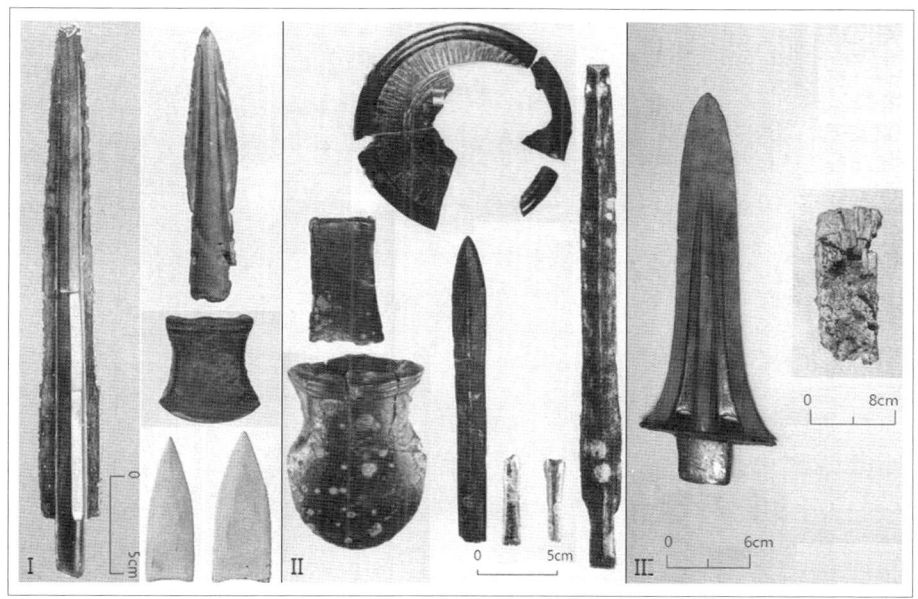

Ⅰ. 신계군 정봉리 석곽묘, Ⅱ. 봉산군 송산리 석곽묘, Ⅲ. 배천군 석산리 토광묘
그림 6 대동강~재령강 유역의 고산리류와 송산리류 세형동검 관련 유물

평양시 장진리 토광묘,[110] 봉산군 송산리 석곽묘,[111] 배천군 석산리 토광묘[112] 등이 있다. 이 2개 그룹 가운데 송산리류는 거마구류와 漢式 철기류를 기준으로 할 때 부조예군묘류 목곽묘 보다 한 단계 앞선 단계성을, 고산리류는 선형동부와 단삼각 요저 석촉 등을 기준으로 할 때 요동 지역의 비파형동검단계 후기 보다 한 단계 늦은 단계성을 보이고 있다. 유물 조합상에서 나타나는 이러한 차이는 2개 그룹이 전자에서 후자로 변천하였음을 의미한다.

---

110) 梅原末治, 「朝鮮出土銅劍銅鉾の新資料」, 『人類學雜誌』 48卷 4號, 1934.
111) 황기덕, 「황해도 봉산군 송산리 솔뫼골 돌돌림무덤」, 『고고학자료집』 3, 과학원출판사, 1962, 77~81쪽.
112) 황기덕, 「최근에 새로 알려진 비파형단검과 좁은놋단검 관계의 유적유물」, 『고고학자료집』 4, 과학, 백과사전출판사, 1974.

위의 2개 그룹 가운데 송산리류는 부조예군묘류 목곽묘의 상한이 기원전 1세기 초이므로 그 하한이 기원전 2세기 말이 된다. 상한은 괴정동식의 세형동검[113]과 서한 전기의 주조철부가 공반하고 있는 것을 통해 기원전 2세기 전엽으로 잡을 수 있다. 고산리류는 고산리와 반천리에 각각 도씨검과 전국연계의 동사(銅鉇)가 공반하고 있는 것으로 보아 늦어도 기원전 3세기 전엽에는 출현하였음이 확실하다. 그러나 고산리와 반천리의 세형동검과 입두부 검병두식이 상당히 정형화되어 있다는 점을 고려하여 고산리류의 출현을 기원전 4세기 말엽으로 보고자 한다.

위의 논의를 바탕으로 위영자유형기로부터 철기시대 전기까지 요령~서북한 지역의 여러 유형 및 지역의 주요 유적의 편년 관계를 표로 제시하면 아래와 같다.

표 1 위영자유형기~철기시대 전기 요령~서북한 지역 주요 유적의 편년

| | 요서 | | | 유하유역 | 요동북부 | 요동남부 | 요동남단 | 요동동부 | 평북 | 자강도 | 청천강 | 대동강 |
	객좌	조양	금주									
전12	고가동1	향양령1	양하	고대산 순산둔Ⅱ	마성자 망화	쌍타자3	쌍타자3	대이수 만발Ⅱ	신암Ⅱa	심귀Ⅰ 공귀Ⅰ	구룡Ⅰ 세죽Ⅱa	금탄Ⅱ
전11	후분	향양령2										
전10	화상구1	위영자	?	?	호구	화동광	?			심귀Ⅱa		석교리
전9	왕팔개	문전						랍고갑				
전8	화상구2	십이대	오금당	장조산	이도하 대갑방 성신	쌍방	강상		신암Ⅱb	심귀Ⅱb 토성Ⅱ 노남Ⅰ	세죽Ⅱb 구룡Ⅱa 구룡Ⅱb	석탄리Ⅰ 금탄리
전7	패자구	하가구 소파적	소룡하	황화산		화가와						신흥동 표대Ⅰ
전6	남동구 삼관전	이십가	사아보 전구구	공주 후산Ⅰ 고가분	정가와 장군보	단산 대둔	와룡천	포권구	미송Ⅱ	공귀Ⅱ	구룡Ⅲ	표대 Ⅱ~Ⅳ
전5								소황구				
전4	동대장	원대자	소황지Ⅰ	석립자	양갑산 유가초	?	누상 유가탄	대전자 만발Ⅲ	?	?	세죽Ⅱc	석탄리Ⅱ 입석리
전3	미안구	원대자 (燕漢)	서가구	오가강	상보	후원대	윤가下Ⅱ		이천리	용연동	세죽Ⅲ	정봉리
전2	합파기		국화1	요북대	삼도호	화아산Ⅰ	윤가上	망강루 만발Ⅳa	?	노남Ⅱ 운평리	?	석산리
전1	후분		국화2		이가자	화아산Ⅱ	영성자					상리

---

113) 李淸圭, 앞의 글, 1982, 21쪽.

Ⅲ. 요령~서북한 지역 물질문화의 전개

본장에서는 요령~서북한 각 지역과 유형의 주요한 물질문화 동향에 대해 간략하게 살펴 보기로 하겠는데, 그에 앞서 위영자유형과 십이대영자문화의 주요한 분포 지역인 요서 지역의 경우, 십이대영자문화 십이대영자유형기 권내에 일정한 지역성을 보이고 있는 소지역권이 추려지므로 이를 기준으로 크게 4개의 지구로 나누어 비교하고자 한다. 4개 지구는 객좌 지구(능원시, 객좌현, 건창현), 조양 지구(조양시, 건평현, 북표시), 금주 지구(금주시, 수중현, 호로도시, 흥성시, 능해시)와 부신 지구(부신시, 의현)를 말하는데, 현재 중국의 행정 구역에 따른 지구 구분과는 다소 다르다는 점을 밝혀둔다.

먼저 요서 지역의 객좌 지구는 위영자유형의 대부분 주요 유물산포지와 고분이 집중되어 있다는 점에서 강한 지역적 관성이 예고되는 곳이기도 한데, 기원전 12~10세기에는 위영자유형의 중심이 형성되어 있으면서 조양 지구와 금주 지구 등에 문화적 영향을 미치다가, 기원전 9세기 이 지구의 북쪽 지대에서 십이대영자문화의 초기 유물 복합이 형성되었고, 기원전 8세기에는 역으로 조양 지구의 십이대영자문화의 영향을 강하게 받다가, 기원전 6~4세기에는 십이대영자문화 요서 지역 전체의 중심 지역으로 부상하였으며, 기원전 3~1세기에는 중국의 연진한문화[114]로 완전히 대체된다.

조양 지구는 기원전 12~10서기에는 객좌 일대에 중심을 두고 있던 위영자유형의 주변 지역에 포괄되어 있다가 기원전 9세기 이 지구의 서쪽 외곽에 십이대영자문화의 초기 유물 복합이 처음으로 형성되었고, 기원전 8~7세기에는 십이대영자문화의 중심이 형성되어 있다가, 기원전 6~4세기 객좌 일대에 중심을 두고 있

---

114) 喀左 지구의 기원전 3세기 燕文化 관련 표지 유적으로는 眉眼溝 고분군을, 기원전 2~1세기 漢文化 관련 주요 유적으로는 黃家店 성지와 哈巴氣 목곽묘군 · 后墳 석실분 등이 있다. 朝陽地區博物館 · 喀左縣文化館, 「遼寧喀左大城子眉眼溝戰國墓」, 『考古』 1985年 1期; 國家文物局 主編, 『中國文物地圖集 遼寧分冊(下)』, 西安地圖出版社, 2009, 544쪽, 558쪽.

던 십이대영자문화 남동구유형의 강한 영향을 받는 한편 십이대영자문화 조양 지구의 물질문화적 전통을 강하게 유지하고 있던 한 그룹이 요하를 건너 심양에 중심을 두게 되면서 정가와자유형이 출현하게 되었으며, 기원전 3~1세기에는 객좌와 마찬가지로 중국의 연진한문화[115]로 완전히 대체된다.

금주 지구는 기원전 12~10세기 위영자유형과 하북성 북부의 장가원상층유형(張家園上層類型)·초도구유형(抄道溝類型)의 공통적인 영향을 받다가 기원전 8~7세기 조양에 중심을 두고 있던 십이대영자문화의 강한 영향을 받아 십이대영자문화에 포괄되었고, 기원전 6~4세기에는 객좌에 중심을 두고 있던 십이대영자문화 남동구유형의 강한 영향을 받게 되었으며, 기원전 3~1세기에는 객좌·조양 지구와 마찬가지로 십이대영자문화의 토착적 전통이 완전히 소멸되는 대신 그 자리에 성·취락지·고분·매납유구가 긴밀한 조합 관계를 이루고 있는 중국의 연진한문화[116]가 들어서게 된다.

유하 유역(창무현, 강평현, 법고현, 신민시)은 기원전 12~11세기 고대산문화[117]와 순산둔유형의 후기[118] 등이 형성되어 있다가 기원전 9세기 전후 공백기를 지나 기원전 8~7세기 법고현 장조산과 황화산 석관묘군[119]에서 드러나듯이 요동 북부 이도하자유형의 영향을 많이 받다가 기원전 6~5세기 신민시 공주둔 후산의 점토대

---

115) 朝陽 지구의 기원전 3~1세기 燕秦漢 문화 관련 표지 유적으로는 朝陽 袁臺子 성지와 고분군을 들 수 있다. 遼寧省文物考古硏究所·朝陽市博物館, 『朝陽袁臺子: 戰國西漢遺址和西周至十六國時期墓葬』, 文物出版社, 2010.
116) 錦州 지구의 기원전 3세기 戰國燕文化 관련 표지 유적으로는 徐家溝 목곽묘를, 기원전 2~1세기 漢文化 관련 주요 유적으로는 錦州市 邰集屯 英房 성지와 國和街 西漢~東漢 貝墓를 들 수 있다. 錦州市博物館, 「遼寧錦西縣台集屯徐家溝戰國墓」, 『考古』 1983年 11期; 劉謙, 「遼寧錦州漢代貝殼墓」, 『考古』 1990年 8期; 吳鵬·辛發·魯寶林, 「錦州國和街漢代貝墓發掘簡報」, 『遼海文物學刊』 1992年 1期; 王成生, 「錦西邰集屯英房古城址調查」, 『錦州文物通訊』 2期, 1985; 朱永剛·王立新, 「遼寧錦西邰集屯三座古城址考古記略及相關問題」, 『北方文物』 1997年 2期.
117) 趙賓福, 「關于高臺山文化若干問題的探討」, 『靑果集』 1, 知識出版社, 1993.
118) 辛占山, 「康平順山屯靑銅時代遺址試掘報告」, 『遼海文物學刊』 1988年 1期; 田耘, 「順山屯類型及其相關問題的討論」, 『遼海文物學刊』 1988年 2期.
119) 許志國·庄艶·魏春光, 「法庫石砬子遺址及石棺墓調査」, 『遼海文物學刊』 1993年 1期.

토기[120] 등에서 드러나듯이 정가와자유형에 포괄되었고, 기원전 5~4세기 법고현 고가분(高家墳)[121]과 석립자(石砬子) 유물 산포지[122]에서 드러나듯이 사가가유형(謝家街類型)에 포괄되었으며, 기원전 3~1세기에는 신민시 더북대(大北臺) 취락지[123]와 요중현 오가강(吳家崗) 매납유구[124]에서 드러나듯이 연진한 문화에 포괄된다.

요동 북부(태자하, 혼하, 소자하, 청하, 구하 유역)는 주변의 다른 지역에 비해 다소 물질문화의 전개 양상이 다소 복잡하다. 그 이유는 요동 북부가 요하 유역의 동북 대평원 지대, 동요하 유역, 요동 남부, 요동 동부의 사이에 위치하고 있는 까닭에 일찍부터 주변 지역과 복잡한 상호 작용 관계를 형성하고 있었기 때문이다. 이러한 복잡성은 기원전 6~4세기 심양에 정가와자유형이라는 강력한 청동기문화 중심이 형성되면서 더욱 가속화된다. 요동 북부는 세부적으로는 심양·요양 지구, 본계 지구, 무순·신빈·청원 지구, 철령·개원·서풍 해서 4개 지구로 나누어 볼 수 있다.

아무튼 요동 북부는 기원전 12~11세기에는 태자하 중상류역 마성자문화 후기가 본계를 중심으로 하여 요동 북부 전역에 강한 영향을 미쳤다. 같은 시기 무순 일대에는 국소적으로 삼족기가 공반하는 망화유형이 형성되어 있었다. 기원전 10~9세기에는 본계현 호구(虎溝) 석관묘[125]를 표지로 하는 이도하자유형 초기 유물 복합이 요동 북부 전역에 걸쳐 형성되었고, 기원전 8~7세기에는 요양현 이

---

120) 周陽生, 「新民縣公主屯後山靑銅時代遺址調査」, 『遼海文物學刊』 1990年 2期, 圖2-1~3.
121) 曹桂林, 「法庫縣靑銅文化遺址的考古發現」, 『遼海文物學刊』 1988年 1期, 圖2.
122) 許志國·庄艶·魏春光, 앞의 글, 圖3.
123) 腰北臺 취락지는 大紅旗鎭 大北臺村 腰北臺屯에 위치하고 있다. 면적은 5,400㎡이고, 청동기시대부터 漢나라를 거쳐 魏나라와 晋나라에 이르는 유물이 채집되었다. 漢나라 유물로는 회색 승석문 타날문토기편, 동촉, 五銖錢, 半兩錢 등이 있다. 國家文物局 主編, 앞의 책, 2009, 28쪽.
124) 吳家崗 화폐 매납유구는 老觀坨鄕 吳家崗村 서쪽 1km 지점에 위치하고 있다. 길이 2m의 정방형 구덩이 내에서 명도전 950매가 다발로 가죽끈으로 엮어진 채 출토되었다. 李倩, 「遼中老觀坨出土燕國窖藏刀幣」, 『遼海文物學刊』 1995年 2期.
125) 魏海波, 「本溪連山關和下馬塘發現的兩座石棺墓」, 『遼海文物學刊』 1991年 2期.

도하자,[126] 무순현 대갑방(大甲邦),[127] 본계현 신성자(新城子),[128] 서풍현 성신(誠信)[129] 석관묘를 표지로 하는 이도하자유형 전형이 형성되었으며, 기원전 6~4세기에는 심양·요양·무순 등지가 정가와자유형에 포괄되었다.

요동 북부의 이도하자유형은 기원전 4~3세기의 기간 동안 여러 개의 지역 유형으로 분화된다. 첫째는 태자하 중상류역 본계 일대의 유가초(劉家哨)[130]·상보(上堡)[131]·박보(朴堡)[132] 석관묘를 표지로 하는 유가초유형이고, 둘째는 초소대하(招蘇臺河)~구하(寇河) 유역(창도·개원·서풍)의 사가가유형이고, 셋째는 혼하 상류역~소자하 유역(청원, 신빈)의 임가보(任家堡類型)이고, 넷째는 기원전 4세기까지 정가와자유형의 핵심 유적들이 분포하고 있던 공간, 즉 심양시·요양시와 현, 그리고 무순시 일대에 기원전 3세기 성·취락지·고분·화폐 매납유구 등이 긴밀한 조합관계를 이룬 채 셋트로 등장하는 전국연문화(미안구유형)이다[133].

한편 요동 북부 지역은 기원전 3세기 이후 심양·요양·무순·철령 남부 일대에 전국연문화의 거점들이 들어서면서 토착 문화에 큰 영향을 미치게 되는데, 이러한 경향은 기원전 2~1세기 서한 시기에 들어와서 더욱 가속화된다. 또한 기원전 2~1세기 서풍현 일대에는 서차구[134] 고분군과 같은 새로운 종류의 북방계 철기문화 유적이 들어서게 되고, 청하와 소자하 상류 일대에는 신빈현 용두산(龍頭山) 대석개묘[135]와 같은 토착 집단의 유적이 있었다. 이외 한문화 지대 내에도 무

---

126) 遼陽市文物管理所,「遼陽二道河子石棺墓」,『考古』1977年 5期.
127) 撫順市博物館考古隊,「撫順地區早晚兩類青銅文化遺存」,『文物』1983年 9期.
128) 遼寧省文物考古研究所·本溪市博物館·本溪縣文物管理所,「遼寧本溪縣新城子青銅時代墓地」,『考古』2010年 9期.
129) 遼寧省西豊縣文物管理所,「遼寧西豊縣新發現的幾座石棺墓」,『考古』1995年 2期.
130) 梁志龍,「遼寧本溪劉家哨發現青銅短劍墓」,『考古』1992年 4期.
131) 魏海波·梁志龍,「遼寧本溪縣上堡青銅短劍墓」,『文物』1998年 6期.
132) 梁志龍·魏海波, 2005,「遼寧本溪縣朴堡發現青銅短劍墓」,『考古』2005年 10期.
133) 오강원, 앞의 책, 2006, 486~493쪽.
134) 孫守道,「"匈奴西岔溝文化"古墓群的發現」,『文物』1960年 8·9期.
135) 肖景全,「新賓旺清門鎭龍頭山石蓋墓」,『遼寧考古文集』(二), 科學出版社, 2010.

순현 고려영자(高麗營子), 적석식 지석묘[136]와 같은 비파형동검 단계 이래 토착 집단의 묘제 또한 일부 지속되기도 하였다.

요동 남부(해성시, 영구시, 대석교시, 개주시, 와방점시, 보란점시, 장하시, 수암현)는 기원전 12~11세기 지역에 따라 쌍타자3기유형을 중심으로 해서 여기에 마성자문화의 영향이 복합된 독특한 지역색을 보이다가 기원전 10~9세기 와방점시 화동광 지석묘와 지석묘·쌍방훌 심발형토기 조합을 특색으로 하는 쌍방유형이 형성되었고, 기원전 8~7세기 보란점시 쌍방 지석묘와 개주시 화가와보 지석묘 등의 단계를 거쳐 기원전 6~5세기 정가와자유형 유물 복합의 확산에 따라 해성하 유역이 정가와자유형에 포괄되고, 기타 지역은 개주시 단산(團山) 지석묘와 같이 정가와자유형의 영향을 받게 되었으며 곧이어 지석묘 축조가 단절된다.

이렇게 볼 때 요동 남부 지역 또한 이 일대에 전국연문화가 유입되기 직전인 기원전 6~4세기 정가와자유형에 의해 물질문화에 상당한 변동을 겪게 되었다고 볼 수 있다. 요동 남부 지역은 기원전 4세기 남쪽의 강상유형과 북쪽의 정가와자유형의 북진과 남진에 의해 더욱 큰 변화를 겪게 되는데, 기원전 3세기에는 역시 대련과 요양에 거점을 둔 전국연문화에 의해 큰 영향을 받게 되었다. 그렇지만 유적에 따라서는 일부 동검문화의 요소가 잔존되기도 하였는데, 보란점시 후원대(後元臺) 석곽묘[137]가 대표적인 사례에 속한다. 기원전 2~1세기에는 보란점시 화아산(花兒山)[138] 한나라 고분군에서 알 수 있듯이 서한문화에 완전히 포괄된다.

요동 남단(대련시)은 기원전 12~11세기 쌍타자3기유형의 중심이 형성되어 있었고, 기원전 10~9세기 물질문화 양상이 분명치 않은 과도기를 거쳐 기원전 8~4세

---

136) 熊增瓏, 「遼寧發現一處石棚墓地」, 『中國文物報』, 第2版, 2006.3.30; 熊增瓏, 「撫順河夾心石棚與石板墓地」, 『中國考古學年鑒』, 文物出版社, 2006.
137) 王珍仁, 「啓封戈」, 『社會科學輯刊』 1979年 5期; 許明綱·于臨祥, 「遼寧新金縣後元臺發現銅器」, 『考古』 1980年 5期.
138) 旅順博物館·新金縣文化館, 「遼寧新金縣花兒山漢代貝墓第一次發掘」, 『文物資料叢刊』 1981年 4期.

기 강상 · 와룡천 · 누상[139] 적석총으로 대표되는 강상유형이 지속되었다. 강상유형 또한 정가와자유형의 출현 이후 그 영향을 받아 비파형동검 등이 요서 양식으로 완전히 대체되고 말기에는 유가탄(劉家疃)[140]과 같은 석곽묘제 또한 출현한다. 기원전 3세기에는 윤가촌(尹家村) 하층 Ⅱ기[141]에서 드러나듯이 전국연문화에 포괄되었고, 기원전 2~1세기에는 윤가촌 상층 고분군[142]과 영성자(營城子) 고분군[143]에서 드러나듯이 서한문화에 포괄된다.

요동 동부(혼강 유역)는 기원전 12~10세기 환인현 대이수구(大梨樹溝) 석관묘[144]와 통화현 만발발자(萬發撥子)[145] Ⅱ기문화층에서 드러나듯이 마성자문화 후기의 각목돌대문토기의 영향을 받는 가운데 심발형토기 등이 석관묘와 조합하다가 기원전 9~5세기 환인현 랍고갑(拉古甲)[146] · 포권구(狍圈溝)[147] · 소황구(小荒溝)[148] 유물산포지와 석관묘에서 드러나듯이 종향 대상파수 단경호와 심발형토기 및 석관묘

---

139) 조중 공동 고고학 발굴대, 「강상」·「와룡천」·「누상」, 앞의 책, 1966.
140) 原田淑人 · 駒井和愛, 『牧羊城—南滿洲老鐵山麓漢及漢以前遺蹟 』, 東亞考古學會, 1931, 45~47쪽.
141) 조중 공동 고고학 발굴대, 「윤가촌」, 앞의 책, 1966, 115~119쪽.
142) 조중 공동 고고학 발굴대, 「윤가촌」, 위의 책, 1966, 119~125쪽.
143) 東亞考古學會, 『東方考古學叢刊 甲種第四冊: 營城子』, 關東廳博物館, 1934; 于臨祥, 「營城子貝墓」, 『考古學報』 1958年 4期.
144) 梁志龍, 「桓仁大梨樹溝靑銅時代墓葬調査」, 『遼海文物學刊』 1991年 2期.
145) 吉林省文物考古硏究所 等, 「通化市王八脖子遺址及附近幾處地點的調査與發掘」, 『博物館硏究』 1997年 2期; 國家文物局 主編, 「吉林通化萬發撥子遺址」, 『1999中國重要考古發現』, 文物出版社, 2001; 吉林省文物考古硏究所 等, 「吉林通化市萬發撥子遺址二十一號墓的發掘」, 『考古』 2003年 8期.
146) 拉古甲 유물산포지는 華來鎭 拉古甲村 동남쪽 1km 지점에 위치하고 있는데, 면적은 1,000㎡이다. 돌뚜르개, 석편석기, 마제석부, 호편, 심발형토기편, 천발형토기편, 옹형토기편, 鼎足 등이 채집되었다. 國家文物局 主編, 앞의 책, 2009, 157쪽.
147) 本溪市博物館 · 桓仁縣文管所, 「遼寧桓仁縣狍圈溝遺址」, 『考古』 1992年 6期.
148) 小荒溝 유물산포지는 古城鎭 小荒溝村 서남쪽 100m 지점에 위치하고 있는데, 면적은 15,000㎡이고, 문화층 두께는 0.5~ 1.4m이다. 청동기시대문화층 관련으로는 주거지 잔적과 함께 타제 아요형 돌괭이, 마제석부, 반월형석도, 돌끌, 돌창, 양익유경식 석촉, 종향 대상파수 단경호, 두 등이 채집되었고, 철기시대 전기문화층 관련으로 철관과 철촉이 채집되었다. 國家文物局 主編, 앞의 책, 2009, 157쪽.

의 조합이 정형을 이루고, 기원전 4~3세기 환인현 대전자(大甸子) 대석개묘[149]와 통화 만발발자 Ⅲ기층 단계에 묘제와 유물에서 변모가 이루어진 후, 기원전 2~1세기 환인현 망강루(望江樓)[150]와 만발발자 Ⅳa층 적석묘 등의 초기 고구려문화로 변동된다.

이외 압록강 하류역, 압록강 중상류역, 청천강 유역, 대동강~재령강 유역의 신암리―미송리유형, 공귀리유형, 구룡강―세죽리유형, 신흥동유형의 물질문화의 전개 양상은 앞 장에서 편년을 하는 가운데 자연스럽게 다루었으므로 생략하기로 하겠다.

그러면 끝으로 위에서 나눈 각 지역 및 유형의 시기 별 청동기 복합도를 간단하게 살펴보기로 하겠다. 청동기 복합도는 청동기~철기시대 전기 요령~서북한 지역 전역에서 확인되는 관련 유물을 기능과 성격에 따라 크기와 상관없이 패대 일반 장신구(청동단추장식, 소형 장식물…)와 공구류(청동도끼, 청동손칼, 청동끌, 청동송곳……) 조합을 '1', 무기류(동검, 청동꺽창, 청동화살촉…) 조합을 '2', 거마구류(말얼굴장식, 말머리장식, 말재갈, 말재갈멈치, 수레굴대끝, 말띠연결장식…) 조합을 '3', 의기류(청동거울, 청동거울형장식…)·예기류(청동예기…)·고급 소재 또는 희소 위세류(황금제품, 특수 동물장식) 조합을 '4'로 4대분하여 등급화 하고자 한다. '1'등급은 소형 장신구와 공구류 조합을 세분할 수 있으나 여기서는 같은 등급으로 합치고자 한다.

청동기 조합을 추출하는 대상은 무덤이 가장 용이하지만, 무덤 뿐만 아니라 주거지·폐기구덩이·저장구덩이·매납유구·취락지·유물포함층 모두로 하였다. 또한 일정한 시간 단위에 배열되는 해당 지역의 수십~수백에 이르는 유적 가운데 극소수의 유적에서만 청동기가 출토되었다 하더라도 이를 해당 지역 전체의 조합 등급으로 단순화하였다. 따라서 지역을 세분하여 미시적으로 접근할 때에

---

149) 梁志龍·王俊輝, 1994,「遼寧桓仁出土青銅遺物墓葬及相關問題」,『博物館研究』1994年 2期, 72~73쪽.

150) 梁志龍·王俊輝, 1994, 위의 글, 75~76쪽; 李新全, 2005,「五女山 山城과 주변의 고구려 초기 유적」,『고구려문화의 역사적 의의』, 고구려연구재단, 101~106쪽; 王綿厚, 2009,「試論桓仁"望江樓積石墓"與"卒本夫餘"」,『東北史地』2009年 6期, 34~36쪽.

는 같은 지역 내에서도 양상이 다를 수 있다. 그러나 지역·유형 간의 기술적 낙차를 비교하는데에는 의미가 있다. 아래는 요서·요동·서북한의 시간대 별 청동기 조합 등급 변화를 꺾은선형 그래프로 나타낸 것들이다.

표 2 요서 지역 각 지역 단위의 청동기 조합 등급 변화

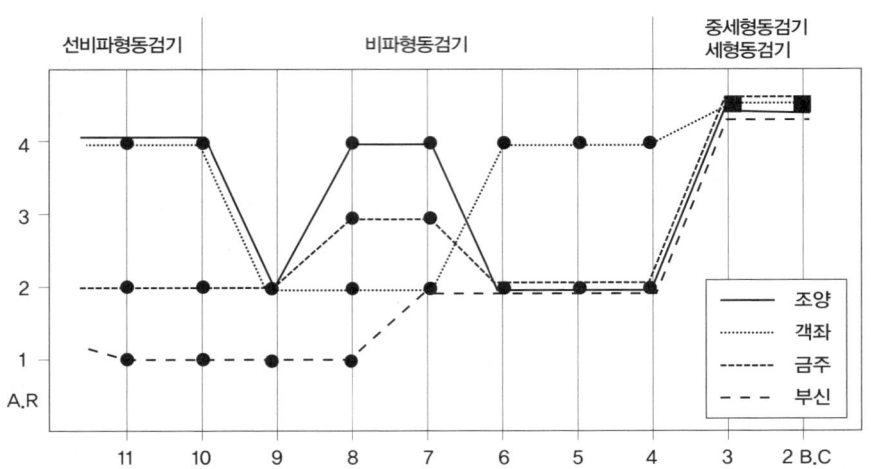

* ■ : 철기시대 전기 전국연문화 유물복합(이하 같음)

표 3 요동 지역 여러 유형의 청동기 조합 등급 변화

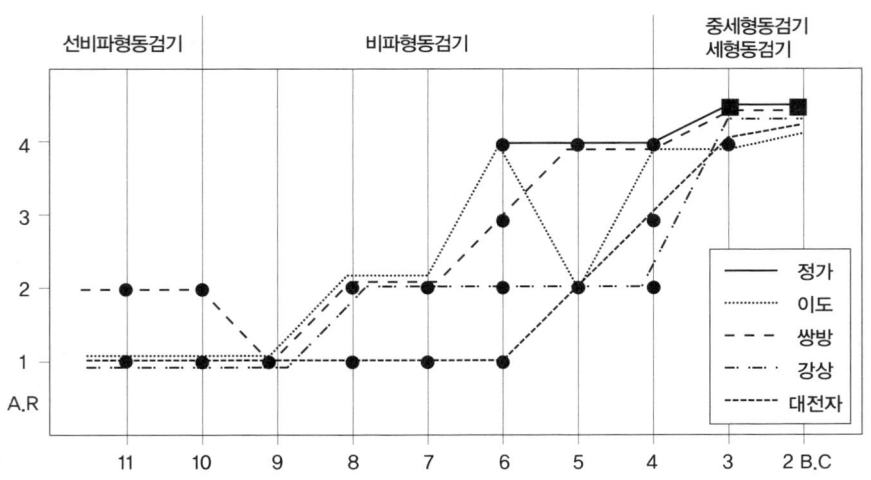

표 4 서북한 지역 여러 유형의 청동기 조합 등급 변화

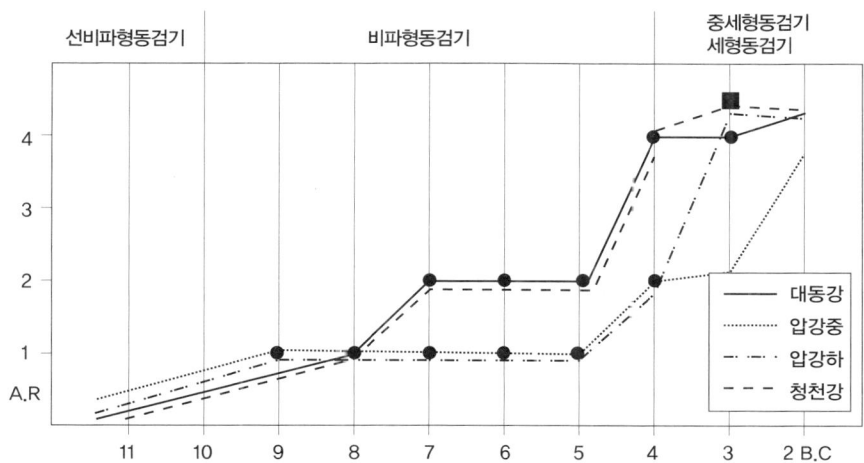

요서 지역의 청동기 조합 등급 변화에서 가장 눈에 띄는 현상은 조양 지구와 객좌 지구가 일정한 시간폭을 사이로 하여 서로 갈마들며 역전하고 있다는 점이다. 즉, 조양 지구와 객좌 지구는 위영자유형기인 기원전 12~10세기에는 두 지구 모두 4등급으로 동급을 유지하고 있다가 기원전 9세기 두 지구 모두 청동기 조합 등급이 2등급으로 급격하게 떨어진 뒤, 기원전 8~7세기에 이르러 조양 지구의 등급이 급등해 4등급으로 상승한 반면 객좌 지구는 여전히 2등급에 머물러 있다가, 기원전 6~4세기 반대로 객좌 지구가 4등급으로 급등함과 동시에 조양 지구는 2등급으로 급강하된다.

이와 같은 청동기 부장 등급의 변동은 당연히 두 지구의 사회적 기술 능력 변화를 의미한다.[151] 즉, 기원전 8~7세기에는 십이대영자문화 내의 여러 지구 가운데 조양 지구가 가장 유력하였다가 기원전 6~5세기에는 요서 지역 십이대영자문

---

151) 소형 장신구류를 제작 및 사용하는 것과 전쟁 등과 연관이 있는 무기류의 제작 및 사용에는 큰 차이가 있다. 마찬가지로 단순한 패대 무기류와 지배자의 거행 및 의식 활동과 연관이 있는 거마구류와 청동의기류의 제작 및 사용에도 큰 차이가 있다. 이러한 차이는 해당 청동기의 제작상의 난이도는 물론 사용상의 사회 구조와 계층화와도 연관이 되기에, 여기에서는 이를 기술적 낙차는 물론 사회 등급의 차이와도 연관되는 것으로 해석하였다.

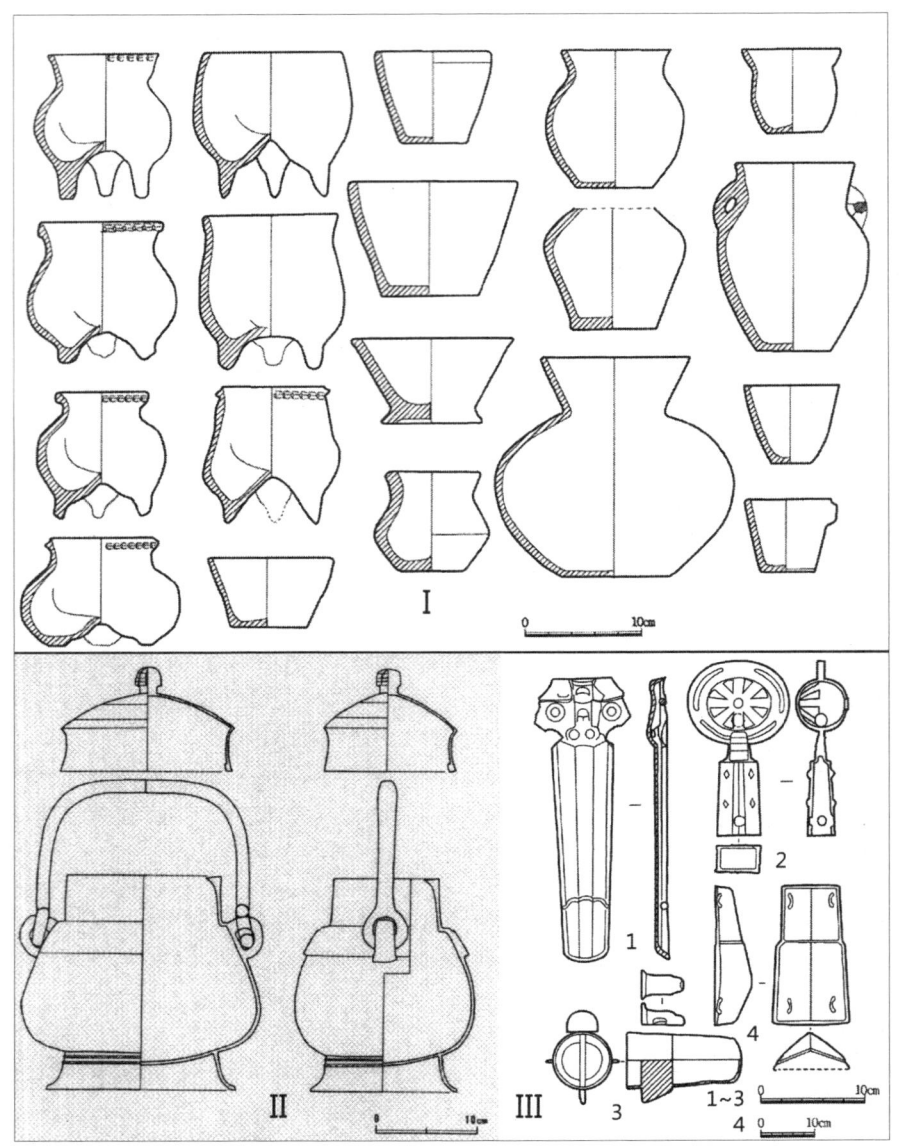

그림 7 위영자유형의 주요 유물

화의 중심 지역이 기존의 조양 지구에서 객좌 지구로 이동되었다는 것을 시사한다. 기원전 12~10세기 조양 지구와 객좌 지구가 같은 등급을 보이는 것은 이 시기 두 지구 모두에 위영자문화의 지역 중심들이 형성된 것과 연관이 있는데, 요서 지역에서 위영자유형과 십이대영자문화가 단절적인 관계에 있다는 점을 고려할 때 큰 의미를 갖는 변수는 아니다.

요서 지역 십이대영자문화의 유력한 3개 지구 가운데 하나인 금주 지구는 등급 변동의 폭이 작다는 점에서 조양 지구나 객좌 지구 보다는 물질문화의 전개가 역동적이지는 못하였다는 것을 알 수 있다. 등급의 변동 또한 기원전 12~9세기 내내 2등급에 머물러 있다가 기원전 8~7세기 조양 지구의 성장에 맞추어 3등급으로 소폭 상승하였으나, 기원전 6~4세기 조양 지구의 하락과 함께 다시 2등급으로 동반 하락된다. 부신 등은 청동기시대 전 기간 2등급 이상을 오르지 못하여 주변적인 성격을 보인다. 요서 전역의 등급이 지역을 막론하고 4등급으로 일체화되는 것은 기원전 3~1세기 연진한문화 시기이다.

요동 지역은 위의 그래프를 통해 요서 지역과 청동기시대 전반에 걸쳐 현격한 기술적 낙차를 보이고 있었다는 점이 다시 한번 주목된다. 다음으로 눈길을 끄는 것은 정가와자유형이 기원전 6세기 출현 시점부터 최고의 등급을 보인다는 점이다. 이는 정가와자유형이 완비된 형태로 심양 일괘에 거점을 마련하였다는 것을 잘 보여주는 것이라 생각한다. 이외 강상유형과 이도하자유형—유가초유형이 유사한 등급 변동을 보인다는 점과 요동 동부의 대이수구유형—대전자유형이 매우 낮은 등급에 머물러 있다가 기원전 4~3세기 급격히 성장하여 독자적인 철기문화 단계에 돌입하였다는 점이 주목할 만하다.

서북한 지역의 공귀리유형은 청동기시대의 대부분 기간 요동 동부의 대이수구 유형과 같은 수준의 청동기 복합도를 보이고 있었다는 점이 주목되는데, 요동 동부의 혼강 유역과 압록강 중상류역 자강도 일대의 공귀리유형은 각각의 대표 기종 가운데 하나인 대이수구형호와 공귀리형호가 종향 대상파수 단경호라는 극히 상사한 토기를 공유하고 있었다는 점에서도 유사하다. 그러나 두 유형은 청동기시대 말기~철기시대 전기에 큰 격차를 보이게 되는데, 공귀리유형은 여전히 1~2등급에 머물러 있었던 반면 요동 동부는 4등급을 넘어 독자적인 철기문화를 이루었다는 점에서 큰 차이를 보인다.

이러한 양상은 압록강 하류역 평북 일대의 신암리—미송리유형에서도 확인된다. 신암리—미송리유형은 토기와 석기에서 기원전 12~5세기 압록강 하류역의 요동 지역 등지와 긴밀한 교류 관계를 형성하고 있었던 반면 청동기의 유입과 정착은 매우 미미한 상태에 머물러 있어 청동기시대 말기까지 2등급을 넘지 못하였다. 신암리—미송리유형의 물질문화가 청동기 조합을 기준으로 한 4등급을 넘어 철기문화로 갑작스럽게 뛰어오르는 것은 공귀리유형과 마찬가지로 기원전 3세기인데, 그 배경은 전국연문화 유적들에 의해서이다.

이에 반해 대동강—재령강 유역의 신흥동유형은 기원전 11~8세기에는 신암리미송리유형·공귀리유형과 같은 1등급에 머물러 있다가 기원전 7~4세기 2등급 상태를 내내 유지하였다는 점에서 대조적이다. 게다가 신흥동유형에서는 공귀리유형과 신암리—미송리유형에서는 발견되지 않은 비파형동검·비파형동모까지도 무덤·취락지에서 출토되고 있다. 아울러 대동강—재령강 유역은 기원전 4~3세기 청동기 조합이 4등급으로 갑작스럽게 급등한 이후 이러한 상태가 세형동검 등 토착 유물과 함께 서한의 묘제와 유물이 조합하는 기원전 2~1세기 내내 유지되었다는 점에서 가장 탁월한 등급 및 조합성을 보인다.

청천강 중상류역의 구룡강—세죽리유형은 기원전 11~5세기 확실한 청동기의 발견 예가 없다. 그렇지만 토기와 석기에서 공귀리유형과 신흥동유형의 영향을 받은 것으로 보아 소형 청동장식물과 공구류 정도는 복합하였을 것으로 여겨진다. 그럼에도 불구하고 위의 기간 내내 1등급에 머물러 있었다는 점에서 주변 다른 유형에 비해 낮은 기술 수준을 보여준다. 그렇지만 늦어도 기원전 4세기에는 무기류가 공반하는 2등급 상태에 도달하였다고 보여진다. 가장 극적인 것은 기원전 3세기 급작스럽게 4등급을 넘어 완전한 철기문화로 전환된다는 점인데, 세죽리 Ⅲ에서 알 수 있듯이 전국연문화의 침투에 따른 것이다.

IV. 역사와 고고 자료 대비를 통하여 본 고조선

『사기』「조선열전」에 따르면, 즌왕 고조선·위만조선·낙랑군이 있었던 곳에서는 세 정치체의 유적과 유물이 중첩되어 있어야 한다. 또한 낙랑군 조선현이 고조선의 엘리트들이 마지막으로 집중되어 있던 곳에 설치되었으므로, 토착문화와 서한문화가 복합되어 있는 유물복합이 일정 기간 유지되었던 곳이 바로 낙랑군의 중심 권역에 속할 가능성이 높다. 현재 이와 같은 요건을 모두 충족시키고 있는 곳은 대동강~재령강 유역 뿐이다. 이러한 점을 고려할 때, 위만조선·낙랑군의 위치와 성격에 대해 이설이 제기되고는 있지만,[152] 대동강~재령강 유역을 위의 세 지역의 공통된 지역으로 보는 것에 아무런 문제가 없다.

요령~서북한에 이르는 지역 가운데 대동강~재령강 유역에만 낙랑군 태수·낙랑군과 대방군 속현의 관리와 고위층 및 유력자 관련 인장과 명문이 목곽묘로부터 전축분 조영기에 이르기까지 지속적으로 발견되는 점 또한 중요한 물질적 증거로 들 수 있다. 평양시 정백동 1호 목곽묘의 '夫租薉君' 은인, 정백동 2호분의 '夫租長印' 동인·'高尙賢印' 은인, 정백리 127호분의 '樂浪太守掾王光之印' 목인,[153] 남정리 116호분의 조선현 현승(縣丞) 전굉(田肱) 필사 목찰,[154] 석암리 205호분의 '五官掾王旰印' 목인,[155] 석암리 219호분의 '王根信卲' 은인,[156] 신천군 봉황리 1호분의 '守長岑長王君'銘 벽돌[157] 등이 그러한 예에 속한다.[158]

---

152) 리지린, 앞의 책, 1962, 83~96쪽; 尹乃鉉, 앞의 책, 284~299쪽.
153) 小場恒吉·榧本龜次郎, 『古蹟調査報告 第二: 樂浪三光墓』, 朝鮮古蹟硏究會, 1935, 圖版第35-25.
154) 小泉顯夫, 『古蹟調査報告 第一: 樂浪彩篋塚』, 朝鮮古蹟硏究會, 1934, 圖版第79.
155) 原田淑人·田澤金吾, 『樂浪: 五官掾王旰の墳墓』, 東京帝國大學文學部, 1931.
156) 榧本杜人·中村春壽, 『樂浪漢墓 第二冊: 石巖里二一九號墓發掘調査報告』, 樂浪漢墓刊行會, 1975.
157) 전주농, 「신천에서 대방군 장잠장 왕경(帶方郡 長岑長 王卿)의 무덤 발견」, 『문화유산』 1962년 3호.
158) 이외 貞栢洞 364호분 출토 樂浪郡 初元 4년(기원전 45년) 戶口簿 木簡 또한 중요한 물질 증거가 된다. 손영종, 「락랑군 남부지역(후의 대방군 지역)의 위치—<락랑군 초원4년 현별호구

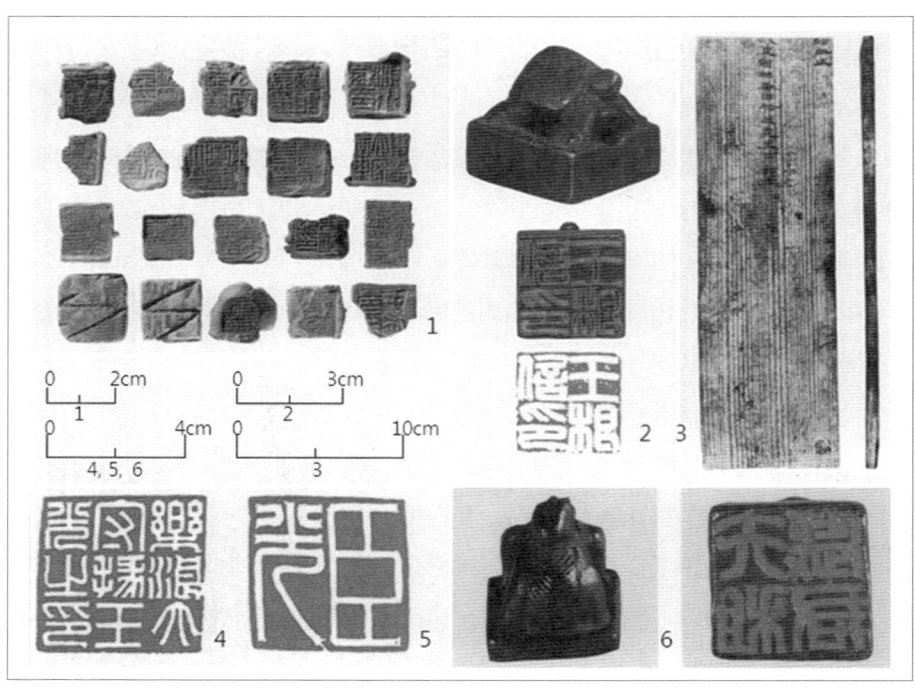

그림 8 평양 일대 출토 낙랑군 관련 봉니·인장·목찰

그런데 『사기』 「조선열전」에는 전국연의 전성기 때 고조선을 대략 복속시켰다고 되어 있다. 『사기』 「조선열전」의 전국연이 고조선을 대략 복속시켰다는 것은 뒤에 준왕의 고조선과 위만조선이 언급되어 있는 것으로 보아 같은 열전 말미에 나오는 '定朝鮮'이나 일반적인 '滅國'이란 분위기와는 다른 표현이다. 그렇다면 『사기』 「조선열전」의 '略屬'은 어떠한 분위기를 전하는 것일까? 『사기』 「조선열전」의 '略屬'은 『위략』 고조선 기사에 진개가 고조선의 서쪽 땅 2,000여리를 빼앗자 이때부터 고조선이 약해지기 시작했다는 기록이 있는 것으로 보아 그와 관련이

다소□□>통계자료를 중심으로」, 『력사과학』 199, 2006; 金秉駿, 「樂浪郡 初期의 編戶過程과 '胡漢稍別'—「樂浪郡初元四年縣別戶口多少□□」 木簡을 단서로」, 『木簡과 文字』 창간호, 2008; 尹龍九, 2009, 「平壤出土<樂浪郡初元四年縣別戶口簿>研究」, 『木簡과 文字』 3; 김정배, 「고조선의 칭왕(稱王)과 인구 문제」, 『고조선에 대한 새로운 해석』, 高麗大學校 民族文化研究院, 2010.

있다고 생각한다.

그러나 『위략』의 "取地二千餘里" 기사는 있는 그대로 긍정적으로 보는 시각도 적지 않지만,[159] 동호를 물리치고 빼앗은 1,000여 리가 어환(魚豢) 등의 착각으로 고조선으로부터 빼앗은 1,000여리와 합산되었다든지,[160] 1,000여 리를 오기한 것이거나 '많은 땅'을 의미하는 개수[161]이거나 부정확한 異聞을 수록한 것으로[162] 보는 견해도 만만치 않다. 그렇지만 어떠한 경우에도 『위략』의 위의 기사를 완전히 부정하는 견해는 없다. 여기서는 일단 준왕 고조선과 위만조선이 전국연과 경쟁하던 앞선 시기의 고조선이 전국연과의 전쟁에서 패하여 동쪽으로 밀려난 뒤의 영역이라는 점에만 주목하고자 한다.

이와 같은 역사적 정황은 요령~서북한 지역의 물질문화가 기원전 3세기 초를 기점으로 전국연문화(미안구유형)와 그 주변의 토착 유형의 이원적인 상호 작용 관계망으로 변동되는 것과 잘 들어 맞는다. 기원전 3세기 요서 전역은 전국연문화로 완전히 대체되었다. 요동 지역은 철령 남부토부터 심양·요양에 이르는 지역은 전국연문화 지역으로,[163] 대련 일대는 전국연문화가 증심을 이루되 토착 유형

---

159) 리지린, 앞의 책, 1963, 22쪽; 려상호, 「고조선 중심을 평양으로 보는 견해들에 대한 비판(하)」, 『력사과학』 3, 1963, 60쪽; 張博泉, 『東北地方史稿』, 吉林大學出版社, 1985, 45쪽; 千寬宇, 「古朝鮮의 몇가지 問題」, 『韓國上古史의 諸問題』, 韓國精神文化研究院, 1987, 132쪽; 李鍾旭, 『古朝鮮史硏究』, 一潮閣, 1993, 166쪽; 張碧波, 「古朝鮮研究中的誤區─東北史評之一」, 『黑龍江民族叢刊』 1999年 4期, 45쪽; 程妮娜 主編, 『東北史』, 吉林大學出版社, 2001, 17쪽; 李德山·欒凡, 『中國東北古民族發展史』, 中國社會科學出版社, 2003, 116쪽.
160) 李丙燾, 「衛氏朝鮮興亡考」, 『韓國古代史研究』, 博英社, 1983(重版), 70쪽; 盧泰敦, 「古朝鮮 중심지의 변천에 대한 연구」, 『韓國史論』 23, 서울大 國史學科, 1990, 47쪽; 李健才, 「公元前3─公元前2世紀古朝鮮西部邊界的探討」, 『社會科學戰線』 1998年 5期, 195쪽; 徐榮洙, 「古朝鮮의 對外關係와 疆域의 變動」, 『東洋學』 29, 1999, 110쪽; 박대재, 「고조선과 燕·齊의 상호관계─기원전 4세기 말~3세기 초 전쟁 기사를 중심으로─」, 『史學研究』 83, 2006, 25쪽; 서영수, 「요동군의 설치와 전개」, 『요동군과 현도군 연구』, 동북아역사재단, 2008, 33쪽.
161) 尹乃鉉, 앞의 책, 1986, 62쪽.
162) 김정배, 『고조선에 대한 새로운 해석』, 高麗大學校 民族文化研究院, 2010, 34쪽.
163) 戰國燕과 古朝鮮의 경계로 언급되고 있는 浿水(沛水)를 현재의 渾河로 보는 견해(박준형, 위의 글, 2012, 174쪽)가 있는데, 渾河 하류역 서안의 遼陽市와 鞍山市, 渾河 중류역 양안의 沈陽市와 撫順市에 전국연문화가 면상으로 분포하고 있는 현상을 고려할 때 동의하기 어

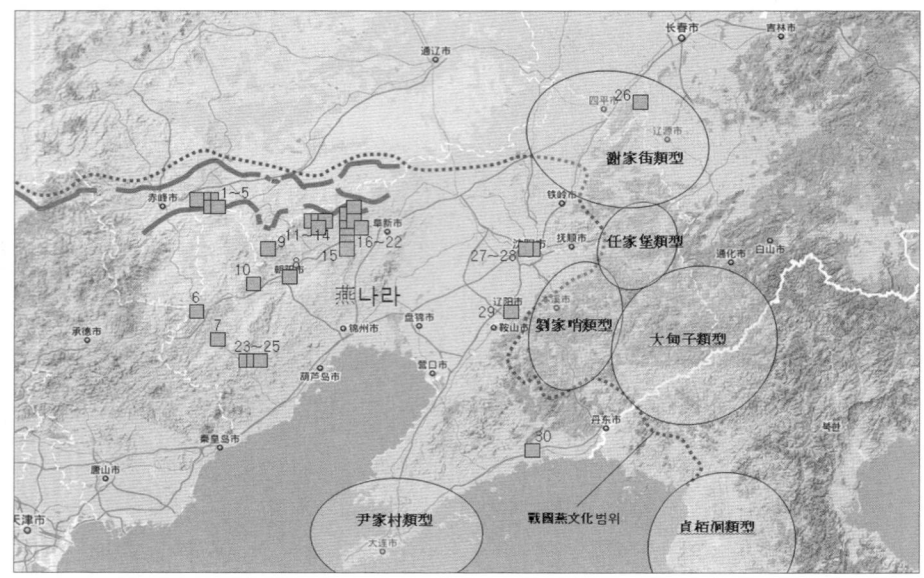

그림 9 기원전 3세기 요령~서북한 지역의 전국연문화 범위와 토착 유형의 분포

이 공존하는 지역으로, 본계 일대는 전국연문화의 영향을 많이 받는 토착 유형의 지역으로, 혼강 유역과 대동강 유역은 토착 유형이 지속되는 지역으로 변모된다.

위의 점들을 종합적으로 고려할 때, 결국 평양 일대에 중심을 두고 있던 준왕 고조선·위만조선 이전의 고조선은 대동강 유역의 서쪽에 해당하는 기원전 3세기 이전 요령 지역에서 찾을 수밖에 없다. 『사기』 「조선열전」과 『위략』 고조선 기사에 따르면, 연나라 역대 통치자 가운데 처음으로 칭왕한 역왕(기원전 332~321년) 무렵 고조선은 연나라 동쪽에 위치하고 있으면서 연나라와 갈등하는 나라로, 또한 신빙성은 없지만[164] 『관자』에는 제환공(기원전 685년~643년) 재위 기간 고조선이 제나라 바다 건너 북방을 대표하는 세력으로 단독으로 언급되고 있다.

렵다. 또한 渾河 상류역의 淸原縣 일대에는 渾河 양안에 걸쳐 任家堡類型의 토착 유형만이 확인된다.
164) 吳炫受, 「『管子』에 등장하는 '穢貉'과 '發朝鮮'의 역사적 실체 '穢貉'·'發朝鮮' 조문의 사료 맥락적 분석을 중심으로」, 『史林』 43, 2012.

고조선 관련 주요 역사 자료에서 드러나는 준왕 이전 고조선의 이와 같은 분위기로 보아 진개의 침공을 받은 그조선은 요령 일대에서 가장 선진적인 정치체를 이루고 있었던 것으로 여겨진다.[165] 따라서 요령 일대의 여러 물질문화 가운데 기원전 3세기 초~2세기 초 평양을 중심으로 한 대동강~재령강 유역의 물질문화와 가장 유사한 유물복합을 이루고 있으면서 가장 선진적인 지역과 유적을 고조선과 연계지을 수 있다. 이 가운데 기원전 3세기 초~2세기 초 정백동유형 토착 유물의 핵심을 이루고 있는 것은 무력을 상징하는 세형동검과 신권을 상징하는 다뉴기하문경[166]이다.

기원전 3세기 이전 요령 지역에서 이러한 유물이 조합하고 있는 지역과 유형은 조양을 중심으로 하는 십이대영자문화 십이대영자유형의 기원전 8~7세기 유적군, 기원전 6~4세기 심양을 중심으로 하는 십이대영자문화 정가와자유형, 기원전 4~3세기 혼강 유역의 대전자유형이 있다. 이 가운데 대전자유형은 사실상 대동강 유역의 정백동유형과 시간적으로 병렬적인 관계에 있으면서 동검과 동경이 구체적인 속성을 달리하고 있다는 점, 그리고 기원전 5세기까지 청동기 조합이 1등급이라는 매우 저조한 조합상을 보이고 있다는 점에서 진개 침공 이전의 고조선에서 일차적으로 제외된다.[167]

이렇게 볼 때 결국 대동강~재령강 유역의 준왕 조선·위만조선은 십이대영자문화 십이대영자유형과 정가와자유형과 직결된다고 볼 수 있다. 세 유형은, 세부적으로는 다양한 지역 유형과의 관계 속에서 논의되어져야 할 부분들도 있지만,

---

165) 박준형, 앞의 글, 2012b, 175쪽.
166) 李淸圭,「'國'의 形成과 多鈕鏡 副葬墓」,『先史와 古代』14, 2000; 趙鎭先,「北韓地域 細形銅劍文化의 性格」,『韓國上古史學報』47, 2005; 趙鎭先,「多鈕粗文鏡의 型式變遷과 地域的 發展過程」,『韓國上古史學報』62, 2008.
167) 徐榮洙와 朴善美는 大甸子類型을 포함한 遼河 이동 千山山地 일대의 기원전 3세기 전후의 토착 유형을 衛滿 집단과 그 직전의 古朝鮮으로 보기도 하나, 요동 자체만 해도 지역적 맥락을 달리하는 여러 유형이 찾아지고 있어 그렇게 보기 어렵다. 徐榮洙, 앞의 글, 1988, 42쪽; 박선미,「戰國~秦·漢 初 화폐사용집단과 고조선의 관련성」,『북방사논총』7, 고구려연구재단, 2005, 211~213쪽.

대체로 청동기(동검·청동거울·청동도끼…)는 물론 묘제(석곽묘, 토광묘)에서도 계기적인 선후 관계를 이루고 있다. 이러한 점을 고려할 때, 적어도 준왕 조선의 지배층이 직접적으로는 십이대영자문화 정가와자유형, 멀게는 십이대영자문화 십이대영자유형에 연결되는 것만은 분명하다. 따라서 이 세 유형 모두를 고조선 핵심 집단에 의해 남겨진 물질문화로 정할 수 있다.

그런데 이렇게만 보기에는 석연치 않은 점이 있다. 그것은 다뉴기하문경이 조합하고 있지 않다는 점에서만 차이가 있을 뿐, 청동기 조합 등급이 정가와자유형 등과 완전히 같은 4등급에 도달한 객좌를 중심으로 하는, 기원전 6~5세기의 십이대영자문화 남동구유형이 있기 때문이다. 십이대영자문화 남동구유형은 다뉴기하문경 대신 동남구-옥황묘유형 등에서 수입한 중국식 청동예기와 함께 당시 최신 소재인 황금으로 만든 동물장식 및 개구리·가오리 꼴 청동장식을 지배자의 신권과 권력을 현시하는 물질로 채택하고 있다. 그러면서 유물복합의 중심은 십이대영자문화의 정체성을 유지하고 있다.

이 시점에서 다시금 주목되는 것이 『위략』의 고조선 관계 기사이다. 중요한 기사이므로 진개 침공과 관련된 조선후 기사 전문을 인용하면 아래와 같다.

"옛적 기자의 후손인 조선후가 주나라가 쇠퇴하자 연나라 스스로 왕이라 하고는 동쪽을 공략하려 한다는 것을 느끼고는 조선후 또한 스스로 왕이라 일컫고는 주나라 왕실을 존숭한다는 명분으로 병사를 일으켜 연나라를 반격하고자 하였으나, 조선후의 대부 예가 간하자 그치고는 대부 예를 서쪽으로 보내 연나라를 설득하자, 연나라도 그치고는 공격하지 않았다. 훗날 조선후의 자손이 교만하고 포학하자 연나라가 장수 진개를 보내 고조선의 서쪽 땅을 공격하여 2,000여리의 땅을 취하고는 만번한으로 경계를 삼으니, 고조선이 비로서 약해졌다(昔箕子之後朝鮮侯, 見周衰, 燕自尊爲王, 欲東略之. 朝鮮侯亦自稱爲王, 欲興兵逆擊燕, 以尊周室. 其大夫禮諫之, 乃止. 使禮西說燕, 燕止之, 不攻. 後子孫驕虐, 燕乃遣將秦開, 攻其西方, 取地二千餘里, 至滿番汗爲界, 朝鮮遂弱)"

위의 기사에서 우선적으로 주목되는 것은 기원전 4세기 고조선과 연나라가 연나라 역왕의 칭왕과 연나라 동쪽 이역(異域)에 대한 침공 의도가 발단이 되어 전쟁 직전까지 치닫는 것으로 되어 있다는 점과 두 나라의 일촉즉발의 긴장 관계를 풀기 위해 조선후의 신하 대부 예가 직접 연나라 조정에 나아가 왕을 상대로 유세를 하는 등 매우 중요한 역할을 하고 있다는 점이다. 즉, 이 기사를 통해 조선후의 고조선과 연나라가 상대 나라의 국내 정세와 조정의 돌아가는 분위기를 소상하게 알고 있다는 것과 고조선의 통치자가 중국식 칭호인 '후'·'왕'에 민감하게 반응하고 또 즉각적으로 사용하고 있는 것을 알 수 있다.

현재 『위략』의 조선후 기사와 가장 부합되는 물질문화 양상을 보이고 있는 것은 십이대영자문화 정가와자유형이 아니라 남동구유형이다. 남동구유형의 중심지역인 객좌 지구는 기원전 7세기까지 조양을 중심으로 하는 십이대영자문화의 주변부에 속하여 있었다. 이러한 점은 이미 밝혀진 바와 같이, 조양과 객좌 지구 중심 무덤의 부장 유물을 통해서 잘 드러난다. 그러나 기원전 6세기에 이르러서는 상황이 급변하여 객좌 일대가 요서 전역의 최중심지로 부상하였고, 이러한 상태는 기원전 3세기 요서 지역의 물질문화가 전국연문화로 급작스럽게 대체될 때까지 지속된다.

십이대영자문화 남동구유형의 이와 같은 변모는 기원전 6~5세기 하북성 북부 연산산지의 동남구—옥황묘유형과 하북성 북부 화북대평원 북단의 연나라와의 적극적인 상호 작용의 결과라고 할 수 있는데,[168] 그 결과 이 시기 남동구유형은 십이대영자문화의 전통적인 유물 외에 동남구 옥황묘유형을 통해 들어온 후

---

168) 기원전 6~5세기 喀左 南洞溝類型과 東南溝-玉皇廟類型·燕文化와의 상호 작용의 흔적은 河北省 북부 연산산지에 소재하고 있는 隆化 下甸子와 駱駝梁 토광묘군, 承德市 土山鄕, 豊寧縣 등지에서 유병식동검과 비파형동검의 속성이 결합되어 있는 혼합식동검·선형동부가 출토·수습되었다든지, 齊나라 三軍으로 편입되어 있던 山東省 서하현 杏家庄의 萊族 목곽묘에서 燕나라를 거쳐 전입된 비파형동검이 부장되어 있다든지 하는 것을 통해 충분히 짐작할 수 있다. 吳江原, 「春秋末 東夷系 萊族 木槨墓 출토 琵琶形銅劍」, 『韓國古代史研究』 23, 2001, 221~226쪽; 오강원, 「遼寧地域의 靑銅器文化와 北方 靑銅器文化 間의 相互作用과 交流 樣相」, 『21세기의 한국고고학』 V, 주류성출판사, 2012a, 642~645쪽.

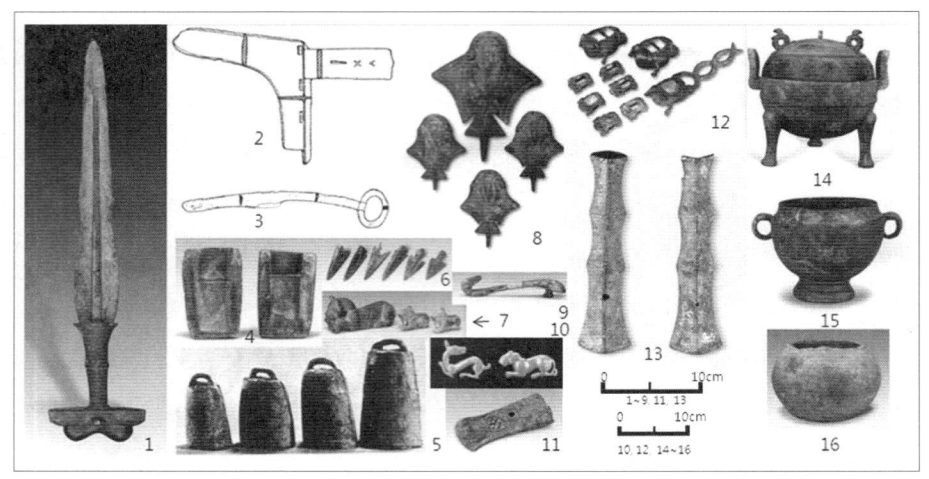

그림 10 십이대영자문화 남동구유형의 주요 유물(객좌 남동구)

표 5 기원전 6~5세기 남동구유형 주요 유적의 유물 구성

	토착계									옥황묘유형계											연문화계					
	동검	검병	검병두식	銅斧鎔范	銅착	단추장식	대롱구슬	돌구슬	뼈재갈멈치	동촉	鑣形銅馬面	鑣形銅節約	蛙形銅節約	虎形銅節約	황금대롱구슬	臥虎形金飾	狗形銅飾	虎含兎形銅飾	蛇含蛙形銅飾	蛙形銅飾	帶鉤	동과	환수동도	말재갈멈치	車軸頭	청동예기
三官甸	●	●	●	●	●		●			●												●	●			●
南洞溝	●	●				●		●		●		●							●		●				●	

기북방계 유물·동남구—옥황묘유형을 통해 이차적으로 전해진 연나라의 유물· 여러 계통이 혼합되어 있는 유물이 복합하는 독특한 물질문화를 이루게 된다. 이 시기 남동구유형의 하북성 방면의 제 집단과의 교류가 얼마나 빈번하였는지는 당시 최신의 각종 황금제품이 동시기에 들어와 있는 것을 통해서 잘 드러난다.

남동구유형의 교류 관계는 기원전 4세기를 기점으로 하여 다시 한번 변동되는 데, 그것은 주요 교류 대상이 연산산지의 동남구—옥황묘유형으로부터 연산산지 를 포함한 하북성 일대의 연나라로 전환된데서 기인한다. 기원전 4세기 남동구유형 교류 대상의 변모는 河北省 방면의 정치·군사적인 정세와 깊은 관련이 있다. 즉, 기원전 4세기 연나라가 연산산지의 동남구 옥황묘유형의 여러 집단을 완전히 복속시키고 이 일대를 내지화함에 따라 교류 대상이 자연스럽게 연나라로 바뀌게 되었던 것이다.[169] 이러한 점은 건창현 동대장자(東大杖子) 적석목관묘의 부장 패턴 변화를 통해서 잘 드러난다.[170]

아무튼 기원전 6~4세기 남동구유형을 중심으로 하여 전개된 주변 지역의 물질문화 동향과 정세는 여러모로 『위략』의 조선후 기사와 부합된다. 연나라는 소공(召公)을 제외하고는 역왕(易王) 이전 역대 통치자의 사적이 드러나 있지 않다. 다만 기원전 4세기 하북성 일대 물질문화 세계의 변동을 고려할 때, 역왕 이전의 희공(釐公, 기원전 403~373년)·환공(桓公, 기원전 373~362)·문공(文公, 기원전 362~333년) 때에 연산산지 일대가 완전히 내지화되었던 것만은 분명하다. 연나라가 연산산지를 내지화한 후 제일 손쉽게 영토를 확장할 수 있는 대상은 아무래도 바로 서쪽에 새로이 인접하게 된 남동구유형 집단이 될 수밖에 없다.

이러한 점을 고려할 때, 아무리도 준왕 이전의 고조선을 모색하기 위해서는 요령~서북한의 물질문화 양상을 다시 새롭게 해석하여야만 한다. 이와 관련하여 우선적으로 주목되는 것이 준왕 이전의 고조선이 확실한 심양을 중심으로 한 정가와자유형이, 기원전 6~4세기 요하 유역의 여러 토착 유형과 요동 지역 내 문화적 네트워크에서 상위를 차지하고 있을 정도로 강력한 영향을 끼친 것만은 분명하지만, 수장층 여부를 떠나 정가와자 6512호 목곽묘에서 확인되는 정가와자유형 전형의 무덤이 넓게 보아야 심양과 그 인근 지역(무순현 요양시, 해성시…)에 국한되어 있다는 점이다.

---

169) 기원전 4세기 喀左 南洞溝類型과 燕나라와의 상호 작용의 흔적은 河北省 新城縣 高碑店·望都縣·涿縣에서 중세형동검이 출토된 것을 통해서도 짐작할 수 있다. 吳江原, 「遼寧~西北韓地域 中細形銅劍에 관한 硏究」, 『淸溪史學』 16·17(悠山姜仁求教授 停年紀念 東北亞古文化論叢), 2002a, 12쪽.

170) 吳江原, 「遼寧省 建昌縣 東大杖子 積石木棺槨墓群 出土 琵琶形銅劍과 土器」, 『科技考古硏究』 12, 2006, 12~16쪽.

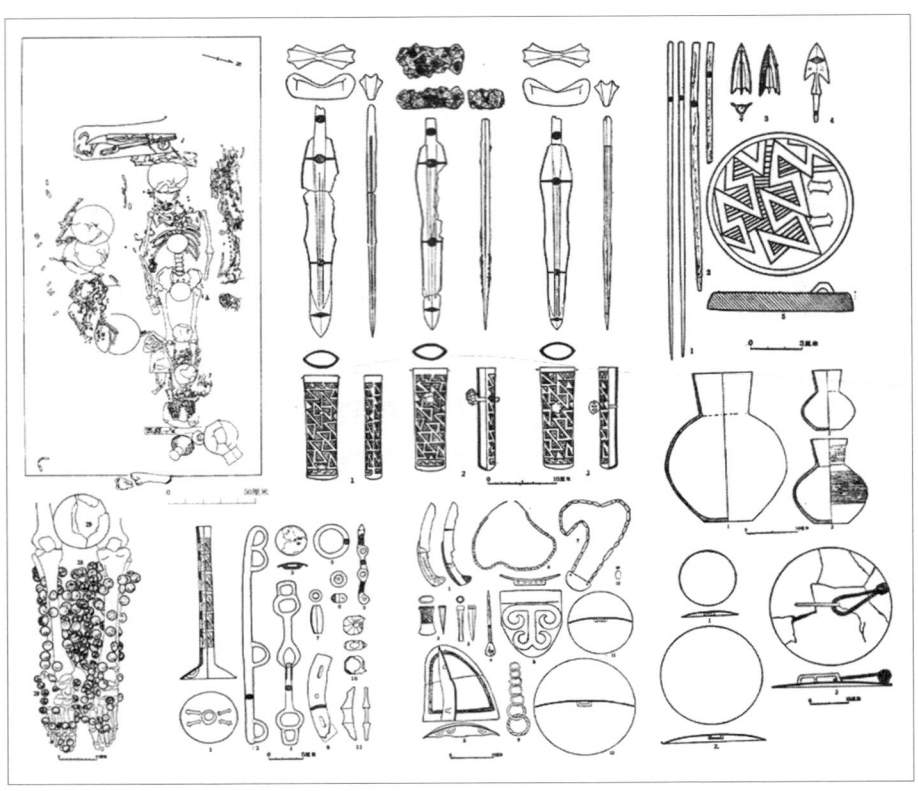

그림 11 십이대영자문화 정가와자유형의 주요 유물과 유적(심양 정가와자M6512)

즉, 기원전 6세기 정가와자유형의 중심이 심양에 형성된 직후 요동 지역의 비파형동검이 요동형(B형)에서 요서형 정가와자식(AⅢ식)으로 획일화되고,[171] 전 단계까지 공반하지 않던 요서 양식의 T자형 청동검병이 조합하기 시작하며,[172] 요동 지역의 토기 제작 전통에서는 생소한 정가와자형호와 점토대토기가 토광묘제와 함께 요동 각지로 넓게 확산된다.[173] 그렇지만 같은 시기 요동 지역의 각 토착

---

171) 오강원, 「遼寧~韓半島地域 琵琶形銅劍과 細形銅劍의 劍柄頭飾 硏究」, 『북방사논총』 2, 고구려연구재단, 2004a, 33쪽.
172) 吳江原, 앞의 글, 2003d, 22~26쪽.
173) 吳江原, 「鄭家窪子型壺의 型式變遷과 地域的 分布樣相」, 『科技考古硏究』 8, 2002b, 14~22쪽; 李成載, 「中國東北地域 粘土帶土器文化의 展開過程 硏究」, 崇實大學校 碩士學位論

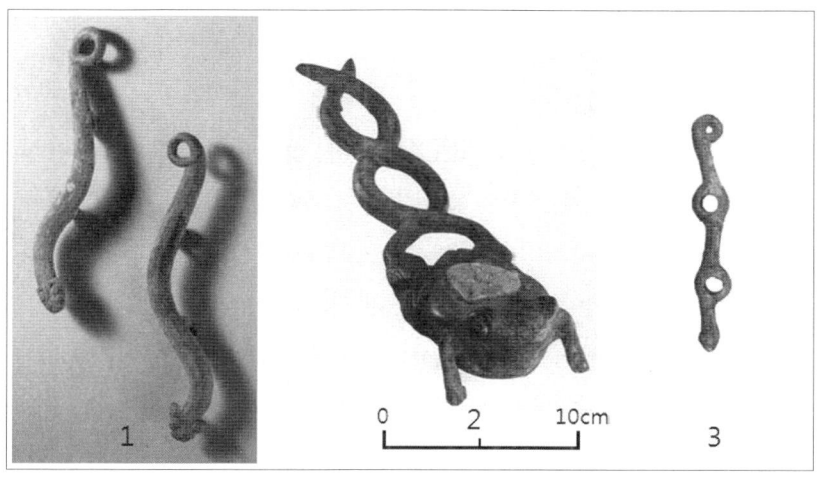

그림 12 하북성 북부, 남동구유형, 정가와자유형의 뱀꼴 말재갈멈치와 뱀꼴 장식

유형들은 여전히 재래의 유물 전통을 유지하며 존속하고 있었다. 이는 요동 지역 각 토착 유형들의 수장층이 정가와자유형의 최신의 기술적 분위기를 수용한 것과 연관이 있다.[174]

그러면 이제 이러한 점을 염두에 두면서 다시 고조선의 문제로 돌아가 보기로 하겠다.

기원전 4세기 요령~서북한 지역에 분포하고 있던 여러 물질문화 가운데 요서의 남동구유형과 요동의 정가와자유형에 속하는 여러 집단은 유사한 문화적 정체성을 공유하고 있었다고 생각된다. 이러한 점은 두 유형 모두 십이대영자문화의 핵심 유물인 비파형동검과 조립식 전통을 유지하고 있었고, 묘제에서 주변 지역과는 뚜렷하게 구분되는 강한 공통성을 보이고 있었으며, 두 유형의 수장묘 모두에서 근사한 신앙의 흔적[175]이 확인된다는 점 등에서 확인된다. 이들 유형의 상

文, 2007, 57~68쪽.
174) 오강원, 『비파형동검문화와 요령 지역의 청동기문화』, 청계, 2006 500~514쪽.
175) 南洞溝類型과 鄭家窪子類型의 중심 유적 모두에 뱀을 소재로 한 청동기 등이 복합하고 있는 것을 단적인 예로 들 수 있다.

사성은 두 유형이 기원전 4세기까지 지속적인 교류 관계를 형성하고 있음으로 해서 유지되었다고 볼 수 있다.

그런데 기원전 6~4세기 요하 유역에 걸쳐 있던 십이대영자문화권 내에서는 객좌현과 심양시 이외의 지역에서는 삼관전과 정가와자 6512호 목곽묘를 능가하거나 그에 근접하는 등급을 보이는 수장묘가 발견되지 않는다. 이러한 양상은 나머지 지역에 이들과 경쟁이 가능한 세력이 존재하지 않았다는 것을 의미한다. 그러면서 일정 범위의 지역 집단이 요서 지역에서는 객좌현과 연결되어 남동구유형을 이루고 있고, 요하 유역은 심양시와 연결되어 정가와자유형을 이루고 있다. 이러한 양상은 객좌현과 심양시 세력이 의무려산을 사이로 형성되어 있던 2개 연맹체의 중심을 이루고 있었다는 것을 시사한다.

십이대영자문화권 내의 중심이 객좌현과 심양시 두 세력으로 재편된 것은 기원전 8~7세기와는 전혀 다른 양상이다. 기원전 8~7세기의 십이대영자문화는 비록 조양시가 최고 수준의 청동기 사회에 도달하기는 하였지만, 건평현 대랍한구 751호 석곽묘[176] · 대랍한구 851호 석곽묘[177] · 난가영자 901호 목관묘[178] · 포수영자 881호 석곽묘[179]와 금주시 오금당 토광묘[180] 등과 같이, 대릉하와 소릉하 유역의 주요 지역에 수장묘로서의 위상을 보여주는 상위 무덤이 여럿 분포하고 있었다. 이들 수장묘의 주변 지역에서는 이보다 등급이 떨어지는 지역 수장묘(객좌현 화상구,[181] 북표시 하가구 7771호 목곽묘[182])의 존재도 확인된다.

이러한 점들을 고려할 때, 남동구유형의 객좌 일대의 세력 집단과 정가와자유형의 심양 일대의 세력 집단은 그 이전 시기와는 다른 위상을 갖고 있었을 것임

---

176) 建平縣文化館 · 朝陽地區博物館, 「遼寧建平縣的靑銅時代墓葬及相關遺物」, 『考古』 1983年 8期, 683~685쪽.
177) 李殿福, 「建平孤山子,榆樹林子靑銅時代墓葬」, 『遼海文物學刊』 1991年 2期, 1~2쪽.
178) 李殿福, 앞의 글, 1991, 6~8쪽.
179) 李殿福, 앞의 글, 1991, 3~6쪽.
180) 錦州市博物館, 「遼寧錦西縣烏金塘東周墓調査記」, 『考古』 1960年 5期.
181) 遼寧省文物考古硏究所 · 喀左縣博物館, 「喀左和尙溝墓地」, 『遼海文物學刊』 1989年 2期.
182) 靳楓毅, 「大凌河流域出土的靑銅時代遺物」, 『文物』 1988年 11期, 139쪽.

이 분명하다. 아무튼 두 유형이 의무려산을 사이로 일정한 거리를 두고 있으면서 상호 교류와 함께 경쟁 또한 하였을 것임이 분명한데, 남동구유형은 중국의 청동예기와 각종 황금제품 · 정가와자유형은 전통적인 다뉴기하문경과 경형식의 소유와 운용을 더욱 확대하고 집적하는 것을 통해 지배자의 권위를 현시하고자 하였을 것이다. 그러면서도 두 유형은 앞서 언급한 바와 같이, 여전히 공통의 문화적 정체성을 유지하고 있었던 것이다.

이렇게 볼 때, 기원전 4세기 요하 유역에 걸쳐 있던 십이대영자문화권 내의 모든 집단이 같은 종족적 아이덴티티를 가지고 있었다고 볼 수 있고, 그 가운데 남동구유형과 정가와자유형의 중심이 위치하고 있던 객좌와 심양 일대의 세력은 주변의 다른 집단과 특별히 구분되는 연맹체 수장국으로서의 명칭, 즉 '조선'을 자처하고 있었을 가능성이 높다. 또한 요령 지역에서의 물질문화의 동향을 고려할 때, 심양의 '조선'은 조선이라는 특칭을 심양 집단의 원 거주지인 앞선 시기 조양에서 가지고 온 것이고, 객좌는 요서 전체의 최강자로 부상하게 되면서 조양에서 사용하던 명칭을 가지고 온 것일 가능성이 높다.

이와 같은 특수한 상황은 당시 전국연을 비롯한 중국인들로서는 이해하기 어려운 구조였을 것이다. 아무튼 『위략』의 고조선 기사로 보아, 기원전 4세기 전국연은 연산산지의 산융계 잔여 세력을 완전히 복속시킨 뒤, 그에 이어 기원전 6~5세기 연산산지의 산융계 여러 세력과 동맹(與國)이 가까운 형태를 취하고 있던 객좌 일대의 '조선'을 공격하려 하다 상황이 여의치 않자 뜻을 이루지 못하였다가, 기원전 3세기 초 소왕(昭王) 때 연나라 북방의 새로운 강자로 급속하게 부상하였음과 동시에 연나라가 새로 개척한 연산산지 일대로 남하를 시도하던 동호와 함께 객좌의 조선을 공격하였던 것으로 생각된다.

진개가 동호를 공격하기 전 동호에 대해 소상하게 알고 있었듯이, 객좌의 조선을 공격할 때 객좌를 중심으로 하는 연맹체의 세력 범위에 대해서도 충분한 정보가 있었다고 생각된다. 그러나 이 당시 전국연이 심양을 중심으로 하는 또 다른 조선 연맹체에 대해서도 알고 있었는지는 불분명하다. 다만 훗날 연나라 왕 희(喜, 기원전 255~222년)가 진나라 군대에 쫓겨 요동 복지 깊숙이까지 도망하였듯이,

객좌의 잔여 집단 또한 요하를 건너 심양 방면으로 도망하였을 것이고, 진개가 이를 추격하는 과정에 객좌와 유사한 또 다른 조선이 있다는 것을 알고 이 또한 공격하였을 가능성이 높다고 생각된다.

이와 관련하여 진개 침공 직후 전국연의 실질적인 진출이 요하를 경계로 요서 지역에 국한되어 있었다거나[183] 또는 개주시의 요동만 연해 지역을 제한적으로 점령한 것에 지나지 않는다든지[184] 하는 견해가 있다. 그러나 요하 동안의 이수현으로부터 대련시에 이르는 동북대평원 지대에 전국연의 성지·고분·취락지·매납유구 등이 지역에 따라서는 토착 유적이 배제되어 있는 상태에서 셋트를 이룬 채 배치되어 있는 정황을 고려하여 볼 때, 요동의 동북대평원과 요동 남동부 연해 지역을 따라 전국연의 군사 주둔 및 주민 이주 등의 진출과 정착이 있었음을 부정하기는 어렵다.[185]

그렇다면 왜 『위략』의 고조선 기사에서는 구체적인 조연(朝燕) 전쟁의 과정에 대해 기록하지 않았고, 『사기』 「조선열전」에는 아예 연나라 진개의 공격 사실만을 거론하였을 뿐 조선후 기사를 싣지 않았던 것일까?

주지하다시피, 『위략』의 고조선 기사는 『사기』와 『한서』 「조선전」에는 없는 기사들이 다수 보인다. 이러한 점을 고려할 때 『위략』 고조선 기사는 이와는 다른 사서를 참고하였던 것으로 여겨진다. 이와 관련하여 주목되는 것이 동한 명제(明帝) 때부터 편찬되기 시작해 동한 말 채옹(蔡邕)에 의해 최종적으로 속보(續補)된 『동관한기(東觀漢記)』이다. 그런데 『동관한기』에는 동이전이 입전되어 있지 않았다. 이와 함께 배송지 주 인용 『위략』에서 『한서』 「지리지」에는 보이지 않는 부여 관련 "구지(舊志)"가 인용되어 있는 것으로 보아, 현재 전하지 않는 『동관한기』 「지리지」의 고조선 관계 기사를 참고하였을 것으로 생각된다.[186]

---

183) 徐榮洙, 앞의 글, 1988, 42쪽.
184) 박대재, 앞의 글, 2006, 26~27쪽.
185) 吳江原, 「戰國時代 燕나라 燕北長城 동쪽 구간의 構造的 實體와 東端」, 『先史와 古代』 33, 2010, 172~190쪽; 吳江原, 앞의 글, 2011a, 13~14쪽.
186) 吳江原, 「『三國志』·裴松之 注와 『魏略』 古朝鮮 관련 기사」, 『정신문화연구』 35권 3호, 2012c.

사정이 이렇다고 하더라도 『등관한기』 「지리지」에 전하여진 『위략』 고조선 기사 정보를 사마천이 전혀 몰랐다고는 할 수 없다. 현재로서는 추론에 지나지 않지만, 필자는 이러한 현상이 빚어지게 된 원인이 2개의 조선에 대한 정보가 명확하게 정리되지 않은 채 전승된데에서 연유한다고 생각된다. 앞서 지적한 바와 같이, 이와 같은 사회 체제는 중도인으로서는 이해하기 어려운 구조이다. 따라서 사마천은 혼란스러운 준왕 조선 이전의 고조선 정보에 더해서는 언급하지 않은 채, 진개의 침공과 한나라가 직접 멸망시킨 위만조선, 그리고 위만이 정권을 찬탈한 준왕조선에 대해서만 서술한 것일 가능성이 높다고 생각한다.

V. 맺음말

청동기~철기시대 전기 요령~서북한 지역에는 여러 물질문화가 형성되어 있었다. 이들 물질문화의 전개에서 가장 주목되는 것은 위의 지역 대부분에 기원전 3세기를 기점으로 각 지역의 토착 문화와는 전혀 다른 성격의 물질문화, 전국연문화가 출현한다는 점이다. 기원전 3세기 전국연문화는 요서 전역과 요동의 심양 지구에서는 토착문화를 완전히 대체하였고, 대련 지구 등에서는 토착문화와 공존하며 주변 지역에 강력한 영향을 미쳤다. 이에 반해 태자하 중상류역·혼하 상류역·소자하 유역·혼강 유역과 대동강~재령강 유역에서는 토착 전통을 기반으로 한 유형이 지속되었다.

이 가운데 대동강~재령강 유역이 단연 주목되는데, 그 이유는 정백동유형의 경우 전기 유물복합이 이 지역 재래의 청동기문화인 신흥동유형이 아닌 십이대영자문화 정가와자유형을 직접적인 계보로 하고 있을 뿐 아니라, 기원전 1세기 초부터 한식 묘제와 유물과 공반하기 시작하기 때문이다. 같은 시기 십이대영자문화 정가와자유형의 중심이 형성되어 있던 심양 지구에는 정가와자유형의 유물복합이 완전히 사라지는 대신 그 자리에 전국연문화 관련의 성지·취락지·매납 유구 등이 들어서게 된다. 이러한 물질문화 양상은 정백동유형 전기가 바로 준왕 고조선과 위만조선의 문화라는 것을 시사한다.

이렇게 볼 때 정가와자유형이 바로 준왕 이전의 고조선이라 할 수 있다. 그런데『위략』에는『사기』에는 생략되어 있는 조선후 관련 기사가 있다.『위략』의 기사는 어환이 임의로 왜곡한 것이 아니라 동한 당대의 정사서인『동관한기』지리지를 저본으로 한 것으로 여겨지는데, 그에 따르면 기원전 4세기 고조선과 연나라가 주변 정세 변화와 맞물려 갈등을 빚다가 진개의 침공이 있게 된 것으로 서술되어 있다. 그런데 연나라와 갈등을 빚은 조선후의 고조선은 연나라는 물론 중국 내부 사정에 대해 잘 알고 있었고, 대부를 관직명으로 쓰는 등 중원 세력과 긴밀한 관계를 형성하고 있었다.

기원전 4세기 요령~서북한의 물질문화 가운데『위략』조선후 기사와 부합하는 것은 객좌를 중심으로 하고 있는 남동구유형 외에는 없다. 따라서『위략』조선후 기사가 잘못된 것이 아니라 한다면 조선후의 고조선은 요서 지역에 있었다고 볼 수밖에 없다. 그런데 정백동유형 전기 유물복합은 남동구유형이 아닌 정가와자유형과 관련이 있다. 여러 점을 고려할 때, 이러한 현상이 빚어지게 된 배경은 십이대영자문화권이 기원전 6~4세기 객좌를 중심으로 하는 의무려산 서쪽의 요서 지역(남동구유형)과 심양을 중심으로 하는 요하 유역(정가와자유형)의 2개 연맹체로 재편된 것과 연관이 있다고 생각한다.

다시 말해 기원전 4세기 연나라가 종전까지 객좌 일대와 긴밀한 관계를 맺고 있던 연산산지의 동남구─옥황묘유형 집단을 완전히 복속시켜 이 일대를 내지화한 후, 바로 동쪽에 인접하게 된 객좌 일대의 고조선과 갈등을 빚게 되었고, 그 결과 기원전 3세기 초 진개가 객좌 일대의 고조선을 침공하게 되었는데, 이 과정에 요하 유역의 또 다른 고조선 세력을 파악하게 되어 이마저 공격하게 되었던 것이다. 또한 당시 중국의 사회 체제에서는 이와 같은 상황이 이해되지 않았을 것이므로, 사마천은 진개 침공 사실만을 언급하게 되었고,『위략』의 저본에서는 최초 공격 대상인 객좌의 고조선만을 언급하게 된 것이 아닌가 한다.

| 참고문헌 |

■ 한국어

高久健二,『樂浪古墳文化 硏究』, 學硏文化社, 1995.

慶北大博物館,『臨河댐水沒地域 文化遺蹟 發掘調査報告書』(1), 安東郡·安東大博物館·慶北大博物館, 1990.

고고학 및 민속학연구소,『유적 발굴 보고 제6집: 강계시 공귀리 원시 유적 발굴 보고』, 과학원출판사, 1959.

高久健二,『樂浪古墳文化 硏究』, 學硏文化社, 1995.

과학원 고고학 및 민속학연구소,「황해북도 황주군 천주리 한밭골 토광묘 조사 보고」,『고고학자료집 제2집: 대동강 및 재령강 류역 고분 발굴 보고』, 과학원출판사, 1958.

과학원 고고학 및 민속학연구소,『유적 발굴 보고 제5집: 태성리 고분군 발굴 보고』, 과학원출판사, 1959.

과학원 고고학 및 민속학 연구소,「황해북도 은파군 갈현리 하석동 토광묘 유적 조사 보고」,『고고학자료집 제2집: 대동강 및 재령강 류역 고분 발굴 보고』, 과학원출판사, 1972.

과학원 고고학 및 민속학연구소,「황해북도 사리원시 상매리 석상묘 조사 보고」,『고고학자료집 2: 대동강 및 재령강 류역 고분 발굴 보고』, 과학원출판사, 1958.

국립대구박물관 편,『압독 사람들의 삶과 죽음』, 통천문화사, 2000.

김기웅,「평안남도 개천군 묵방리 고인돌 발굴 중간 보고」,『문화유산』1961년 2호.

김동일·서국태·지화산·김종혁,『마산리, 반궁리, 표대유적발굴보고』, 사회과학출판사, 2002.

김례환,「룡천군 신암리 신창 부락에서 원시 유적 발견」,『문화유산』1959년 1호.

김례환,「의주군 원하리에서 원시 유적 발견」,『문화유산』1959년 2호.

金秉駿,「樂浪郡 初期의 編戶過程과 '胡漢稍別'—『樂浪郡初元四年縣別戶口多少□□』 木簡을 단서로」,『木簡과 文字』창간호, 2008.

김영우,「중화군 강로리 유적 조사 보고」,『고고민속』1964년 1호.

김영우, 「세죽리 유적 발굴 중간 보고(2)」, 『고고민속』 1964년 4호.

김용간, 「강계시 공귀리 원시 유적에 대하여」, 『문화유산』 1958년 4호.

김용간, 「강계시 공귀리 원시 유적의 편년에 대하여」, 『유적 발굴 보고 제6집: 강계시 공귀리 원시 유적 발굴 보고』, 과학원출판사, 1959.

김용간, 「미송리 동굴 유적 발굴 중간 보고(1)」, 『문화유산』 1961년 1호.

김용간, 「미송리 동굴 유적 발굴 중간 보고(II)」, 『문화유산』 1961년 2호.

김용간, 「금탄리 유적 제2문화층에 대하여」, 『문화유산』 1962년 3호.

김용간, 『유적발굴보고 제10집: 금탄리 원시 유적 발굴 보고』, 과학, 백과사전출판사, 1965.

김용간·리순진, 「1965년도 신암리유적발굴보고」, 『고고민속』 1966년 3호.

김용간·황기덕, 「기원전 천년기전반기의 고조선문화」, 『고고민속』 1967년 2호.

김용간·석광준, 『남경유적에 관한 연구』, 과학, 백과사전출판사, 1984.

金元龍, 「韓國無文土器地域分類試論」, 『考古學』 1, 1968.

金元龍, 「朝陽十二臺營子 靑銅短劍墓」, 『歷史學報』 16, 1961.

김정문, 「세죽리 유적 발굴 중간 보고(1)」, 『고고민속』 1964년 2호.

金貞培, 「東北亞의 琵琶形銅劍文化에 대한 綜合的 硏究」, 『國史館論叢』 88, 2000.

김정배, 「들어가며 고조선의 이동설은 타당한가」, 『고조선에 대한 새로운 해석』, 高麗大學校 民族文化硏究所, 2010.

김정배, 「고조선의 칭왕(稱王)과 인구 문제」, 『고조선에 대한 새로운 해석』, 高麗大學校 民族文化硏究院, 2010.

金廷鶴, 「靑銅器의 展開」, 『韓國史論 13: 한국의 고고학 II·上』, 國史編纂委員會, 1986(3판).

金廷鶴, 「考古學上으로 본 古朝鮮」, 『韓國上古史의 諸問題』, 韓國精神文化硏究院, 1987.

김종혁, 「중강군 장성리 유적 조사 보고」, 『문화유산』 1961년 6호.

김종혁, 「토성동 제4호무덤발굴보고」, 『고고학자료집』 4, 과학, 백과사전출판사, 1974.

盧泰敦, 「古朝鮮 중심지의 변천에 대한 연구」, 『韓國史論』, 서울大 國史學科, 1990.

도유호,「조선 거석 문화 연구」,『문화유산』1959년 2호.

도유호,「고조선에 관한 약간의 고찰」,『문화유산』1960년 4호.

도유호,「왕검성의 위치」,『문화유산』1962년 5호.

라명관,「신계군 정봉리 돌곽무덤」,『고고학자료집』6, 과학, 백과사전출판사, 1983.

리규태,「배천군 대아리 돌상자무덤」,『고고학자료집』6, 과학, 백과사전출판사, 1983.

리규태,「은률군 운성리 나무곽무덤과 귀틀무덤」,『고고학자료집』6, 과학, 백과사전출판사, 1983.

리기련,『유적발굴보고 제12집: 석탄리유적발굴보고』, 과학, 백과사전출판사, 1980.

리병선,「중강군 토성리 원시 및 고대 유적 발굴 중간 보고」,『문화유산』1961년 5호.

리병선,「평안북도 룡천군, 염주군 일대의 유적 답사 보고」,『문화유산』1962년 1호.

리상호,「고조선 중심을 평양으로 보는 견해들에 대한 비판(하)」,『력사과학』3, 1963.

리순진,「재령군 부덕리 수역동의 토광 무덤」,『문화유산』1961년 6호.

리순진,「《부조예군》무덤에 대하여」,『고고민속』1964년 4호.

리순진,「신암리 유적 발굴 중간 보고」,『고고민속』1965년 3호.

리순진,「부조예군무덤 발굴보고」,『고고학자료집』4, 과학, 백과사전출판사, 1974.

리원근,「선천군 원봉리 및 정주군 석산리 원시 유적 조사 보고」,『고고민속』1964년 1호.

리지린,『고조선 연구』, 과학원출판사, 1963.

文化公報部 文化財管理局,『重要發見埋藏文化財圖錄』Ⅱ, 1989.

文化觀光部 文化財管理局,『重要發見埋藏文化財圖錄』Ⅲ, 1998.

박대재,「古朝鮮과 燕·齊의 상호관계―기원전 4세기 말~3세기 초 전쟁 기사를 중심으로」,『史學研究』83, 2006.

박선미,「戰國~秦·漢 初 화폐사용집단과 고조선의 관련성」,『북방사논총』7, 고구려연구재단, 2005.

박선훈·리원근,「석탄리 유적 발굴 중간 보고」,『고고민속』1965년 3호.

朴淳發,「우리나라 初期鐵器文化의 展開過程에 대한 약간의 考察」,『考古美術史論』3, 忠北大學校 考古美術史學科, 1993.

朴淳發,「錦山 水塘里 靑銅器時代 聚落의 時間的 位置」,『錦山 水塘里遺蹟』, 忠南大學

校 百濟硏究所, 2002.

박준형,「고조선의 성립과 발전에 대한 연구」, 연세대학교 박사학위논문, 2012a.

박준형,「대릉하~서북한지역 비파형동검문화의 변동과 고조선의 위치」,『한국고대사연구』66, 2012b.

박진욱,「비파형단검문화의 발원지와 그 창조자에 대하여」,『비파형단검문화에 관한 연구』, 과학,백과사전출판사, 1987.

裵眞晟,「압록강~청천강유역 무문토기 편년과 남한 조기~전기를 중심으로 」,『韓國上古史學報』64, 2009.

백련행,「석암리에서 나온 고조선 유물」,『고고민속』1965년 4호.

백련행,「천곡리 돌상자 무덤」,『고고민속』1966년 1호.

백룡규,「린산군 주암리 원시 유적 발굴 간략 보고」,『고고민속』1966년 2호.

사회과학원 고고학연구소,「락랑구역일대의 고분 발굴보고」,『고고학자료집』6, 과학, 백과사전출판사, 1978.

서국태,「신흥동 팽이그릇 집자리」,『고고민속』1964년 3호.

서국태,「영흥읍 유적에 관한 보고」,『고고민속』1965년 2호.

서국태 · 지화산,『남양리 유적발굴보고』, 사회과학출판사, 2002.

徐榮洙,「古朝鮮의 위치와 강역」,『韓國史市民講座』2, 1988.

徐榮洙,「古朝鮮의 對外關係와 疆域의 變動」,『東洋學』29, 1999.

서영수,「요동군의 설치와 전개」,『요동군과 현도군 연구』, 동북아역사재단, 2008.

손영종,「락랑군 남부지역(후의 대방군 지역)의 위치—<락랑군 초원4년 현별호구다소□ □> 통계자료를 중심으로 」,『력사과학』199, 2006.

송호정,『한국 고대사 속의 고조선사』, 푸른역사, 2003.

신의주력사박물관,「동림군 인두리 당모루 원시 유적 조사 간략 보고」,『문화유산』1959년 5호.

신의주력사박물관,「정주군 석산리 당터산 원시 유적 조사 간략 보고」,『문화유산』1959년 5호.

신의주력사박물관,「1967년도 신암리유적발굴간략보고」,『고고민속』1967년 2호.

심재연·구문경, 「춘천시 칠전동 신남초등학교 소장 유물 소고」, 『강원지역문화연구』, 2001.

안병찬, 「평북도 박천군 녕변군의 유적 조사 보고」, 『문화유산』 1962년 5호.

安在皓, 「韓半島 靑銅器時代의 時期區分」, 『考古學誌』 16, 國立中央博物館.

吳江原, 「古朝鮮 位置比定에 관한 硏究史的 檢討(2)」, 『白山學報』 48, 1997.

吳江原, 「春秋末 東夷系 萊族 木槨墓 출토 琵琶形銅劍」, 『韓國古代史硏究』 23, 2001.

吳江原, 「遼寧~西北韓地域 中細形銅劍에 관한 硏究」, 『淸溪史學』 16·17(悠山姜仁求敎授 停年紀念 東北亞古文化論叢), 2002a.

吳江原, 「鄭家窪子型壺의 型式變遷과 地域的 分布樣相」, 『科技考古硏究』 8, 2002b.

吳江原, 「遼東 南部地域 雙房型 二重口緣 深鉢形土器에 관한 연구」, 『博物館誌』 2·3, 關東大學校博物館, 2003a.

吳江原, 「東北亞地域 扇形銅斧의 型式과 時空間的 樣相」, 『江原考古學報』 2, 2003b.

吳江原, 「遼寧~吉林地域 靑銅刀子의 型式과 時空間的 樣相」, 『古文化』 61, 2003c.

吳江原, 「琵琶形銅劍~細形銅劍 二字形 靑銅製劍柄의 型式과 時空間的 樣相」, 『韓國上古史學報』 41, 2003d.

오강원, 「遼寧~韓半島地域 琵琶形銅劍과 細形銅劍의 劍柄頭飾 硏究」, 『북방사논총』 2, 고구려연구재단, 2004a.

吳江原, 「中國 東北 地域 세 靑銅豆劍文化의 文化地形과 交涉關係」, 『先史와 古代』 20, 2004b.

오강원, 「萬發撥子를 통하여 본 通化地域 先·原史文化의 展開와 初期 高句麗文化의 形成過程」, 『북방사논총』 창간호, 2004c.

오강원, 「오녀산과 환인지역의 청동기문화와 사회」, 『북방사논총』 3, 고구려연구재단, 2005.

오강원, 『비파형동검문화와 요령 지역의 청동기문화』, 청계, 2006.

吳江原, 「遼寧省 建昌縣 東大杖子 積石木棺槨墓群 出土 琵琶形銅劍과 土器」, 『科技考古硏究』 12, 2006.

오강원, 「중국 동북 지역의 청동기 제작과 용범」, 『한국기독교박물관지』 2, 2007.

오강원, 『서단산문화와 길림 지역의 청동기문화』, 학연문화사, 2008.

吳江原, 「戰國時代 燕나라 燕北長城 동쪽 구간의 構造的 實體와 東端」, 『先史와 古代』 33, 2010.

吳江原, 「紀元前 3世紀 遼寧 地域의 燕나라 遺物 共伴 遺蹟의 諸 類型과 燕文化와의 關係」, 『韓國上古史學報』 71, 2011a.

吳江原, 「商末周初 大凌河 流域과 그 周邊 地域의 文化 動向과 大凌河 流域의 靑銅禮器 埋納遺構」, 『韓國上古史學報』 74, 2011b.

오강원, 「遼寧地域의 靑銅器文化와 北方 靑銅器文化 間의 相互 作用과 交流 樣相」, 『21세기의 한국고고학』 V, 주류성출판사, 2012a.

吳江原, 「靑銅器文明 周邊 集團의 墓制와 社會: 遼東과 吉林地域의 支石墓와 社會」, 『湖西考古學』 26, 2012b.

吳江原, 「『三國志』 裵松之 注와 『魏略』 古朝鮮 관련 기사」, 『정신문화연구』 35권 3호, 2012c.

오영찬, 『낙랑군 연구』, 사계절, 2006.

吳炫受, 「『管子』에 등장하는 '穢貊'과 '發朝鮮'의 역사적 실체 '穢貊'·'發朝鮮' 조문의 사료 맥락적 분석을 중심으로 」, 『史林』 43, 2012.

유정준, 「자강도 전천 출토 명도전(明刀錢)에 대하여」, 『문화유산』 1957년 1호.

尹乃鉉, 『韓國古代史新論』, 一志社, 1986.

尹龍九, 「樂浪前期 郡縣支配勢力의 種族系統과 性格 : 土壙木槨墓의 분석을 중심으로」, 『歷史學報』 126, 1990.

尹龍九, 2009, 「平壤出土 <樂浪郡初元四年縣別戶口簿> 硏究 」, 『木簡과 文字』 3.

李健茂, 「傳月城 安溪里 出土 一括遺物」, 『菊隱 李養璿蒐集文化財』, 國立慶州博物館, 1987.

李健茂 等, 「昌原 茶戶里遺蹟 發掘進展報告」(Ⅱ), 『考古學誌』 3, 1991.

李健茂, 「韓國 靑銅儀器의 硏究 異形銅器를 中心으로 」, 『韓國考古學報』 28, 1992.

李丙燾, 「衛氏朝鮮興亡考」, 『韓國古代史硏究』, 博英社, 1983(重版).

李鍾旭, 『古朝鮮史硏究』, 一潮閣, 1993.

李淸圭,「細形銅劍의 型式分類 및 그 變遷에 對하여」,『韓國考古學報』13, 1982.

李淸圭,「청동기를 통해 본 고조선」,『國史館論叢』42, 1993.

李淸圭,「'國'의 形成과 多鈕鏡 副葬墓」,『先史와 古代』14, 2000.

林炳泰,「考古學上으로 본 穢貊」,『韓國古代史論叢』1, 1991.

전주농,「고조선 문화에 관하여—토광 무덤 년대의 고찰을 중심으로」,『문화유산』1960년 2호.

전주농,「신천에서 대방군 장잠장 왕경(帶方郡 長岑長 王卿)의 무덤 발견」,『문화유산』1962년 3호.

정백운,「우리 나라에서 철기 사용의 개시에 관하여」,『문화유산』1958년 1호.

정일섭,「평안북도 벽동군 송련리오·룡천군 왕산 원시 유적 답사 보고」,『문화유산』1962년 1호.

정찬영,「자강도 시중군 심귀리 원시 유적 발굴 중간 보고」,『문화유산』1961년 2호.

정찬영,「좁은 놋 단검(세형동검)의 형태와 그 변천」,『문화유산』1962년 1호.

정찬영,「북창군 대평리유적 발굴보고」,『고고학자료집』4, 과학·백과사전출판사, 1974.

정찬영,「심귀리집자리」,『유적발굴보고 제13집: 압록강, 독로강 류역 고구려 유적발굴보고』, 과학·백과사전출판사, 1983.

정찬영,「로남리의 집자리와 쇠부리터」,『유적발굴보고 제13집: 압록강, 독로강 류역 고구려 유적발굴보고』, 과학·백과사전출판사, 1983.

정찬영,「토성리유적」,『유적발굴보고 제13집: 압록강, 독로강 류역 고구려 유적발굴보고』, 과학·백과사전출판사, 1983.

조중 공동 고고학 발굴대,『중국 동북 지방의 유적 발굴 보고(1963~1965)』, 사회과학원출판사, 1966.

趙鎭先,「北韓地域 細形銅劍文化의 性格」,『韓國上古史學報』47, 2005.

趙鎭先,「多鈕粗文鏡의 型式變遷과 地域的 發展過程」,『韓國上古史學報』62, 2008.

千寬宇,「古朝鮮의 몇가지 問題」,『韓國上古史의 諸問題』, 韓國精神文化硏究院, 1987.

崔夢龍,「江原道 襄陽 甘谷里所在 高麗古墳 及 先史遺物에 對하여」,『歷史學硏究』Ⅳ, 全北大學校 史學科, 1972.

崔盛洛, 「鐵器文化를 통해서 본 古朝鮮」, 『國史館論叢』 33, 1992.

韓永熙, 「角形土器考」, 『韓國考古學報』 14·15, 1983.

황기덕, 「조선 서북 지방 원시 토기의 연구」, 『문화유산』 1958년 4호.

황기덕, 「황해도 봉산군 송산리 솔뫼골 돌돌림무덤」, 『고고학자료집』 3, 과학원출판사, 1962.

황기덕, 「서부지방 팽이그릇유적의 년대에 대하여」, 『고고민속』 1966년 4호.

황기덕, 「재령군 고산리 성황동에서 나온 유물」, 『고고학자료집』 4, 과학, 백과사전출판사, 1974.

황기덕, 「최근에 새로 알려진 비파형단검과 좁은놋단검 관계의 유적유물」, 『고고학자료집』 4, 과학, 백과사전출판사, 1974.

황기덕·박진욱·정찬영, 「기원전5세기~기원3세기 서북조선의 문화」, 『고고민속론문집』 3, 사회과학출판사, 1971.

■ 중국어

喀左縣文化館·朝陽地區博物館·遼寧省博物館 北洞文物發掘小組, 「遼寧喀左縣北洞村發現殷代靑銅器」, 『考古』 1973년 4期.

喀左縣文化館·朝陽地區博物館·遼寧省博物館 北洞文物發掘小組, 「遼寧喀左縣北洞村出土的殷周靑銅器」, 『考古』 1974년 6期.

建平縣文化館·朝陽地區博物館, 「遼寧建平縣的靑銅時代墓葬及相關遺物」, 『考古』 1983년 8期.

廣川守, 「遼寧大凌河流域的殷周靑銅器」, 『東北亞考古學硏究—中日合作硏究報告書』, 文物出版社, 1997.

國家文物局 主編, 「吉林通化萬發撥子遺址」, 『1999中國重要考古發現』, 文物出版社, 2001.

國家文物局 主編, 『中國文物地圖集: 遼寧分冊(下)』, 西安地圖出版社, 2009.

靳楓毅, 「大凌河流域出土的靑銅時代遺物」, 『文物』 1988년 11期.

錦州市博物館, 「遼寧錦西縣烏金塘東周墓調査記」, 『考古』 1960년 5期.

錦州市博物館,「遼寧錦西縣台集屯徐家溝戰國墓」,『考古』1983年 11期.

吉林省文物考古研究所・吉林市博物館,「吉林市猴石山遺址第二次發掘」,『考古學報』 1993年 3期.

吉林省文物考古研究所 等,「通化市王八脖子遺址及附近幾處地點的調查與發掘」,『博 物館研究』1997年 2期.

吉林省文物考古研究所 等,「吉林通化市萬發撥子遺址二十一號墓的發掘」,『考古』2003 年 8期.

董新林,「高臺山文化研究」,『考古』1996年 6期.

董新林,「魏營子文化初步研究」,『考古學報』2000年 1期.

武家昌,「撫順山龍石棚與積石墓」,『遼海文物學刊』1997年 1期.

撫順市博物館考古隊,「撫順地區早晚兩類青銅文化遺存」,『文物』1983年 9期.

本溪市博物館・桓仁縣文管所,「遼寧桓仁縣狍圈溝遺址」,『考古』1992年 6期.

孫守道,「"匈奴西岔溝文化"古墓群的發現」,『文物』1960年 8・9期.

辛占山,「康平順山屯青銅時代遺址試掘報告」,『遼海文物學刊』1988年 1期.

沈陽故宮博物館・沈陽市文物管理辦公室,「沈陽鄭家窪子的兩座青銅時代墓葬」,『考古 學報』1975年 1期.

梁志龍,「桓仁大梨樹溝青銅時代墓葬調查」,『遼海文物學刊』1991年 2期.

梁志龍,「遼寧本溪劉家哨發現青銅短劍墓」,『考古』1992年 4期.

梁志龍・魏海波, 2005,「遼寧本溪縣朴堡發現青銅短劍墓」,『考古』2005年 10期.

旅順博物館・新金縣文化館,「遼寧新金縣花兒山漢代貝墓第一次發掘」,『文物資料叢 刊』1981年 4期.

吳鵬・辛發・魯寶林,「錦州國和街漢代貝墓發掘簡報」,『遼海文物學刊』1992年 1期.

王成生,「錦西邰集屯英房古城址調查」,『錦州文物通訊』2期, 1985.

王珍仁,「啓封戈」,『社會科學輯刊』1979年 5期.

遼寧省文物考古研究所,「遼寧喀左高家洞商周墓」,『考古』1998年 4期.

遼寧省文物考古研究所,「遼寧省義縣向陽嶺青銅時代遺址發掘報告」,『考古學集刊』13, 中國大百科全書出版社, 1999.

遼寧省文物考古研究所·朝陽市博物館,『朝陽袁臺子: 戰國西漢遺址和西周至十六國時期墓葬』, 文物出版社, 2010.

遼寧省文物考古研究所·喀左縣博物館,「喀左和尙溝墓地」,『遼海文物學刊』1989年 2期.

遼寧省文物考古研究所·吉林大學考古系,「遼寧阜新平頂山石城址發掘報告」,『考古』1992年 5期.

遼寧省文物考古研究所·本溪市博物館, 1994,『馬城子—太子河上游洞穴遺存』, 文物出版社, 1994.

遼寧省文物考古研究所·本溪市博物館·本溪縣文物管理所,「遼寧本溪縣新城子青銅時代墓地」,『考古』2010年 9期.

遼寧省博物館·朝陽地區博物館,「遼寧喀左南洞溝石槨墓」,『考古』1977年 6期.

遼寧省博物館文物工作隊,「遼寧朝陽縣魏營子西周墓和古遺址」,『考古』1977年 5期.

遼寧省西豊縣文物管理所,「遼寧西豊縣新發現的幾座石棺墓」,『考古』1995年 2期.

遼陽市文物管理所,「遼陽二道河子石棺墓」,『考古』1977年 5期.

于臨祥,「營城子貝墓」,『考古學報』1958年 4期.

熊增瓏,「遼寧發現一處石棚墓地」,『中國文物報』, 第2版, 2006.8.30.

熊增瓏,「撫順河夾心石棚與石板墓地」,『中國考古學年鑒』, 文物出版社, 2006.

劉謙,「遼寧錦州漢代貝殼墓」,『考古』1990年 8期.

劉俊勇·戴廷德,「遼寧新金縣王屯石棺墓」,『北方文物』1988年 3期.

李健才,「公元前3—公元前2世紀古朝鮮西部邊界的探討」,『社會科學戰線』1998年 5期.

李健才,「箕子朝鮮是否初在遼西的問題」,『東北史地考略』, 吉林文史出版社, 2001.

李德山·欒凡,『中國東北古民族發展史』, 中國社會科學出版社, 2003.

李殿福,「建平孤山子,榆樹林子青銅時代墓葬」,『遼海文物學刊』1991年 2期.

李倩,「遼中老觀坨出土燕國窖藏刀幣」,『遼海文物學刊』1995年 2期.

魏海波,「本溪連山關和下馬塘發現的兩座石棺墓」,『遼海文物學刊』1991年 2期.

魏海波·梁志龍,「遼寧本溪縣上堡青銅短劍墓」,『文物』1998年 6期.

張博泉,『東北地方史稿』, 吉林大學出版社, 1985.

張碧波,「古朝鮮研究中的誤區—東北史評之一」,『黑龍江民族叢刊』1999年 4期.

張震澤,「喀左北洞村出土銅器銘文考釋」,『社會科學戰線』1979年 2期.

田耘,「順山屯類型及其相關問題的討論」,『遼海文物學刊』1988年 2期.

程妮娜 主編,『東北史』, 吉林大學出版社, 2001.

曹桂林,「法庫縣靑銅文化遺址的考古發現」,『遼海文物學刊』1988年 1期.

趙賓福,「關于高臺山文化若干問題的探討」,『靑果集』1, 知識出版社, 1993.

朝陽地區博物館·喀左縣文化館,「遼寧喀左大城子眉眼溝戰國墓」,『考古』1985年 1期.

周陽生,「新民縣公主屯後山靑銅時代遺址調査」,『遼海文物學刊』1990年 2期.

朱永剛·王立新,「遼寧錦西邰集屯三座古城址考古記略及相關問題」,『北方文物』1997年 2期.

肖景全,「新賓旺淸門鎭龍頭山石蓋墓」,『遼寧考古文集』(二), 科學出版社, 2010.

河北省文物研究所,『藁城臺西商代遺址』, 文物出版社, 1985.

許明綱·于臨祥,「遼寧新金縣後元臺發現銅器」,『考古』1980年 5期.

許明綱·許玉林,「新金雙房石棚和石蓋石棺墓」,『遼寧文物』1期, 1980.

許志國·庄艶·魏春光,「法庫石砬子遺址及石棺墓調査」,『遼海文物學刊』1993年 1期.

■ 일본어

甲元眞之,「燕の成立と東北アジア」,『東北アジアの考古學(天池)』, 六興出版, 1990.

岡村秀典,「前漢鏡の編年と樣式」,『史林』67卷 5號, 1984.

宮本一夫,『中國古代北疆史の考古學的硏究』, 2000, 中國書店.

大貫靜夫,「雙砣子3期文化の土器編年」,『遼寧を中心とする東北アジア古代史の再構成』, 東京大學大學院人文社會系硏究科, 2007.

東亞考古學會,『東方考古學叢刊 ヨ種第四冊: 營城子』, 關東廳博物館, 1934.

藤口健二,「朝鮮コマ形土器の再檢討」,『森貞次郞博士古稀記念古文化論集』, 1982.

藤口健二,「朝鮮無文土器と彌生二器」,『彌生文化の硏究 3: 彌生土器 Ⅰ』, 雄山閣, 1986.

藤田亮策,『朝鮮考古學硏究』, 高桐書院, 1948.

梅原末治,「朝鮮出土銅劍銅鉾の新資料」,『人類學雜誌』48卷 4號, 1934.

梅原末治·藤田亮策,『朝鮮古文化綜鑑』1, 養德社, 1947.

榧本杜人,「平安南道大同郡龍岳面上里遺跡調査報告」,『朝鮮總督府博物館報』6, 朝鮮總督府博物館, 1934.

榧本杜人·中村春壽,『樂浪漢墓 第二冊: 石巖里二一九號墓發掘調査報告』, 樂浪漢墓刊行會, 1975.

三上次男,「衛氏朝鮮國の政治と社會的性格」,『中國古代史の諸問題』, 東大出版會, 1954.

小場恒吉·榧本龜次郎,『古蹟調査報告 第二: 樂浪王光墓』, 朝鮮古蹟研究會, 1935.

小川靜夫,「極東先史土器の一考察」,『東京大學文學部考古學研究室研究紀要』1, 1982.

小泉顯夫,『古蹟調査報告 第一: 樂浪彩篋塚』, 朝鮮古蹟研究會, 1934.

原田淑人·駒井和愛,『牧羊城―南滿洲老鐵山麓漢及漢以前遺蹟』, 東亞考古學會, 1931.

原田淑人·田澤金吾,『樂浪: 五官掾王旴の墳墓』, 東京帝國大學文學部, 1931.

原田淑人·高橋勇·駒井和愛,「樂浪土城址の調査」,『昭和十二年度古蹟調査報告』, 朝鮮總督府, 1938.

町田章,「殷周と孤竹國」,『立命館文學』430·431·432, 1981, 立命館大學人文學會.

鄭漢德,「朝鮮西北地方巨石文化期におけるコマ形土器とその文化にいてつ」,『考古學雜誌』52卷 2號, 1966.

鄭漢德,「美松里型土器形成期に於ける若干の問題」,『東北アジアの考古學』第二(槿域), 六興出版.

中村大介,『彌生文化形成と東アジア社會』, 塙書房, 2012.

中村春壽,『樂浪文化』, 六興出版, 1990.

樋口隆康,『古鏡』, 新潮社, 1979.

後藤直,「西朝鮮の無文土器にいてつ」,『考古學研究』17卷 4號, 1971.

Old Joseon and the Development of Bronze and Iron Age Material Culture of Liaoning and Northwestern Korea

Oh, Kangwon

Professor, The Arcademy of Korean Studies

The Bronze and early Iron age material culture of Liaoning and the northwestern Korean peninsula region underwent great change as the Warring States Yan culture spread to the Laoxi and Liaodong regions. Of these cultures, the early Zhengbaikdong type of the Taidong and Jaeryung river region was formed in relation to not the indigenous Shinheungdong type but the Zhengjiawozi type of the Shiertaiyingzi culture and as it's later material culture corresponds to Weiman Joseon and Lelang commandery it can be seen as the material culture left behind by King Jun who fled to this area after the invasion of Qinkai and Weiman Joseon who seized power from King Jun. Therefore the Zhengjiawozi type of the Shiertaiyingzi culture can be seen as the Old Joseon before the time of King Jun.

However, the culture which corresponds to the Joseon marquis passage of the Weilue is the Nandonggou type of Kezou and not the Zhengjiawozi type of Shenyang. The reason for this discrepancy is because the Shiertaiyingzi culture sphere of the 6th~4th century B.C. was reorganized into an alliance between a Kezuo center and Shenyang center each claiming themselves to be "Joseon" and because the Chinese did not understand this organization. After Warring States Yan had completely internalized the Yanshan mountain region in the 4th century B.C., in the early 3rd century B.C. Yan invaded Old Joseon of the Kezou region to the east and learning of another Old Joseon centered in Shenyang invaded it too.

It was due to circumstances such as these that there came to be subtle differences between transmissions in the Shiji and Weilue.

[Keywords] Liaoning, northwestern Korea, Bronze age, early Iron age, material culture, Old Joseon

고고학 자료로 본 위만조선의 문화 성격
― 평양 일대의 고분을 중심으로 ―

박 선 미

박선미(朴善美)

서울시립대학교 대학원 국사학과 졸업.
현) 서울시립대학교 국사학과 강사.

주요논저: 『고조선과 동북아의 고대 화폐』, "Buffer Zone Trade in Northeast Asia in the Second Century B.C."

I. 머리말

위만조선을 어떻게 볼 것인가? 위만의 출자, 위만조선의 강역과 중심지, 대외 교류, 국가 성격, 위만조선의 주민이 남긴 고고학 자료 등 위만조선과 관련된 전반적인 상황에 대한 논제는 이미 학계 차원에서 전론적이고 종합적으로 논의되었어야 할 주제이지만 연구자에 따라 주제별로 개별 논의되었을 뿐 아직 한 번도 이에 대하여 공개적으로 토의되지 못하였다. 현 시점에서 이에 대한 논의의 필요성이 제기되나, 본고에 부여된 과제가 위만조선의 고고학적 문화인만큼 이에 초점을 맞추고자 한다.

위만조선이 남긴 고고학 자료를 살펴보기 위해서는 위만조선의 강역과 중심지 문제에 대한 검토가 선행되어야 한다. 현재 이에 대한 학계의 논의는 크게 두 가지로 정리된다. 첫째는 청천강·대동강 일대로 보는 견해이고, 둘째는 요동 어느 지역으로부터 대동강 일대를 아울렀다고 보는 견해이다. 중심지, 즉 왕검성의 위치에 대해서는 위의 두 가지 견해 모두 평양지역을 지목해 왔다. 북한 학계도 1993년 이후 평양지역을 고조선의 중심지로 비정해 왔다.[1] 최근 남한 학계 일부에서는 왕검성을 압록강 이북의 환인(桓仁)으로 보는 견해가 제기되기도 하였으나,[2] 아직 문헌사학이나 고고학적 관점에서 충분히 논의되지 못하였다. 특히 서북한 지역의 철기가 기원전 2세기 중엽에서야 유입되었다고 보고 평양지역을 위만조선의 초기 영역에 포함시키지 않는 점은 논란의 여지가 많다.

현재로서는 위만조선의 중심지가 어디에 있었는가 라는 문제를 떠나 남북한 학계가 모두 평양 일대를 위만조선의 강역으로 보고 있다는 것만큼은 공통된다.

---

1) 현명호, 「고조선의 성립과 수도문제」, 『단군과 고조선에 관한 연구론문집』, 사회과학출판사, 1994, 56~63쪽. 석광준, 「평양은 고대문화의 중심지」, 『단군과 고조선에 관한 연구론문집』, 사회과학출판사, 1994, 74~82쪽.
2) 조법종, 「衛滿朝鮮의 崩壞時點과 王險城·樂浪郡의 位置」, 『韓國史硏究』 110, 2000; 김남중, 「衛滿朝鮮의 領域과 王儉城」, 『한국고대사연구』 22, 2006; 김남중, 「고조선의 도성—王儉城의 위치에 대하여」, 『국사관논총』 108, 2001.

다시 말해 위만조선의 고고학적 문화[3]를 살펴보기 위해서는 반드시 평양 일대의 고고학 자료를 살펴보아야 한다는 것이다. 다행히 평양 일대에 대한 고고학적 조사도 상대적으로 많이 이루어졌다. 조사된 유적들은 대부분 무덤들인 바, 무덤 자료의 검토를 통해서 위만조선인의 실체와 그들이 지닌 문화를 파악할 수밖에 없다. 무덤은 상대적으로 보수적 경향이 강하여 축조 집단의 정체성을 잘 나타내 주는 고고학 자료 가운데 하나이기도 하다.

본문에서는 기원전 2세기를 중심으로 하여 그 전후한 시기 평양 일대의 고분과 여기에서 출토된 유물을 살펴봄으로써 위만조선의 문화 성격에 접근하고자 한다. 공간적으로는 평양시와 그 인근을 아우르는 곳을 포괄하며, 현재의 행적구역상으로는 평양을 중심으로 동·서·남·북, 각각 승호·강서·중화·순안 일대이다. 이 일대에는 대동강의 지류가 많은 바, 남강과 보통강이 각각 승호와 순안 지역에서, 순화강과 곤양강이 각각 평양시 만경대구역과 낙랑구역에서 대동강과 합류하고, 좀 더 아래쪽으로 내려가면 강남천과 봉상강이 강남과 강서에서 대동강과 합류하여 북한의 서해 관문인 남포시로 흘러간다. 이들 강을 사이에 두고 다수의 고대 유적이 분포해 있다.

이상과 같은 시공간적 범위에서 조사된 무덤과 부장품을 검토하여 위만조선의 고고학적 문화에 접근해 보고자 한다. 실물을 실견하지 못하는 조건에서 진행되는 것이기는 하나 위만조선의 문화를 이해하는데 조금이나마 도움이 되기를 기대하며, 현학들의 조언을 구한다.

---

[3] 고고학에서 과거의 문화는 현재까지 남겨진 물질적인 자료, 즉 고고학 자료를 통해 제한적으로 복원될 수 밖에 없다. 고고학 자료로부터 연구되고 복원되는 문화를 고고학적 문화라고 한다.

Ⅱ. 평양 일대 고분의 종류와 특징

1. 기원전 4~2세기 서북한 지역의 고고학적 배경

고조선과 燕 사이에 긴장관계가 조성되었던 연 역왕(易王)(기원전 332~321) 때나 연장(燕將) 진개(秦開)의 고조선 침략이 있었던 연 소왕(昭王)(기원전 311~279년) 때는 고조선의 실체가 문헌[4]에 분명히 드러나는 시기기며, 서력기원으로는 기원전 4세기 후엽에서 기원전 3세기 전엽에 해당한다. 이 시기 서북한 지역에서는 황해북도 신계군 정봉리, 황해남도 서흥군 천곡리 등과 같은 토착의 돌무덤전통이 지속되며, 황해남도 재령군 고산리와 같이 목관을 쓴 토광묘계 무덤이 추가된다. 이 시기 평양 일대에는 석관묘와 석곽묘 등의 돌무덤계 무덤이 조성될 뿐 토광묘계 무덤은 아직 등장하지 않는다. 부장품에서도 세형동검 관계 유물이 중심을 이루며, 철기의 부장은 이루어지지 않는 것으로 나타난다.

기원전 3세기 중·후엽에 들어서면 석관묘가 사라지고 자강도 위원군 용연동과 같은 적석묘나 황해북도 봉산군 송산리 솔뫼골과 같은 적석목관묘(기존의 위석묘 혹은 돌돌림무덤)의 형식으로 돌무덤계의 전통이 토광묘계 무덤 양식과 결합되는 형식으로 존속한다. 여기에 평안남도 북창군 용산리와 같은 토광목관묘와 황해남도 은율군 운성리 3호묘·4호묘와 같은 토광목곽묘(북한 학계의 나무곽무덤)가 조성된다. 황해남도 신천군 명사리와 같은 옹관묘도 이 시기로 편년된다. 부장품에서도 세형동검 관계 유물이 여전히 주를 이루는 가운데 도끼·검·낫·끌과 같은 간단한 철제 이기류가 한두 점씩 껴묻혀 지고, 일부에서는 명도전과 같은 중국계 화폐가 부장된다. 봉산군 어지돈지구에서 조사된 고인돌에서도 전형 세형동검이 출토된 바가 있어서, 고인돌도 늦은 시기까지 조성된 것으로 보이나 대부분은 기

---

4) 『三國志』卷30, 烏丸鮮卑東夷傳30, 韓 인용 『魏略』. '昔箕子之後朝鮮侯 見周衰燕自尊爲王 欲東略地, 朝鮮侯亦自稱爲王 欲興兵逆擊燕以尊周室. 其大夫禮諫之乃止. 使禮西說燕 燕止之 不攻.' … '後子孫稍驕虐 燕乃遣將秦開攻其西方 取地二千餘里 至滿番汗爲界 朝鮮遂弱'

원전 3세기 이후로 내려오지 않는다.[5] 평양 일대에서는 평양의 형제산구역 천남리와 승리동 83호묘의 예와 같이 토광묘계 무덤이 기원전 3세기 후엽 혹은 이보다 약간 늦은 시기에 등장한다.

기원전 2세기가 되면 서북한 지역에서는 토광묘계 무덤이 증가하여 철기를 껴묻는 무덤의 주류에 위치하게 된다. 옹관묘는 지리적으로 토광묘계 무덤 사이에 입지한 채 소수 발견된다. 평양 일대에서는 강남군 용포동[6]과 같이 석곽묘에서 도끼·낫·자귀·끌 등의 철기가 반출되는 경우도 있으나 매우 드물다. 이 시기부터 토광묘계의 토광목곽묘가 평양 일대에 집중적으로 조성되고 세형동검 관계 유물과 철기가 함께 부장된다. 서북한 지역의 전체적 무덤 분포 상황을 비교해 보면 토광목곽묘의 중심 분포지는 평양 일대인 셈이다.

아래의 표는 서북한 지역에서 조사된 무덤 가운데 기원전 4~2세기대로 편년되는 사례를 모은 것이다.

표 1 서북한 지역의 기원전 4~2세기 무덤 조사 현황

	유적 이름	무덤 종류	출토 유물					비고
			철기	청동기	거마구	토기	기타	
자강도	위원군 숭정면 위연동	적석묘?	창, 낫, 가래, 笓形器, 화살촉	대구, 화살촉			명도전 완전 51, 잔편 1,276.	BC 3세기
	위원군 용연구 용연동	적석묘	창2, 도끼2, 鍬形器3, 半月形鐵器1, 낫2, 기타1	대구			명도전 400매 이상	BC 3세기
	전천군 중암동	적석묘?					명도전 250여 매	BC 3세기
	희천읍 부요부락	무덤?					명도전 50여 매	BC 3세기
황해북도	황주군 천주리 한밭골	목관묘	도끼, 훌	세형동검1	입두형동기, 을자형동기 등 거마구류	흑회색토기1	금동환2	BC 2세기
	황주군 선봉리	목관묘?						

---

5) 도유호, 「조선 원시 문화의 년대 추정을 위한 시도」, 『문화유산』 3, 1958, 32쪽.
6) 김재용, 「룡포리 돌곽무덤에 대하여」, 『조선고고연구』 2, 1998, 7~12쪽.

	유적 이름	무덤 종류	출토 유물					비고
			철기	청동기	거마구	토기	기타	
황해북도	황주군 금석리	나무곽무덤	단검, 모, 도끼, 끌, 환두소도	세형동검1, 쇠뇌1	일산살꼭지, 철제거마구류	화분형토기1, 호형토기1		BC 2세기
	황주군 청룡리	나무곽무덤		세형동검	철제 및 청동제 거마구류			BC 2세기
	은파군 갈현리	목관묘	장검, 도끼	세형동검, 동모	굴대끝, 굴대끝 씌우개, 삿갓모양동기, 을자형동기 등 수레부속	화분형토기		BC 2세기?
	은파군 갈현리 하석동	나무곽무덤	장검1, 모1, 도끼1,	세형동검1, 세형동모1, 검파두식1, 노기1,	일산살꼭지 등 수레부속과 철제마구류	화분형토기1		BC 2세기
	연산군 반천리	목관묘		초기세형동검, 늑비수, 세문경				BC 3세기 후반
	신계군 정봉리	돌곽돌무덤(목관)		초기세형동검1 등모, 동부1			삼각형석촉6	BC 5~4세기
	봉산군 송산리 당촌1호무덤	나무곽무덤						BC 2세기 후엽 혹은 BC 1세기
	봉산군 송산리 솔뫼골	위석묘 혹은 돌돌림무덤(목관곽)	도끼	세형동검1, 비수1, 부1, 괭이1, 분1, 끌2, 세문경1				BC 3세기 후반
황해남도	재령군 고산리	목관묘?		초기 세형동검1, T형검자루1, 도씨검2, 자귀1				BC 5~4세기 혹은 BC 3세기
	재령군 부덕리 수역동	토광직장묘	단검1, 도끼1, 끌1, 쇠갈모11 등 거마구류	세형동검1, 皇帝用 명문 동모1	관형동기2, 양산살꼭지,	철제 거마구류		BC 2세기
	배천군 석산리	목관묘	검, 도끼,	낫, 끌	전형세형동검, 동모, 세형동과, 검파두식1			BC 2세기 전반
	서흥군 천곡리	돌관무덤 또는 돌곽흙무덤(목관1기?)		전형세형동검1			+모양석제 검파두식1, 삼각형석촉7	BC 3세기 전반
	은율군 운성리	5호 목관묘?(2단 광바닥)						BC 2세기?
		9호 나무곽무덤	장검, 도끼, 끌			화분형토기1 호형토기1		BC 2세기
		3호 나무곽무덤						BC 3~2세기
		4호 나무곽무덤						BC 3~2세기
		1호 목관묘	도끼2	세형동검1, 세형동모1	수레부속, 마탁1, 오수전1			BC 1세기

유적 이름		무덤 종류	출토 유물					비고
			철기	청동기	거마구	토기	기타	
황해남도		합구식 옹관묘						BC 3~2세기
	봉산군 어지돈	고인돌		전형 세형동검				BC 3세기
	신천군 명사리	합구식 옹관묘						BC 3세기?
	안악군 복사리 망암동	토광직장묘?						BC 2세기?
		합구식 옹관묘						BC 2세기?
평양	낙랑구역 승리동	83호 나무곽무덤				화분형토기1, 배부른단지1, 손잡이 하나 달린 잔1	은가락지, 수정구슬2, 유리구슬8	BC 3세기 후엽 혹은 BC 2세기 전엽
	락랑구역 정백동	325호 나무곽무덤	도끼	세형동검, 세형동과				BC 2세기
		369호 나무곽무덤						BC 2세기
		374호 나무곽무덤						BC 2세기
		375호 나무곽무덤	단검, 창, 도끼, 끌	세형동검, 창	거마구류			BC 2세기
		185호 나무곽무덤		세형동검1, 창2, 세형동과1, 활촉13	권총형동기2, 삿갓모양동기2, 방울있는 원통형 굴대 끝쒸우개2, 을자형동기1 등 수레부속 다수			BC 2세기 전엽
		547호 나무곽무덤	장검, 도끼, 끌, 과	세형동검, 창		화분형토기, 배부른단지	구슬, 거푸집	BC 2세기
		532호 나무곽무덤	도자	세형동검, 劍鐔, 검파두식, 세형동과		목긴단지		BC 2세기
		523호 나무곽무덤						BC 2세기
		205호 나무곽무덤	도끼, 끌	세형동검	입형동기 등 수레부속 다수			BC 2세기
		206호 나무곽무덤	대도1, 쇠뇌1		동탁1, 입형동기2, 고리2		옥장식2	BC 2세기
		97호 나무곽무덤	장검, 극, 찰갑	세형동검1, 細地文鏡1				BC 2세기
		96호 나무곽무덤	장검, 도끼, 끌	세형동검, 창	삿갓모양동기, 양산대꼭지	화분형토기, 배부른단지		BC 2세기

유적 이름	무덤 종류	출토 유물					비고
		철기	청동기	거마구	토기	기타	
낙랑구역 토성동	99호 나무곽무덤		세형동검, 창				BC 2세기
	112호 나무곽무덤						BC 2세기
	486호 나무곽무덤	도끼, 끌, 활촉, 노기부속, 극	촛조형 안테나식 검, 창, 세형동과, 그릇, 방울, 국자			벽옥, 관옥, 금괴, 차돌	BC 3세기 후엽 혹은 BC 2세기 전엽
	938호 나무곽무덤						BC 2세기
	993호 나무곽무덤						BC 2세기
만경대구역 만경대1호	나무곽무덤	극1					BC 2세기
만경대구역 만경대동	나무곽무덤	두귀달린 쇠단지, 쇠못	등경		백색단지, 각종 질그릇		BC 2세기
만경대구역 룡산리무덤	나무곽무덤	극1, 끌1	세형동검1 검병1	멍에대끝, 삿갓모양동기			BC 2세기
순안군 석암리	나무곽무덤	극1	세형동검1, 검파1,	을자형기2, 입형동기1, 청동장식1, 고리 외 다수			BC 2세기
룡성구역 룡추동무덤	나무곽무덤		세형동검	일산대꼭지	칼집에 꽂혀 있는 좁은 나무칼, 칼자루, 칼몸	나무그릇	BC 3~2세기
평양시 배산동	나무곽무덤	장검, 창, 극, 환두소도, 도끼	세형동검, 창				BC 2세기
낙랑구역 정백리 일괄	유물유적	?		청동과1	을자형동기, 삿갓모양 동기, 마면 장식금구 등		
낙랑구역 석암동	?	창, 과	세형동검1, 동탁1	거마구류			BC 2세기
평양 용포동	석곽묘	도끼, 자귀, 낫, 끌			화분형토기, 배부른단지, 회색단지		BC 2세기
평양시 상리	나무곽무덤	검, 창, 극, 도끼, 재갈받이개, 환두대도	세형동검, 끌자루부속, 2도양동기, 추충띠걸이	청동수레부속, 삿갓모양동기, 청동방울3, 철제재갈	질그릇		BC 2세기 후반

유적 이름		무덤 종류	출토 유물					비고
			철기	청동기	거마구	토기	기타	
평양	만경대구역 룡산리	나무곽무덤						
	동대원구역 문신동 허산유적	?						
	동대원구역 동대원동	유물산포지		세형동검, 동모	일산대끝장식, 금동고리, 수레굴대끝			
	동대원구역 동대원동	나무곽무덤	쇠단지	세형동검	수레굴대끝, 을자형동기, 원통형동기			BC 2세기
	형제산구역 천남리	목관묘?		세형동검, 동경				BC 3~2세기
	사동구역 덕동 유적	1호 돌곽무덤						절대연대 2,800BP
	사동구역 리현리	나무곽무덤						
	삼석구역 남경리	합구식 옹관묘						
평안남도	태성리 8호	토광직장묘	단검1, 낫1, 창1, 끌1, 도끼2, 도자1			화분형토기1	소환옥2, 숫돌3	BC 2세기
	태성리 9호	토광직장묘	도끼1, 낫1			화분형토기1, 작은단지1		BC 2세기
	태성리 14호	토광직장묘						BC 2세기
	태성리 10호 서광	목관묘	창1, 도끼2, 낫1, 끌1	세형동검1, 창1, 접시1	을자형동기1, 입두형동기2, 방울달린원통형기2, 차축두2, 양산살꼭지3	화분형토기1, 작은단지1	금동제팔찌2	BC 2세기
	동광				차축두2, 양산살꼭지 20여 점	화분형토기1, 작은단지1	은반지1, 소환옥27, 관옥2, 육각형 수정패식1	BC 2세기
	태성리 11호	목관묘	외귀달린단지1	청동고리2, 납작한그릇1, 용도미상 청동기3	청동제거마구(을자형동기1, 입두형동기2, 방울달린원통형기2, 차축두2), 철제거마구(재갈1, 갈모4, 고리2, 차축두2)		벽색유리로 만든 환옥7, 청석제 원주형 장식2,	BC 2세기

유적 이름		무덤 종류	출토 유물					비고
			철기	청동기	거마구	토기	기타	
평안남도	태성리 12호	목관묘				화분형토기2, 작은단지2, 큰단지4, 병1, 접시2, 기타2	소환옥1	BC 2세기
	태성리 13호	목관묘	단검1, 창1, 낫1, 도끼2, 끌1	그달이1	굴대장식6			BC 2세기
	태성리 15호	목관묘	장검1, 창1, 도끼2, 낫1, 끌1, 노기부속2		차축두2, 갈모편1, 고리2	화분형토기1, 작은단지1,		BC 2세기
	태성리 16호	목관묘	단검1, 창1		차축두2			BC 2세기
	태성리 옹관묘	합구식 옹관묘						BC 2세기
	대동군 팔청리	토광목곽묘						BC 2세기
	대동군 룡봉리 상리 무덤	?						
	북창군 용산리	목관묘	검, 도끼, 낫, 끌	건형세형동검, 세형동모, 세형동과				BC 3~2세기?
	성천군 백원 노동자구	고인돌		후기세형동검1, 놋비수1, 단추모양동기2		목긴단지		BC 8~7세기 혹은 BC 3세기
평안북도	영변 남신현	적석묘?					명도전 100매 이상	

* 지면 관계상 참고문헌을 따로 부기하지 않음. 표는 『고고학자료집』, 『조선고고연구』, 『문화유산』, 『고고민속』, 『력사과학』, 『조선고고학전서』, 『조선고고학개요』 등 북한에서 간행되는 각종 학술지와 단행본을 참고하여 작성함.

위의 <표 1>이 보여주는 바와 같이 위만조선 시기의 대표적인 묘제는 토광묘계 무덤이다. 여기에는 관곽을 사용하지 않고 주검을 매장한 토광직장묘, 주검을 넣은 관만 안치한 목관묘, 관과 곽을 모두 설치한 목관목곽묘가 해당된다. 북한 학계는 앞의 두 경우를 움무덤(혹은 토광묘)으로, 후자를 나무곽무덤으로 구분하기도 한다. 나무곽무덤의 등장에 대해서는 낙랑군 설치 이전[7]과 이후[8]로 보는 견해로 나뉜다. 그러나 부장된 청동유물군과 철기는 나무곽무덤이 기원전 2세기대에 조성되었음을 보여주고 있다.

1970년대 초까지만 해도 북한 학계는 나무곽무덤의 연대를 기원전 1세기로 보았다.[9] 합장묘인 정백동 37호묘에서 일광경, 소명경, 명광호문경 등과 함께 '지절4년(持節四年)'(기원전 66년)명 칠갑이 나왔으며, 이러한 거울이 대개 나무곽무덤에서 출토된 사실을 주목한 것이다. 이때까지만 해도 나무곽무덤의 주인공을 마한으로 보았다. 그러나 곧 이은 1977년, 고조선의 남쪽 경계를 예성강으로 비정하면서 나무곽무덤을 고조선 주민이 남긴 것으로 보는 견해가 제기되었고, 그 연

---

7) 최택선·리란우의 『고조선문제연구론문집』이 출간된 1977년 이후 북한 학계의 기본적 관점이 되고 있다. 이외 관련 논저는 다음과 같은 것이 있다.
　秋山進午, 「樂浪前期の車馬具」, 『日本考古學の諸問題』, 河出書房新社, 1964.
　岡內三眞, 「朝鮮古代の車馬」, 『진단학보』 46·47, 1979.
　田村晃一, 「平壤(ピョシャシ)周邊における古墳調査の現況と問題點」, 『靑山考古』 6, 東京 1980.
　申勇旻, 『漢代 木槨墓 硏究』, 東亞大學校 박사학위논문, 1990, 171~212쪽.
　오영찬, 『낙랑군 연구』, 사계절출판사, 2006, 75~87쪽.
8) 1977년 이전까지 북한 학계는 낙랑설치 이후로 보았었다. 이외 관련 논저는 다음과 같은 것이 있다.
　榧本杜人, 「樂浪漢墓―日本學者の業績」(榧本杜人·中村春壽 1975, 『樂浪漢墓第二冊　石巖里二十九號墓發掘調査報告』, 樂浪漢墓刊行會, 재수록), 1963.
　西谷正, 1966, 「朝鮮におけるいわゆる土壙墓と初期金屬器について」, 『考古學研究』 13-2, 1990.
　윤용구, 「낙랑전기 군현지배세력의 종족계통과 성격―토광목곽묘의 분석을 중심으로」, 『역사학보』 126.
　高久健二, 『樂浪古墳文化硏究』, 학연문화사, 1995, 72~88쪽.
9) 황기덕·박진욱·정찬영, 앞의 논문, 1971, 31~35쪽.
　사회과학출판사, 「평양지방의 고대 유적들과 연대」, 『고조선문제 연구』, 1973, 102~111쪽.

대도 기원전 2세기 중엽부터 기원전 1세기 말로 보게 되었다.[10] 이후 연대관은 여기에서 약간 조정되어 정백동 325호묘와 토성동 69호묘와 같이 세형동검, 세형동모, 각종 거마구 등을 기본으로 하되 토기는 부장되지 않고 주조철부만 부장되는 나무곽무덤을 가장 이른 시기로 보고 기원전 3세기 이전으로 편년하였다.[11] 나무곽무덤의 하한은 '영시3년(永始三年)'(기원전 14년)명의 양산 부속이 나온 정백동 2호묘가 귀틀무덤의 초출(初出)로 보고 이 연대를 기준으로 하여 기원전후로 보고 있다. 그런데 최근에는 초기 나무곽무덤의 유물 갖춤새가 솔뫼골과 석산리에서 조사된 무덤과 유사하다고 보면서 그 연대를 기원전 5~4세기경으로까지 올려보고 있다.[12] 서북한에서 나타나는 나무곽무덤의 기원에 대해서는 요령성 심양시 정가와자에서 찾고 있으며, 기존에 토광묘로 부르던 정가와자 6512호묘를 '정가와자 6512호 나무곽무덤'으로 고쳐 부르고 있다.[13]

남한 학계의 경우도 앞에서 잠깐 언급한 바와 같이 나무곽무덤의 상한 연대를 낙랑군 설치 이후로 보는 경우와 이전으로 보는 경우로 나뉜다. 낙랑설치 이후로 보는 경우는 나무곽무덤을 기본적으로 한군현 설치와 이로 인한 한인(漢人) 이주의 결과로 보는 것이다. 그러나 정백동 97호묘에서 전국시대의 세지문경(細地文鏡)이 출토되었고, 토성동 486호묘의 경우는 부장된 동과가 기원전 2세기경으로 편년되고,[14] 무덤 자체는 기원전 3세기까지 올라갈 가능성이 있다.[15] 또한 평양 일대에서 조사된 나무곽무덤 가운데 가장 이른 시기로 편년되고 있는 정백동 185호묘에서는 철기가 출토되지 않았고, 부장된 동과는 기원전 2세기 전반으로

---

10) 최택선·리란우, 「나무곽무덤에 대하여」, 『고조선문제연구론문집』, 사회과학출판사, 1977, 74~114쪽.
11) 리순진, 앞의 논문, 1983, 99~158쪽.
리순진, 「평양 일대 나무곽무덤의 성격에 대하여」, 『조선고고연구』 1, 1996, 3~10쪽.
12) 성철, 「우리 나라 나무곽무덤의 발상지에 대하여」, 『조선고고연구』 1, 2004, 6~9쪽.
리순진, 앞의 논문, 1996, 3~10쪽.
13) 사회과학원 역사연구소, 『조선전사(개정판)』, 1991, 59~108쪽.
14) 이양수, 「韓國式銅戈로 본 韓·中·日 交差編年」, 『신라문물연구』 3, 2009, 89~114쪽.
15) 리순진, 앞의 논문, 1996, 8쪽.이양수, 앞의 논문, 2009, 84쪽.

편년되는 황남 배천군 석산리, 함흥시 회상구역 리화동와 북청군 하세동리 출토품과 같은 것이다.[16] 나무곽무덤에서 세형동검과 공반되는 동과는 대체로 이른 시기의 것이다.[17]

그런데 최근 나무곽무덤의 발생을 보여주는 무덤이 발견되어 주목을 끌고 있다. 지난 2009년에 조사된 평양시 낙랑구역 승리동 83호묘는 목곽의 초보적인 형태를 보여준다.[18] 완전한 형태의 목곽이 없고 목관만 있다는 점에서 토광목관묘로 볼 수도 있겠으나 목곽의 초기 형태로 보이는 시설물이 발견되었으므로 토광목곽묘로 분류하는 것이 적당하다고 생각된다.

승리동 83호묘는 평양시 평천구역에서 낙랑구역으로 통하는 다리의 남쪽 끝인 대동강 좌안 기슭에 있는 큰 도로가의 구릉지대 동남 경사면 중턱에서 단독으로 드러났다. 묘광은 모를 죽인 말각장방형이며 장축이 서쪽으로 약간 치우친 남북 방향이다. 묘광의 크기는 남북 길이 2.8m, 동서 너비 1.4m 이며 현 지표에서 묘광 바닥까지의 거리는 1.7m 이다. 묘광벽은 수직이다. 묘광 안에서 목관하나가 발견되었는데, 길이 2.2m, 너비 20~24cm, 두께 5~7cm인 두 개의 판자가 남북으로 길게 동서로 나란히 놓여 관의 바닥을 이루고 있었다. 두 판자의 거리는 10cm 가량이다. 관의 추정크기는 길이 2.2m, 너비 0.54m 이다. 관벽은 두께 6cm의 판자를 모로 세워 만들었다. 관 뚜껑은 썩어서 없어졌다.

여기서 주목되는 점은 곽의 초보적인 모습을 보여주는 시설물이다. 즉 관의 동서벽 바깥에서 약간 떨어진 곳에 원기둥 모양의 나무토막들이 세워져 있었다. 원기둥 모양의 나무는 관의 서벽 바깥에서 벽선을 따라 네 개가 세워져 있었고, 동벽 바깥의 중간에서 북쪽으로 약간 치우쳐 한 개가 세워져 있었는데, 애초에 서쪽에 대응되어 네 개가 세워져 있었던 것으로 추정된다. 원기둥 모양의 나무들과

---

16) 리순진, 「우리 나라 서북지방에서의 나무곽무덤의 기원과 발생시기에 대하여」, 『조선고고연구』 1, 1992, 17~23쪽.
17) 윤광수, 「토성동 486호 나무곽무덤 발굴보고」, 『조선고고연구』 4, 1994, 8쪽.
18) 김재용, 「승리동 83호 무덤 발굴보고」, 『조선고고연구』 3, 2009, 37~41쪽.

목관 벽 사이의 거리는 10~12cm 이다. 이들 원기둥 모양의 나무는 목관을 보호하기 위한 어떤 시설물의 일부였던 것으로 추정되는데, 곽과 같은 기능을 위한 것이 아니었을까 생각되는 것이다.

유물은 관 밖의 북쪽 바닥에서 서쪽으로 치우친 곳에서 발견되었는데, 화분형토기, 배부른 단지, 손잡이가 하나 달린 잔이 나왔다. 관 안에서는 은반지와 구슬이 나왔다.

조성 연대는 무덤의 구조와 부장품을 통해서 추정할 수 있는데, 북한 학계는 화분형토기의 존재 및 나무곽무덤에서 보이는 일반적인 관곽의 규모를 비교하여 승리동 83호묘를 평양 일대의 나무곽무덤 가운데 가장 이른 시기인 기원전 7~6세기로 편년하였다.

승리동 83호묘가 완전한 목곽이 없고 대신 관의 주변에 기둥을 설치했다는 점에서 초보적인 나무곽구덤의 형태를 보이는 것은 사실이나, 그 연대를 기원전 7~6세기로 보는 데에는 문제가 있다. 성 철[19]은 토광목관묘의 전단계로 편년되고 있는 솔뫼골 돌돌림구덤이나 백원 9호묘를 기원전 8~7세기로 보는 등 전반적으로 연대를 올려보고 있다. 그러나 이들 무덤에서는 초기세형동검이 나왔고, 그 가운데 솔뫼골의 초기세형동검은 늦은 형식에 해당되기 때문에 그 연대를 8세기까지 올려보는 것은 불가능하다. 초기세형동검은 기본적으로 기원전 5~4세기로 편년되며 기원전 3세기까지도 존속되었다.[20] 솔뫼골무덤을 기원전 4~3세기로 편년한 북한 학계의 초기 연구가 오히려 신빙성이 높다.

또한 승리동 83호묘에 부장된 화분형토기는 바탕흙에 굵은 모래와 석면이 섞였고, 동체는 구연부 밑으로 내려오면서 점차 좁아졌으며 저부는 납작한 형태이다. 구연단부(口緣端部)가 약간 위쪽으로 올라갔는데, 이러한 형식은 구연부가 바

---

19) 성철, 앞의 논문, 2004, 6~10쪽.
20) 박진욱, 「비파형단검문화의 발원지와 창조자에 대하여」, 『비파형단검문화에 관한 연구』, 1987, 72~92쪽.
박진욱, 『조선고고학전서-고대편』, 1988, 128~135쪽.
이청규, 「청동기를 통해 본 고조선」, 『국사관논총』 42, 1993, 1~31쪽.

깥에 수평으로 돌출한 것보다 늦은 시기의 것이다.[21] 서북한 지역에서 나무곽무덤이 조성된 전 기간에 부장된 것들과 같은 형식에 속하기 때문에 화분형토기로는 정확한 연대 추정이 어렵다.

이상과 같은 점을 고려하면 승리동 83호묘는 나무곽무덤의 이른 단계인 기원전 3세기 말 혹은 2세기 초에 조성되었을 가능성이 높다.

토성동 486호묘[22]도 비교적 이른 시기의 나무곽무덤에 해당한다. 토성동 486호묘는 통일거리 건설장에서 발견되었다. 무덤은 통일거리 중심도로와 평양—개성간 고속도로 교차점에서 원암 방향으로 약 500m 정도 떨어진 자그마한 언덕의 동쪽 기슭에 위치한다. 무덤의 북쪽 약 200m지점에 옛 토성지가 있으며 그 북쪽으로 대동강이 흐른다. 무덤 주변에는 나무곽무덤을 비롯한 많은 고분들이 분포한다. 묘광은 길이 3.0m, 너비 2.4m, 깊이 0.80m의 모죽은 장방형의 수혈이며, 봉분은 없어졌다. 묘광 안에 목곽 하나가 안치된 단장묘이다. 목곽은 동서향이며 목질흔만 남아 있다. 목곽의 크기는 동서 길이 2.0m, 남북 너비 1.2m이다. 목곽 안에 주검공간과 부장공간을 구분한 칸막이가 뚜렷하게 남아 있었다. 이 칸막이 사이로 남쪽 부분이 너비 0.75m의 주검곽이고 북쪽 부분이 너비 0.45m의 부장공간이다. 목관 안의 전면에는 백토와 썩은 나무 흔적이 남아 있었다.

부장품은 주검곽의 서남쪽 모서리와 중심부분, 부장곽의 동쪽 3분의 2정도 되는 구역에서 집중되어 있었다. 부장품은 세형동검 · 쌍조형 안테나식검 · 협봉동모 · 세형동과 · 활촉 등의 청동제 무기류와 장검 · 칼 · 극 · 활촉 · 노기부속 등의 철제 무기류 외에 거마구, 청동거울, 청동그릇, 각종 구슬, 돌화살촉 등 모두 78점이 나왔다.

무덤의 규모에 비하여 부장품이 많고 종류도 매우 특색있는 것으로 판단되는데, 돌화살촉의 존재라든가, 출토된 동과가 기원전 2세기 전반으로 편년되는 정백동 185호 출토품과 유사하다는 점, 곽 안에 관이 없고 무단형의 묘광 바닥이라

---

21) 高久健二, 앞의 책, 1995, 45~58쪽.
22) 윤광수, 앞의 논문, 1994, 18~22쪽.

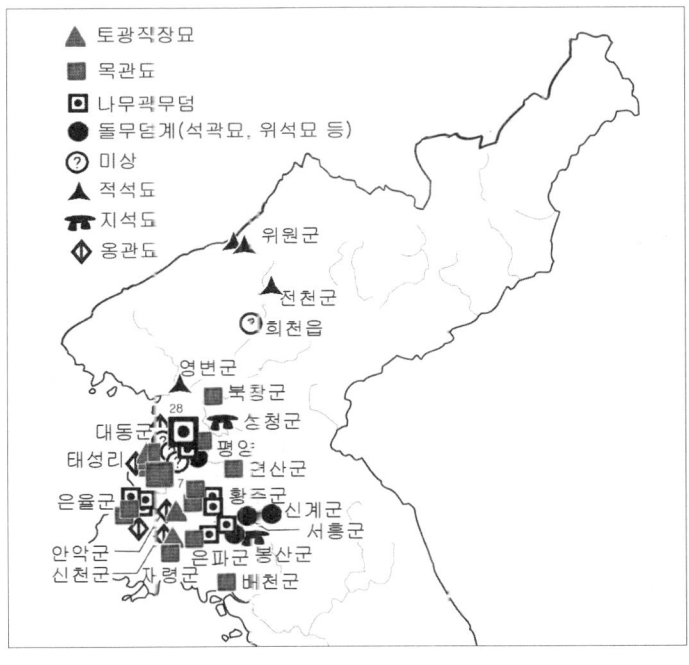

* 지도의 수치는 유적수를 의미함.
지도 1 서북한 지역의 기원전 4~2세기 무덤 분포 현황

는 구조상의 특징으로 보아 이른 시기의 나무곽무덤으로 분류될 수 있다.

  정리하자면 나무곽무덤은 기존의 돌을 이용한 석관묘와는 다른 새로운 계통의 무덤이기는 하나 부장품 등에서 세형동검문화와 일련의 연관성을 보여주고 있는 바, 이를 낙랑군 설치와 한인의 이주에 따른 결과로 보아 그 연대를 기원전 1세기로 내려 보는 데에는 문제가 있다. 현재로서는 나무곽무덤이 늦어도 기원전 2세기부터 조성되기 시작하여 기원전후까지 존속했다고 보는 것이 타당하다고 본다. 나무곽무덤 가운데 세형동검·세형동모·세형동과 등 청동기를 기본으로 하고 철기가 추가되는 이른 시기의 나무곽무덤은 위만조선의 주민이 남긴 것으로 볼 수 있겠다. 청동기가 드물고 철제의 장검·단검·고리자루칼 등이 주류인 기원전 1세기대의 나무곽무덤은 여전히 토착계의 화분형토기와 배부른 단지를 기본으로 한다는 점에서 철기를 본격적으로 수용하게 된 위만조선 멸망 후의 유민(遺民)이 남긴 것일 가능성이 크다.

2. 기원전 2세기 평양 일대의 무덤과 특징

기원전 2세기 평양 일대에 조성된 무덤은 토광묘계가 주이다. 토광묘는 움무덤이라고 하여 발견 초에는 한식(漢式) 무덤, 즉 귀틀무덤에 앞선 양식으로서 세형동검, 협봉동모, 거마구류, 세문경 등이 반출된 무덤을 가리켰다. 태성리 및 정백동과 같이 관곽을 설치한 경우를 전형적인 움무덤이라 하였고, 송산리 솔뫼골 무덤과 같이 돌무덤의 잔재가 남아 있는 부류도 움무덤의 범주에 포함시켰다. 즉, 움무덤은 한식 무덤양식인 귀틀무덤을 제외한 순수 토광묘, 목관묘, 나무곽무덤 등을 포괄하는 명칭이었다.[23] 그러다가 태성리유적의 예와 같이 관과 곽을 설치하고 관과 곽 사이에 부장품을 안치하기 위한 공간이 있는 상당한 규모의 토광묘를 따로 나무곽무덤으로 구별하고, 부장품이 세형동검 관계 유물인 점을 주목하여 무덤의 주인공을 고조선인으로 보기 시작하였다.

따라서 같은 토광묘라고 하더라도 무덤의 양식이 약간씩 차이가 나는 바, 서북한 지역의 고분을 검토할 때는 주의가 필요하다. 북한 학계에서 사용하는 움무덤과 나무곽무덤의 차이도 모호하여 태성리 10호묘[24]가 '전형움무덤'으로 분류되거나[25] 나무곽무덤으로 보고되는 경우가[26] 있다. 이 때문에 남한 학계에서는 청동기시대에서 초기철기시대에 해당되는 서북한 지역의 무덤들을 재검토하고 분류를 시도하여 이들의 계승 및 변천관계를 살펴보기도 하였다.

김기웅[27]은 초기 철기시대 서북한 지역에서 발견되는 토광묘계 무덤을 맨땅에 묘광을 파고 특별한 시설이 없이 주검을 직접 매장한 것을 직장토광묘(直葬土壙

---

23) 사회과학원 고고학 및 민속학연구소, 「용어―움무덤(토광묘)」, 『고고민속』 4, 1966, 46쪽.
24) 태성리 10호 무덤은 목관의 흔적이 발견되었기 때문에 토광목관묘에 해당한다.(과학원출판사, 『태성리고분 발굴보고(유적발굴보고 제5집)』, 1959.
25) 황기덕·박진욱·정찬영, 「기원전5―기원3세기 서북조선의 유적과 유물」, 『고고민속논문집』 3, 1971, 5~6쪽.
26) 성철, 「화분형단지에 대한 몇 가지 고찰」, 『조선고고연구』 2, 2005, 14쪽.
27) 김기웅, 「墓制」, 『한국사론』 13, 국사편찬위원회, 1984, 660~673쪽.

墓), 토광에 목관을 마련하여 매장한 것을 목관토광묘(木棺土壙墓), 목곽의 시설을 마련하고 매장한 것을 목곽토광묘(木槨土壙墓)로 정리하였다. 그리고 직장토광묘 → 목관토광묘 → 목곽토광묘로의 발전순서를 상정하였다.

임병태[28]는 토광묘를 목관이나 목곽 시설이 있는 경우로 한정하고 북한 학계의 움무덤을 토광목관묘(土壙木棺墓)로, 나무곽무덤을 토광목곽묘(土壙木槨墓)로, 귀틀무덤을 목실묘(木室墓)로 정리하였다. 그리고 토광목곽묘가 단장(單葬)을 원칙으로 하고, 목실묘는 복장(複葬)을 원칙으로 하고 있다는 점에서 두 묘제가 구조적인 차이점이 있다고 보았다. 춘추시대 전기에 중국동과문화(中國銅戈文化)와 함께 토광목관묘가 중국 동북부의 비파형동검문화권에 전해진 것으로 파악하였다. 이 때 전해진 토광묘문화가 정가와자 6512호묘와 같은 토광목곽묘로 나타나고, 이것이 요동 전역과 대동강유역으로 들어왔을 것으로 추정하였다.

이 두 연구는 무덤에 대한 전론적인 연구라기보다는 개별 연구 주제에 대한 보조 자료로 검토된 것이지만 서북한 지역의 무덤을 재검토하고 정리했다는 점에서 연구사적인 의의가 크다.

이남규와 신용민은 서북한 지역에서 발견되는 특정 형식의 무덤에 대하여 정치(精緻)하게 접근하였다. 이남규는 북한학자들이 토광묘를 움무덤과 나무곽무덤으로 구분해 온 이분개념화(二分槪念化)나 전체를 토광목곽묘로 간주하는 단일개념화(單一槪念化)의 입장들을 지양하고 발굴보고서를 토대로 묘광 안 목질흔의 유무 및 그 상태에 대한 내용을 재검토하여 용어를 재정립하였다.[29] 즉 묘광 안에 관이나 곽의 시설은 물론이고 목질의 부식된 흔적조차 전혀 확인되지 않는 경우를 토광직장묘로, 목관의 흔적이 보고되고 목곽의 유무에 대해서는 언급이 없는 경우를 토광목관묘로, 묘광 안에 각재나 판자 혹은 각재와 판자 혼용의 목곽을 설치하고 단장 내지 합장으로 한 경우를 토광목곽묘로 분류하였다. 그리고 이들

---

28) 임병태, 「대동강유역의 토광묘사회」, 『한국학의 세계화 Ⅰ』, 한국정신문화연구원, 1989, 319~325쪽.
29) 이남규, 「서북한 토광묘의 성격」, 『한국고고학보』 20, 1987, 59~78쪽.

이 토광직장묘 → 토광목관묘 → 토광목곽묘로 발전하였다고 보고 그 첫 등장시기를 진개의 고조선 침공과 연결시켜 기원전 4~3세기 초로 보았다.

1차 발굴보고서에 충실하여 유구의 형식과 출토유물을 재검토한 후 새롭게 개념을 정리한 그의 접근법은 매우 타당한 것이지만 북한 학계의 견해를 잘못 이해한 부분이 없지 않다. 그는 토광직장묘를 북한 학계의 '전형 움무덤'에 대응되는 개념으로 사용하고 있으나 사실 '전형 움무덤'은 이남규의 '토광목관묘'에 해당되는 개념이다. 예를 들면 석산리유적에 대한 인용부문에서 발굴조사자가 목관의 흔적이 발견되었다고 보고하였음에도 불구하고 이를 '전형 움무덤'으로 분류하고 있다고 비판하였으나 북한 학계의 '전형 움무덤'은 널이 남아 있거나 혹은 부식된 흔적이 남아 있어서 널의 존재가 확인되는 토광묘를 의미한다.[30]

앞에서도 간단히 언급하였지만 이러한 혼란은 북한 학계에서 목관의 흔적이 있거나 없는 경우 모두를 토광묘 혹은 움무덤이라는 용어로 통칭하고 있다는 데에서 비롯된다. 실제로 태성리 고분군 발굴보고서를 보면 태성리 4호묘 및 10호묘와 같이 관이 있거나 혹은 부식된 목질흔이 있는 경우 또는 목질흔이 전혀 발견되지 않아 목관을 사용하지 않는 것으로 추정되는 8호묘가 모두 토광묘로 통칭되고 있다.[31]

신용민은 북한 학계의 나무곽무덤을 목곽묘라는 용어로 재검토하였다.[32] 수직으로 묘광을 파고 그 내부에 목곽을 설치한 다음 토광과 목곽 사이에 진흙이나 석회성분의 흙을 충진하고 목곽 내부에 주검을 넣은 목관을 안치하는 것을 기본구조로 하여, 여기에 목곽과 목관 사이에 다시 격벽을 두고 유물칸을 설치한 경우를 포함하는 개념으로 목곽묘를 규정하였다. 그리고 그 기원을 한식(漢代) 목곽묘 가운데 양자강 유역의 목곽묘에서 찾는 한편, 서북한 지역으로의 유입 시기를

---

30) 황기덕 · 박진욱 · 정찬영, 앞의 논문, 1971, 3~8쪽.
31) 과학원출판사, 앞의 책, 1959, 11~69쪽.
32) 신용민, 「서북지방 목곽묘에 관한 연구(상)」, 『고고역사학지』 7, 동아대학교박물관, 1991, 159~192쪽.신용민, 「서북지방 목곽묘에 관한 연구(하)」, 『고고역사학지』 8, 동아대학교박물관, 1992, 149~192쪽.

위만조선의 성립과 연결시켜 파악하였다. 그의 연구는 서북한 지역에서 조사된 목곽묘를 형식분류하고 중국의 호남성(湖南省), 호북성(湖北省), 강소성(江蘇省), 산동성(山東省) 등의 목곽묘와 비교·검토하였다는 점에서 의의가 크다.

그런데 그는 관이 확인되데 곽이 확인되지 않는 무덤까지도 목곽묘로 분류하였다. 이 때문에 앞의 이남규에 의해 토광목관묘르 분류된 태성리 10호묘가 신용민의 형식분류에서는 하나의 묘광 안에 두 개의 목곽과 목관이 배치된 형식인 ⅡA식으로 분류되고 있다. 또한 그가 분류한 목곽묘와 북한 학계의 소위 '순수귀틀무덤'의 차이도 명확하지 않아서 정백동 2호묘와 같은 귀틀무덤이, 하나의 묘광에 곽을 하나 설치하고 여기에 두 개의 관을 둔 1곽2관(一槨二棺)인 ⅡB식 목곽묘로 분류되고 있다. '순수귀틀무덤'은 단순히 하나의 곽 안에 두 개의 관을 안치한 것이 아니라 묘광을 파고 바닥에 굵은 각재를 여러 개 나란히 깐 다음 그 위에 굵은 각재들로 네모난 귀틀[곽을 짜고 그 안에 관을 안치한 형식이다.[33] 이는 신용민이 분류한 목곽묘와는 형식상 차이가 난다. 목곽의 흔적이 발견되지 않은 태성리 10호묘와 각재로 귀틀을 짠 후 관을 안치한 정백동 2호묘를 합장이라는 이유로 같은 형식으로 분류하는 것은 다소 무리이다. 이는 일찍이 김원룡[34]이 북한의 나무곽무덤을 토광목곽묘로, 귀틀무덤을 곽곽분으로 구분해 본 이우이기도 하다.

이상과 같이 남북한 학계 모드 용어의 사용상에서 다소 혼란을 보이고 있다. 현 시점에서 서북한 지역에서 즈사된 발굴보고서를 면밀히 검토하고 움무덤과 나무곽무덤의 개념을 재정립할 필요가 제기되는 것이다.

필자는 기존의 연구성과를 계승하되 용어를 보다 엄격히 적용시켜, 1) 묘광 안에서 부식된 목질의 흔적도 발견되지 않는 등 목관이나 목곽이 사용되지 않고 순수하게 묘광 안에 주검을 안치한 경우를 토광직장묘로 한정시키고, 2) 묘광 안에서 목질의 흔적이 발견되데 곽으로 추정되는 목질흔이나 바닥을 각재로 깐 경우 등 어떠한 시설이 추가로 발견되지 않는 경우를 토광목관묘로 하며, 3) 묘광 안에서 관과

---

33) 황기덕·박진욱·정찬영, 1971, 앞의 논문, 38~52쪽.
34) 김원룡, 『한국고고학개설』, 일지사, 1988, 115~117, 121쪽.

곽의 목질흔이나 실제 관곽이 모두 발견되고 바닥에 어떠한 시설을 하지 않는 경우를 토광목곽묘로 한정시키고자 한다. 이상의 세 부류의 무덤은 다시 관이 하나만 있는 단장묘와 두 개 이상이 있는 합장묘로 구분할 수 있으며, 여기에서 다시 장법을 기준으로 동혈합장(同穴合葬)과 이혈합장(異穴合葬)으로 세분이 가능하겠다.

애초에 관이나 곽이 있었던 경우라도 그 흔적이 남아 있지 않는 경우가 종종 있기 때문에 묘제를 이와 같이 분류하는 것에 다소 무리가 따를 수 있겠다. 토광직장묘가 토광목관묘였을 가능성도 배재할 수 없으며, 토광목관묘가 토광목곽묘였을 가능성도 배재할 수 없는 것이 사실이다. 토광의 규모나 목질흔의 크기로 그 가능성을 유추해 볼 수 있겠으나, 토광목곽묘에 안치된 관이 2.50m가 넘는 것이 종종 있기 때문에 크기만을 가지고 유추하는 것은 불가능하다.

임의적 분류의 위험성을 낮춘다는 의미에서 발굴보고서를 토대로 용어 적용을 엄격히 하여, 평양 일대의 기원전 2세기 및 그 전·후 시기로 편년되는 무덤을 위의 세 가지 형식으로 구분하여 살펴보도록 하자.

먼저 토광직장묘는 맨땅에 묘광을 파고 연도 및 기타 시설이 없는 장방형의 수혈토광묘이다. 수혈의 크기는 다르지만 큰 경우는 길이 2.80m, 너비 0.95m, 깊이 1.70m 내외의 것도 있으며 대개는 이 보다 작다. 애초에 봉분이 있었을 것으로 추정되나 대부분 없어진 상태다. 토광직장묘 중에서 합장인 경우는 평양 일대에서 아직 보고되지 않았고 다만 황해남도 복사리 망암동,[35] 함경북도 회령군 남산리 검은개봉[36]에서 발견되었다. 지리적 위치는 대개 충적지를 바라보는 낮은 구릉이며, 토광목관묘 및 토광목곽묘와 섞여 있다. 도끼와 낫 등의 철기와 화분형토기가 부장된다. 기원전 2세기 대 서북한 지역의 주 묘제는 아니지만 황해남도 복사리 망암동의 토광묘군과 같이 철기 위주의 부장품 등을 특징으로 하면서 기원전 1세기 이후까지 존속하는 것으로 나타난다. 평양 일대에서 발견된 토광직장묘의 수는 정확히 알 수 없고, 토광목관묘와 토광목곽묘에 비하여 소수라는 점을 확인

---

35) 전주농, 「복사리 망암동 토광무덤과 독무덤」, 『고고학자료집』 3, 1963, 91~101쪽.
36) 박광훈, 「회령군 남산리 움무덤 발굴중간보고」, 『조선고고연구』 2, 1989, 38~40쪽.

할 수 있을 뿐이다.

강서군 태성리유적[37]을 통해 그 특징을 살펴보면, 먼저 유적은 평양시로부터 서남 32km 지점에 위치한다. 대동강과는 7km 사이를 두고 있다. 고분군은 태성리 한우물 부락의 후면에 있는 표고 92m의 고지에 이르는 선을 저변(底邊)으로 하여 서쪽으로 600m 거리에 이르는 지점을 정점으로 하는 정삼각형에 가까운 구역 내에 분포한다. 8호묘의 묘광은 길이 2.90m, 너비 1.70m로 장방형의 수혈이며 지표에서 묘광의 어깨선까지의 거리는 0.70m 이고, 지표에서 묘광 바닥까지의 거리는 1.28m 이다. 묘광은 바닥으로 갈수록 다소 좁아지며, 바닥은 2단으로 되어 있다. 묘광의 남쪽은 수직으로 되어 있으며, 북쪽에는 부장품을 배치하기 위하여 따로 턱을 만들어 놓았다. 유물은 단검·낫·끌 도끼 등의 철기와 화분형토기, 소환옥 등이다. 9호묘는 서쪽으로 4도 기울어져 남북으로 긴 변이 놓인 장방형의 직장토광묘이다. 봉분은 이미 상실되었다. 부장품은 묘광 바닥의 북서쪽 모서리에서 발견되었다. 도끼·낫 등의 철기와 토기의 배치 등으로 미루어 남성의 단장무덤으로 추정되었다. 14호묘는 길이 1.60m, 너비 0.50m로 장방형의 수혈토광묘이다. 지표에서 묘광 바닥까지의 거리는 0.70m 이다. 규모가 작은 편이며, 부장품도 발견되지 않았다.

다음으로 토광목관묘는 맨땅에 길이 2.5m, 폭 1.0m 내외로 장방형의 묘광을 파고 곧바로 주검을 넣은 관을 안치한 뒤 묻고 봉분을 만든 형식이다. 목관은 대부분 썩어서 없어지고 목질이 부식된 흔적만 남은 경우가 많다. 평양 일대의 토광직장묘에는 없는 합장이 나타난다. 강서군 태성리 6호묘와 같이 경사진 벽면에 광바닥이 무단형(無段形)으로 되어 있거나 혹은 태성리 10호묘와 같이 수직벽에 광바닥이 무단형으로 되어 있다. 합장인 경우에도 태성리 12호묘 및 13호묘와 같이 하나의 묘광 안에 두 개의 관을 안치한 예나 태성리 7호묘와 같이 두 개의 광을 따로 만들어 놓은 것 등이 있고, 태성리 4호묘와 같이 시기가 내려오면 부장품

---

37) 앞의 책, 과학원출판사, 1959, 11~69쪽.

을 넣기 위해 약간 턱을 높여 층을 내어 부장공간을 따로 설치한 경우도 있다. 대개 충적지를 바라보는 낮은 구릉지대에 단독으로 위치한다. 평지에서 바라보면 우뚝 솟은 위치이다. 평양 낙랑구역 정백동, 토성동, 강서 태성리 등 대동강안에 집중되어 있으며 기원전 1세기까지 지속된다. 부장품은 주로 관 안팎에 있고, 널 위에 놓인 경우도 있다. 부장품은 많지 않지만 세형동검·세형동과·세문경 등 세형동검문화에 속하는 유물이 주이고 여기에 주조철부, 철제 낫, 토착계 거마구 등이 추가되는 것이 일반적이다.

태성리유적에서 조사된 토광목관묘 가운데, 부장품이 풍부한 10호묘와 11호묘를 통해 그 특징을 살펴보자. 이 두 무덤은 합장과 단장의 특징을 잘 보여준다. 먼저 10호묘는 다소 두드러진 구릉 지대에 위치해 있다. 합장묘이며 하나의 봉분 안에 동서로 두 개의 묘광이 남북을 장축으로 하여 약간의 거리를 두고 나란히 배치되어 있다. 서쪽 토광은 남북길이 3.20m, 동서 너비 1.55m 이며, 장축은 동쪽으로 약 10도 기우러져 있다. 묘광의 네 벽은 현재의 지표에서 수직으로 3.30m까지 내려가서 묘광 바닥에 닿는다. 동쪽 묘광은 남북 길이 3.15m, 동서 너비 1.30m 이며, 장축은 거의 남북향이다. 서쪽 묘광에서 목관의 부식된 흔적이 묘광 바닥 위 약 30cm부터 나타나 북쪽으로 가면서 넓어진다. 목관의 추정 크기는 길이 약 2.30m, 너비 0.8~0.6m 이다. 동쪽의 목관도 서쪽과 동일하며, 크기는 길이 2.30m, 너비 0.75~0.65m 이다.

서쪽 묘광의 부장품은 관 안과 관의 북쪽에 있는 구획 안에 두었다. 관 안에 세형동모와 세형동검이 있고, 관의 북쪽에 을자형동기·입두형동기·청동제 차축두 등의 거마구가 있다. 이들 거마구가 있는 밑바닥에 산산이 깨진 청동제 그릇 1점과 화분형토기 1점 및 소형단지 1점의 파편들이 깔려 있었다. 거마구 사이에서 철제 끌이 나왔고, 거마구의 남북 쪽에서 도끼·낫 등의 철기가 나왔다. 동쪽 묘광에서도 관 안과 밖에서 부장품이 나왔는데, 양은 적은 편이다. 소형의 구슬 30여개, 은제 가락지, 검은색의 소형 단지, 화분형토기, 청동제 차축두, 일산살 부속품 등이 나왔다. 부장품의 종류로 보아 서쪽에 남성이, 동쪽에 여성이 묻힌 남녀 합장무덤으로 추정된다.

11호묘는 남북 길이 2.99m, 동서 너비 1.4m의 묘광에 서쪽으로 26도 가량 치우친 남북향의 장방형 토광목관묘이다. 지표에서 묘광 바닥까지의 거리는 3.0m이고 봉분은 2.5m 가량이다. 묘광의 벽면을 보면 지표에서 1.5m까지 점토로 되어있고 각재 같은 것으로 두드려 다진 흔적이 뚜렷하게 남아있다. 1.5m이하의 묘광벽은 석비례의 원토층으로 되어 있다. 묘광 바닥에 1개의 목관을 안치했던 흔적이 뚜렷이 남아 있고, 목곽의 북쪽으로 유물을 두기 위해 따로 구획한 공간이 있다. 관과 부장품 공간과의 사이에는 관과 같은 방향으로 목재를 깔았던 흔적이 있는데, 유물은 이들 목재편 위에 집중적으로 매장되어 있었다. 관은 길이 2.1m, 너비 0.7~0.6m로 북부가 약간 넓다.

  유물은 관 안과 밖에서 출토되었다. 관 안의 중간부 동쪽에서 관옥과 환옥 등의 장신구, 청동제 고리, 원추형 청석제 장식품 등이 출토되었고, 이들 장신구를 담은 주칠의 목재 상자 부식흔도 발견되었다. 관 안의 중간부에서도 철재 말재갈, 을자형 동기가 있었다. 관 밖의 유물칸에서는 철제 고리와 차축두, 입두형동기, 청동 차축두, 청동고리, 용도불명의 청동기와 철기 등이 나왔다. 이들 유물군이 있는 묘광 북쪽에 장방형의 형태로 부식된 목질흔이 발견되었고, 그 위에 청동제 용기 1점이 있었으며, 이 용기 위에도 부식된 목질흔이 발견되었다. 이 용기를 노출시키는 과정에서 칠면(漆面)이 발견되었는데, 주칠권에 검은 바탕에 주색으로 무엇인가를 그렸던 흔적이 발견되었다. 이러한 칠면은 용기의 밑인 상자 바닥에서도 나타났다. 이 상자 동쪽에 한쪽에만 손잡이가 달린 철제 단지가 나왔다. 유물의 배치와 무기류의 부재 및 장신구류의 존재 등을 통해 여성의 무덤으로 추정되었다. 특히 부장품에 거마구들이 있는 것으로 보아 피장자가 수레를 탈 수 있는 신분과 재산을 가지고 있는 지배계급에 속하였던 것으로 보인다.

  끝으로 토광목곽묘는 맨땅에 장방형의 묘광을 만든 다음 거기에 두꺼운 판자나 각재로 좁고 긴 곽을 짜고 그 안에 주검을 넣은 목관을 넣고 판자 혹은 각재로 만든 뚜껑을 덮은 다음 그 위에 봉분을 쌓아 올린 형식의 무덤이다. 부장품은 관과 곽의 머리 쪽 사이 공간이나 관 안에 배치한다. 단장묘와 합장묘 모두 나타나는데, 곽 하나에 두 개의 관을 안치한 단곽(單槨)의 합장묘, 두 개의 곽을 만들어서

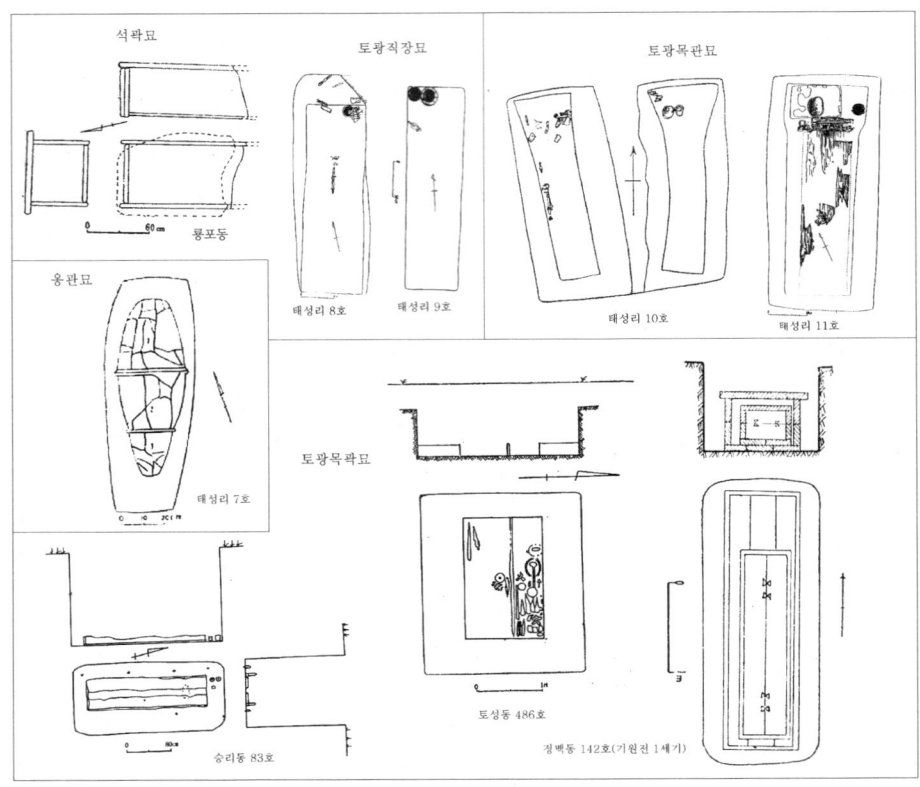

그림 1 평양 일대의 기원전 2세기 무덤

그 안에 관을 하나씩 안치한 쌍곽(雙槨)의 합장묘로 구분된다. 부장품에 대한 검토를 통해 단장묘에서 합장묘로 이행하였던 것으로 파악되고 있다. 부장품은 세형동검을 기본으로 하여 세문경·청동도자 등의 청동기와 토착계의 거마구, 화분형토기와 배부른 단지 등이 주이다. 여기에 시기가 내려올수록 장검·단검·도끼·환두도자(環頭刀子) 등의 철기가 부장품의 주류를 점하게 된다.[38] 서북한 지역에서 토광목곽묘가 가장 밀집해 있는 곳은 평양 일대이며 기원전 1세기까지 존속한다.

---

38) 리순진, 「우리 나라 서북지방의 나무곽무덤에 대한 연구」, 『고고민속론문집』 8, 1983, 117~119쪽.

평양 정백동유적[39]을 통해 그 특징을 살펴보자. 유적은 정백동 긴마루 위로 지나가는 정백—남사리 간 도로의 좌우와 그 좌우 경사면에 위치한다. 무덤군은 두 지역으로 구분되어 분포하는데, 토광목곽묘와 귀틀무덤이 한데 섞여 있다. 이 가운데 기원전 2세기로 편년되는 185호묘는 단장묘이며 묘광은 길이 3.20m, 너비 1.30m, 깊이 0.5m의 서남향이다. 목곽의 크기는 길이 2.75m, 너비 1.10m 이다. 봉분은 남아 있지 않다. 관 안에는 세형동과 1점이 관의 중심부에 남북방향으로 놓여 있고, 북쪽의 한 가운데에서 서쪽으로 치우친 곳에 세형동검 1점이 남북방향으로 놓여 있었다. 관 밖의 북쪽 가운데 부분에 쇠뇌 1, 동모 2가 있었고 그 동쪽에 동촉 13개가, 서쪽에 권총모양의 멍에대끝장식 1점이 놓여 있었다. 이 멍에대끝장식과 일직선상으로 하여 그 남쪽에 삿갓모양동기 2, 청동조각 1, 을자형동기 한 쌍, 권총모양 멍에대끝장식 1 등이 가지런히 놓여 있었다.

Ⅲ. 고분 출토 유물 검토

평양 일대에서 조사된 기원전 2세기 대의 토광직장묘, 토광목관묘, 토광목곽묘에서 출토된 부장품 목록은 다음의 표와 같다.

표 2 무덤의 형식별 부장품의 종류

부장품 묘제	철기										청동기						토기			기타
	단검	장검	環頭刀子	활촉	과	창	극	도끼	낫	끌	노기부속	세형동검	창	세형동과	활촉	세문경	二틋	거마구	화분형토기	배부른단지	기타토기류	
토광 직장묘	●		●						●	●									●	●		옥, 숫돌
토광 목관묘	●	●		●		●		●				●							●	●		옥, 유리, 수정, 은반지
토광 목곽묘	●	●	●	●	●	●		●			●	●	●	●				●	●	●		구슬, 거푸집, 돌화살촉

39) 리순진·김지용, 『낙랑구역 일대의 고분발굴보고』, 백산자료원, 2003, 9~126쪽.

위의 표에 나타는 바를 토대로 부장품을 비교해 보면 규모가 상대적으로 큰 토광목곽묘에 부장품의 종류와 양이 많다는 것을 알 수 있다. 철기와 청동기의 과다를 시간적인 차이에서 비롯되었다고 볼 수도 있다. 그러나 세 가지 묘제의 부장품이 모두 철검, 화분형토기, 배부른단지를 기본으로 하고 세문경이 부재한다는 사실은 이들 무덤이 대체로 같은 시기에 조성되었음을 말해준다. 이는 이들 묘제가 지리적인 경계가 없이 혼재되어 있다는 점, 세 가지 형식의 무덤이 모두 기원전 1세기까지 조성되고 있었다는 점에서도 방증된다. 따라서 부장품의 과다와 관곽의 설치에 따른 규모의 차이는 시간적인 낙차에서 비롯된 것이라기보다는 피장자의 신분과 빈부의 차이에서 오는 것으로 이해할 수 있지 않을까 한다.

그러면 무덤에 부장된 유물을 철기, 청동기, 거마구류, 토기, 기타 장신구의 순으로 살펴보도록 하자.

먼저 철기에서는 단검·장검·창·극·과·활촉·노기부속 등의 무기류와 도끼·끌·낫 등의 공구류가 주이다(그림 2-7). 무기류의 종류가 다양하기는 하나, 이 가운데 한두 가지가 부장되는 양상이어서 무기류보다는 공구류의 부장이 보다 일반적이라고 할 수 있다. 무기류 가운데에서는 장검과 단검이 주이고 여기에 극과 활촉 등이 추가되는 양상이다.

단검은 검신과 검병이 한꺼번에 주조되지 않고 세형동검과 같이 검신, 검병, 검심, 검파두식이 따로 만들어진 조립식이다. 검병은 목제와 청동제가 모두 나온다. 단검이 검은색 옻칠을 한 검집채 나온 경우도 있고, 검과 검부속구가 따로 출토된 경우도 있다. 철제 단검은 기원전 1세기대로 편년되는 목곽묘에서는 출토가 드물어지다가 환두도자(環頭刀子)로 대체된다.[40]

장검은 모두 강철제이다. 검신은 길고 곧으며 밑 부분에 청동제 검심이 끼워져 있다. 검신과 검병을 따로 주조하여 사용하는 조립식이다. 북한 학계의 나무곽무덤 편년을 기초로 하여 보면 장검은 단검보다 약간 이른 시기에 등장하여 귀틀무

---

40) 리순진, 앞의 논문, 1983, 99~157쪽.

덤으로 대체될 때까지 존속하였다.

극은 ㅓ 모양의 가지창인데 많이 출토되는 편은 아니지만 토광목곽묘가 조성되는 대부분의 기간에 부장된 것으로 나타난다.

공구류에서는 도끼(혹은 자귀), 끌, 낫 등이 주로 부장되고 있다. 도끼는 날 부분이 자루를 끼우는 쪽보다 약간 넓은 저형이다. 토광목곽묘가 조성되는 전 기간에 걸쳐 부장된 것으로 나타난다. 주조 철부이며 세죽리 및 용연동 유적의 철부와 같은 형식이다.

청동기로는 세형동검 · 쌍조형(雙鳥形) 안테나식검 · 세형동과 · 창 · 활촉 등의 무기류와 그릇류, 방울류, 국자, 고리 의, 용도 미상의 다양한 청동기가 부장되고 있다(그림2-나).

세형동검은 등대의 등날이 마디 윗부분에서 끝나는 전형 세형동검, 등대의 등날이 마디의 아래 부분까지 나 있는 후기 세형동검, 양 날이 거의 직선에 가깝고 잘록하게 들어간 결입부가 뚜렷하지 않으며 등대의 등날이 마디 아래 부분까지 나 있는 퇴화형 세형동검 등 세 부류가 모두 나온다. T자형 검병이 나왔고, +자형 · 침형(枕形) · 입주부십자형(立柱附十字形)의 청동제 검파두식과 침형(枕形)의 석제 검파두식이 나왔다. 검집은 목제이며 마디에 백동 혹은 금동의 장식금구들이 끼워져 있다.

쌍조형 안테나식검은 토광목곽묘인 토성동 486호묘에서 나온 것이 유일하다. 쌍조의 세부 모양이 생략되고 추상화된 '간략형'으로서 Ib식에 해당되는 남만주 출토 쌍조형 안테나식검의 '전형'이다.[41] 새의 몸통 부분에 단사선 무늬로 깃털을 표현하였고, 몸통이 서로 맞닿는 중간부분에서 검신으로 향한 부분에 T자 모양의 투공이 나 있다. T자 모양의 투공이 끝나면서 검파두식이 마무리되고, 마치 따로 주조된 검병과 결합된 듯한 모습으로 단을 이루며 검병과 연결되고 있다. 검신은 소위 대청산(大靑山)—오도령구문식(五道嶺溝門式)의 초기 세형동검에 해당한다.

---

41) 박선미 · 마크 바잉턴, 「동북아시아 雙鳥形 안테나식검의 성격과 의미」, 『영남고고학』 63, 2012, 71~98쪽.

세형동과의 출토는 많지 않다. 토광목곽묘 가운데 비교적 이른 시기로 편년되는 정백동 185호묘와 토성동 486호묘에서 각각 1점씩 나왔다. 정백동 185호묘 출토 동과는 몸체가 넓적하고 양 날의 밑 부분이 급격히 넓어진 형태인데, 한쪽이 다른 쪽보다 약간 길다. 몸체의 한 가운데에는 세로로 길게 등대가 나 있고 그 좌우에 넓은 피홈이 있다. 몸체와 경부 사이에 약간 경사진 턱이 있으며 턱 바로 위에 2개의 구멍이 뚫려 있다. 토성동 486호묘 출토 동과는 피홈의 아래 부분에 단사선무늬가 있는 것으로 영남지역에서 출토되는 것과 유사하다.

창은 모두 날 부분이 좁고 그 한가운데에 세로로 두드러진 속대가 있는 전형에 속한다. 평양지역은 아니지만 인근의 재령군 부덕리에서 출토된 동모에는 '○○○○황조용(皇朝用)'이라는 명문이 있다.

이외 주목할 만한 청동기로는 낙랑구역 석암리 출토 '진시황 25년'(기원전 222년)명 진과(秦戈), 전 평양 정백리 출토 '오년계씨(五年季氏) □'명 동모, 평양 미림리 출토 동탁이 있다. 이들이 출토된 유구의 종류를 알 수 없으나 명문이 있는 몇 안되는 청동기로서 평양 일대에서 생활했던 주민에 대한 실마리를 제공해 주고 있다.

'진시황25년'명 진과[42]는 세형동검, 거마구, 화분형토기 등이 나온 석암리유적과 동일한 유적에서 나온 것으로 보고 있다. 동과의 형식을 보면 한국식 동과와는 달리 내(內), 호(胡), 관(關)이 모두 갖추어진 것으로 전형적인 진대 동과에 속한다. 명문은 '二十五季上郡守□ 造高奴工師竈 丞申工□□□'로 아직 정확히 해독되지 못하였다.

전 평양 정백리 출토 '五年季氏 □'명 동모[43]는 명문의 서체와 각법이 위의 '진시황25년'명 동과와 비슷하다. 북한 학계는 이를 진시황 5년(기원전 242)으로 추정하고 있다.

---

42) 梅原末治·藤田亮策,『朝鮮古文化綜鑑』1, 1947, 도판 제12.조선총동북,『大正十一年度古跡調査報告』2, 1922, 도판 65.백련행,「석암리에서 나온 고조선유물」,『고고민속』4, 1965, 63~64쪽.
43) 전주농,「고조선 문화에 대하여—토광무덤 연대의 고찰을 중심으로」,『문화유산』2, 1960, 52~55쪽.

미림리 출토 '건원2년(建元二年)'(기원전 139)명 동탁[44]은 우만조선 시기에 해당되는 것이어서 더욱 주목되는 유물이다. 명문은 '建元二年□六月書 富□□六石□□□ 尚今穆□枚□ 詩史 廣主 치□□'이 5행으로 배치되어 있다.[45] 미림리에서는 전국시대의 이형내형화문경, 전형세형동검 등과 함께 나왔다. 이것이 동탁과 관계가 있는지는 알 수 없으나 평양 일대의 정치체와 관련하여 주목해야할 부분이다.

거마구류의 경우는 트광직장교에서는 출토되지 않고 토광목관묘와 토광목곽묘에서 주로 출토된다(그림2-다). 철제와 청동제로 된 거마구류이며 을자형동기, 입두형동기(삿갓모양동기), 양산살과 양산살 꼭지, 차축두, 재갈, 굴대장식, 방울달린 원통형기 등이 있다. 재갈 같은 경우는 철끈을 두 줄로 꼬아 만든 이연식(二連式)으로서, 철봉으로 된 3연식의 한대 거마구류와는 다른 토착문화를 보여주고 있다. 서북한에서 출토되는 을자형동기 및 관형동기 등 일련의 토착계 거마구류를 중원 내륙에서는 발견된 바 없다고 하면서도 서한 말 이후에 등장하는 쌍원차의 부속으로 보기도 한다.[46] 그러나 유사한 수레부속이 요동반도의 대련에서만 조사되었을 뿐 중국 내륙에서 발견된 예는 없다. 더구나 대련 출토품도 실물이 명확하지 않다. 이러한 상황에서 이들 거마구를 한물(漢物)로 볼 근거는 충분하지 않다.

다음으로 토기류에서 주목되는 점은 몇 가지 사례를 제외하고 화분형토기와 배부른단지가 거의 쌍을 이루어 부장된다는 점이다.(그림2-라) 화분형토기는 현대의 화분과 모양이 유사한 데서 붙여진 이름으로 바탕흙에 활석, 가는 모래, 석면, 점토 등을 섞어서 만든 일종의 무문양 토기이다. 대체로 회색, 회청색, 흑회색 등의 회색계통과 흑갈색 및 갈색의 갈색계통, 갈색을 띤 검은색 계통이 있다. 대개

---

44) 정백운, 『조선 금속 문화 기원에 대한 고고학적 자료』, 과학원출판사, 1957, 25~26쪽, 도판 39.전주농, 위의 논문, 1960, 52~55쪽.
45) 판독문은 윤용구의 「낙랑군 초기의 군현 지배와 호구 파악」(『낙랑군 호구부 연구』, 2010, 173쪽)에 소개된 것을 따름.
46) 孫璐, 「韓半島 部地域 馬具의 登場과 性格」, 『한국상고사학보』 76, 2012, 77~107쪽.

녹로를 사용하지 않고 틀빼기 기법을 사용하여 손으로 빚어 제작되었으며 기벽의 내부에 승석문(繩席文)이 명확하게 남아 있는 것도 있다. 이른 시기의 화분형토기는 구순부에 돌아간 덧띠와 밑창의 생김새가 명확하지 못하여 전반적인 생김새가 두리뭉실한 형식이다. 남경유적 1호 옹관묘의 옹관이 이에 해당된다. 전형 화분형토기는 구순부가 곧추 끝나고 그 밖으로 두꺼운 띠가 돌아갔으며, 동체는 구연부 쪽에서 아래로 내려갈수록 점차 좁아지다가 납작밑으로 끝난다. 전형 화분형토기는 토광목곽묘에 부장되는 것이 일반적이다. 시기가 좀 내려오면 전형 화분형토기에 약간의 변화가 발생하는데, 동체에 다양한 형태의 손잡이가 붙거나 사선 혹은 수직으로 내려간 굽이 있는 것으로 변화한다. 이것들은 주로 귀틀무덤에 부장된다.[47] 기원전 2세기대의 무덤에 부장되는 토기는 전형 화분형토기이다. 전형 화분형토기는 앞서 언급한 바와 같이 목곽묘가 조성 되었던 전 기간에 걸쳐 부장되는데, 가장 연대가 올라가는 것은 기원전 2세기 중엽으로 편년되는 정백동 547호 토광목곽묘 부장품이다. 547호묘에서는 배부른단지와 쌍을 이루어 출토되었다. 기형은 위에서 서술한 전형 화분형토기와 큰 차이가 없다.

 북한 학계는 황해북도 황주군 고연리 유적의 2호 주거지에서 나온 것을 화분형토기의 시원으로 보고 있다.[48] 이 주거지에서는 팽이형토기와 같이 구연부를 겹싼 형태에 화분형토기의 특징인 납작밑을 한 단지와, 반대로 구연부는 화분형토기와 같고 밑창은 팽이형토기의 것을 한 과도형의 화분형토기가 3점씩 나왔다. 그리고 이와 같은 토기가 황해북도 연탄군 오덕리 고인돌에서도 나온 것을 근거로 하여 화분형토기를 부장한 집단을 토착계의 주민으로 보고 있다.[49] 남한 학계에서는 화분형토기가 기형, 태토, 성형기법, 표면처리 등에서 청동기시대의 무문토기를 계승하고 있다고 보고 이 점에서 중부지역의 경질무문토기와 유사한 성격을 가진다고 보기도 한다. 무덤에서 출토되었다는 점에서는 적갈색 심발형토

---

47) 성철, 앞의 논문, 2005, 13~16쪽.
48) 석광준·김송현·김재용,『강안리 고연리 구룡강 유적 발굴보고』, 백산자료원, 2002, 113~119쪽.
49) 석광준,「오덕리고인돌 발굴 보고」,『고고학자료집』4, 1974, 74~118쪽.

기나 낙동강유역의 와질토기와 비교하기도 한다.⁵⁰⁾

장신구류의 부장도 위만조선 시기의 무덤을 특징짓는 요소 가운데 하나이다. 종류를 보면 벽옥·관옥·유리구슬·수정구슬·은반지 등이다. 이들은 대개 중국 내륙으로부터 수입되었을 것으로 추정되는 바, 이들 유리의 합성성분이 중국 내륙에서 주로 발견되는 납—바륨 유리에 속하는 것들이다.⁵¹⁾

이외 무덤에서는 출토되지 않았으나 위만조선의 고고학적 문화와 관련하여 반드시 살펴보아야할 것이 있다. 즉 평양에서 출토되었다고 전해지는 화폐 거푸집이다. 현재까지 평양에서 출토되었다고 알려진 화폐 거푸집은 7매의 반량전 거푸집인데, 낙랑군의 주전(鑄錢)에 대한 증거물이나,⁵²⁾ 한(漢) 반량전을 모방하여 위만조선에서 주전하여 통용했던 자료로⁵³⁾ 제시되어 왔다. 그런데 이들 거푸집은 한 문제 전원(前元) 5년(기원전 175)에서 무제 건원(建元) 5년(기원전 136) 사이에 주조된 사수반량전과 한 고조 원년인 기원전 206년부터 주조되기 시작한 유협반량전(榆莢半兩錢) 거푸집이다. 이는 이들 거푸집이 낙랑군 설치보다 앞선 시기에 반입되었음을 시사하고 있다.⁵⁴⁾

---

50) 김양옥,「소위 화분형토기에 관하여」,『亞細亞古文化』, 학연문화사, 1995, 263~276쪽.
51) 김규호 외,「완주 갈동유적 출토 유리환의 고고학적 고찰」,『완주 갈동유적』, 2005, 199~206쪽.
52) 梅原末治·藤田亮策 編著,『朝鮮古文化綜鑑 Ⅱ』, 養德社, 1948, 43~6쪽.
53) 金鍾太,「樂浪時代의 泉幣銘文考」,『全北史學』1, 전북대학교사학회, 1977, 208~211쪽.
54) 박선미,「한반도 출토 漢代 화폐와 그 의미」,『선사와고대』28, 2008, 269~273쪽.

가. 철기

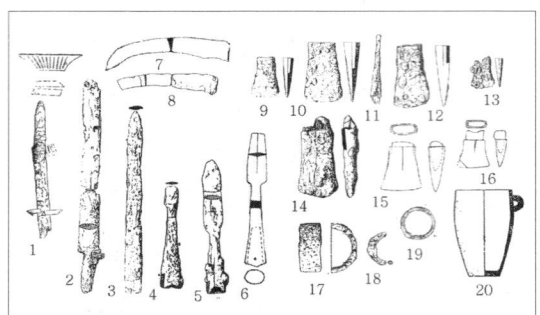

1.5.12.13. 태성리8호 2.태성리15호 3.4. 태성리16호 6.7.15.16. 용포동 8.14. 태성리9호 9.10.11.19. 태성리10호 17.18.19.20 태성리11호

다. 거마구

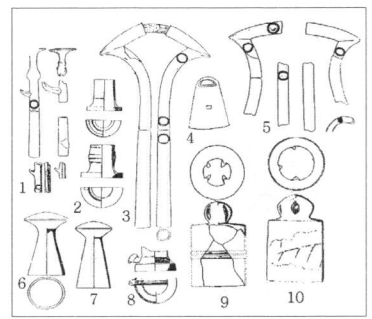

1.2.3.6.10. 태성리10호 4. 상리 5.7.8.9. 태성리11호

나. 청동기

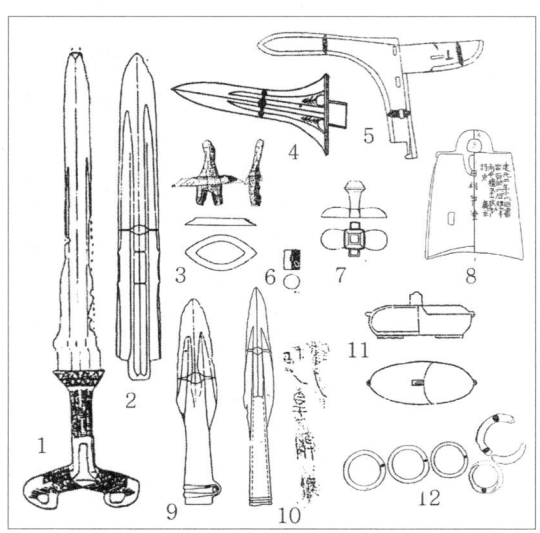

1.4.11. 토성동-486호 2.3.7.9. 태성리10호 5. 석암리(진시황25년명과)
6.12. 태성리11호 8. 미림리 10.부덕리

라. 토기

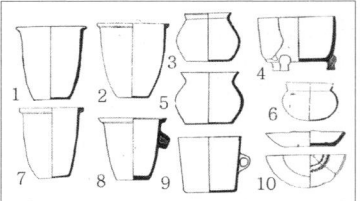

1.5.9. 승리동83호 2. 태성리9호 3.7. 토성리10호 4.8.10. 태성리12호 6. 태성리15호

마. 기타

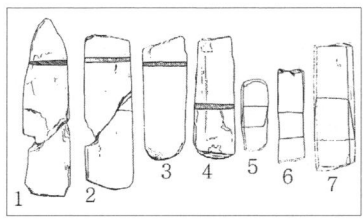

1.~7. 태성리8호

그림 2 평양 일대 기원전 2세기대 무덤의 부장품

Ⅳ. 고고학 자료로 본 위만조선의 정체성

위만조선 시기 평양 일대에는 석곽묘와 옹관묘 등 기존의 무덤이 소수 잔재하는 가운데 토광직장묘, 토광목관묘, 토광목곽묘 등을 위주로 하는 토광묘계 무덤이 주로 조성되고 있었다. 부장품으로는 세형동검 관계 유물이 주를 이루고, 여기에 철제 이기류가 추가되고 있었다. 전통적인 돌무덤계통의 매장문화는 약해졌으나 세형동검, 동모, 동과를 위주로 하는 세형동검문화가 지속되는 가운데, 진과·방울·청동그릇 등의 외래계 청동기가 첨가되고, 여기에 검·도끼·창·극·끌·낫 등의 철제 이기류가 부장된다. 특히 철기에서는 도끼·끌·낫 등의 농공구류가 장검·단검·창 등의 무기류보다 수적으로 우위라는 점이 확인된다. 토기는 화분형토기와 배부른단지를 기본으로 하는 토착계 토기문화를 보여주며, 여기에 외래계의 회백색 토기도 부장되고 있었다. 교역으로 들어왔을 옥·유리·수정제 장신구도 이전 시기에 비해 다수 부장되고 있었다.

이러한 일련의 고고학 자료는 기원전 2세기 평양 일대에 있었던 정치체가 이전의 세형동검문화를 계승하고 있었음을 상징적으로 보여주는 것으로서 위만조선의 고고학적 문화를 이해하는 데 도움이 된다.

북한 학계는 위만조선이 기본적으로 발전된 철기문화를 바탕으로 세력을 확장했다고 보고 있다. 대동강 유역의 주조철부와 한대(漢代)의 단조철부를 계통이 다른 것으로 보고 주조철부를 재지산(在地産)으로 보았던 것이다. 이를 명도전 관계 유적인 위원군 용연동의 주조철부 등과 연결시켜 연(燕)의 주조 철기가 요동지방에 전해져서 토착인들에게 철부제작의 계기를 만들었다고 파악하고, 평남 증산군과 대동군 부산면에서 발견된 용범들을 철부 용범으로 제시하였다.[55]

발굴보고서에는 출토량이 제시되어 있지 않은 경우가 많아서 수량적인 비교가 쉽지는 않지만 알려진 예만 보더라도 철기보다는 청동기가 여전히 우위를 점하

---

55) 정백운, 「우리나라에서 철기사용의 개시에 관하여」, 『문화유산』 3, 1958, 52~58쪽.

고 있다. 도끼나 낫과 같은 농공구류는 철기로 대체된 현상을 보이고 있으나, 무기류에서는 세형동검·세형동과·창·활촉 등 청동제가 다수이고, 여기에 철검과 철창이 소수 추가되는 양상이다. 무기류에서는 여전히 청동기에 의존하고 있었고 철제 이기류를 사용하고 있었지만 아직은 철기의 사용이 정치 엘리트들 사이에서도 일반화되지는 않았음을 알 수 있다.

또 한 가지 주목되는 점은 세형동검 관계 유물 가운데 세문경의 부재이다. 신분의 상징이나 위세품적인 성격이 강한 세문경 등의 동경이 송산리 솔뫼골무덤과 같이 기원전 3세기대의 무덤에서는 부장되면서도 2세기대의 무덤에서는 부장되지 않는다. 다만 세형동검과 세형동과 등 무기적 성격이 강한 위세품이 앞 시기에 이어서 꾸준히 부장되고 있다. 그리고 이러한 양상은 위만조선이 멸망한 뒤인 기원전 1세기까지 지속되다가 토광목곽묘가 귀틀무덤으로 대체되는 기원 전후한 시기에 사라진다. 이러한 사실은 위만조선의 국가적 성격과 관련하여서도 시사하는 바가 큰 데, 위세와 관련된 청동기와 철기의 유물군으로 볼 때 위만조선은 중국 전국(戰國)과 한의 영향을 받은 군사적인 성격이 강한 국가였다고 이해된다. 그리고 위만조선인은 국가가 멸망한 이후에도 일부는 그대로 남아 있으면서 한 군현의 정치 엘리트로서 어느 정도 독자성을 가지면서 고유의 토착문화를 유지하였다고 생각된다.

세형동검이나 세형동과 등 청동기의 부장이 감소하는 시기는 기원전 1세기부터의 토광목곽묘에서이며 기원 전후의 귀틀무덤 단계에 완전히 사라지고 철검으로 대체된다. 기원전 1세기 말에 나타난 귀틀무덤을 모방한 최초의 토착인은 정백동 2호묘의 고상현이고, 세형동검을 주 무기로 하면서도 새로운 철장도(鐵長刀)를 소유하고 귀틀무덤에 묻힘으로써 세형동검의 마지막을 고한 것이 정백동 88호묘 주인공으로 본 견해[56]는 매우 흥미롭다. 소명경과 명도전이 나온 정백동 3호 토광목곽묘는 부부 합장묘인데 여성의 관에서 '주고(周古)'라는 명문이 있는 은

---

56) 임병태, 앞의 논문, 1989, 322~325쪽.

제사인(銀製私印)이 나왔으나 늦성의 관에서는 아무런 인장도 발견되지 않았다. 무덤의 주인공을 고조선계 토착인으로 보는데, 토착인이 귀틀무덤으로 전이(轉移)한 첫 시기의 무덤으로 거론되기도 한다. 그리고 한의 영향이 관직도 없는 위만조선의 유민(遺民)으로까지 깊숙이 파고들었음을 보여주는 것으로 이해되고 있다. 여하튼 무덤의 부장품에서 알 수 있듯이 돌무덤계 전통을 가진 평양 일대의 토착민들이 그대로 토광묘계 무덤을 계승하였음은 명확하다.

이러한 사실은 중국 동북지역~서북한 일대에 분포하는 초기세형동검이 부장된 무덤을 통해서도 방증된다. 이 일대에서 초기세형동검이 부장되는 무덤은 석관묘, 석곽묘, 돌무지 속에 석관이 들어 있는 적석묘 등이다.[57] 이들 무덤에는 늦은 시기의 세형동검이 부장되지 않는다. 돌무덤 단계부터 부장된 세형동검 관계 유물은 토광묘계 무덤에서도 여전히 부장된다. 이로 볼 때 돌무덤 전통이 약해지면서 토광목곽묘가 평양 일대에서 주 묘제로 채택되었음을 알 수 있다. 그러다가 정백동 92호묘·81호묘, 토성동 178호묘·149호묘 등 토광목곽묘의 예와 같이 기원전 1세기 후엽 경 세형동검문화가 마침내 소멸되고, 철제의 장검·단검·창·도끼 등을 위주로 하는 철기문화가 발전하면서 부장품의 주를 차지하게 된다.[58]

위만조선의 정체성과 관련하여 고고학 자료에서 보이는 또 하나의 특징은 구슬류가 많다는 점이다. 붉은색·남색·노란색을 띤 옥·청석·마노·수정·유리제 구슬이며 고리모양, 길죽한 대롱모양, 둥글납작한 모양, 육각형, 원주형 등 다양하다. 이들 구슬류는 교류와 관련된 것임은 명확하다. 유리의 경우 합성성분이 중국 내지의 납—바륨계 유리와 통한다는 점에서 중국 내륙을 거쳤음을 알 수 있다. 필자는 위만조선이 수행한 교역의 성격을 완충교역론[59]으로 접근한 바 있다.

끝으로 한 가지 더 논의되어야 할 것은 위만조선과 평양 일대에서 출토되는 화폐와의 관계이다. 앞에서 살펴본 바와 같이 기원전 2세기와 그 전후로 편년되는

---

57) 박진욱, 「초기 좁은놋단검 문화의 내용과 발전 과정에 대하여」, 『조선고고연구』 1, 1987, 6~12쪽.
58) 로철수, 「고조선 나무곽무덤의 금속구 갖춤새의 변천」, 『조선고고연구』 4, 2004, 11~15쪽.
59) 박선미, 「교역품의 양적 분석을 통한 위만조선의 완충교역 연구」, 『동양학』 50, 2011.

무덤에서는 화폐가 출토되지 않고 다만 성곽 안에서 거푸집과 함께 발견되었다. 이것은 이 무덤을 조성한 주인공들이 화폐를 사용하지 않았거나 혹은 화폐 부장 풍습이 유행하지 않았던 데서 오는 현상일 수 있다. 이중 후자일 가능성이 높은데, 앞에서 언급한 '周古'묘나 평양 석암리 120호묘, 은율군 운성리, 은파군 정촌, 황주군 흑교리 등 기원전 1세기대로 편년되는 토광묘계 무덤에서 세형동검과 함께 오수전이 부장된 경우도 있다. 위만조선 시기 평양 일대에 서한 반량전 거푸집이 발견되었고, 확인되지는 않고 있으나 오수전과 화천의 거푸집도 출토되었다고 전해진다.

주목되는 점은 중국 동북지역에 분포하는 기원전 3~2세기대의 포전·명도전·일화전·반량전·오수전 등 화폐관련 유적을 보아도 무덤에서의 화폐 출토가 많지 않다는 점이다.[60] 요하이동~압록강유역의 무덤에서 화폐가 출토된 경우는 본계시(本溪市) 남분(南芬) 화차참(火車站) 토광묘와 환인현(桓仁縣) 대전자(大甸子) 석관묘(石棺墓) 등 소수이며 이들은 초기세형동검 혹은 세형동검 관계 유물과 같이 나왔다. 서북한 지역에서는 평북 영변군 도관동, 위원군 숭정면 위연동, 전천군 중암동 등 토착계 돌무덤에서 명도전 등이 나왔을 뿐인데, 시기는 위만조선보다 앞선 기원전 3세기대로 짐작된다.

이를 통해 볼 때 평양 일대의 위만조선인들도 화폐를 인지하고 있었고, 한 군현 설치 이후에는 간혹 화폐를 무덤에 부장하였다고 짐작된다. 그러나 이때에도 화폐부장은 많지 않았다. 위만조선인 사이에서는 무덤에 화폐를 부장하는 풍습이 유행하지 않았다고 볼 수 있는데, 혹 이들 화폐가 위세적 성격 외에 내부경제에서 갖는 의미가 없었던 데에서 그 원인을 찾을 수 있지 않을까.

---

60) 박선미, 『고조선과 동북아의 고대 화폐』, 학연문화사, 2009, 83~115쪽.

Ⅵ. 맺음말

본문에서는 기원전 2세기와 그 전·후 시기 평양 일대에 조성된 고분과 출토유물을 검토하여 위만조선의 문화 성격을 살펴보았다. 기원전 4세기 서북한 지역에는 토광묘계의 무덤이 도입되어 조성되고 있었다. 평양 일대에는 이보다 늦은 기원전 3세기 후반경에 토광교계 무덤이 나타나 기원전 2세기에는 주묘제로 자리를 잡는다. 이 시기의 부장품에는 철기가 추가되고 교역된 장신구류가 증가하지만 기존의 세형동검 관계 유물이 여전히 주를 이룬다. 세형동검 관계 유물은 위만조선이 멸망한 기원전 1세기까지 고집스럽게 보일 정도로 꾸준히 부장된다. 즉, 새로운 묘제의 도입, 철기와 교역품의 증가, 세형동검 문화의 지속 등을 특징으로 한다.

이렇게 토착계와 외례계의 문화가 위만조선 시기는 물론 멸망 이후까지 공존하면서 발전할 수 있었던데에는 위만조선이 토착민과 이주민으로 구성된 국가였기에 가능하였다고 생각된다. 위만 자신의 출자에 대한 논의가 여전히 분분하지만 평양 일대에 생활하고 있었던 주민들에게는 위만도 ㅅ북방으로부터 온 이주민 가운데 한 부류였다. 『사기』 조선열전[61]은 위만조선의 주민이 토착민과 연(燕)·제(齊)·조(趙)의 피난민으로 구성돼 있었음을 전해주고 있다. 준왕 대의 고조선에도 중국 내륙으로부터의 피난민이 많았음은 「위략(魏略)」의 기록[62]을 통해서 알 수 있다.

고고학과 문헌사학이라는 두 가지 측면에서 보아도 결국 위만조선은 토착계와 연·제·조의 중국계 사람으로 구성된 다종족(Multi-Ethnic Groups) 국가였음을 알 수 있다. 세형동검 관계 청동기, 전국계 철제 이기류, 전국계 동과, '건원2년(建元

---

[61] 『史記』115, 朝鮮列傳. '傳子至孫右渠 所誘漢亡人滋多 又未嘗入見 眞番旁辰(衆)國欲上書見天子 又擁閼不通.'
[62] 『三國志』30, 烏丸鮮卑東夷列傳 韓傳 所引 「魏略」. '二十餘年而陳項起 天下亂 燕齊趙民愁苦 稍稍亡往準 準乃置之於西方.'

二年)'명 동탁, 서한 반량전 거푸집 등의 존재는 위만조선의 이러한 복합문화적 성격을 보여주는 것이 아닐까.

    위만조선의 역사는 그 이전의 고조선보다는 문헌기록이 비교적 잘 남아 있고, 고고학 자료가 형성된 시기도 명확한 편이다. 그럼에도 불구하고 그동안 구체적인 고고학적 접근이 어려웠던 것은 강역문제가 해결되지 않은 채 자료의 대부분이 중국과 북한에 산재(散在)해 있었던 데에 기인한다. 위만조선이 한국사에서 갖는 의미와, 이로 인한 편견과 선입견도 또 하나의 이유가 될 것이다. 향후 서북한 지역에서 조사된 고고학 자료는 물론 요동 지역에서 조사된 고고학 자료에 대한 총체적이고 종합적인 고찰이 요구된다.

| 참고문헌 |

과학원출판사, 『태성리고분 발굴보고(유적발굴보고 제5집)』, 1959.
金鍾太, 「樂浪時代의 泉幣銘文考」, 『全北史學』 1, 전북대학교사학회 1977.
김규호 외, 「완주 갈동유적 출토 유리환의 고고학적 고찰」, 『완주 갈동유적』, 2005.
김기웅, 「墓制」, 『한국사론』 13, 국사편찬위원회, 1984.
김남중, 「衛滿朝鮮의 領域과 王儉城」, 『한국고대사연구』 22, 2001.
김남중, 「고조선의 도성 王儉城의 위치에 대하여」, 『국사관논총』 108, 2006.
김양옥, 「소위 화분형 토기에 관하여」, 『亞細亞古文化』, 학연문화사, 1995.
김원룡, 『한국고고학개설』, 일지사, 1988.
김재용, 「승리동 83호 무덤 발굴보고」, 『조선고고연구』 3, 2009.
김종혁, 「만경대 토광무덤 발굴보고」, 『고고학자료집』 3, 1963.
도유호, 「조선 원시 문화의 년대 추정을 위한 시도」, 『문화유산』 3, 1958.
로철수, 「고조선 나무곽무덤의 금속기 갖춤새의 변천」, 『조선고고연구』 4, 2004.
리순진, 「우리 나라 서북지방의 나무곽무덤에 대한 연구」, 『고고민속론문집』 8, 1983.
리순진, 「우리 나라 서북지방에서의 나무곽무덤의 기원과 발생 시기에 대하여」, 『조선고고연구』 1, 1992.
리순진, 「평양 일대 나무곽무덤의 성격에 대하여」, 『조선고고연구』 1, 1996.
리순진·김지용, 『낙랑구역 일대의 고분발굴보고』, 백산자료원, 2003.
박광훈, 「회령군 남산리 움무덤 발굴중간보고」, 『조선고고연구』 2, 1989.
박선미, 「한반도 출토 漢代 화폐와 그 의미」, 『선사와고대』 28, 2008.
박선미, 『고조선과 동북아의 고대 화폐』, 학연문화사, 2009.
박선미, 「교역품의 양적 분석을 통한 위만조선의 완충교역 연구」, 『동양학』 50, 2011.
박선미·마크 바잉턴, 「동북아시아 雙鳥形 안테나식검의 성격과 의미」, 『영남고고학』 63, 2012.
박진욱, 「비파형단검문화의 발원지와 창조자에 대하여」, 『비파형단검문화에 관한 연구』, 1987a.

박진욱, 「초기 좁은놋단검 문화의 내용과 발전 과정에 대하여」, 『조선고고연구』 1, 1987b.

박진욱, 『조선고고학전서 고대편』, 1988.

백련행, 「석암리에서 나온 고조선유물」, 『고고민속』 4, 1965.

사회과학원 고고학 및 민속학연구소, 「용어—움무덤(토광묘)」, 『고고민속』 4, 1966.

사회과학원 역사연구소, 『조선전사(개정판)』, 1991.

사회과학출판사, 「평양지방의 고대 유적들과 연대」, 『고조선문제 연구』, 1973.

석광준, 「오덕리고인돌 발굴 보고」, 『고고학자료집』 4, 1974.

석광준, 「평양은 고대문화의 중심지」, 『단군과 고조선에 관한 연구론문집』, 사회과학출판사, 1994.

석광준·김송현·김재용, 『강안리 고연리 구룡강 유적 발굴보고』, 백산자료원, 2002.

성철, 「우리 나라 나무곽무덤의 발상지에 대하여」, 『조선고고연구』 1, 2004.

성철, 「화분형단지에 대한 몇 가지 고찰」, 『조선고고연구』 2, 2005.

申勇旻, 『漢代 木槨墓 硏究』, 東亞大學校 박사학위논문, 1990.

신용민, 「서북지방 목곽묘에 관한 연구(상)」, 『고고역사학지』 7, 동아대학교박물관, 1991.

신용민, 「서북지방 목곽묘에 관한 연구(하)」, 『고고역사학지』 8, 동아대학교박물관, 1992.

오영찬, 『낙랑군 연구』, 사계절출판사, 2006.

윤광수, 「토성동 486호 나무곽무덤 발굴보고」, 『조선고고연구』 4, 1994.

윤용구, 「낙랑군 초기의 군현 지배와 호구 파악」, 『낙랑군 호구부 연구』, 2010.

윤용구, 「낙랑전기 군현지배세력의 종족계통과 성격—토광목곽묘의 분석을 중심으로」, 『역사학보』 126, 1990.

이남규, 「서북한 토광묘의 성격」, 『한국고고학보』 20, 1987.

이양수, 「韓國式銅戈로 본 韓·中·日 交差編年」, 『신라문물연구』 3, 2009.

이청규, 「청동기를 통해 본 고조선」, 『국사관논총』 42, 1993.

임병태, 「대동강유역의 토광묘사회」, 『한국학의 세계화 Ⅰ』, 한국정신문화연구원, 1989.

전주농, 「고조선 문화에 대하여—토광무덤 연대의 고찰을 중심으로」, 『문화유산』 2, 1960.

전주농, 「복사리 망암동 토광무덤과 독무덤」, 『고고락자료집』 3, 1963.

정백운, 『조선 금속 문화 기원에 대한 고고학적 자료』, 과학원출판사, 1957.

정백운,「우리 나라에서 철기 사용의 개시에 관하여」,『문화유산』3, 1958.

조법종,「衛滿朝鮮의 崩壞時點과 王險城·樂浪郡의 位置」,『韓國史硏究』110, 2000.

최성락,「철기문화를 통해서 본 고조선」,『국사관논총』33, 1992.

최택선·리란우,「나무곽두덤에 대하여」,『고조선문제연구론문집』, 사회과학출판사, 1977.

현명호,「고조선의 성립과 수도문제」,『단군과 고조선어 관한 연구론문집』, 사회과학출판사, 1994.

황기덕·박진욱·정찬영, 1971,「기원전5~기원3세기 서북조선의 유적과 유물」,『고고민속논문집』3.

孫璐,「韓半島 部地域 馬具의 登場과 性格」,『한국상고사학보』76, 2012.

岡內三眞,「朝鮮古代の車馬」,『진단학보』46·47, 1979.

高久健二,『樂浪古墳文化硏究』, 학연문화사, 1995.

梅原末治·藤田亮策 編著,『朝鮮古文化綜鑑 Ⅱ』, 養德社, 1948.

梅原末治·藤田亮策,『朝鮮古文化綜鑑』1, 1947.

榧本杜人,「樂浪漢墓 日本學者の業績」(榧本杜人·中村春壽 1975,『樂浪漢墓第二冊 石巖里 二十九號墓發掘調査報告』, 樂浪漢墓刊行會, 재수록), 1963.

西谷正,「朝鮮におけるいわゆる土壙墓と初期金屬器について」,『考古學硏究』13-2, 1966.

田村晃一,「樂浪郡地域の木槨墓」,『三上次男先生頌壽紀念論文集』, 論文集刊行委員會, 1979.

田村晃一,「平壤(ピョンヤン)周邊における古墳調査の現況と問題點」,『靑山考古』6, 東京, 1980.

朝鮮總督府,『大正十一年度古跡調査報告』2, 1922.

秋山進午,「樂浪前期の車馬具」,『日本考古學の諸問題』, 河出書房新社, 1964.

The Material Culture of Wiman-Choson from the Archaeological Approaches, Focusing on Tombs in Pyungyang in the Second Century BC.

Park, Sunmi

Lecturer, University of Seoul

How can we understand Wiman-Choson, which was one of the early states in Korean history dating to 195~108 BC? This article gives one view of that issue from an archaeological perspective, focusing on tombs in Pyungyang in the second century BC.

Pyungyang is one region where scholars both in North and South Korea have considered to be the capital of Wiman-Choson. There are many archaeological works in that region and many tombs have been excavated, revealing various burial goods. So, examining that archaeological data is helpful to understand What Wiman-Choson was.

I reviewed the archaeological background of the northwest Korean Peninsula in the 4th~2nd century BC, and then analyzed tombs in Pyungyang in the second century, dividing them into three catagories, that is: pit tombs, wooden coffin tombs and wooden chamber tombs. And I examined the burial goods of those tombs.

Interestingly, in the late third century BC, the tradition of stone-style tombs were declining and pit-style tombs were emerging. Finally, in the second century BC, pit-style tombs became dominant. Also iron products such as daggers, swords, axes, chisels and sickles were buried for the first time. But the burial of the slender-bronze dagger and its bronze assemblage was maintained persistently until the first century BC. I interpret this as data showing Wiman-Choson was a kind of multi-ethnic state.

[Keywords] Wiman-Choson, Pyungyang, Wooden chember tombs, Iron products, Multi-Ethnic State.

松花江유역 初期鐵器文化의 변천과 夫餘文化 성립과정 고찰

이 종 수

이종수(李鍾洙)

단국대학교 역사학과, 吉林大學 대학원 고고학 및 박물관학과 졸업. 역사학박사.
현) 단국대학교 역사학과 교수
주요논저: 『송화강유역 초기철기문화와 부여의 문화기원』, 「부여의 대외교류와 교통로 연구」

Ⅰ. 머리말

　송화강은 백두산에서 발원하여 길림성(吉林省)을 동서로 가르며 북류하다 눈강(嫩江)과 합류한 후 다시 동으로 흘러 흑룡강(黑龍江)에 유입되는 하천으로, 북류 구간을 제2송화강(第二松花江) 동류 구간을 제1송화강(第一松花江)이라 부르고 있다. 이들 강 주변은 나지막한 구릉과 넓은 평야가 펼쳐져 있어 인류생활에 가장 적합한 자연지형을 갖추고 있다. 이로 인해 선사시대부터 인류가 살아온 다양한 흔적을 확인할 수 있는데, 구석기시대 유수인(楡樹人)부터 신석기시대의 좌가산문화(左家山文化), 청동기시대의 서단산문화(西團山文化), 그리고 우리 역사의 한쪽 뿌리를 담당하고 있는 부여까지 모두 이 지역을 터전으로 삼아 성장, 발전하고 있다.[1]

　현재 송화강유역에서 확인된 초기철기시대 유적은 대부분 지표조사 과정에서 확인된 것으로 발굴조사가 이루어진 유적은 극소수에 불과하며, 연구성과 역시 아직 초보적인 상태에 머무르고 있다. 중국의 경우 1980년대 들어 관련 연구가 시작되었으며, 1990년대 들어서는 여러 지역에서 다양하게 확인되고 있는 초기철기시대 문화유적에 대한 개별적인 특징을 연구하거나 그들 상호간의 관련성을 분석하려는 연구로 발전하고 있다. 대표적인 학자로는 유진화(劉振華),[2] 유홍우(劉紅宇),[3] 마덕겸(馬德謙),[4] 교양(喬梁),[5] 김욱동(金旭東)[6] 등이 있다. 국내의 경우 1990년대 후반에 들어 초보적이나마 연구가 시작되고 있는데, 초창기에는 관련 유적에 대한 기존의 발굴성과 소개와 더불어 약간의 분석을 시도한 글들이 발표

---

1) 이종수,『송화강유역 초기철기문화와 부여의 문화기원』, 주류성출판사, 2009.
2) 劉振華,「試論吉林西團山文化晚期遺存」,『東北考古與歷史』1, 1982.
3) 劉紅宇,「試論田家坨子遺存有關問題」,『北方文物』1, 1985.
4) 馬德謙,「淡淡吉林龍潭山, 東團山一帶的漢代遺物」,『北方文物』4, 1987.「夫餘文化的幾個問題」,『北方文物』2, 1991.
5) 喬梁,「吉長地區西團山文化之后幾種古代遺存」,『遼海文物學刊』2, 1993.
6) 金旭東,「試論邢家店類型及其相關問題」,『博物館研究』2, 1993.

되다가, 이후에는 서단산문화와의 계승성, 혹은 부여문화의 기원과 관련 된 연구가 주로 이루어지고 있다. 대표적인 학자로는 송호정,[7] 오강원,[8] 박양진,[9] 이종수[10] 등이 있다.

송화강유역 초기철기시대의 시간적 범위는 대략 기원전 5세기에서 기원전 1세기까지로, 이 기간 동안 송화강유역에서는 다양하고 복잡한 문화변천이 일어나고 있다. 기원전 5세기경 눈강하류지역과 요북지역에 기존의 청동기문화를 대체하여 새로운 초기철기문화가 출현하고 있다. 이렇게 형성된 초기철기문화는 주변으로 급속하게 전파되기 시작하였고, 이로 인해 송화강유역을 대표하는 청동기문화인 서단산문화는 그 권역이 점차 축소되고 있다. 기원전 4~3세기에 들어서는 기존의 서단산문화 중심지였던 길림시 일대를 제외한 나머지 지역에 다양한 문화내용을 가진 초기철기문화가 형성되고 있다. 기원전 2~1세기에는 이 지역에 부여 국가가 성립되면서 초기철기문화의 다양성이 점차 사라지고 하나로 통합되어 가는 문화변천 과정을 보이고 있다.

그렇다면 이러한 문화변천이 일어나는 이유는 무엇일까? 일반적으로 문화변천은 발명(invention), 전파(diffusion), 주민이동(migration) 등의 경로를 통해 이루어지는 것으로 설명되어진다. 발명은 주로 새로운 아이디어로 인해서 제작된 유형의 제조품을 말하며, 우연히 혹은 고의적인 연구에 의해 이루어지는 것으로 파악하고

---

7) 송호정, 「고고학 자료를 통해 본 부여의 기원」, 『한반도와 중국 동북3성의 역사문화』, 서울대학교출판부, 1999.
8) 吳江原, 「中滿地域의 初期鐵器文化—泡子沿式文化의 成立과 展開樣相」, 『전환기의 고고학Ⅲ—제24회 한국상고사학회 학술발표대회 발표 요지문—』, 2000; 오강원, 「서단산문화와 길림 중부지역 초기철기문화 제 유형간의 문화적 상관관계」, 『진단학보』 104, 2008; 오강원, 『서단산문화와 길림지역의 청동기문화』, 학연문화사, 2008.
9) 박양진, 「고고학에서 본 부여」, 『한국고대사연구』 37. 한국고대사학회. 2005.
10) 이종수, 「吉林省 中部地域 初期鐵器時代 文化遺蹟 硏究」, 『百濟文化』 30집, 2001; 이종수, 「松花江流域 初期鐵器時代 文化 硏究Ⅰ—黑龍江省 慶華城址를 중심으로—」, 『博物館紀要』 19, 檀國大學校석주선기념박물관, 2004; 이종수, 「松花江流域 初期鐵器時代 文化 硏究Ⅱ—西荒山屯 고분군을 중심으로—」, 『先史와 古代』 22, 韓國古代學會, 2005; 이종수, 『송화강유역 초기철기문화와 부여의 문화기원』, 주류성출판사, 2009.

있다. 전파는 새로운 아이디어나 새로운 문화요소가 사교적으로 혹은 교역과 전쟁을 통해서 개인에서 개인으로, 집단에서 집단으로, 장거리간의 지역사이에 전파되는 과정을 말한다. 주민이동은 하나의 주민집단이 다른 지역으로 집단 이동하는 과정으로, 고의적인 집단이주자 들일 경우 문화 중 생업경제, 종교, 묘제, 일상생활에서 빼 놓을 수 없는 요소들이 이주자들과 같이 이동하기 때문에 그런 문화요소들은 고고학 자료에 나타나게 된다.[11]

이 글은 기원전 5~1세기에 이르는 시간 동안 송눈평원지역 초기철기문화가 언제, 무슨 요인으로 출현하게 되었고, 어떤 과정을 거쳐 발전해 가고 있으며, 그 문화변천의 원인이 무엇인지, 그리고 부여문화 형성에 있어 어떠한 영향을 미치고 있는지를 파악해 보고자 하는데 그 목적이 있다. 이를 위해 먼저 기원전 5세기 눈강하류지역과 요북지역에 출현하고 있는 초기철기문화의 특징과 주변지역으로의 전파 과정을 살펴보도록 하겠다. 다음으로 기원전 4~3세기경 서단산문화 권역내에 다양한 문화내용을 가진 초기철기문화 유적군들이 형성되는 과정과 제 문화유형간의 상호 관련성에 대해 살펴보고, 서단산문화의 중심지인 길림시 일원에서 서단산문화가 어떻게 소멸되고 있는지 그 과정을 살펴보도록 하겠다. 마지막으로 기원전 2~1세기경에 이르면 이러한 다양한 유형의 초기철기문화들이 소멸되고, 하나의 단일 문화로 통합되고 있는데, 이러한 문화변천의 경로와 사용집단 그리고 당시의 국제정세 등을 통해 부여문화의 성립과정을 고찰해 보도록 하겠다.

---

11) 이송래, 「복합사회의 발전과 지석묘문화의 소멸」, 『전환기의 고고학Ⅰ』, 학연문화사, 2002.

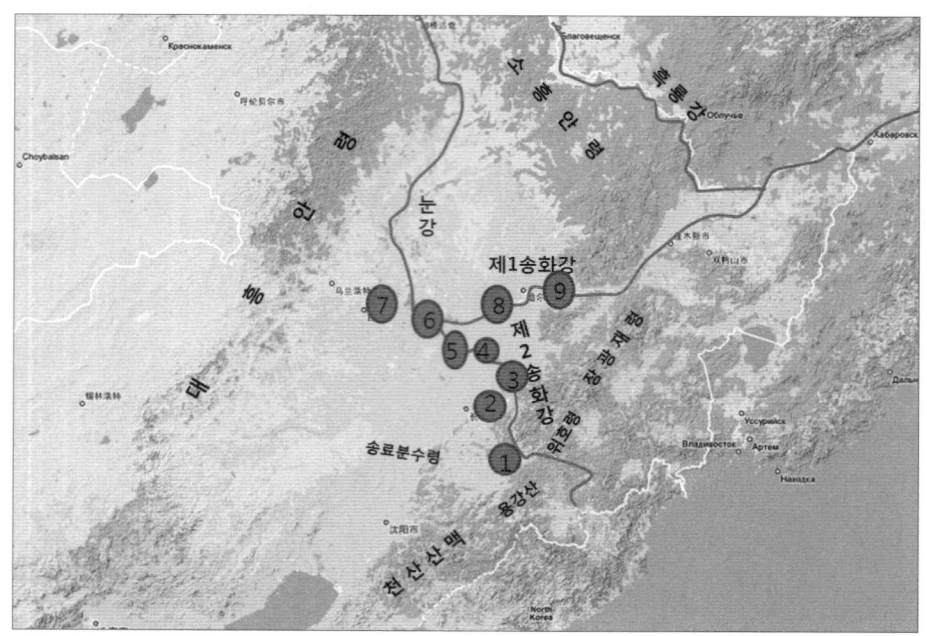

1. 西荒山屯식유적군 2. 關馬山식유적군 3. 泡子沿前山식유적군 4. 邢家店식유적군
5. 田家坨子식유적군 6. 漢書二期文化 7. 平洋고분식유적군 8. 望海屯식유적군 9. 慶華城址식유적군

그림 1 송화강유역 초기철기시대 유적군 분포도

Ⅱ. 기원전 5세기, 동북지구 초기철기문화의 형성과 서단산문화권으로의 유입

    송화강유역의 청동기문화는 서단산문화로 대표된다. 서단산문화란 명칭은 1948년 길림시 서남쪽 제2송화강 연안에 위치한 서단산에서 처음으로 석관묘가 발견되면서 명명되었다.[12] 이 문화는 일찍이 국내학계에서도 한국 청동기문화의 계통적 연원과 초기국가 형성과정을 이해하는데 있어 매우 중요한 자료로 인식되고 있다.

---

12) 東北考古發掘團, 「吉林西團山石棺墓發掘報告」, 『考古學報』 1, 1964.

서단산문화의 시·공간적 범위에 대해서는 학자들 간에 많은 이견이 제기되고 있지만, 대략적인 공간범위는 동으로 장광재령(張廣才嶺) 남단과 위호령(威虎嶺) 일대, 서로는 이통하(伊通河) 연안, 남으로는 동요하(東遼河) 상류와 반석(磐石)—화전(樺甸)을 잇는 선, 북으로는 제1송화강 남안까지로 볼 수 있다.[13] 시간적 범위는 일반적으로 기원전 10세기에서 기원전 3세기까지이며, 대략 4시기로 구분된다. 1기는 성성초 B·C지구 유적을 표지로 하며, 연대는 대략 기원전 10~8세기까지이다. 2기는 성성초 A·D지구 유적을 대표로 하며, 기원전 7~6세기, 3기는 후석산 유적을 대표로 기원전 5~4세기,[14] 4기는 대해맹 하층유적을 표지로 하며, 대략 기원전 3세기까지이다.[15]

서단산문화 3기에 해당하는 기원전 5세기경에 이르면 송화강에서 서북쪽에 위치한 눈강하류 유역과 서남쪽의 요북지역에 새로운 초기철기문화가 출현하고 있다. 먼저 눈강 하류유역의 초기 철기문화 출현과정을 살펴보면, 기존에 이 지역 청동기문화를 대표하던 백금보문화(白金寶文化)를 대신하여 초기철기문화인 한서2기문화가 새롭게 형성되고 있다.

한서2기문화의 특징을 살펴보면, 주거지는 수혈식으로 평면 형태가 방형(일부는 원형)이고, 내부에 노지와 노지 주변으로 네 개의 주공이 설치되어 있으며, 주거지 내부 혹은 주변에 저장구덩이나 회갱이 설치되어 있다. 무덤은 모두 순수토광묘로 단인일차장에 앙신직지를 취하고 있다. 장속은 두향이 모두 서북쪽을 향해 있고, 부장품은 두개골 위쪽 혹은 측면에 호 혹은 관 1점을 안치하고 있으며, 위세품과 가축을 무덤에 껴묻는 순생습속은 극히 일부에서만 확인되고 있다. 토기는 진흙질의 무문인 홍갈도(紅褐陶)(혹은 회갈도)와 다양한 문양이 장식된 채회도(彩繪陶), 그리고 붉은색 슬립을 입힌 홍의도(紅衣陶)를 특징으로 하는데, 대표 기형으로는 고령호(高領壺), 치구곡복저당력(侈口曲腹低襠鬲), 창구절연관(敞口折沿罐), 단

---

13) 董學增, 『西團山文化硏究』, 吉林文史出版社, 1993.
14) 오강원, 『서단산문화와 길림지역의 청동기문화』, 학연문화사, 2008.
15) 劉振華, 「永吉楊屯遺址試掘簡報」, 『文物』 8, 1973.

이배(單耳杯), 주형기(舟形器), 속요지좌(束腰支座) 등이 있다. 이들 토기 표면에는 승문(繩紋), 착인문(戳印紋), 지갑문(指甲紋), 부가퇴문(附加堆紋), 비점문(篦点紋) 등의 문양 혹은 붉은색 슬립이 칠해져 있다. 청동기는 도자, 송곳, 단추 등의 소형 생산 공구나 장식품이 주를 이루며, 철기는 도끼, 도 등 생산 공구에 한정되며, 형태는 중원지역의 것과 유사하다. 이밖에도 송곳, 창, 화살촉, 비(匕), 방추차 등 다양한 형태의 골각기가 매우 발달되어 있다.

한서2기문화의 중심지는 대안(大安), 조원(肇源), 송료(松原)일대의 눈강 하류지역으로 유적들은 대부분 강안의 충적대지상에 입지해 있다. 주요 유적으로는 한서유적 상층,[16] 조동(肇東) 후칠과수(后七棵樹)유적,[17] 합토강자(哈土崗子)유적,[18] 조원(肇源) 망해둔유적,[19] 와룡2기층(臥龍二期層)유적[20] 등이 있다. 한서2기문화는 주로 강을 따라 주변지역으로 문화적 영향력을 확대시켜 나가고 있는데, 동쪽은 제1송화강을 따라, 남쪽은 제2송화강을 따라 전파가 이루어지고 있다. 이러한 문화 전파 경로는 제1송화강 상류의 경우 망해둔유적과 동팔리(東八里)고분군을 통해 확인할 수 있다. 망해둔유적과 동팔리고분군의 경우 한서2기문화의 표지적인 유물인 주형기와 기하학 문양의 채회도가 확인되고 있다는 점에서 한서2기문화가 강을 따라 전파되고 있음을 확인할 수 있다.[21] 또 다른 전파 방향의 하나인 제2송화강 하류지역의 경우도 한서2기문화의 특징을 지닌 토기들과 더불어 다양한 형식의 정(鼎)과 두형토기, 가로방향의 손잡이, 돌기형 손잡이 등 서단산문화 토기

---

16) 吉林大學歷史系考古專業·吉林省博物館考古隊,「大安漢書遺址發掘的主要收獲」,『東北考古與歷史』第一輯, 文物出版社, 1982.
17) 黑龍江省文物考古研究所·吉林大學考古專業,「黑龍江省肇東縣七棵樹遺址發掘簡報」,『北方文物』3, 1988.
18) 黑龍江省文物考古研究所·吉林大學考古專業,「黑龍江省肇東縣哈土崗子遺址試掘簡報」,『北方文物』3, 1988.
19) 丹化沙,「黑龍江肇源望海屯新石器時代遺址」,『考古』10, 1961.
20) 黑龍江省文物工作隊,「肇源縣臥龍青銅時代和早期鐵器時代遺址」,『中國考古學年鑒』, 文物出版社, 1985.
21) 譚英杰 等,『黑龍江地域考古學』, 社會科學出版社, 1991.

들이 함께 출토되고 있어 두 문화의 교류 현상을 확인할 수 있다.

이러한 문화변천의 원인을 분석해 보면, 망해둔유적과 동팔리유적 등에서 압인비점으로 제작된 기하학문양과 구연부가 외반되고 동체부가 둥근 형태의 관(罐), 볼록한 형태의 다리를 가진 력(鬲) 등 이 지역만의 독특한 문화내용을 가진 토기가 한서2기문화 토기와 함께 출토되고 있다는 점, 제2송화강 하류유역의 경우 서단산문화의 다종다양한 토기가 한서2기문화 토기와 공반 출토되고 있다는 점에서 기존의 지역적 토착문화 기반위에 한서2기문화의 영향으로 문화내용상의 변화가 이루어지고 있으며, 이러한 원인은 지역간의 교류를 통한 단순 전파에 의한 것으로 볼 수 있다.

이 시기 서단산문화의 서남쪽에 해당하는 요북지역에서도 문화변천이 발생하고 있다. 이 지역은 요동지역의 청동기문화인 비파형동검문화가 성행했던 지역으로 기원전 5세기경 새로운 문화내용을 가진 초기철기문화인 보산문화가 출현하고 있다. 보산문화란 명칭은 1987년 동풍현(東豊縣) 일원에 대한 발굴이 이루어지고 난 이후 처음 명명되었고,[22] 보산문화와 같은 문화내용을 가진 유적에 대해 요령성 지역에서는 양천문화(凉泉文化)라 부르고 있다.[23] 보산문화의 문화지표에 대해서는 지금까지 많은 이견이 제기되고 있어 명확하게 확정하는데 어려움이 있으나,[24] 보편적으로 대석개묘와 두형토기를 들 수 있다.

대석개묘는 대부분 구릉의 정상부 혹은 그 주변의 평탄한 곳에 입지해 있으며, 대부분 집단을 이루고 있다. 무덤은 땅을 파서 묘실을 만든 후, 그 위에 커다란 덮개돌을 덮는 수혈식과 판석 혹은 괴석을 묘실 내에 쌓아 관을 만든 후 덮개돌을 덮는 석관식으로 나눌 수 있다. 장식은 다인, 다차, 화장이 일반적이며, 인골은 일정한 규칙성을 가지고 쌓여 있다. 화장은 묘실내에서 이루어지고 있으며,

---

22) 金旭東,「1987年吉林東豊南部盖石墓調査與清理」,『遼海文物學刊』2, 1991.
23) 辛 嚴,「遼北地區靑銅時代文化初探」,『遼海文物學刊』1, 1995.
24) 이와 관련해서는 김미경,「요동지역 청동기시대 토기문화권 설정에 관한 재검토—양천문화를 중심으로—」,『호서고고학』21, 2009, 73쪽 표2에 잘 정리되어 있다.

불에 잘 탈 수 있도록 원목이나 진흙으로 테두리를 돌리고 있는 것이 특징이다. 출토유물은 대부분 소형 명기가 주를 이루며, 관, 호, 두형토기, 발, 배 등이 있다. 이 중 가장 특징적인 유물은 두형토기로 손잡이의 내부가 비어 있는 공심형(空心形)과 속이 들어차 있는 실심형(實心形)으로 나눌 수 있는데, 공심형 중에는 투공이 뚫린 경우도 확인된다. 청동기는 장식품이 주를 이루며, 돌로 제작된 침상기가 발견되고 있는 것으로 보아 청동단검 매납을 추정할 수 있다. 석기는 화살촉, 도끼, 갈돌, 잔, 방추차 등이 발견되고 있으나, 수량은 많지 않은 편이다.[25]

보산문화의 연대는 대략 기원전 5세기에서 기원전 2세기까지로 보고 있다.[26] 물론 일부 다른 견해[27]도 제기되고 있으나, 현재로써는 기원전 5~2세기 설이 가장 설득력이 있어 보인다. 이 문화의 분포범위는 문화내용상의 지표를 어떻게 설정하느냐에 따라 많은 차이가 있다. 대석개묘를 기준으로 하였을 때, 분포범위는 동요하와 휘발하가 발원하는 길림성 동풍현을 중심으로 요녕성 북부와 길림성 중남부 지역을 포괄하는 범위까지로 설정할 수 있다.

보산문화는 길림합달령과 대흑산산맥을 통해 서단산문화권으로 점차 확산되고 있는데, 서단산문화 권역에서 확인된 유적의 경우 보산문화 유물과 더불어 서단산문화 유물이 함께 공반 출토되고 있다는 점에서 한서2기문화와 마찬가지로 주민이동 보다는 지역간 교류를 통한 문화 전파로 파악할 수 있다.

이상에서 살펴본 바와 같이 기원전 5세기경 동북지구에 초기철기문화가 출현하기 시작하면서 서단산문화의 변두리지역은 상대적으로 주변문화의 영향으로 인해 서단산문화와 혼합 혹은 새로운 초기철기문화로 대체되는 문화변천이 일어나고 있다.

---

25) 이종수,「松花江流域 初期鐵器時代 文化 硏究 Ⅱ—西荒山屯 고분군을 중심으로—」,『先史와 古代』22, 韓國古代學會, 2005.
26) 金旭東, 앞에 논문, 1991, 22쪽.
27) 洪 峰,「吉林省輝發河上流地區原始文化簡析」,『北方文物』3, 1985.

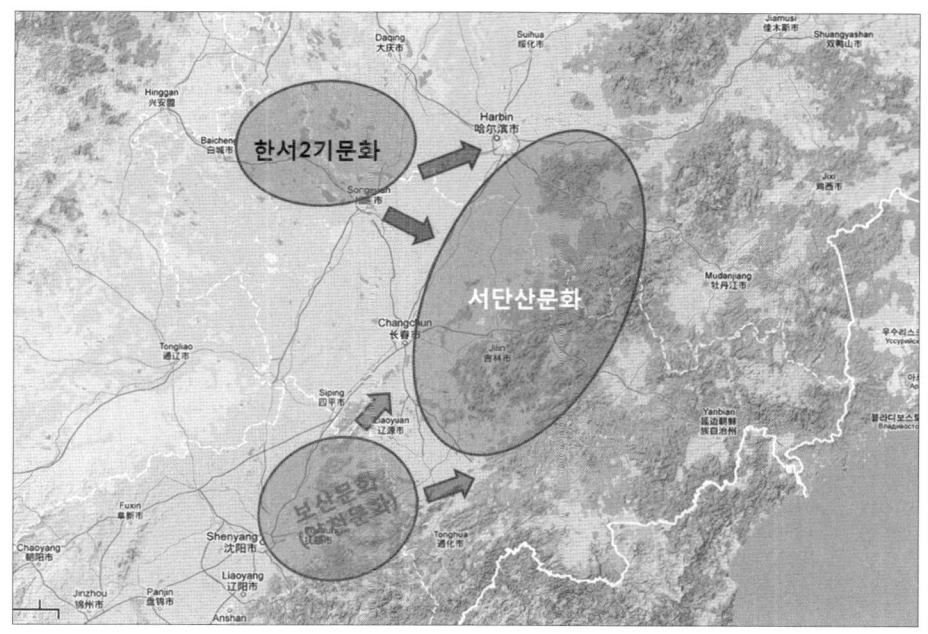

그림 2 기원전 5세기경 송화강유역 문화전파 관계도

Ⅲ. 기원전 4~3세기, 다양한 초기철기문화의 출현과 서단산문화의 소멸

1. 제2송화강 하류지역

기원전 4~3세기 들어 제2송화강 하류에서 새로운 초기철기문화가 출현하고 있다. 이 지역의 대표적인 초기철기시대 유적으로는 전가타자식 유적군과 형가점식 유적군 있다. 이 두 유적군이 위치한 농안·덕혜 일대는 넓은 평원지역으로 유적은 주로 강가 연안의 대지 혹은 낮은 구릉상에 입지해 있다. 두 유적군 모두 발굴 자료의 한계로 인해 구체적인 문화내용을 파악하는데 어려움이 있다. 간략하게나마 각 유적군의 특징을 살펴보면, 먼저 전가타자식 유적군의 경우 주로 농안현 소성자향(小城子鄉)과 황어권향(黃魚圈鄉) 일대의 제2송화강 연안에서 집중적

으로 확인되고 있다. 전가타자유적에서 확인된 주거지는 수혈식의 말각장방형으로 실내에 토광형 노지가 설치되어 있고, 바닥면은 황토로 다진 후 불다짐하고 있는 특징을 보이고 있다.[28] 이 종류의 주거지는 실내에 설치된 주공의 유무에만 차이가 있을 뿐 구조와 형태면에서 한서2기문화의 주거지와 거의 유사하다고 할 수 있다.[29]

유적에서 출토된 토기의 종류로는 협사홍갈색 계통의 토기, 니질홍갈색 계통의 토기, 니질 채색 토기 등이 있다. 니질홍갈색과 니질 채색 토기는 한서2기문화의 영향이 농후한 반면, 협사홍갈색 계통의 토기는 서단산문화의 영향을 엿 볼 수 있다. 예를 들면 정의 경우 태토가 협사계통이고, 문양이 무문이며, 구연 아랫부분에 돌기형 손잡이가 붙어 있다는 점, 몸체와 다리를 따로 제작하여 접합하는 제작방법 등은 서단산문화의 정과 유사하다고 할 수 있다. 그러나 기형에서는 이 지역만의 독특한 특징을 보이고 있다. 주거지 주변에서 철부 잔편과 불에 탄 철 덩어리가 발견되고 있어 이 당시에 이미 철기가 유입되어 사용되고 있음을 알 수 있다.

전가타자식 유적군의 연대는 대략 상한을 기원전 4세기로, 하한은 기원전 2세기대로 추정하고 있다.[30] 전가타자식 유적군에 나타나고 있는 문화변천의 경로를 분석해 보면, 유적의 문화내용상에는 한서2기문화와 서단산문화의 문화요소를 모두 포함하고 있으나, 주거지의 구조나 형태, 출토유물의 수량 등과 유적의 자연환경, 입지 등을 고려 할 때, 한서2기문화의 속성이 더 강하게 나타나고 있다. 다만 문화변천의 원인이 전파에 의한 것인지 혹은 한서2기문화인들이 이주에 의한 것인지에 대해서는 앞으로 자료가 더 많이 보충되어야 정확한 분석이 이루어질 것으로 판단된다.

형가점식 유적군은 주로 이통하와 음마하가 제2송화강으로 유입되는 지점에

---

28) 吉林大學歷史系考古專業,「吉林農安田家坨子遺址試掘簡報」,『考古』2, 1979.
29) 吉林大學歷史系考古專業·吉林省博物館,「大安漢書遺址發掘的主要收穫」,『東北考古與歷史』1, 1982. 黑龍江文物考古工作隊,「黑龍江肇源白金宝遺址第一次發掘報告」,『考古』4, 1980.
30) 吉林大學歷史系考古專業,「吉林農安田家坨子遺址試掘簡報」,『考古』2, 1979.

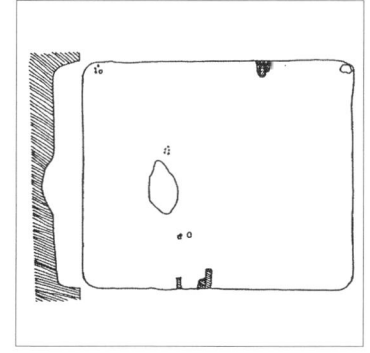
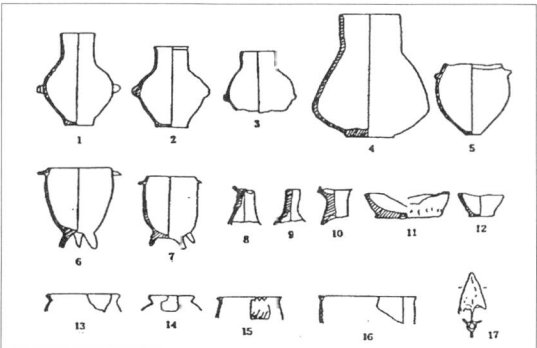

전가타자유적 F1 평·단면도

1~4. 호 5. 옹 6. 7. 정 8~10. 두형토기
11. 기저부 12. 완 13~16. 관 구연부 17. 동촉

그림 3 기원전 5세기경 송화강유역 문화전파 관계도

위치해 있다. 이 유적군에서는 모두 매장유구만 확인되고 있는데, 조사된 무덤은 모두 토광묘로 형식과 장식이 일치하고 있을 뿐만 아니라 출토유물 역시 유사한 기형들이 주를 이루고 있어 하나의 유적군으로 묶을 수 있다.[31]

이 유적군의 무덤은 구조와 형식 그리고 출토유물을 통해 볼 때, 한서2기문화와 밀접한 관련이 있다. 즉, 무덤의 형식이 모두 장방형의 관곽을 사용하지 않은 순수토광묘란 점, 단인장과 다인장이 함께 사용도고 있는 점, 일차장, 일·이차혼합장, 이차장이 모두 보이는 점,[32] 형가점 북산 출토 인골이 형질인류학상으로 완공(完工)고분군에서 출토된 인골과 근접하다는 점,[33] 묘실 내부에 말 이빨을 매납하고 있다는 점 등에서 한서2기문화의 영향을 엿볼 수 있다.

다만 출토유물 중 가장 수량이 많은 관과 두형토기에서는 보산문화의 영향이 나타나고 있다. 즉 관의 경우 기형이 주변의 다른 유적에서는 찾아 볼 수 없는 아주 독특한 형태를 보이고 있는데, 왕가타자와 북령에서 출토된 손잡이 사이에 닭

---

31) 金旭東, 「試論邢家店類型及其相關問題」, 『博物館研究』 2, 1993.
32) 吉林大學歷史系考古專業·吉林省博物館, 「吉林大安漁場古代墓地」, 『考古』 6, 1975. 松原市博物館, 「吉林省松原市后山土木墓葬淸理簡報」, 『北方文物』 2, 1998.
33) 朱泓·王培新, 「吉林農安邢家店北山墓地的古代人骨」, 『考古』 4, 1989.

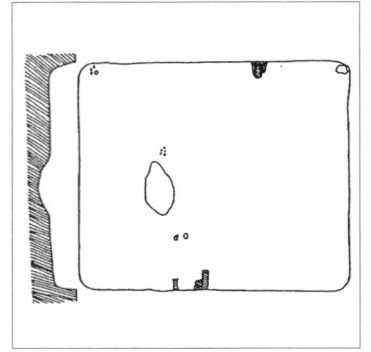
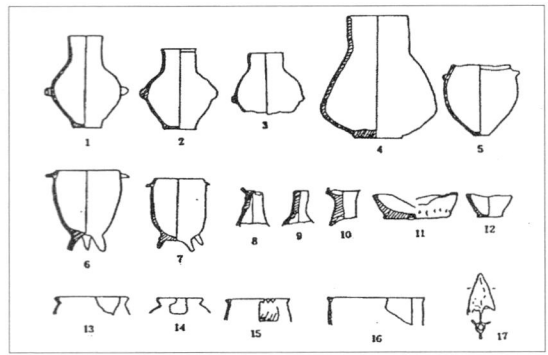

전가타자유적 F1 평·단면도

1~4. 호 5. 옹 6. 7. 정 8~10. 두형토기
11. 기저부 12. 완 13~16. 관 구연부 17. 동촉

그림 3 기원전 5세기경 송화강유역 문화전파 관계도

　벼슬 모양 혹은 물고기 등뼈 모양의 첩이(貼耳)가 달린 형식의 관은 비록 잔편이지만 동가유적에서 출토된 예가 있다.[34] 두형토기의 경우 손잡이에 구멍이 뚫린 투공을 특징으로 하는데, 이러한 투공된 두형토기의 계통적 기원은 보산문화에서 찾을 수 있다.[35]

　이렇게 보산문화의 문화요소가 일부 나타나고 있는 것은 두 지역이 지리적으로 연결되고 있다는 점과 밀접한 관련이 있다. 즉 형가점식 유적군이 집중되어 있는 지역은 이통하 혹은 음마하를 따라 대흑산산맥을 경유하여 보산문화 중심지까지 연결되어 있다. 이를 통해 당시의 문화전파 과정을 분석해 보면, 보산문화의 영향을 받아 대흑산산맥 주변으로 관마산식 유적군이 형성되고, 아마도 관마산식 유적군의 문화내용이 음마하와 이통하를 따라 형가점식 유적군에 영향을 미쳤던 것으로 추정할 수 있다.[36]

---

34) 吉林省文物考古硏究所,「吉林省九台董家遺址發掘簡報」,『博物館研究』 3, 1996.
35) 이종수,『송화강유역 초기철기문화와 부여의 문화기원』, 주류성출판사, 2009, 120쪽, <삽도 54> 참조.
36) 이종수, 앞의 책, 2009, 125쪽.

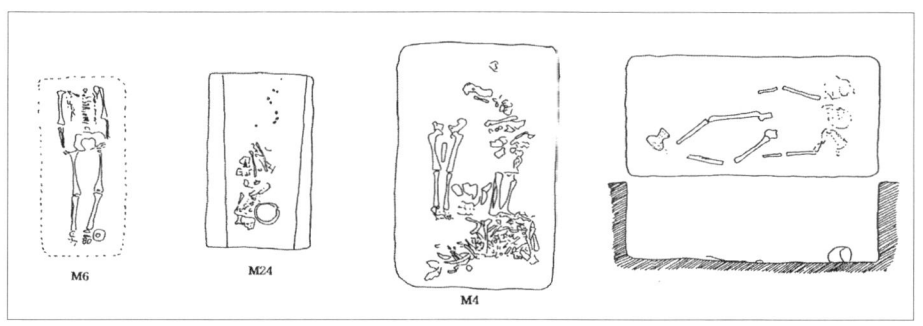

1. 형가점북산M6   2. 형가점북산M24   3. 형가점북산M4.   4. 북령M1

그림 4 형가점북산 및 북령 고분군 평·단면도

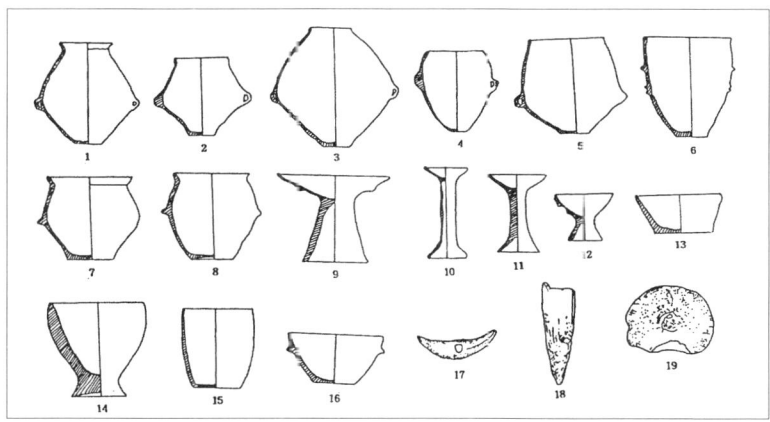

1~8. 관 9~12.14. 두형토기 13.16. 완 15. 배 17. 이빨장식 18. 골촉 19. 방륜

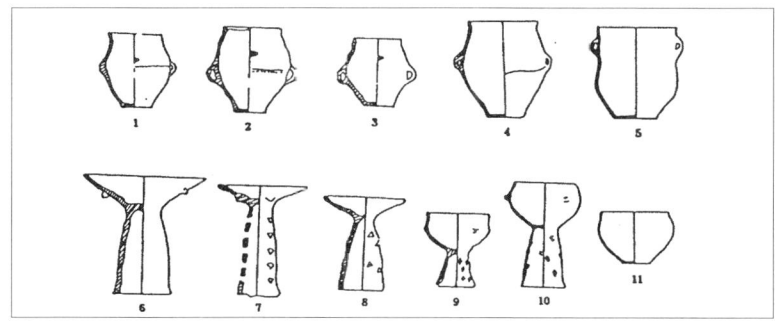

1~5 관 6~10. 두형토기 11. 발

그림 5 형가점북산 및 왕가타자, 북령 그분군 출토유물

이상의 내용을 종합해 보면, 전가타자식 유적군에서는 한서2기문화와 서단산문화의 문화요소가 확인되고 있고, 형가점식 유적군에는 한서2기문화와 보산문화의 문화요소가 함께 나타나고 있다. 이를 통해 두 유적군의 시간적 선후관계를 파악할 수 있는데, 전가타자식 유적군에서는 서단산문화의 영향이 확인되고 있는 반면, 형가점식 유적군에서는 서단산문화 요소가 전혀 확인되고 있지 않고, 보산문화의 영향만 확인되고 있다는 점에서 전가타자식 유적군이 형가점식 유적군에 비해 이른 시기에 형성된 것으로 파악 할 수 있다.

이들 문화의 사용집단은 문화내용상에서 한서2기문화가 중심적인 위치를 차지하고 있다는 점을 들어 한서2기문화를 영유한 집단이 이주한 것으로 파악하는 견해가 제기되고 있다.[37] 또한 최근에 형가점식 유적군의 경우 보산문화의 영향을 강조하는 견해가 제기되기도 하였는데,[38] 기본적으로 이 시기에 들어서면 서단산문화의 영향력은 최소화 되고, 주변의 초기철기문화를 받아들여 그들만의 독창적인 문화를 발전시켜 나가고 있는 특징을 보이고 있다.

2. 제2송화강 중류지역

제2송화강 중류지역은 서단산문화의 중심지로 이 지역은 기원전 3세기에 들어서야 일부 문화변천 양상이 확인되고 있다. 이 시기를 대표하는 유적은 대해맹 유적과 학고동산유적을 들 수 있다. 대해맹유적에서는 3개의 문화층이 확인되었는데, 하층에서는 3차례의 발굴을 통해 주거지 14기, 회갱 3기, 토광묘 6기, 옹관묘 4기가 발굴되었다. 출토유물은 관(罐), 호(壺), 정(鼎), 주형기 등의 토기류와 도끼, 삽, 도, 낫, 화살촉, 창, 송곳, 그물추 등의 석기류, 송곳, 끌, 화살촉, 도 손잡이

---

37) 오강원, 앞의 책, 2008, 388~396쪽.
38) 馬健·金旭東·趙俊杰,「再論邢家店類型遺存及相關問題」,『邊疆考古研究』11輯, 吉林大學 邊疆考古研究中心, 2012, 165~174쪽.

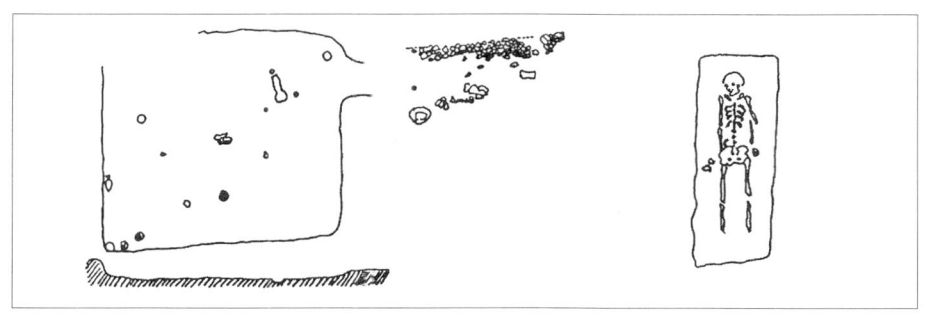

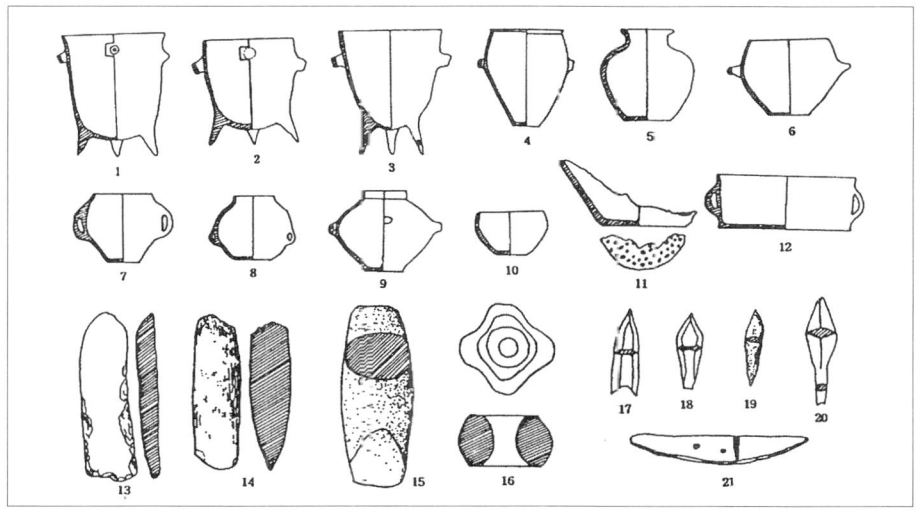

1~3. 정 4~9. 관 10. 발 11. 증 12. 주형기 13.15. 석부 14. 석착 16. 석추 17~20. 석촉 21. 석도

그림 6 양둔 대해맹우적 하층 F1 및 M12 평면도 및 출토유물

등의 골각기가 있으며, 주거지 내부에서 돼지, 소, 양, 개 등의 뼈가 출토되었다.[39]
학고동산유적에서는 2개의 문화층이 확인되었는데, 하층에서는 주거지 1기와 회
갱 1기가 발굴되었으며, 출토유물로는 발(鉢), 완(碗), 관(罐), 호(壺), 반(盤), 주형기

---

39) 劉振華,「永吉楊屯遺址試掘簡報」『文物』8, 1973.
　　吉林市博物館,「吉林永吉楊屯大海猛遺址」『考古學集刊』第5集
　　陳家槐,「吉林省永吉楊屯大海猛古遺址3次考古發掘槪況」『吉林省考古學會通訊』2, 1982.
　　吉林省文物工作隊等,「吉林永吉楊屯遺址第3次發掘」『考古學集刊』7集.

등의 토기와 도끼, 도, 낫, 연마기, 환상석기(環狀石器) 등의 석기가 있다.[40]

이들 유적의 문화내용을 분석해 보면, 주거지와 일부 유물에서 한서2기문화의 문화요소가 확인되고 있다. 먼저 주거지의 입지가 이 시기에 들어 평지에 가까운 지형으로 내려오고 있다는 점,[41] 기존에 이 지역에서 잘 나타나지 않던 새로운 형식의 무덤인 토광묘가 사용되고 있다는 점, 니질도 계통에 부가퇴문이 장식된 토기가 발견되고 있는 점, 세로 방향의 손잡이가 발달하고 있다는 점,[42] 주형기가 출토되고 있는 점 등은 한서2기문화의 영향으로 볼 수 있다.

그러나 이를 제외한 대부분의 문화요소는 모두 기존의 서단산문화를 계승하고 있는데, 주거지의 바닥면을 암반층 그대로 사용하거나 황토다짐을 하고 있는 점, 주거지 출입구를 돌을 쌓아 만들고 있는 점, 석재를 이용해 노지를 만들고 있는 점, 토광묘의 경우 새로운 묘제이기는 하나 돼지 두개골이나 뼈가 매납되고 있는 점,[43] 옹관묘의 경우 대부분 주거지 가장자리에 위치해 있는데, 이러한 형식의 옹관묘가 포자연전산 하층 주거지에서도 발견되고 있는 점, 토기가 대부분 협사도에 갈색 계통이라는 점, 기형 역시 서단산문화의 토기와 더 유사하다는 점, 석기 역시 서단산문화의 것과 일치하고 있다는 점 등에서 서단산문화의 특징을 찾아 볼 수 있다.

일부에서는 유적군에서 보이는 새로운 문화요소를 강조하여 이 지역 초기철기시대를 대표하는 하나의 새로운 문화유형으로 분류하기도 한다.[44] 그러나 앞에서 살펴 본 바와 같이 주거지의 형태와 구조, 축조방법 등이 기존의 서단산문화 주

---

40) 吉林市博物館, 「吉林永吉縣學古東山遺址試掘簡報」, 『考古』6, 1981.
41) 오강원, 앞의 책, 2008, 384~388쪽.
42) 세로 방향의 손잡이는 서단산문화 유적중의 하나인 소달구 고분군(CM18 · CM1:1)에서도 확인된 바가 있고, 동료하—휘발하 상류 지역에서도 일부 발견되고 있으나, 눈강하류 지역에서 가장 많이 발견되고 있기 때문에 이 지역 문화의 표지적 특징으로 보고자 한다.
43) 서단산문화 대부분의 무덤에서 돼지이빨 · 돼지턱 · 돼지 두개골 등이 발견되었다.董學增, 『西團山文化研究』, 吉林文史出版社, 1993, 16쪽.
44) 오강원, 「中滿地域의 初期鐵器文化—泡子沿式文化의 成立과 展開樣相」, 『전환기의 고고학 Ⅲ—제24회 한국상고사학회 학술발표대회 발표 요지문—』, 2000.

거지와 별다른 차이점이 보이지 않는 점,[45] 토광묘제가 새롭게 도입되고 있지만, 기존에 서단산문화 석관묘와 마찬가지로 단인일차장에 돼지뼈가 매납되고 있다는 점, 출토유물이 서단산문화 유물에 더 가깝다는 점 등에서 문화변천의 경로를 지역간 교류에 의한 전파로 파악할 수 있다. 그럼으로 이 유적군은 서단산문화의 후기유형으로 설정하는 것이 더 바람직하다고 판단된다.

이상의 내용을 통해 볼 때, 기원전 4~3세기 서단산문화의 중심지였던 제2송화강 중류의 길림시 일원은 주변지역 특히 한서2기문화의 문화요소가 일부 유입되고 있지만, 여전히 서단산문화가 존속되고 있는 것을 알 수 있다.

3. 길림합달령과 대흑산산맥 주변

길림합달령(吉林哈達嶺)과 대흑산산맥(大黑山山脈) 주변은 기원전 4~3세기경 보산문화의 영향으로 초기철기문화가 새롭게 형성되고 있다. 지역에 따라 문화내용상에 약간의 차이를 보이고 있지만, 전반적으로 보산문화의 영향이 강하게 나타나는 특징을 보이고 있다. 먼저 휘발하 중류 유역을 대표하는 초기철기문화인 서황산둔식 유적군의 특징을 살펴보면, 이 유적군은 산 정상부에 암석을 파서 묘실과 묘도를 만든 대석개묘와 다인·다차·화장의 장식, 자작나무 껍질로 만든 장구 사용, 크기가 10cm 내외의 명기류에 속하는 무문의 굵은 모래가 비짐된 배(杯), 관(罐), 발(鉢) 등의 토기, 정자형(丁字形) 손잡이가 달린 세형동검과 촉각식 손잡이가 달린 세형동검, 다뉴기하문경, 전국계의 철기, 다양한 종류의 장신구 등을 특징으로 한다.[46]

---

45) 대해맹유적에서 확인된 주거지는 고두 수혈식으로, 형태는 圓角方形·圓角長方形·불규칙형 등이 보이며, 바닥에 황토다짐고 황토다짐 후 불로 구운 흔적이 확인된다. 출입문의 방향은 일정하지 않으며, 爐址는 실내의 중앙 혹은 출입문 주변에 돌로 쌓거나 땅을 파서 만들었는데, 그 수는 1개에서 많은 경우 5개까지 설치되어 있다. 주공은 가장자리와 중앙에서 모두 발견되며, 실내에 甕棺이 묻혀 있다.

46) 이종수, 「松花江流域 初期鐵器時代 文化 硏究Ⅱ—西荒山屯 고분군을 중심으로—」, 『先史와

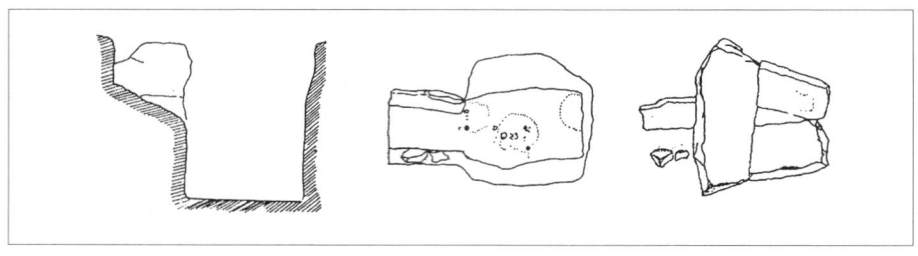

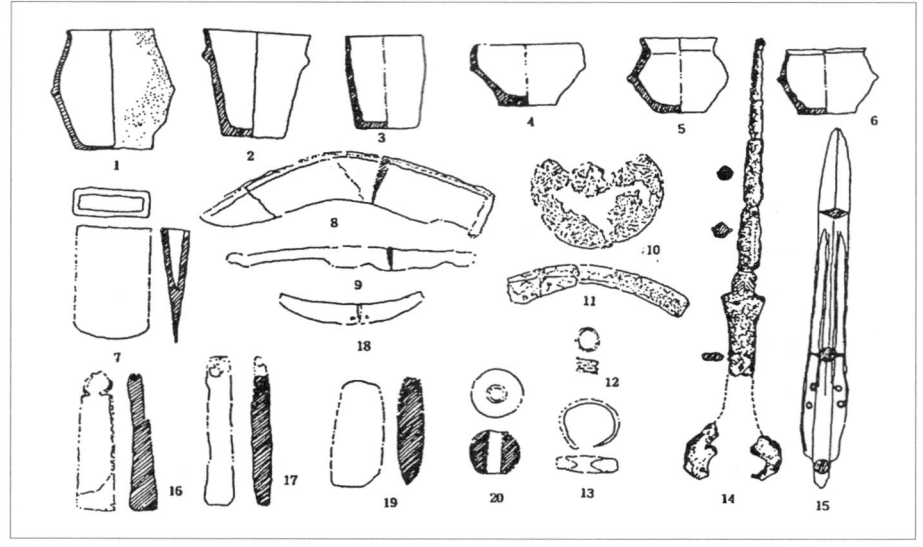

1.5.6. 관 2.3. 배 4. 발 7. 철분 8. 철렴 9. 철도 10. 동경 11. 동도 12. 탄황형기 13. 동천
14. 촉각식검 15. 세형동검 16.17. 숫돌 18. 석도 19. 석부 20. 석구

그림 7 서황산둔 고분군 M2 평·단면도 및 출토유물

서황산둔식 유적군에 속한 유적은 화전시와 반석현 일대에서 모두 5곳이 확인되었다.[47] 유적군의 문화속성을 분석해 보면, 휘발하 상류지역의 동풍, 매하구시 일대에서 확인되는 보산문화와 유사한 문화내용을 보이고 있다. 즉 무덤의 형

古代』22, 韓國古代學會, 2005.
47) 지금까지 확인된 유적으로는 서황산둔고분군, 寒葱地고분, 梨樹上屯고분군, 下桃山屯고분, 高麗炕山고분 등이 있다.

식이 모두 대석개묘인 점, 장식으로 다인·다차·화장이 사용되고 있는 점,[48] 명기류의 토기가 사용되고 있는 점, 출토유물의 기형이 유사하다는 점[49] 등을 들 수 있다.

일부 차이점이 나타나기도 하는데, 무덤 축조방식이 서황산둔식 무덤의 경우 암석을 파서 묘실과 묘도를 만들고 그 위에 덮개돌을 올려놓는 수혈암석식이 주를 이루고 있는 반면, 브산문화의 경우 흙을 파서 묘실이 만들고 그 위에 덮개돌을 올려놓거나 혹은 묘실 내에 석판이나 괴석을 쌓아 석관을 만들고 그 위에 덮개돌을 올려놓는 수혈토광식이 사용되고 있다. 이밖에도 서황산둔 고분군은 장구로 자작나무 껍질을 몇 겹으로 쌓아 시상으로 사용하고 있는 반면, 보산문화에서는 석판을 깔거나 혹은 묘실 바닥 가장자리에 원목으로 돌리고 있다.

기원전 4~3세기에 들어 대흑산산맥 일대에도 기존의 서단산문화가 소멸되고 새로운 초기철기문화인 관마산식 유적군이 출현하고 있다.[50] 대흑산산맥은 남서쪽 요령성 창도현(昌圖縣)에서 시작하여 북동쪽으로 길게 이어져 길림성 사평시와 공주령시 남쪽을 지나 구태시에서 북쪽으로 꺾여 상하만진 일대의 제2송화강 서안에서 끝나는 해발 500~200m 내외의 나지막한 산들로 이루어진 산맥으로 산악과 평원의 경계지점에 위치해 있다.

관마산식 유적군의 문화지표는 장방형의 토광을 파고 그 안에 괴석을 쌓아 묘실과 묘도를 만든 대석개묘, 다인, 다차, 화장의 장식, 목질장구의 사용, 관, 호, 두, 완을 세트로 하는 토기 매납 등이다.

이 유적군에 속한 유적들은 유적의 위치에 따라 문화내용상의 차이를 보이고 있다. 유적군 중 가장 서남쪽에 위치한 공주령 후석(猴石)고분은 보산문화의 문화요소와 더불어 한서2기문화 중 경양고분식 유적군[51]에서 보이는 문화요소가 동시

---

48) 金旭東, 「1987年吉林東豊南部盖石墓調査與淸理」, 『遼海文物學刊』 2, 1991.
49) 이종수, 앞의 책, 2009, 159쪽, <삽도 78>참조.
50) 주요 유적으로는 석립산 고분, 관마산 고분, 후석 고분, 동가 유적 등이 있다.
51) 평양고분식은 전통적인 한서2기문화 요소에 북방초원문화 요소가 결합된 양식을 의미한다.

에 나타나고 있다. 즉 무덤의 형식과 장식 그리고 출토유물 대부분이 보산문화와 일치하고 있는 반면, 무덤에서 출토된 압형호(鴨形壺)는 평양고분식 유적군을 대표하는 표지적 유물로 일찍이 길림성 통유현(通榆縣) 흥륭산(興隆山), 흑룡강성 제제합이시(齊齊哈爾市) 등에서 출토된 바가 있어,[52] 눈강 하류지역의 문화요소가 이 지역에 유입되고 있는 것을 알 수 있다. 이는 후석고분이 위치한 공주령 지역이 지리적으로 요서 및 송눈평원과 인접해 있기 때문에 가능했던 것으로 추정된다.

대흑산산맥의 중부에 위치한 석립산과 관마산 고분은 지리적으로 음마하(飮馬河)를 통해 휘발하―동요하 상류유역과 연결되어 있다. 이로 인해 다른 지역에 비해 보산문화의 문화요소가 강하게 나타나고 있다. 예를 들면 석립산 고분과 관마산 고분에서 보이는 수혈석광식(竪穴石壙式) 대석개묘 형식이 보산문화를 대표하는 묘제라는 점, 다인, 다차, 화장의 장식 역시 두 지역이 서로 일치하고 있으며, 토기 역시 제작기법과 기형이 매우 유사하다.[53]

관마산 고분의 경우 다른 수혈석광식 대석개묘와는 달리 무덤의 규모, 장식, 출토유물 등에서 약간의 차이를 보이고 있다. 이러한 차이점은 다른 무덤에 비해 장시간 사용된 것에서 기인한 것으로 보인다. 이 무덤의 사용 기간은 대략 기원전 3세기경에서 기원전후에 해당하는 것으로 추정할 수 있다.

이밖에도 대흑산산맥의 북단에서 제2송화강을 건너 맞은편 산에 위치한 황어권주산 중층 유적에서도 대석개묘 계통 무덤 1기와 주거지 1기가 확인되었다. 이 형식의 무덤은 아직까지 황어권주산유적 주변에서 확인된 예가 없다. 무덤의 형식과 출토된 유물을 통해 볼 때, 이 무덤은 대흑산산맥 일대의 관마산식 유적군의 영향을 받아 형성된 것으로 볼 수 있다.

---

52) 武保中, 「吉林公主嶺猴石古墓」, 『北方文物』 4, 1989.
53) 이종수, 앞의 책, 2009, 113쪽, <삽도 53> 참조.

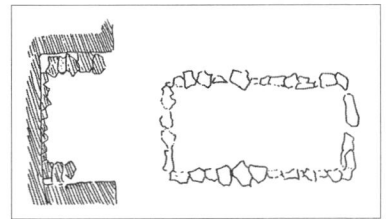
1. 석립산 M1 평·단면도

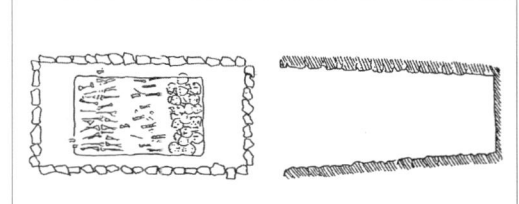
2. 관마산 M1 평·단면도

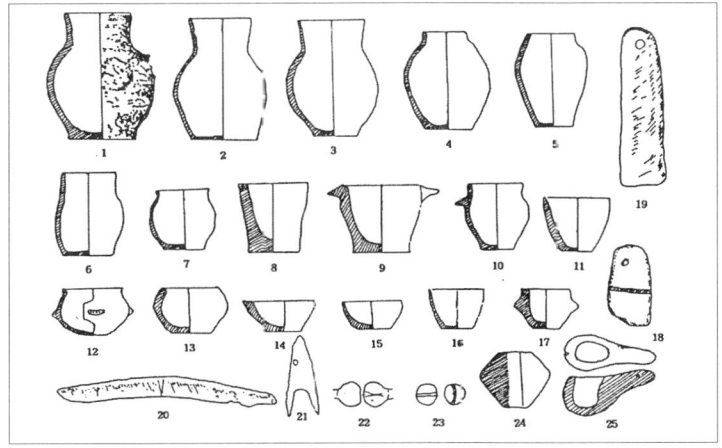

1~3. 호 4~7.12.13. 관 8~10.17. 배 11.16. 발 14~15. 완
18. 석부 19. 숫돌 20. 동도 21. 동화살촉 22~23. 동단추 24. 방륜 25. 주걱

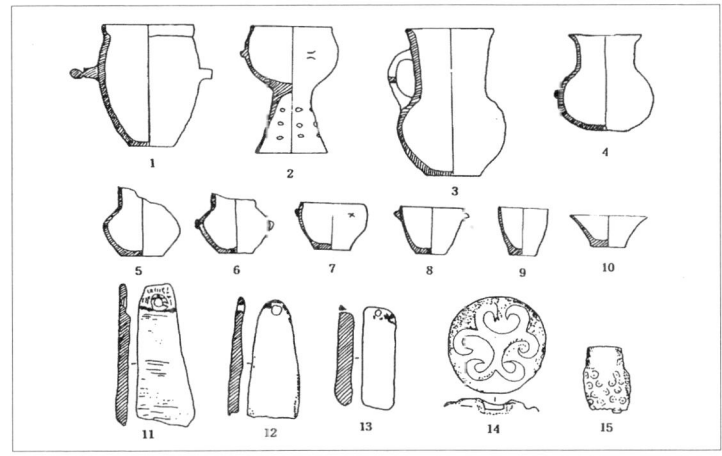

1. 관 2. 두 3~6. 호 7. 발 8.9. 배 10. 완 11~13. 숫돌 14. 동파식 15. 골각기

그림 8 석립산·관마산 고분 평·단면도 및 출토유물

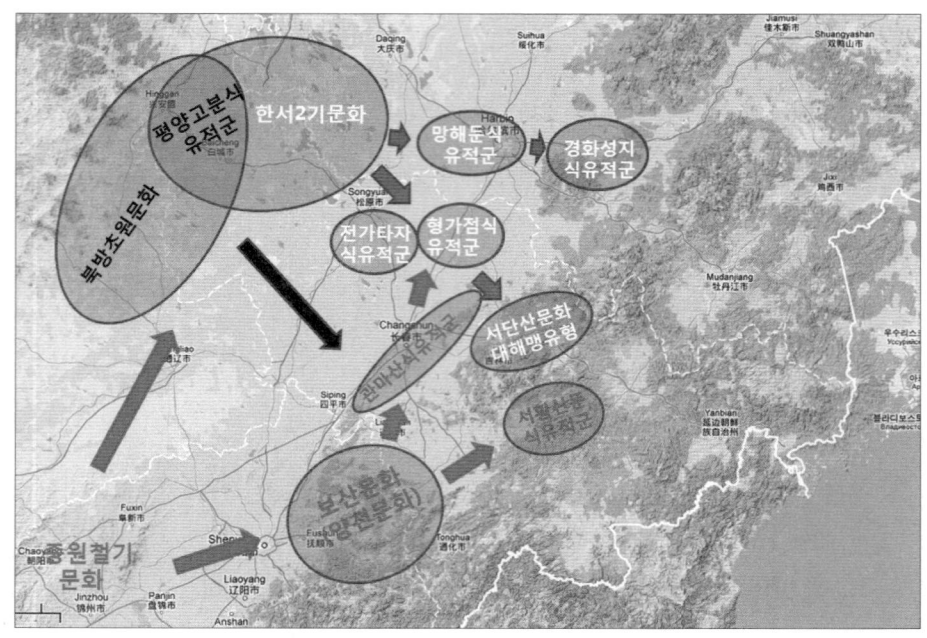

그림 7 기원전 4~3세기 동북지역 초기철기시대 문화전파 관계도

　이상의 내용을 종합해 보면, 길림합달령과 대흑산산맥 지역은 기원전 6~5세기까지 서단산문화권에 속해 있었으나,[54] 기원전 4~3세기에 들어 보산문화가 이 지역에 전파되면서 새로운 유형의 초기철기문화가 형성된 것으로 파악할 수 있다. 서황산둔식 유적군과 관마산식 유적군은 보산문화와 문화내용상에서 대부분 일치하고 있다는 점에서 보산문화의 범주 안에 속하는 것으로 볼 수 있다. 다만 이 지역이 보산문화의 변두리에 속하는 지역으로 각각의 유적에서 그 지역만의 독특한 특징이 확인되고 있다. 이들 지역의 경우 문화변천 원인을 주민집단의 이주보다는 지역간 교류에 의한 전파에 의해 형성된 것으로 볼 수 있다.

---

54) 董學增, 「試論吉林地區西團山文化」, 『考古學報』 4, 1983.

Ⅳ. 기원전 2~1세기, 부여문화의 형성과 그 기원

기원전 2세기 서단산문화의 영향이 늦게까지 남아 있던 길림시지역에 새로운 초기철기문화가 출현하고 있는데, 포자연전산 상층유적과 학고동산유적 상층유구 등이 여기에 포함된다. 포자연전산 상층유적에서는 2,3,4호 주거지 내부에서 상·하 두 개의 문화층이 확인되었는데, 그 중 상층에서 서단산문화 유물과 더불어 호, 관, 완, 두, 니질에 승문이 장식된 회색 토기편, 철제 자귀와 괭이 등이 출토되었다.[55] 학고동산유적의 경우도 상층에서 확인된 회갱 내부에서 니질 회색의 관, 호, 증, 두, 발 등의 잔편과 창, 괭이, 자귀, 끌, 낫, 송곳 등의 철기가 출토되었다.

포자연전산 상층유적에서 출토된 토기는 기존의 서단산문화 토기와는 커다란 차이를 보이고 있다. 즉 포자연전산 상층유적에서 출토된 토기는 태토에 굵은 모래가 비짐된 협조사 계통으로 기존의 가는 모래를 혼입된 협사도 계통인 서단산문화 토기와는 분명한 차이를 보이고 있다. 이밖에도 정, 력 등의 삼족기가 보이지 않고, 두형토기, 관, 호 등이 성행하고 있다는 점, 두형토기의 기형이 보산문화 두형토기와 일치하고 있는 점[56] 등을 통해 볼 때, 포자연전산 상층유적에서 새롭게 나타나고 있는 협조사계통의 토기는 보산문화의 영향을 받아 제작된 것으로 추정할 수 있다. 니질회색 계통의 토기와 철제 괭이와 자귀 등은 중원 한문화의 영향을 받은 것으로 보이며, 주거지 내부에서 출토되고 있는 말이빨은 아마도 한서2기문화의 영향을 받은 것으로 볼 수 있다.

이상의 내용을 종합해 보면 포자연전산 상층을 대표로 하는 유적군의 문화내용 속에는 보산문화의 영향과 더불어 한서2기문화의 요소, 그리고 중원 한문화의 요소가 함께 내재되어 있는 것을 확인할 수 있다.

---

55) 吉林市博物館, 「吉林市包子沿前山遺址和墓葬」, 『考古』 6, 1985.
56) 吉林省文物志編委會, 『東豊縣文物志』, 文物出版社, 1982, 53쪽(圖13-4).

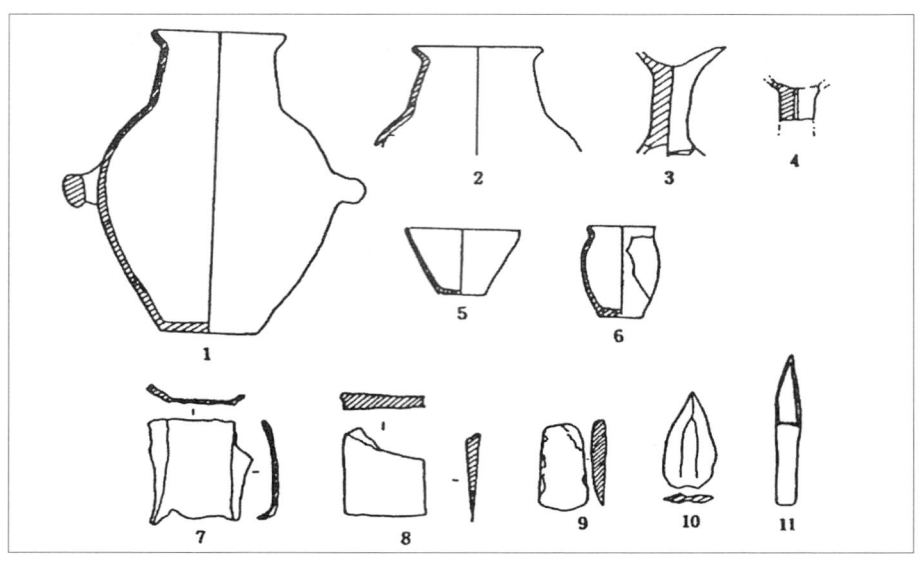

1.2. 호 3.4. 두 5. 완 6. 관 7. 철곽 8. 철분 9. 석분 10.11. 석촉
그림 10 포자연전산 상층 출토유물

일반적으로 학계에서는 이러한 문화내용을 포함하고 있는 유적을 포자연유형 혹은 포자연문화로 부르며, 부여를 대표하는 고고학 문화로 인정하고 있다. 그렇지만 이 유적에서는 유구가 확인되지 않았고, 유물 역시 그 수량이 많지 않다는 점에서 이 유적들에서 출토된 자료를 통해 문화의 변천과정과 원인, 문화의 기원과 사용집단, 부여와의 관련성 등을 밝혀내는데 한계가 있다. 이로 인해 본문에서는 부여를 대표하는 유적인 노하심유적을 통해 부여문화의 형성과정과 그 기원을 찾아보고자 한다.

노하심 고분군에서는 부여시기의 무덤 129기가 발굴되었다. 무덤은 대부분 장방형의 토광묘로 일부 무덤에 관(棺)이 사용되고 있다. 무덤 바닥에 판재를 사용하지 않고 섯자리, 자작나무 껍질, 짐승가죽 등을 깔고 있다. 매장방식은 모두 앙신직지의 일차장이고, 장법은 단인장, 양인동혈합장(兩人同穴合葬), 양인이혈합장(兩人異穴合葬), 삼인이혈합장(三人異穴合葬)등이 사용되고 있다. 두향은 대부분 서쪽 혹은 서북쪽을 향해 있으며, 두개골 쪽에 토기를 안치하고 있으며, 말 이빨 혹은 말머리를 매납하는 殉牲행위가 확인된다.

출토유물로는 관, 호, 두, 배, 반, 완, 충 등의 토기류, 검, 도, 창, 화살촉 화살통, 투구, 찰갑 등의 무기와 갑옷류, 낫, 삽, 괭이, 끌 등의 철제 생산공구류, 표, 함, 차세 등의 거마구, 금동신수패식(金銅神獸牌飾), 동복, 동경, 대식(帶飾), 완식(琬飾), 귀걸이 등의 장신구 등이 있다.[57]

이러한 특징을 지닌 노하심 고분군은 어느 문화의 영향을 받아 형성된 것일까? 이를 확인하기 위해서는 먼저 문헌자료의 도움을 받을 필요가 있다. 부여의 건국과정에 대해서는 동한(東漢) 학자 왕충(王充)의 『論衡·吉驗篇』에 기록이 남아 있는데, 건국설화의 기본줄기는 동명으로 대표되는 집단이 북이로 불리는 탁리국(橐離國)에서 세력 갈등을 피하여 엄호수(掩淲水)를 거쳐 남하하여 예(穢)의 고지에 나라를 세웠다는 내용이다.

이 기록에 의하면 동명이 떠나온 탁리국의 위치는 동이가 아닌 북이가 된다. 또한 『史記』[58]와 『漢書·地理志』[59]에도 부여가 오환(烏桓)과 더불어 북쪽에 위치해 있다고 기록되어 있다. 이는 당시 부여가 중원지역의 동쪽이 아닌 북쪽에 위치해 있었음을 설명해주는 결정적인 자료라 할 수 있다. 위의 자료를 통해 보면, 부여를 건국한 주체세력은 부여의 중심지인 길림시보다 북쪽에 위치한 지역에서 이동해 왔으며, 이들은 기존에 길림시 일대에서 서단산문화를 영유하던 토착민이 아닌 새로운 세력집단이라는 것을 쉽게 알 수 있다.

새로운 세력집단의 이동 즉 주민이동을 입증하는데 있어서 최소한 다음 두 가지의 고고학적 기준이 충족되어야 하는데, 첫째는 오랫동안 지속된 문화 속에 완전히 새로운 문화복합체(Constellation of traits)가 갑자기 등장했고, 그 새로운 문화요소의 원형(Protopes)이 기존의 문화 속에 전혀 존재하지 않았다는 것이다. 즉 이주 당시 이주집단의 본토에서 성행했던 생업경제, 종교, 묘제, 일상생활에서 빼놓을 수 없는 문화요소들이 문화복합체로 이주지역에 완전히 새로운 문화요소로 도착

---

57) 吉林省文物考古硏究所, 『榆樹老河深』, 文物出版社, 1987.
58) 『史記』 卷129, 貨殖列傳 第69. "夫燕……北鄰烏桓·夫餘, 東綰穢貊·朝鮮·眞番之利."
59) 『漢書』 卷28下, 地理志 第8下. "上谷……北隙烏桓·夫餘"

했다는 것이 입증되어야 한다는 것이다. 타 지역에서 성행했던 문화복합체 중 몇 개의 문화요소가 나타난다고 해서 주민이동설을 적용할 수 없다는 것이다. 둘째로 이주집단의 문화 중에 정착지역 사회와 공존, 동화하면서 그 정착사회 문화의 영향을 받았다는 증거와 본래 갖고 온 문화요소도 계속 보존했다는 증거가 있어야 한다는 것이다.[60]

　문헌기록과 문화변천 이론을 토대로 노하심 고분군의 기원을 찾아보면 먼저 부여의 건국집단은 북쪽에서 내려왔다는 것을 알 수 있다. 그렇다면 당시 북쪽의 문화 선진지는 한서2기문화의 중심지인 눈강하류 일대였다. 이들 지역에서 문화 내용상에서 가장 유사한 특징을 보이는 유적은 평양고분식 유적군을 들 수 있다.

　두 유적의 문화내용을 비교해 보면, 먼저 무덤의 형식은 평양고분식 무덤의 경우 순수토광묘 계통이 주로 확인되고 있는 반면, 노하심 고분군에는 순수토광묘와 더불어 일부 무덤에 관곽이 사용되고 있다. 다만 두 유적 모두 공통적으로 무덤 바닥면에 자작나무 껍질을 까는 현상이 나타나고 있다. 장식은 모두 단인장 위주이며, 일부에서 남녀합장과 일남이녀 합장 혹은 남녀아동합장 현상이 보이고 있다. 장법에서는 일부 차이를 보이고 있는데, 평양고분식 무덤에서는 이차장이 주로 사용되고 있으며, 특이하게 일·이차 혼합장도 보이고 있는 반면, 노하심고분군은 일차장에 앙신직지가 주로 사용되고 있다. 두향은 모두 서향 혹은 서북향을 보이며, 노하심에서만 일부 무덤이 동향을 하고 있다. 장례풍속은 동물을 매납하는 순생행위가 모두 이루어지고 있는데, 평양고분식 무덤에서는 다양한 종류의 동물이 순생되고 있는 반면, 노하심유적에서는 말이빨 혹은 말머리만 보이고 있다. 부장유물의 배치는 공통적으로 두개골 위쪽에 토기를 안치하고 있다.[61]

　이상의 내용을 통해 보면, 두 유적의 문화내용상 특징들이 대략 일치하고 있는

---

60) 이송래, 「복합사회의 발전과 지석묘문화의 소멸」, 『전환기의 고고학Ⅰ』, 학연문화사, 2002.
61) 이종수, 「무덤의 변화양상을 통해 본 부여사 전개과정 고찰」, 『선사와 고대』30, 한국고대학회, 2009, 149쪽.

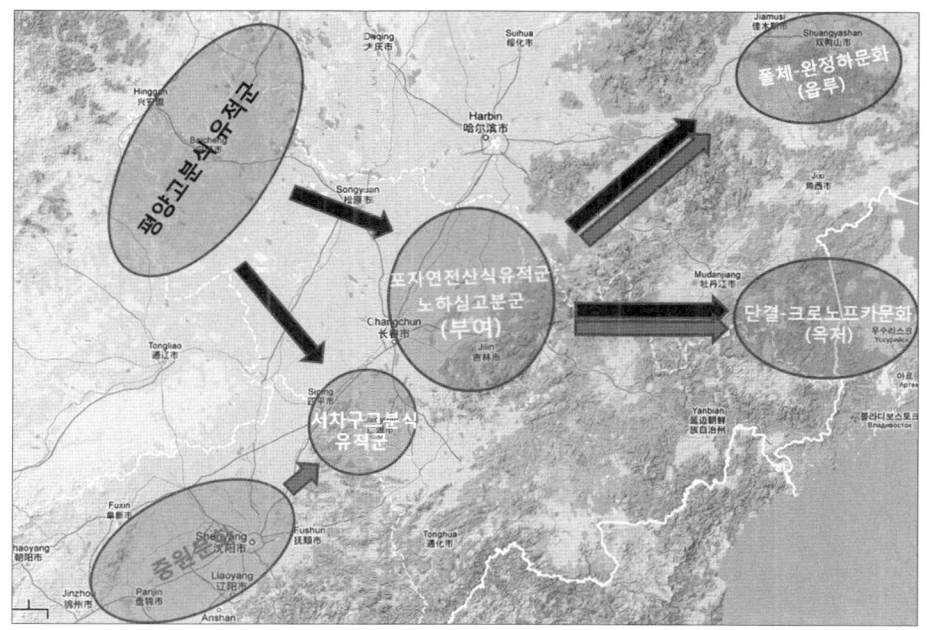

그림 11 기원전 2~1세기 동북지역 초기철기시대 문화전파 관계도

것을 알 수 있으며, 노하심 고분군의 문화 기원이 평양고분식 유적군과 일정한 관련이 있음을 확인할 수 있다. 평양고분식 유적군의 연대를 기원전 3세기경에서 기원전후한 시기까지로 보고 있고,[62] 노하심고분군의 연대는 대략 기원전후한 시기임을 감안하면 두 유적 간 문화적 연원 관계를 확인할 수 있다. 보산문화가 성행했던 요북지역 역시 기원전 2세기 전후 한 시기에 평양고분식 유적군과 유사한 문화내용을 가진 서차구식 유적군이 출현하고 있다는 점에서 이 시기에 평양고분식 유적군의 영향은 매우 컸다는 것을 알 수 있다.

이러한 가능성에 대한 해답은 부여 건국 당시의 동북아지역 국제정세에서 그 실마리를 찾을 수 있다. 기원전 3세기 경 흉노가 동호를 격파하자, 동호의 한 갈래는 북쪽의 선비산으로 이동하여 선비족이 되고, 다른 한 갈래는 동쪽의 오환산

---

62) 潘玲·林沄,「平洋墓葬的年代與文化性質」,『邊疆考古研究』, 科學出版社, 2002.

으로 이동하여 오환이 되고 있다. 이 시기에 눈강하류 지역에 기존의 한서2기문화와 북방초원문화가 결합된 평양고분식 유적군들이 출현하고 있다. 이러한 주변정세 속에서 부여가 건국되고 있는데, 그 건국세력은 당시 눈강하류 지역에 거주하던 평양고분식 유적군을 조영했던 세력집단일 가능성이 매우 높다. 눈강하류 지역에 거주하던 한서2기문화인들은 동호계 특히 오환의 일부가 이 지역으로 밀려오자, 이들의 문화를 받아들여 새로운 고고 문화를 형성하게 되었는데, 이것이 바로 평양고분식 유적군이라 할 수 있다. 이 후 이들 중 일부가 세력갈등을 피해 제2송화강 중류일대로 남하하여 부여를 건국한 것으로 파악할 수 있다. 당시 제2송화강 중류일대에서 거주하던 예계(穢系) 즉 서단산문화인들 중 일부가 한반도지역으로 남하함으로써 그 세력이 크게 위축되어 있었고, 이로 인해 이주집단은 손쉽게 국가를 건국할 수 있었던 것으로 추정된다.[63]

V. 맺음말

이상으로 송화강유역 초기철기문화 출현과정과 그 문화적 특징, 그리고 전파과정에서 변화 양상과 부여문화의 형성 과정에 대해 살펴보았다. 앞에서 살펴본 내용을 정리하는 것으로 맺음말을 대신하고자 한다.

송화강유역의 초기철기시대의 시간적 범위는 대략 기원전 5세기에서 기원전 1세까지로, 이 기간 동안 송화강유역에서는 다양하고 복잡한 문화변동이 일어나고 있다. 기원전 5세기경 눈강하류지역과 요북지역에 기존의 청동기문화를 대체하여 새로운 초기철기문화인 한서2기문화와 보산문화가 출현하고 있다. 한서2기문화는 제1송화강과 제2송화강을 따라 동남쪽으로 점차 문화권역을 확대하고 있으며, 보산문화는 길림합달령과 대흑산산맥을 따라 동북쪽으로 점차 확산되고 있다.

---

63) 이종수, 앞의 논문, 2009, 150쪽.

기원전 4~3세기가 되면 송화강유역은 한서2기문화와 브산문화의 영향으로 다양한 초기철기문화가 출현하게 된다. 제1송화강 중류와 제2송화강 중하류의 평원지역은 한서2기문화의 영향을 받아 새로운 초기철기문화가 출현하고 있다. 기원전 4세기경 제일송하강 중상류지역에는 망해둔유적을 대표로 하는 유적군, 제2송화강 하류지역에는 전가타자유적을 대표로 하는 유적군이 새롭게 형성되고 있다. 기원전 3세기경에 들어서는 제1송화강의 중하류지역에 경화성지유적을 대표로 하는 유적군이, 제2송화강 중하류지역에는 형가점북산고분군을 대표로 하는 유적군이 출현하고 있다.

제2송화강 중류지역은 서단산문화의 중심지로 기원전 3세기에 들어서야 일부 문화변천 양상이 확인된다. 이 시기를 대표하는 유적은 더해맹 하층유적과 학고동산 하층유적을 들 수 있는데, 이들 유적에는 일부 한서2기문화의 문화요소가 유입되고 있지만, 여전히 전통적인 서단산문화가 유지되고 있다.

대흑산산맥과 길림합달령 주변은 보산문화의 영향을 받고 있는데, 이 지역은 기원전 6~5세기까지 서단산문화권에 속해 있었으나, 기원전 4~3세기에 들어 보산문화가 이 지역에 전파되면서 새로운 유형의 초기철기문화가 형성되고 있다. 대흑산산맥 주변은 관다산M1을 대표로 하는 유적군이, 길림합달령 주변에는 서황산둔 고분군을 대표르 하는 유적군이 출현하고 있다. 서황산둔식 유적군과 관마산식 유적군은 보산문화와 문화내용상에서 대부분 일치하고 있다는 점에서 이미 보산문화의 범주 안에 포함된 것으로 볼 수 있다. 다만 이 지역이 보산문화의 변두리에 속하는 지역으로 각각의 유적에서 그 지역만의 독특한 특징이 확인되고 있다.

기원전 2세기 서단산문화의 영향이 늦게까지 남아 있던 길림시지역에 새로운 초기철기문화가 나타나고 있는데, 포자연전산 상층유적과 학고동산유적 상층유구 등이 여기에 포함된다. 포자연전산 상층을 대표로 하는 유적군의 문화내용 속에는 보산문화의 영향과 더불어 한서2기문화의 요소, 그리고 한문화의 요소가 함께 내재되어 있는 것을 확인할 수 있다.

기원전 2세기경 이 지역에 부여 국가가 성립되면서 초기철기문화의 다양성이 점차 사라지고 하나로 통합되어 가는 문화변천 과정을 보이고 있다. 이러한 현상은 노하심 고분군에서 가장 잘 나타나고 있는데, 그 문화 기원은 눈강하류 일대의 평양고분식 유적군에서 찾을 수 있다. 보산문화가 성행했던 요북지역 역시 기원전 2세기 전후 한 시기에 평양고분식 유적군과 유사한 문화내용을 가진 서차구식 유적군이 출현하고 있다는 점에서 이 시기에 평양고분식 유적군의 영향은 매우 컸다는 것을 알 수 있다. 평양고분식 유적군의 형성과정은 당시의 국제정세 변화속에서 찾을 수 있는데, 흉노의 동호 격파로 그 세력이 북쪽으로 이동하여 눈강하류 지역의 한서2기문화와 융합되어 평양고분식 유적군이 새롭게 출현하고 있다.

  이상의 내용을 종합해 본 결과 부여의 건국세력은 당시 눈강하류 지역에 거주하던 평양고분식 유적군을 조영했던 세력집단일 가능성이 매우 높다. 눈강하류 지역에 거주하던 평양고분식 유적군 조영 집단 중 일부가 집단내 세력 갈등을 피해 제2송화강 중류일대로 남하하여 부여를 건국한 것으로 파악할 수 있다. 당시 길림시일대에서 거주하던 예계는 일부가 한반도지역으로 남하함으로써 그 세력이 크게 위축되어 있었고, 이로 인해 이주집단은 손쉽게 부여를 건국할 수 있었던 것으로 추정된다.

| 참고문헌 |

■ 한국어

김미경, 「요동지역 청동기시대 토기문화권 설정에 관한 재검토―양천문화를 중심으로―」, 『호서고고학』 21, 2009.

박양진, 「고고학에서 본 부여」, 『한국고대사연구』 37. 한국고대사학회. 2005.

송호정, 「고고학 자료를 통해 본 부여의 기원」, 『한반도와 중국 동북3성의 역사문화』, 서울대학교출판부, 1999.

오강원, 「中滿地域의 初期鐵器文化―泡子沿式文化의 成立과 展開樣相」, 『전환기의 고고학Ⅲ―제24회 한국상고사학회 학술발표대회 발표 요지문―』, 한국상고사학회, 2000.

오강원, 「서단산문화와 길림 중부지역 초기철기문화 제 유형간의 문화적 상관관계」, 『진단학보』 104, 2008.

오강원, 『서단산문화와 길림지역의 청동기문화』, 학연문화사, 2008.

이송래, 「복합사회의 발전과 지석묘문화의 소멸」, 『전환기의 고고학 Ⅰ』, 학연문화사, 2002.

이종수, 「吉林省 中部地域 初期鐵器時代 文化遺蹟 硏究」, 『百濟文化』 30집, 2001.

이종수, 「松花江流域 初期鐵器時代 文化 硏究 Ⅰ 黑龍江省 慶華城址를 중심으로―」, 『博物館紀要』 19, 檀國大學校석주선기념박물관, 2004.

이종수, 「松花江流域 初期鐵器時代 文化 硏究 Ⅱ 西荒山屯 고분군을 중심으로―」, 『先史와古代』 22, 韓國古代學會, 2005.

이종수, 『송화강유역 초기철기문화와 부여의 문화기원』, 주류성출판사, 2009.

■ 중국어

喬梁, 「吉長地區西團山文化之后幾種古代遺存」, 『遼海文物學刊』 2, 1993.

吉林大學歷史系考古專業・吉林省博物館, 「吉林大安漁場古代墓地」, 『考古』 6, 1975.

吉林大學歷史系考古專業, 「吉林農安田家坨子遺址試掘簡報」, 『考古』 2, 1979.

吉林大學歷史系考古專業・吉林省博物館考古隊, 「大安漢書遺址發掘的主要收獲」, 『東

北考古與歷史』第一輯, 文物出版社, 1982.
吉林省文物考古研究所, 『楡樹老河深』, 文物出版社, 1987.
吉林省文物考古研究所, 「吉林省九台董家遺址發掘簡報」, 『博物館硏究』 3, 1996.
吉林省文物工作隊 等, 「吉林永吉楊屯遺址第3次發掘」, 『考古學集刊』 7集.
吉林市博物館, 「吉林永吉縣學古東山遺址試掘簡報」, 『考古』 6, 1981.
吉林市博物館, 「吉林永吉楊屯大海猛遺址」, 『考古學集刊』 第5集.
吉林市博物館, 「吉林市泡子沿前山遺址和墓葬」, 『考古』 6, 1985.
金旭東, 「1987年吉林東豊南部盖石墓調查與淸理」, 『遼海文物學刊』 2, 1991.
金旭東, 「試論邢家店類型及其相關問題」, 『博物館硏究』 2, 1993.
丹化沙, 「黑龍江肇源望海屯新石器時代遺址」, 『考古』 10, 1961.
譚英杰 等, 『黑龍江地域考古學』, 社會科學出版社, 1991.
東北考古發掘團, 「吉林西團山石棺墓發掘報告」, 『考古學報』 1, 1964.
董學增, 「試論吉林地區西團山文化」, 『考古學報』 4, 1983.
董學增, 『西團山文化硏究』, 吉林文史出版社, 1993.
馬健·金旭東·趙俊杰, 「再論邢家店類型遺存及相關問題」, 『邊疆考古硏究』 11輯, 吉林
　　　大學 邊疆考古研究中心, 2012.
馬德謙, 「淡淡吉林龍潭山, 東團山一帶的漢代遺物」, 『北方文物』 4, 1987.
馬德謙, 「夫餘文化的幾個問題」, 『北方文物』 2, 1991.
武保中, 「吉林公主嶺猴石古墓」, 『北方文物』 4, 1989.
潘玲·林沄, 「平洋墓葬的年代與文化性質」, 『邊疆考古硏究』, 科學出版社, 2002.
松原市博物館, 「吉林省松原市后山土木墓葬淸理簡報」, 『北方文物』 2, 1998.
辛 嚴, 「遼北地區靑銅時代文化初探」, 『遼海文物學刊』 1, 1995.
劉振華, 「試論吉林西團山文化晩期遺存」, 『東北考古與歷史』 1, 1982.
劉振華, 「永吉楊屯遺址試掘簡報」, 『文物』 8, 1973.
劉紅宇, 「試論田家坨子遺存有關問題」, 『北方文物』 1, 1985.
朱泓·王培新, 「吉林農安邢家店北山墓地的古代人骨」, 『考古』 4, 1989.
陳家槐, 「吉林省永吉楊屯大海猛古遺址3次考古發掘槪況」, 『吉林省考古學會通訊』 2,

1982.

洪 峰, 「吉林省輝發河上流地區原始文化簡析」, 『北方文物』 3, 1985.

黑龍江省文物考古硏究所·吉林大學考古專業, 「黑龍江省肇東縣七棵樹遺址發掘簡報」, 『北方文物』 3, 1988.

黑龍江省文物考古硏究所·吉林大學考古專業, 「黑龍江省肇貢縣哈土崗子遺址試掘簡報」, 『北方文物』 3, 1988.

黑龍江文物考古工作隊, 「黑龍江肇源白金宝遺址第一次發掘報告」, 『考古』 4, 1980.

黑龍江省文物工作隊, 「肇源縣臥龍青銅時代和早期鐵器時代遺址」, 『中國考古學年鑒』, 文物出版社, 1985.

The Culture of Early Iron Age in Songhua River and The Establishment of Buyeo Culture

Lee, Jongsu

Professor, Dankook University

The new culture of Hanshu and Baoshan which replaced the existing bronze culture appeared at the downstream of Nen river and the Liaobei area in the 5th century B. C. The influence of early iron age changed the culture in the outskirts of Xituansan.

In the 4th and 3rd century B.C., the remains of early iron culture is built at the Songhua river. The influence of Hanshu culture appeared the remains of Wanghaitun style, the remains of Qinghua castle, the remains of Tianjiatuozi style and the remains of Xingjiadian style. The influence of Baoshan culture emerged the remains of Guanmasan style and the remains of Xihuangsnatun style. The Hanshu culture is inflowed into the midstream of Songhua river that is the centre of Xituansan culture but its culture existed. It was not until the 2nd century that the remains of Paoziyanqiansan style newly emerged.

After Buyeo kingdom established at the Songhua river in the 2nd century B.C., many cultures of the early iron age disappeared and united with the common cultural area. The representative relics is Laoheshen tombs. The origin of this relics is the remains of Pingyang tomb style in the downstream of Nen river. The founding influence of Buyeo kingdom inhabited in the downstream of Nen river and built the remains of Pingyang tomb style. Some people of founding influences moved south to the area of Songhua river to escape the power strife within groups and appeared to found Buyeo kingdom.

[Keywords] the Songhua river, the culture of early iron age, Hanshu culture, Baoshan culture, Buyeo, the remains of Pingyang tomb style.

남한의 초기 철기문화에 대한 몇 가지 논의

이 청 규

이청규(李淸圭)

서울대학교 고고미술사학과 및 동대학원 졸업. 문학박사. 제주대학교 교수, 한국청동기학회 회장 역임.
현) 영남대학교 문화인류학과 교수.
주요논저: 『고조선 단군 부여(공저)』, 『요하유역의 초기 청동기문화(공저)』

Ⅰ. 머리말

90년대에 남한의 고고학에서 수용된 한반도에서의 초기철기시대(初期鐵器時代)라는 시대개념은 그 중심이 되는 시간적 범위가 대체로 기원전 3~2세기경인 것으로 인정된다. 그러나 상한(上限)과 하한(下限)에 대해서는 연구자마다 의견이 엇갈릴 뿐만 아니라 그것은 동 시대개념을 처음 주창한 김원룡(金元龍)의 제안과도 차이가 난다. 당초 70년대에 김원룡이 제시한 초기철기시대의 하한은 기원전 0년인 것이다.(김원용 1973)

기원전 3~2세기 혹은 기원전 3~1세기는 고대기록으로 보면 중국 동북지역에 전국(戰國) 연(燕)나라를 위시해서 진(秦)과 한(漢)이 연달아 진출하고 중국 동북지역과 한반도 북부에 고조선과 부여, 남부에 진국(辰國), 한(韓), 혹은 마한(馬韓) 등이라고 이해되는 정치체(政治體)가 어떤 방식으로든 존재하였던 시기이다.

이들 정치체 또는 예(穢)·맥(貊)·한(韓)으로 알려진 지역 집단을 단일 역사 공동체로 묶을 수 있다면, 그들 집단이 분포한 중국동북지역에서 한반도에 걸치는 지리적 범위는 단일 문화영역으로 접근 수 있다. 그리고 하위지역간에 구체적인 경계를 분명하게 그을 수 없지만, 지리적 특성과 고고학적 팩트를 고려하여 크게 중국동북지역의 서부와 동부, 한반도 북부와 남부로 나누어 볼 수 있다.

그중에서 한반도 남부에 한정하여 기원전 3~2세기를 중심으로 한 초기철기시대의 고고학적 문화를 살펴보고자 하는 것이 이번 발표의 내용이다. 초기철기시대의 고고학적 조사 성과와 관련된 편년(編年) 등의 몇 가지 주제를 검토하고, 그 중 상호 연계하여 살펴 볼 때 가장 타당하다고 생각되는 관점을 정리하고자 하는 것이 이번 발표의 목적이다.

당시의 실상을 알려주는 고고학 자료인 철기와 청동기는 대부분 무덤에 부장(副葬)된 상태로 발견된다. 금속기의 제작 사용과 관련된 경제적인 부면(部面)은 물론, 동 자료를 무덤 주인공의 사회적 지위나 신분을 알려주는 근거로 활용할 수 있다. 또한 형식이 비슷하면서 보다 이르거나 다양한 갖춤새를 갖고 있는 요동(遼東)과 서북한 정치체와의 상호교류와 관계에 대하여 설명할 수 있는 것이다.

그러한 이유로 여러 연구자들이 한반도의 정치체의 동향(動向)을 청동기 철기 부장묘를 통해 설명한 바 있다. 특히 남한지역에서 최근에 발굴조사를 통해서 급증한 성과를 토대로 한 논의가 주목되는데, 크게 고고학 자료 자체의 직접적 접근과 문헌기록과 관련된 간접적 접근으로 나누어 볼 수 있다. 전자와 관련해서는 유물갖춤새의 편년과 제작기술과 보급, 무덤의 위계화(位階化), 후자와 관련해서는 진국, 한 혹은 마한의 존재방식과 정치사회적 구조, 그 이북지역의 고조선과의 관계로 정리할 수 있다(이현혜 1982).

이러한 여러 논의는 상호 관련된 것이어서 따로 떼내어서 접근하기 어렵다. 무엇보다도 연구의 가장 큰 문제는 이 시기의 고고학적 문화를 접근하는 기본 틀과 관점에 대해서 제대로 정립되지 않았다는 사실을 들 수 있다. 특히 2000년대 이후 중국동북지역과의 관계에 대해서 관심이 증폭되고, 서남한 지역에서의 발굴조사 성과가 양산(量産)되는 상황에서 더욱 이에 대한 문제가 심각하게 대두된다.

Ⅱ. 초기철기시대 개념에 대한 검토

한반도에서 자주 쓰이는 초기철기시대라는 개념은 당연히 철기시대를 전제로 한 개념이다. 철기시대라는 개념은 고고학적인 관점에서 당대의 역사와 문화를 설명할 때 철기의 생산과 유통(流通)이 중요한 지표(指標)가 되는 시대라고 정의된다. 아울러 그러한 시대개념은 한반도 혹은 남한에 국한할 것이 아니라 고조선, 부여, 삼한의 무대가 되는 중국 동북지역과 한반도를 아울러야 한다는 것이 필자의 생각이다.

우리나라에서 초기철기시대라는 시대 용어는 1971년 김원룡이 제안하였고, 1986년 한국고고학개설 수정판을 통해서 명시한 바 있다. 이에 따르면 초기철기시대는 청천강 유역과 대동강 상류 이북에서 명도전(明刀錢)과 함께 철기가 보급되었을 때, 대동강 이남에 청동기가 널리 사용되는 시대로서 기원전 300~0년에 해당되는 것으로 설명된다. 아울러 기원전 300~100년은 1식 세형동검, 정문식(精

文式) 세문경(細文鏡)으로 대표되는 초기철기시대 I기, 100~0년은 2식 세형동검의 출현, 차마구(車馬具)의 부장(副葬), 세문경의 소멸, 철기 생산의 본격화를 초기철기시대 II기로 구분할 것을 제안하였다.(김원룡 1986)

이러한 초기철기시대의 시기구분은 고고학 자료에 따른 것이라 하지만, 그 절대연대(絶代年代)는 연(燕)의 동진(東進)에 따른 고조선 영역(領域)의 축소, 한무제(漢武帝)의 공격에 따른 위만조선(衛滿朝鮮)의 멸망이라는 역사적 사실을 반영한 것이다. 초기철기시대의 하한은 다음 0~300년을 시간적 범위로 설정한 원삼국시대(原三國時代)의 상한과 맞물리는데, 이는 『삼국사기(三國史記)』의 고구려, 신라, 백제의 기원전 1세기 후반 건국 관련 기사를 고려한 것이다.

기원전 0년 혹은 기원전 1세기 후반을 하한으로 하는 이러한 김원룡의 초기철기시대 설은 2000년 이후 후대 연구자들에 의해 원삼국시대의 상한은 기원전 100년경 혹은 그 이전으로 끌어 올려져 수정된다.(이희준 2004) 그 제안은 김원룡이 원삼국시대의 고고학적 증거로서 제시한 것 중 와질토기(瓦質土器) 등의 일부 문화적 요소에 대한 편년을 근거로 한 것인데, 그것은 결과적으로 김원룡이 가졌던 『삼국사기』 기록에 대한 역사적 고려를 무시한 셈이 된다.(2012) 상한을 조정하게 되면 원삼국시대설 자체는 큰 문제가 없으나, 그에 앞서는 초기철기시대의 시대 개념은 큰 위협을 받을 수 밖에 없다. 초기철기시대의 상한을 올리지 않는다면 절대연대의 폭이 지나치게 짧은 것도 그러하지만, 무엇보다도 문제가 되는 것은 원(原) 주창자(主唱者)의 의견과 달리 철기 생산이 본격화되기 시작하는 기원전 1세기대의 초기철기시대 2기는 정작 초기철기시대에서 제외해야 한다는 사실이다.

앞서도 말하였듯이 고고학적 자료를 근거로 시대를 구분하는 목적은 동 자료가 당대의 문화를 설명하는 데에 유효하기 때문이다. 철기시대는 초기라는 이름이 붙든 안 붙든 간에 철기의 제작과 보급을 통해서 당대의 문화를 효율적으로 설명할 수 있는 시대 개념인 것이다. 기원 300년 이전에 삼국(三國)과 삼한(三韓) 등 우리 역사에 등장하는 초기 정치체에 대해서 『삼국지(三國志)』 위지동이전(魏志東夷傳)과 『삼국사기』의 내용에 차이가 있어, 문헌사학(文獻史學)에서는 많은 논란

이 있다. 따라서 이 시대의 문화를 설명함에 고고학 자료에 의존하지 않을 수 없고, 그중 철기 제작과 보급에 초점을 맞춘 철기문화와 철기시대라는 시대 개념으로 접근하는 것은 적절하다 하겠다.

그렇다고 한국 원시고대사의 시대구분을 고고학 자료에 근거한 철기시대 단일 시대개념만을 주장하는 것은 아니다. 고고학적으로 철기시대라 하더라도 역사적으로 원삼국시대라 할 수도 있으며, 김원룡 또한 그러한 관점에서 초기철기시대를 철기시대 I기, 원삼국시대를 철기시대 II기라고 규정한 것이다. 이를 수용하면 기원전 300~기원후 300년을 철기시대라 하고, 이를 2시기 혹은 3시기로 구분하여 설명할 수 있다. 김원룡의 시대구분의 관점을 그대로 따른다면, 기원 元年을 경계로 하여 2시기를 구분하는 것이다. 그러나 영남(嶺南)지역의 목관묘(木棺墓)·목곽묘(木槨墓)의 조사 성과를 토대로 기원전 100년, 기원후 100년을 경계로 하는 안(案)을 받아들인다면 3시기로 구분할 수 있다. 다시 말하면 기원전 300~100년은 전기, 기원전 100~기원후 100년을 중기, 기원 100~300년을 후기로 구분할 수 있으며, 초기철기시대는 철기시대 전기가 되는 셈이 된다.

철기시대를 전·중·후기의 3기로 구분할 경우 철기의 발전과정도 자연스럽게 설명할 수 있다. 기원전 300~100년의 전기에는 청천강 이북에서 주조철기(鑄造鐵器)가 생산되지만, 그 이남에서는 工具 중심으로 보급될 뿐 본격적으로 생산되지는 않는 단계가 된다. 김원룡은 기원 100년 이전의 초기철기시대는 위만조선의 실체를 이해하는 기본임을 지적한 바 있다.

뒤이어 오는 기원전 100년~기원후 100년의 중기에는 한반도 남부지역까지 철기가 본격적으로 보급 생산된다. 철제무기로서 단신(短身), 단봉(短鋒)의 검(劍), 모(矛)가 제작되지만, 여전히 청동기가 제작 보급되는 단계이다. 다음 기원 100~300년의 3기는 한식(漢式) 철기의 기술을 완전 수용하여 강철제(鋼鐵製) 장검(長劍)과 장봉(長鋒)의 철모(鐵矛)가 대량 생산되고, 청동제 무기(武器)와 공구(工具)의 생산은 더 이상 이루어지지 않는 단계이다.

Ⅲ. 청동기의 제작과 보급

　남한지역에서 앞서 말한 초기철기시대 혹은 철기시대 전기와 관련하여 논의되는 청동기갖춤새는 크게 남성리군(南城里群)과 초포리군(草蒲里群)으로 구분된다. 남성리 유형은 검, 모 등의 무기, 부(斧), 착(鑿), 사(鉈) 등의 공구와 함께 조세문경(粗細文鏡)을 지표로 한다. 그리고 지역에 따라서는 소동탁(小銅鐸), 원개형동기(圓蓋形銅器), 방패형동기(防牌形銅器) 등의 이형동기(異形銅器)가 포함된다. 초포리군은 앞서 남성리군의 무기, 공구, 다뉴경에 동과(銅戈)가 추가되고, 이형동기 대신 간두령(竿頭鈴), 팔주령(八珠鈴), 쌍두령(雙頭鈴) 등의 청동방울을 표지로 한다. 상하한 연대에 대해서는 의견이 엇갈리지만, 남성리군은 앞선 단계에 기원전 3세기, 초포리군은 늦은 단계에 기원전 2세기경을 중심으로 하는 것으로 이해된다.

　두 군의 청동기갖춤새는 서남한을 중심으로 널리 분포하지만 그 상위등급의 무덤이 분포하는 중심구역은 다소 차이가 난다. 남성리군은 당진만(唐津灣) 삽교천을 북쪽 경계, 만경강(萬頃江) 유역을 남쪽 경계로 하지만, 초포리군은 동쪽으로 더 확장하여 영남지역의 낙동강 상류, 남쪽으로 더 내려가 호남지역의 영산강 유역을 경계로 한다(조진선 2005; 미야자토 오사무 2010).

　실제로 확인되는 바에 따르면 초포리군의 무덤에 철기가 공반하는 사례는 다수 있지만, 남성리군의 무덤에서는 전혀 그러지 못하다. 따라서 실물 증거에 따른다면 남성리 군은 철기 보급 이전이라고 해야 맞다. 다음에 보겠지만 같은 단계에 요동지역에 철기갖춤새가 이미 등장하는 것으로 주장하는 의견이 많다. 그것은 청천강을 경계로 그 이북에 연화보(連花堡) 세죽리(細竹里) 유형의 철기갖춤새가 들어설 때, 그 이남에 남성리군의 청동기 갖춤새가 있는 것으로 판단하는 관점에서 비롯된다. 연화보—세죽리유형의 철기갖춤새와 남성리군의 청동기갖춤새가 동시에 존재한 것이라는 이와 같은 관점은 실상 제대로 증명된 바 없는 바, 그것은 양 갖춤새에 공통적으로 존재하여 교차편년(交叉編年)의 기준으로 삼을 수 있는 자료가 없기 때문이다. 단지 남성리군의 표지유물인 한국식 세형동검이 청천강 이북에 확인되지 않는 대신 동 군(群)의 철기갖춘새가 분포하므로 추정된 정황론적(情況論的) 판단에 연유한 것이다(윤무병 1987).

　남성리 군에서 보이는 다양한 갖춤새는 한반도에서 이전 단계와 크게 차이가 난다. 전 단계는 비파형동검단계인데, 남한지역에서는 동모(銅鉾), 동부(銅斧), 동족(銅鏃) 등이 1~2점 개별적으로 확인되었을 뿐이다. 동검은 이미 전 단계에 한반도 지역에 세형동검 초기형이 등장하여 그것을 계승한 것이지만, 동모는 전단계의 비파형동모와는 다른 직인(直刃) 단봉형(短鋒形)으로 전국계(戰國系) 연(燕)의 그것과 닮았다. 소동탁 또한 요서(遼西) 능원(凌源) 삼관전자(三官甸子) 무덤에서 중원식 동과와 함께 출토한 사례가 있어 전국 연(燕)나라식으로 이해된다. 한편 나팔형동기, 원개형동기 등의 이형동기는 그 직접적인 조형(祖型)이 요동의 북부 심양(瀋陽) 정가와자(鄭家窪子), 다뉴경은 동심원 삼각거치문(三角鋸齒文) 거울인데, 그것은 길림 서북지역에서도 그 사례가 확인된다.

　이러한 여러 계통의 갖추어진 청동기 갖춤새가 한반도에서 처음 등장하는 것은 현재까지 서남한지역이라고 할 수 밖에 없다. 그러나 이형동기를 제외한다면, 비슷한 사례는 서북한지역에서도 확인된다. 동모는 황해 정봉리, 동경은 성천, 맹산 등지에서 그 거푸집이 확인된다. 따라서 서북한을 경유하여 서남한으로 왔다고 반드시 말하기 어려우나, 그렇다고 그것을 전면 부정하기도 어렵다.

　그 연대에 대해서는 기원전 4세기부터 2세기에 이르기까지 다양한 의견이 제시되어 있다. 기원전 300년 이후로 편년한다면 전국 연(燕)의 진개(秦開)가 동쪽으로 진출한 이후에도 서남한은 물론 서북한 지역에도 철기의 유입이 없었다는 것이 된다. 그렇다고 한다면 연의 동진은 철기를 수반하지 않은 것으로 전쟁관련 교류가 철기를 거의 동반하지 않았다고 볼 수 밖에 없다. 기원전 300년 이전이라고 한다면, 연의 동진 이전으로서 앞서의 편년안보다 철기의 전이가 이루어지지 못한 정황을 보다 수월하게 설명할 수 있다. 반복해서 말하면 남성리군의 갖춤새는 그 중심연대가 적어도 기원전 3세기 전반 이전이라고 할 때 철기를 공반하지 않는 상황을 역사적으로 설명하는 것이 보다 자연스럽다. 따라서 청동기갖춤새를 통한 서북한지역과의 긴밀한 관계도 연과의 충돌 이전에 이미 성립되었다고 보여진다.

초포리군과 관련해서는 동과, 세문경, 그리고 청동방울의 등장이 무엇보다 주목된다. 동과는 한때 진식(秦式) 동과를 모방한 것이라고 알려져 있지만, 요서(遼西)지역에서 발전한 요서식 동모가 진화한 것이라는 주장이 최근에 설득력을 얻고 있다. 그동안 청동방울의 기원 혹은 출현과정에 대해서는 제대로 논의된 바 없고, 제대로 보고되지 않았다. 최근에 오르도스지역에서 실견(實見)한 바에 따르면 동령구의 조형은 내몽고 오르도스 지역에서 그 사례를 탐색해 볼 수 있다. 전에 없던 각종 청동방울을 통해서 이를 활용한 제사의례 혹은 샤마니즘과 그것을 보유(保有)한 제사장 혹은 샤만의 개념이 가시화된 사실이 주목된다. 한편 세문경은 앞서 삼각거치문의 조세문경을 더욱 정교하게 발전시킨 것이다. 이러한 청동기의 새로운 기종(器種)의 등장과 형식의 발전 정황을 보면 그 기본 갖춤새는 요동지역을 거쳐 서북한지역과 서남한지역으로 전이된 것으로 판단된다.

그러나 새로운 문화요소가 유입되었을지 몰라도 앞서 전 단계의 남성리군을 계승하였음은 동검, 동모의 무기와 부, 착, 사의 공구가 그대로 유지한 사실로써 짐작할 수 있다. 더군다나 공반되는 토기갖춤새 또한 남성리군과 동일한 원형단면점토대토기와 흑도장경호(黑陶長頸壺)이고, 묘제(墓制) 또한 동일한 목관묘이어서 사회적 정체성(正體性)은 그대로 유지된 것으로 판단된다.

서북한 혹은 서남한과의 관계는 더욱 긴밀하였음이 양 지역에서 똑같이 발견되는 세문경의 형식과 세형동과 등을 통해서 추정된다. 서남한에서 발견되는 청동방울은 서북한에서는 발견되지 않았지만, 동북한지역에서 발견된 사례가 있어 서북한에도 원래 전혀 없다고 보기 어렵다. 또한 무덤에 공반되는 철기갖춤새도 유사하므로, 양 지역간에 지속적인 정보와 물자교류가 있었다고 추정된다.

이러한 초포리군에 대해서는 그 상한을 기원전 3세기 이전 또는 기원전 2세기대 이후로 보는 의견으로 엇갈린다. 전자의 의견을 따를 경우 준왕(準王) 이전의 후기 고조선, 후자의 경우라면 전적으로 위만조선과의 관련 속에서 살펴 보아야 한다. 동 청동기갖춤새가 나오는 서북한지역을 후기고조선 혹은 위만조선의 중심지로 인정하든 하지 않든 이러한 양 지역간의 긴밀한 관계는 위만 조선 이전부터 시작되었다고 보는 것이 자연스러워 보인다. 왜냐하면 앞서 남성리 단계에 이미 상호 밀접한 교류 체제가 확립되어 있으며, 그 이후의 상호관계 또한 앞서 보듯이 양지역 청동기갖춤새의 상사성(相似性)으로 보아 크게 달라진 것이 없기 때문이다.

위만조선은 문헌기록의 정황으로 보아 한(漢)과의 교류가 활발하고 단조철기(鍛造鐵器) 등의 문물에 익숙한 것으로 이해된다. 위만조선의 최상층은 한으로부터 들여온 병위재물(兵威財物)을 위세품(威勢品)으로 갖추었을 가능성이 높은 것이다. 그러한 상황 속이라면 위만조선의 중심이 어디든 청동기보다는 철기갖춤새의 발전이 두드러졌을 것이며, 한반도의 청동기갖춤새에 전국 연의 무기 요소나 북방 전통의 무구(巫具)가 유입되는 것은 그 이전 단계의 일로 생각된다. 따라서 남한지역의 초포리 군은 그 하한연대가 기원전 2세기대로 내려온다 하더라도 . 상한은 당연히 기원전 3세기 이전의 한(漢)나라 문물 유입 이전일 가능성이 높다.

이러한 초포리군의 청동기갖춤새에 대해서 철기가 공반되는 무덤이 있는가 하면 그렇지 않은 무덤이 있어서 전후자를 시기적 선후관계에 놓인 것으로 보는 의견이 많다.(조진선 2005) 함평 초포리, 화순 대곡리 등의 수장급 무덤에서는 청동방울 각종 무덤에서는 철기가 공반되지 않았으며, 그 대신 전북 완주 일대와 장수, 충남 당진 등의 동령구(銅鈴具)가 공반되지 않는 다수의 무덤에서는 철기가 공반된다. 철기의 유무를 선후관계의 잣대로 삼는다면, 각종 동령구 갖춤새가 번성하고 우두머리 무덤에 부장되는 것은 철기가 보급되기 이전의 일이고, 철기가 등장하면서 동령구 갖춤새의 무덤은 위축되는 것이 된다. 그렇지 않고 비록 철기가 보급되었다 하더라도 최상급의 무덤에 청동기만을 부장하고 철기를 부장하지 않는 것이 당시 장송의례라고 한다면 설명은 달라진다.

다음에 보겠지만 이 단계에 공반하는 철기는 부, 착, 사 등의 공구류가 주 기종으로서 위세품으로서 큰 의미가 없다. 단순히 청동기에서 철기로 재질만을 대체하였을 뿐으로, 그 크기나 용도에 큰 차이가 없을 뿐만 아니라 위세품으로서 무기나 거울에 비해 그 등급이 낮게 평가되었을 것으로 이해된다. 따라서 철기의 부장여부를 선후관계의 절대적 표지유물로 삼기는 어렵다고 생각된다. 바꾸어 말하면 청동방울의 시작 즈음에 철기의 유입도 시작되었을 가능성을 배제 못한다. 다만 다소 늦은 단계에 비로소 간두령으로 간소화되는 바 최근에 발굴조사된 완주 신풍 가 54호가 그 대표적인 사례이다.

그리고 그 간두령만을 부장하는 장송의례(葬送義禮)는 영남지역으로 전이(轉移)가 된다. 그러한 전이는 동남한 지역에 검, 모, 과의 철제무기가 보급되기 이전으로서, 동남한과 영남한간의 교류가 일정 수준 이상의 집단 간에 교류가 활발하게 전개되었음을 입증해주는 것이다. 그것은 기원전 2세기 이전으로 북쪽에 위만조선이 있어 한과의 경제적 교역과 정치적 교섭을 중계하는 단계의 일이다.

Ⅳ. 철기의 생산과 보급

기원전 3~2세기경에 해당된다고 주장되는 남한지역의 철기 갖춤새는 대부분 무덤에서 출토하는데, 이를 정리하면 크게 두 가지 군으로 구분할 수 있다. 그 하나는 도끼, 끌, 사를 기본으로 하는 갖춤새이고 다른 하나는 앞서의 기종에 검, 모 등이 더해지는 갖춤새이다.

이 두 군(群)은 시간적으로 선후관계에 있음을 대부분 인정하나 그 절대연대에 대해서는 의견이 엇갈리는데, 전자는 필자가 말하는 철기시대 전기인 기원전 2세기 이전, 후자는 철기시대 중기인 기원전 1세기대를 중심연대로 한다는 점에서 대체로 동의한다. 또한 공간적으로 전자는 호서 호남지역에 집중되고, 후자는 영남지역에 집중된다는 사실이 확인된다.(김상민외 2012)

이들 두 군의 기종은 앞서 남성리—초포리군의 청동제품으로서 한반도에 이미 등장한 기종이다. 철기시대 후기 기원 2세기 이후 영남지역을 중심으로 등장하는 단조의 철기로서 그 기능을 극대화한 장봉의 검과 모와 분명하게 구분되는 철기갖춤새이다. 이 단계의 철기는 무기와 공구로서 청동기의 기능을 크게 능가하였다고 보기 어려우며, 따라서 남한의 당대 사회에 철기가 갖는 영향력이 종전의 청동기에 비해 월등하게 크지 않은 것으로 판단된다.

그중에서 첫번째 군이 더욱 그러하다. 이 군의 철기는 더욱 소형이고 목제품을 다듬는데 주로 쓰이는 공구로서, 종전의 청동기와 동일한 주조기술을 통해서 제작된 것이다. 탈탄처리(脫炭處理)와 단야기술(鍛冶技術)를 비롯한 획기적인 기술혁신이 없어도 가능하며, 구리주석의 합금 대신 철이라는 신소재를 활용한 것으로서, 철기제작으로만 보면 거의 초보적인 수준이라 하여도 과언이 아니다. 철부를 제작함에 쌍합범(双合范)을 이용한 것은 앞서 청동기의 그것과 같은 수준이다(村上恭通 2008).

주목되는 점은 이들 철제공구 갖춤새가 무덤에서 청동무기와 공반되는 사례가 적지 않다는 것이다. 전북 장수 남양리, 충남 부여 합송리, 당진 소소리 등의 사례가 그 대표적인 예이다. 이러한 고고학적 맥락으로 볼 때, 당시에 무기는 철제품으로 만들지 못하였는가 하는 의문이 들 수 있다. 철제로 만든 무기도 있지만 장송의례의 전통적 관습에 따라 청동기만 부장되었을 가능성이 있을 수 있는 것이다. 그것은 비슷한 시기에 청천강 이북의 요동과 서북한지역의 다음과 같은 사실에 근거한다.

남한보다 철기 보급이 앞선 요동지역과 서북한에 무덤이 아닌 생활유적에서 燕나라 화폐인 명도전과 함께 철기가 발견된 이른바 연화보 세죽리 유형에 속하는 생활유적에서는 철제 검, 모 등의 무기가 발견된 사례가 거의 없다시피하다. 무덤에 청동제 무기와 함께, 철제 공구가 부장되는 것이 일반적인데, 본계(本溪) 상보(上堡) 무덤의 사례가 그 대표적이다. 동 무덤의 연대에 대해서는 전국후기부터 서한대에 이르기까지 의견이 엇갈리지만, 어느 시기에 해당되든 간에 전국 연나라계통이라는 점에서 의견을 같이 한다(박선미 2009).

철기가 대량 생산되는 연나라 중심지의 지배층 무덤인 연하도(燕下都) 신장두(辛壯頭) 30호에서는 길이 60cm 가까운 검신(劍身)의 금장병(金裝柄) 철검이 확인되지만 대부분의 다른 무덤에서는 여전히 戈를 비롯하여 검, 모 등의 무기로 여전히 청동제품이 성행한다. 또한 연나라 지배층 무덤으로서 요동(遼東)에서 확인된 요양(遼陽) 신성촌(新城村) 목곽묘에서도 각종 금동위세품과 도기와 함께 주로 발견되는 철기는 공구와 농구이고, 철체무기는 제대로 확인되지 않는다. 따라서 이 단계에 중국 화북성과 요령성에 걸치는 연의 문화권에 상위급 무덤에 철제 무기가 확인되지만, 주로 부장되는 철기는 공구 또는 농기구임을 알 수가 있다.

남한의 전기에 속하는 부(斧), 착(鑿), 사(鉇) 등의 철기는 전국 연 계통으로 중국 동북지역으로부터 유입되었다고 보는 의견이 많다. 철기를 자체 생산하거나 중원 혹은 시베리아 지역으로부터 수입되었을 가능성도 검토해볼 수 있겠지만 아직 이를 입증할 정황적 근거를 찾기가 어렵다. 남부시베리아 지역으로 부터 유입되었다고 주장되는 회령 오동의 사례도 연의 철기갖춤새의 범주에서 벗어나지 못하는 것이다(石川岳彦·小林靑樹 2012).

앞서 남성리 군의 청동기갖춤새가 확인되는 유적의 분포는 서남한에 집중된다. 다음 단계의 초포리군 또한 그 공간적 범위가 확장되거나 변경되었지만, 역시 서남한을 중심으로 분포한 점에서는 같다.

따라서 철기의 보급은 기존의 청동기갖춤새의 근거지를 기반(基盤)으로 한다. 이들 갖춤새의 출토사례는 주변지역이라고 할 수 있는 동남한지역에서 그 출토사례가 많지 않은 것이다. 철기갖춤새가 집중되는 구역은 위에서 열거한 유적의 소재지와 정확하게 일치하는 것은 아니지만 적어도 그 인근에 위치하므로 이들 정치체의 등장과 전혀 무관하다 할 수 없을 것이다.

남한지역의 이들 철기갖춤새에 대해서 대체로 그 중심연대를 기원전 2세기로 보는 의견이 많다. 그러나 최근에 그 상한을 기원전 4세기 까지 올리는 의견이 있는가 하면, 거꾸로 기원전 2세기 후반 이후로 낮추는 의견도 있다.

남한보다 앞선 요동—서북한 지역의 연화보 세죽리 유형의 철기갖춤새 또한 그 연대에 대해서 의견이 엇갈린다. 대부분 기원전 3세기에서 기원전 2세기까지 두루 걸치는 것으로 이해되고 있지만, 그 상한을 4세기 이전으로 보는 의견도 최근에 적극적으로 제시되어 있다.

남한에서의 철기보급이 기원전 4세기 이전에 이루어졌다고 한다면 그것은 연(燕) 소왕(昭王)의 진개(秦開) 동진 이전으로 고조선이 왕을 칭하고 요하유역에서 그 영향권을 유지할 때이다. 연구자에 따라서는 고조선의 전성기가 되는 셈인데, 이 주장을 수용할 경우 연이 요동에 진출하면서 철기가 전이된 것이 아니고, 그 이전에 요동과 서북한은 물론 남한지역에까지 철기가 보급된 셈이 된다.

남한의 앞서 설명한 철기갖춤새가 기원전 3세기대 전반에 해당되는 것이라고 한다면 연의 동방 진출 이후 후기 고조선을 경유하여 들어 온 것이 된다. 기원전 3세기후반이라고 한다면 연말 진한교체기에 준왕의 고조선때 유입되었다고 볼 수 있다.

기원전 2세기 후반에 비로소 철기가 보급되었다고 본다면 전국 말 진한(秦漢) 교체기(交替期)는 물론 서한대에 들어와서도 제대로 남한으로의 철기 보급이 제대로 이루어지지 않은 셈이 된다. 후기 고조선보다는 위만조선 때에 비로소 철기가 보급되었음은 물론 남한지역으로의 철기보급이 중국세력은 물론 위만조선에 의해서 강력하게 통제되었음을 말해준다. 더군다나 기원전 1세기를 하한으로 한다면 한군현(漢郡縣) 들어선 이후에도 제대로 보급되지 않았다는 결론이 된다.

전북 완주(完州) 갈동(葛洞)의 동촉이 평양 정백동 1호와 유사하다 하여 동 무덤에 공반되는 철기를 기원전 1세기대로 내려보는 의견이 제시되어 있다. (한수영 2004) 나아가서 동일한 형식과 기종의 다뉴세문경과 무기가 부장되었다하더라도 철기가 부장되는 무덤이 그렇지 않은 무덤보다 후행(後行)하는 것으로 주장되고 있다. 그러할 경우 동 지역의 철기 상당부분은 기원전 2세기 후반을 중심으로 하므로, 기원전 3세기 준왕의 고조선과 위만조선 전반기에 청천강 이남의 서북한은 물론 서남한의 진국(辰國) 혹은 한(韓) 지역에 거의 철기가 보급되지 않았다는 결론에 이르게 된다. 어느 편년안과 역사적 설명을 취하는 것이 맞는지 검토할 때, 그 절대연대의 확실한 자료가 없으므로 간접적으로 다음 단계의 두 번째 군(群) 철기갖춤새의 정황을 따져 살펴 볼 수 있다.

두 번째 群은 검, 모, 과등의 무기와 환형도자(環頭刀子), 판상철부(板狀鐵斧) 등의 공구로 구성된 갖춤새이다.(김상민외 2012) 소형 공구를 포함하여 무기에 이르기까지 철제로 제작되는 바, 앞선 갖춤새보다 진전된 것이다. 그러나 이들 기종 또한 그 대부분 종전의 청동기를 모방한 것이며, 여전히 청동기도 제작되므로 완전하게 청동기를 대체하지 못한 한계를 보이고 있다. 오히려 장대화(長大化)되거나 장식이 많은 의기적(儀器的)인 특징을 보이는 무기가 보다 발달된 주조기술로써 청동기로 제작되는 것이다.

이러한 철기갖춤새가 부장되는 무덤은 대구 불로동, 창원 다호리, 경산 임당동 등의 목관묘군 유적에서 보듯이 동남한지역에서 빈번하게 확인된다. 동 철기가 대량 출토한다고 하면 그것은 현지(現地)에서 제작되었을 가능성이 높은 것이 당연하다. 실제로 영남지역에 이들 갖춤새가 공반 부장되는 무덤에서 철광석이 나오고, 중국 동북지역에서는 보이지 않는 형식의 무기가 동남한지역에서 확인되는데, 세형동검의 검병(劍柄)과 검파두식(劍把頭飾), 부속금구(附屬金具)를 장착(裝着)한 철제 단검과 세형동과를 모방한 철과가 그 대표적인 예이다. 그와 같은 세형동검 형식을 모방한 철제단검은 서북한지역에서 적지 않게 출토하므로, 그 기술은 동지역에서 동남한 지역으로 전이된 것이 분명하다.

이와는 대조적으로 앞서 철기갖춤새가 상대적으로 훨씬 많은 무덤에서 확인된 서남한지역에서는 거의 확인되지 않는다. 앞서 보듯이 전 단계 청동기갖춤새가 번성한 서남한지역에서 초기 철기갖춤새가 집중되었다고 한다면, 이를 기반으로 새로운 철기갖춤새의 보급과 제작이 더욱 수월하였을 터인데 그러지 못한 이유는 무엇인가.

무엇보다도 첫 번째와 두 번째 철기갖춤새의 제작 노하우에 현격한 차이가 있기 때문이다. 앞서 남성리군과 초포리군의 청동기갖춤새 간에도 기술적 차이가 있었지만, 상대적으로 크지 않았다. 남성리군의 집단이 자체 기술의 점진적 발전을 통해 같은 초포리군에 이를 수 있다. 그러나 철제공구의 주조(鑄造)기술과 철제 무기의 단조(鍛造)기술의 차이는 그보다 현격하여 자체적으로 쉽게 개량 발전시킬 수 없었던 것으로 추정된다. 결국 신기술을 갖춘 장인집단이 현지에 도래하지 않고서는 불가능한 것이라 판단되는 바, 장인집단의 이주(移住)가 서남한으로 없었으나, 동남한으로는 있었다는 것이다.

검, 모 갖춤새의 절대연대에 대해서는 기원전 2세기설과 기원전 1세기설이 있다. 이 연대관에 대해서는 공반하는 기년자료(紀年資料)를 통해서 설명할 수가 있다. 기년자료는 대체로 중국 한식경(漢式鏡)으로서, 영남의 무덤 유적에서는 출토하는 사례가 적지 않다. 다호리 1호, 밀양 교동 등의 예가 바로 그것으로, 대체로 그 중심 실년대(實年代)는 기원전 1세기 중반을 크게 넘을 수 없다. 이들 갖춤새와 공반하는 토기는 와질토기(瓦質土器) 주머니호, 조합식우각형파수부호(組合式牛角形把手附壺)로서 그 이전의 순수 무문토기와 차이가 난다.

　문제는 그 상한 연대이다. 경주 조양동 5호의 경우 와질토기 출현 이전의 무문토기가 공반되는데, 동과를 본 딴 철무(鐵戈)가 함께 출토한다. 그렇다면 그 상한은 기원전 1세기 전반 이전으로 보아도 크게 무리가 없다. 문제는 검, 모, 과의 철기갖춤새의 상한이 기원전 2세기까지 올라가는 것인가 인데, 이에 대해서는 역사적 정황으로 미루어 설명할 수 밖에 없다.

　기원전 2세기이면 위만조선 멸망 혹은 한군현 설치 이전이다. 동 단계에 갑자기 서남한에서 동남한 지역으로 그 인적 혹은 물적 교류의 상대를 바꾸었다는 말이 되는데, 사실이 그렇다 할지라도 문헌적 정황으로 보아 그렇게 추정할만한 근거를 찾기 어렵다. 그러한 상황은 위만조선이 붕괴되고 한군현이 설치될 때 고조선 유이민(流移民)이 남하하였다는 문헌기록의 정황과 대응될 가능성이 제일 높다 하겠다. 위만조선 단계에 서남한을 주대상으로 하는 철기 제작기술 혹은 제품의 교역이 활발하게 전개되다가 위만조선이 붕괴된 이후 장인집단을 포함한 유이민이 이동하는 곳은 동남한이라는 것이다. 아니면 한군현 설치 이후 군현지역과의 교류가 활발한 곳은 동남한이고, 서남한과는 소원(疏遠)하여진 한반도 혹은 동아시아의 새로운 질서가 성립되었기 때문일 수도 있다.

　따라서 위만조선 때에 동남한에는 전파되는 철기가 서남한에는 전파(傳播)되지 않았다는 것을 설명할만한 역사적 정황을 찾기 어려우나, 위만조선이 붕괴하고 한군현 설치 이후라고 한다면 사정이 다르다 하겠다. 유이민의 이동이나 물자 기술교류의 상대가 교체되었음을 자연스럽게 설명할 수 있는 것이다. 물론 이러한 추정은 지금까지 확인된 고고학적 자료에 근거한 것으로 철, 모, 과 등의 제2군 철기갖춤새가 서남한지역에서 확인될 경우 부정될 가능성은 얼마든지 있다.

V. 맺음말

 기원전 3~2세기 후기고조선과 위만조선이 북부지역에 있을 때 한반도 남부에 고고학적으로 입증되는 정치체를 무엇이라고 부를 것인가. 당대의 문헌기록이 없고 명확한 이름이 없으므로, 이름을 붙이기 곤란한 것인가. 이름이 없거나 정하지 않는 정치체로 놔두어도 당대의 역사를 이해하는 데 문제가 없는 것인가 하는 질문을 제기하지 않을 수 없다.
 이름이 어떠하든 간에 남한의 여러 정치체가 행하는 고조선과 교류를 고고학적으로 어떻게 설명할 것인지 살펴보았다. 가장 큰 문제는 남한지역의 철기, 청동기에 대한 편년과 그 생산과 보급 자체의 문제임을 확인하였다. 이번 발표에서 제시한 설명의 상당부분은 어디까지나 가설적인 것으로서, 이에 대한 논의가 더욱 정교하게 이루어지고 새로운 고고학적 사실과 편년 등이 제시될 때 보다 사실에 가까운 답을 내 놓을 수 있을 것이라 판단된다.
 여하튼 남한지역에서 남성리군을 담당하는 적석목관묘 사회는 생업 중심의 대내적 혈연적 공동협력체제에 그 의존도(依存度)가 높은 종전의 지석묘사회와는 전혀 다르다. 대외적인 갈등을 근사적으로 해결할 수 있는 능력과 첨단기술을 보유한 위계적인 조직체제에 기반한 새로운 사회인 것이다. 굳이 여러 연구자들이 제안한 바에 따르면 같은 chiefdoms society라 하더라도 전자는 최몽룡(崔夢龍)이 제안한 족장사회(族長社會), 후자는 김정배(金貞培)가 제안한 군장사회(君長社會)에 대응된다고 할 수 있다. 그렇게 한 단계 진전된 chiefdoms society 혹은 군장사회를 기반으로 하여 자체 청동기술을 발전시키고, 새로운 철기문화를 수용할 수 있는 것이다.

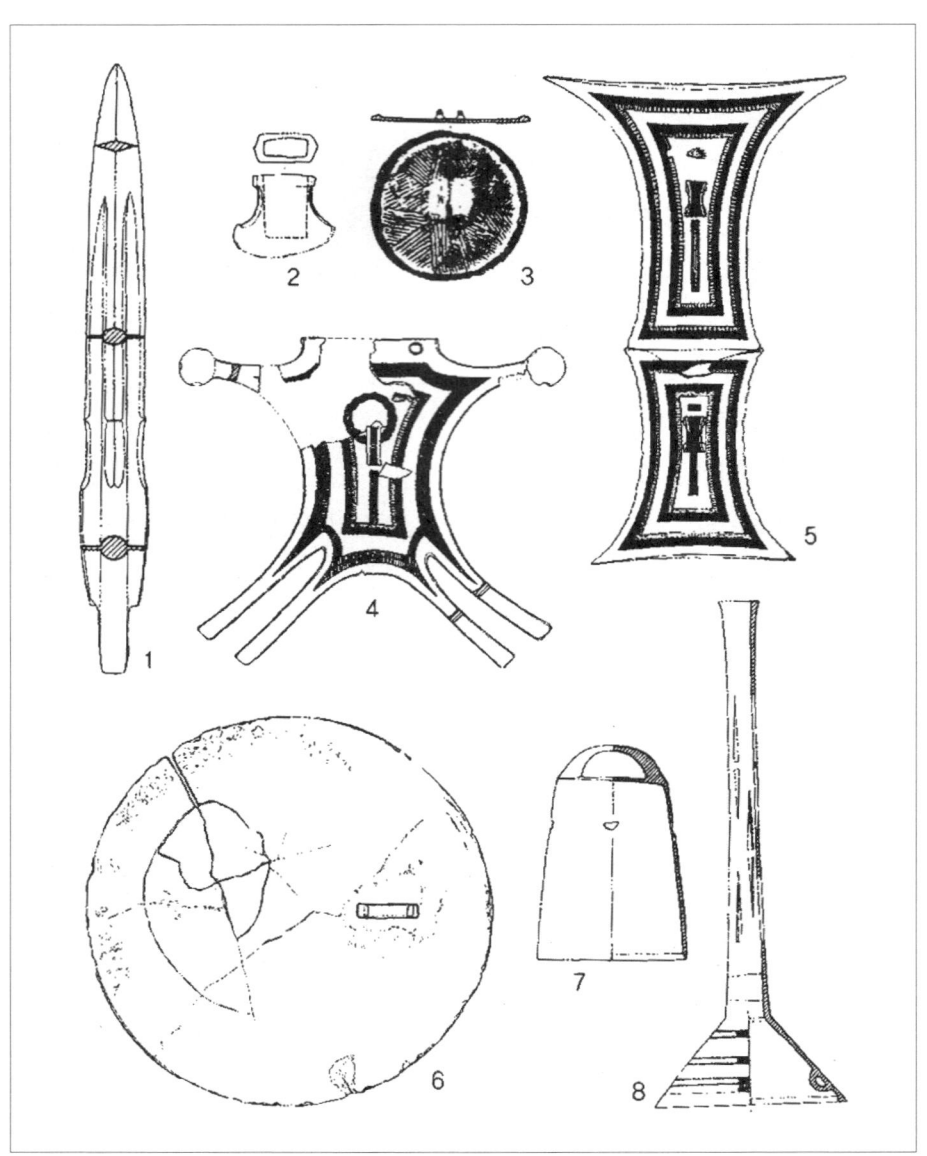

그림 1 남성리군의 청동기갖춤새

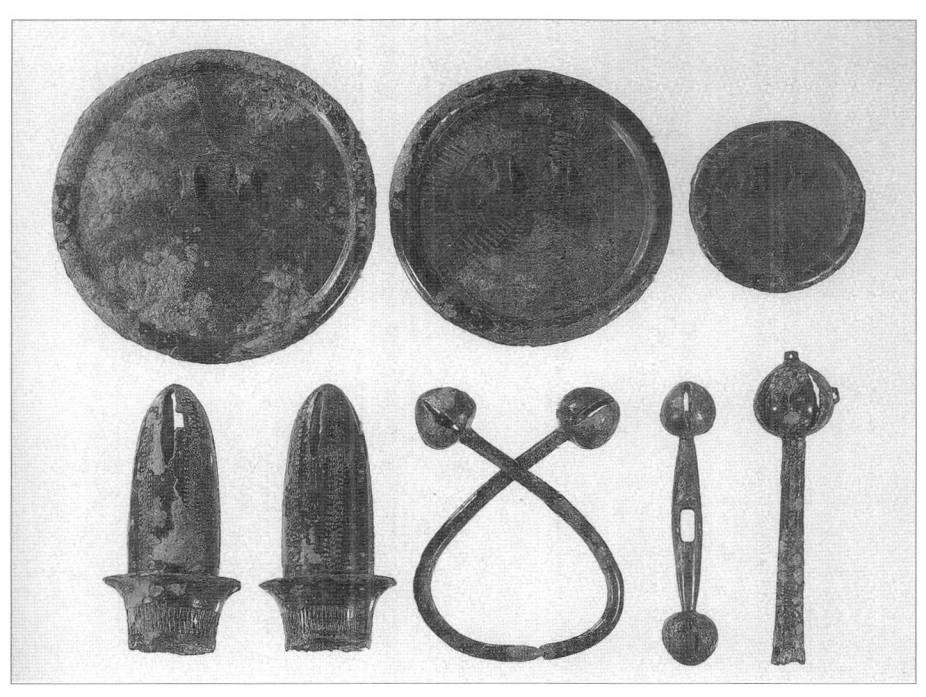

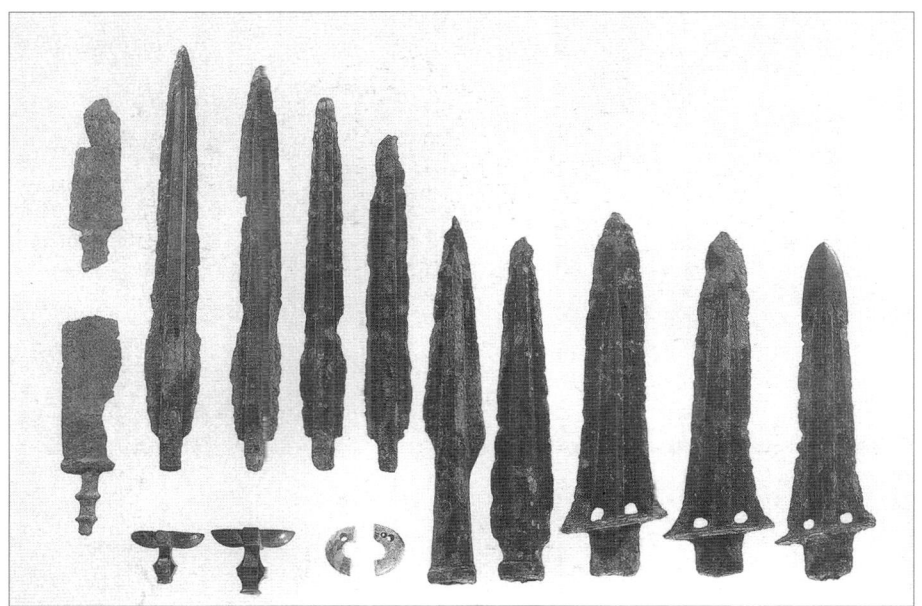

그림 2 초포리군의 청동기갖춤새

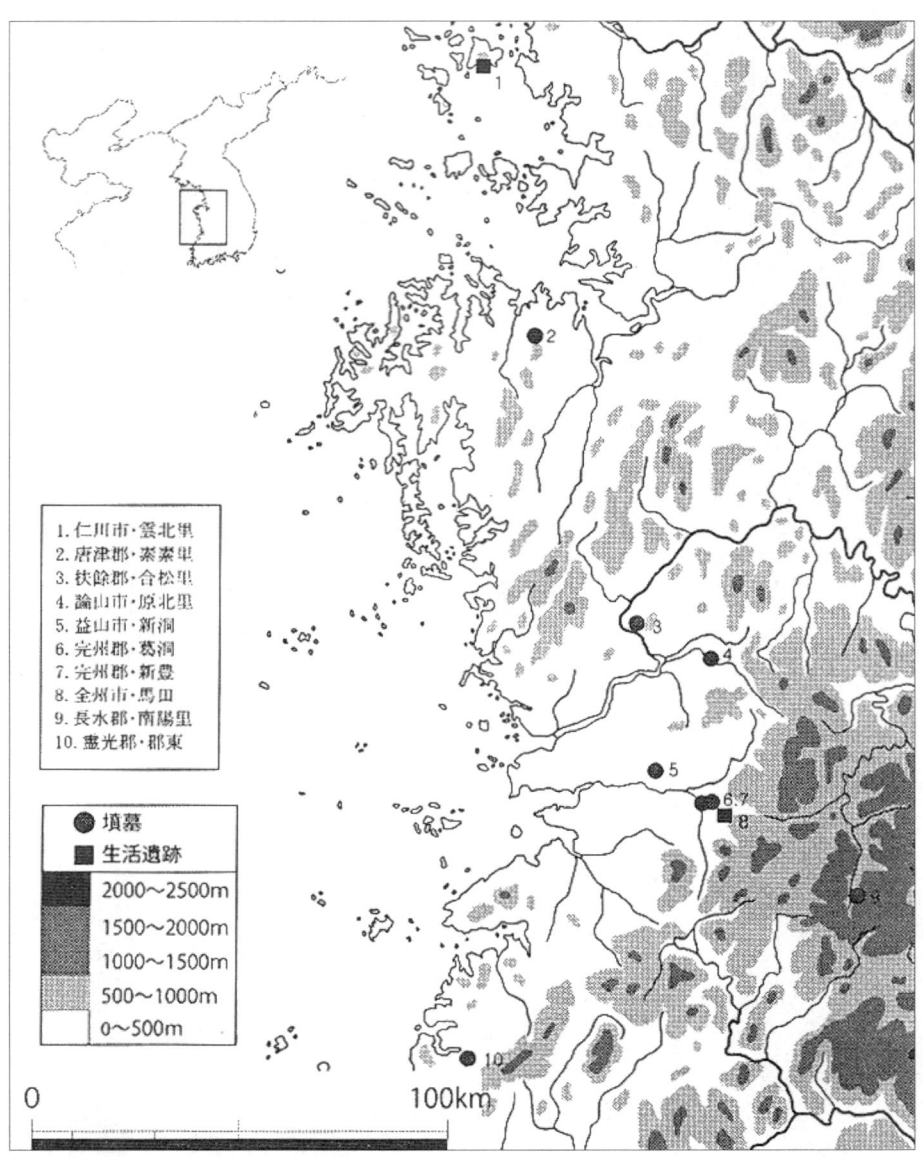

그림 3 서남한의 제1군의 철기갖춤새 분포지도 (김상민외 2012)

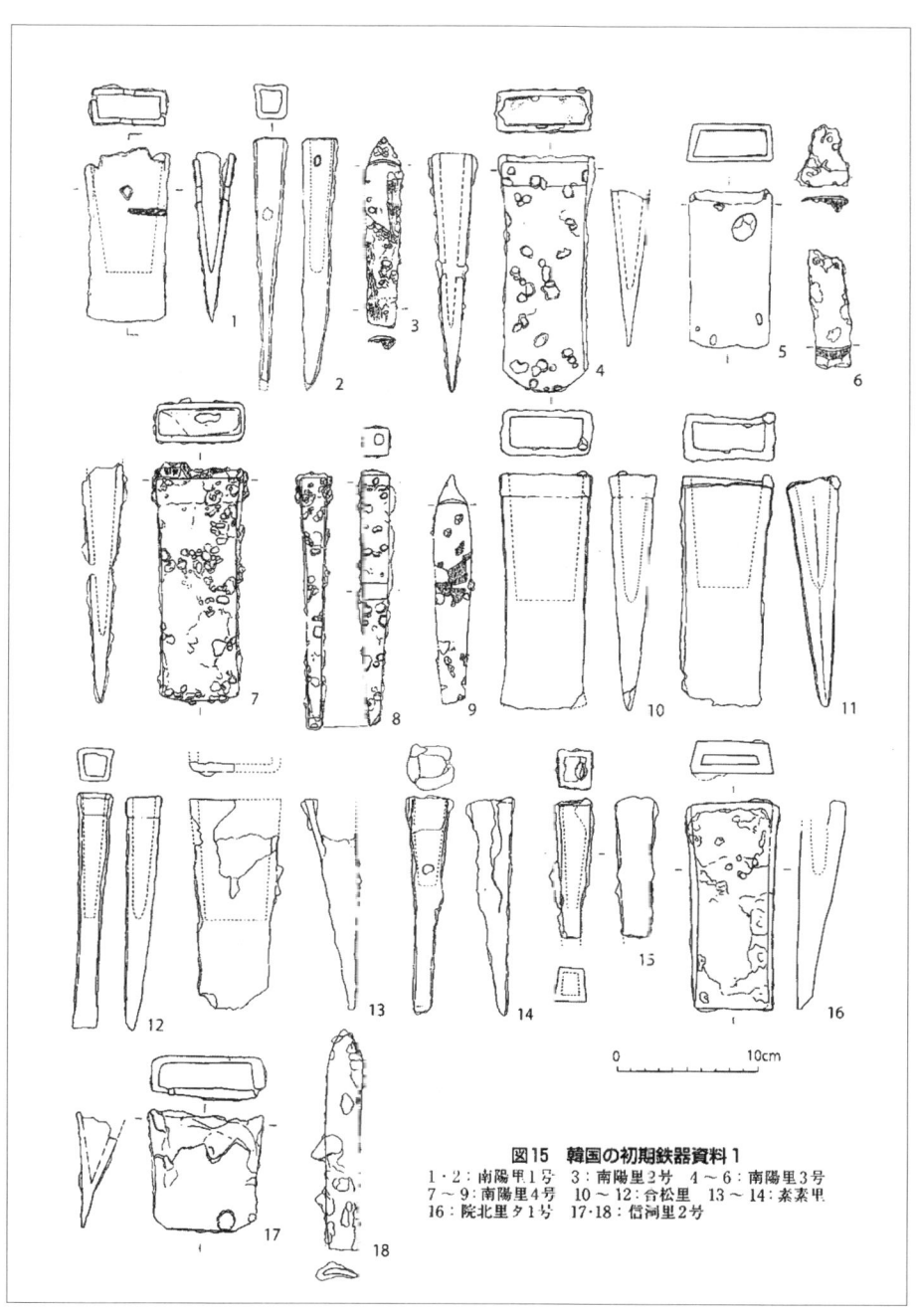

그림 4 서남한의 제1군 철기갖춤새 (石川岳彦·小林靑樹, 2012)

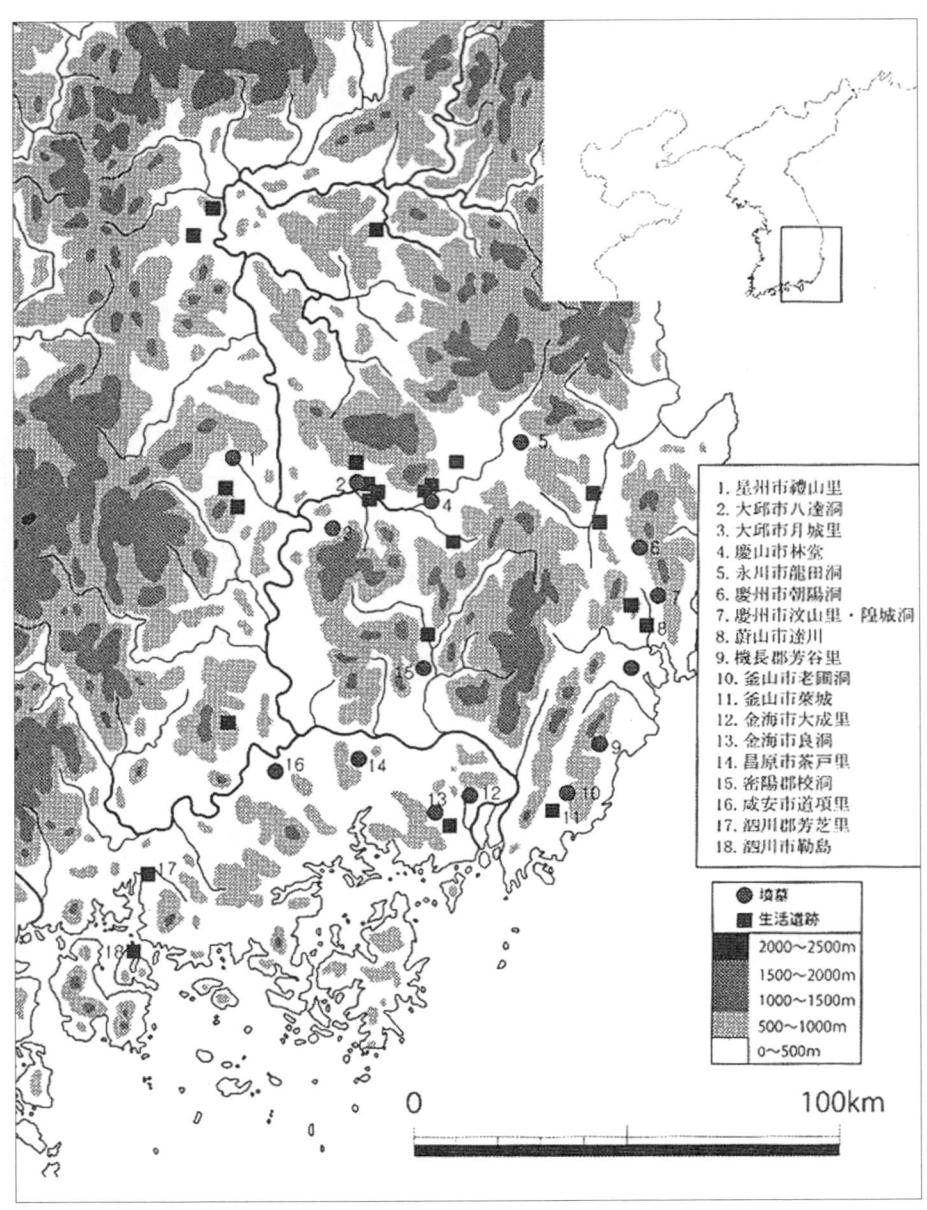

그림 5 동남한의 제2철기갖춤새의 분포지도(김상민외 2012)

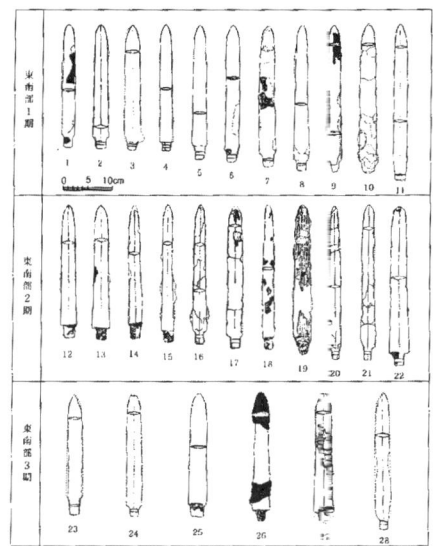

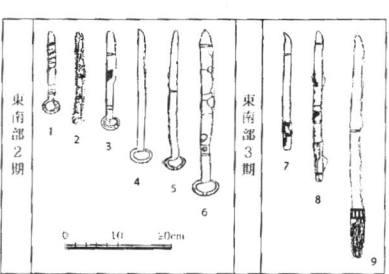

第 8 図　東南部地域における 2 期～ 3 期の環頭刀と鉄刀
1. 永川市・龍田里 2. 慶州市・朝陽洞 5 号 3. 昌原市・茶戸里 74 号 4. 茶戸里 1 号 5. 茶戸里 30 号 6. 慶山市・林堂洞 A Ⅱ -4 号 7.9. 慶州市・德泉里 130 号 8. 慶州市・仁旺洞 1 号

第 7 図　東南部地域における 1 期～ 2 期の鉄剣
1. 大邱市・八達洞 77 号 2. 八達洞 57 号 3. 大邱市・月城洞 12 号 4. 月城洞 1 号 5. 月城洞 13 号 6. 八達洞 27 号 7. 八達洞 78 号 8. 月城洞 6 号 9. 八達洞 90 号 10. 八達洞 75 号 11. 月城洞 2 号 12. 慶州市・隍城洞 3 号 13. 隍城洞 2 号 14. 昌原市・茶戸里 79 号 15. 慶州市・朝陽洞 38 号 16. 慶山市・林堂洞 A Ⅰ -12 号 17. 林堂洞 A Ⅰ -7E 号 18. 朝陽洞 28 号 19. 慶州市・德泉里 138 号 20. 林堂洞 A Ⅰ -11 号 21. 林堂洞 A Ⅰ -44 号 22. 林堂洞 A Ⅰ -74 号 23. 慶山市・新垈里 8 号 24. 新垈里 48 号 25. 隍城洞 575 番地 5 号 26. 隍城洞 575 番地 7 号 27. 隍城洞 575 番地 14 号 28. 新垈里 47 号

第 9 図　東南部地域における 2 期～ 3 期の鉄矛
1. 大邱市・八達洞 90 号 2. 八達洞 27 号 3. 八達洞 99 号 4. 八達洞 57 号 5. 八達洞 67 号 6. 慶山市・林堂洞 A Ⅰ -44 号 7. 慶州市・朝陽洞 5 号 8. 星州郡・禮山里 1 号 9. 林堂洞 A Ⅰ -74 号 10. 慶州市・隍城洞 3 号 11. 昌原市・茶戸里 30 号 12. 慶州市・德泉里 138 号 13. 禮山里 6 号 14. 慶山市・新垈里 48 号 15. 新垈里 22 号 16. 隍城洞 575 番地 14 号 17. 隍城洞 575 番地 7 号 18. 八達洞 117 号 19. 隍城洞 575 番地 5 号 20. 德泉里 130 号 21. 朝陽洞 60 号

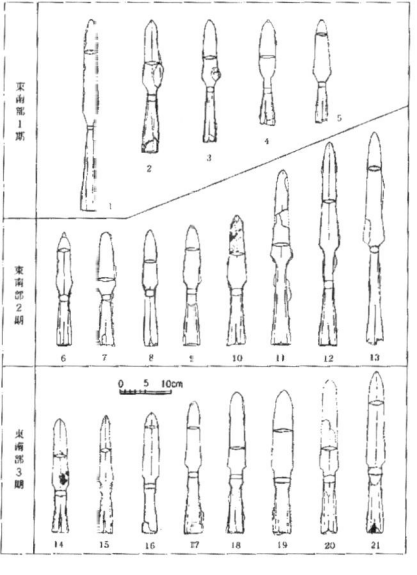

그림 6 동남한의 제2군의 철기갖춤새(김상민 외 2012)

| 참고문헌 |

金想民 · 禹炳喆 · 金銀珠, 2012, 「韓半島南部地域における 鐵器文化の成立と發展」, みずほ 43号

김원룡 1973, 『한국고고학개설』, 일지사

김원룡 1986, 『한국고고학개설』, 일지사

박선미, 2009, 「고조선과 동북아의 고대화폐」, 학연문화사

박준형, 2012, 「고조선의 성립과 발전에 대한 연구」, 연세대학교 대학원 박사학위논문

성경당 2009, 「한반도 청동무기 연구―중국 동북지역과의 비교」, 전남대학교 대학원 박사학위논문.

윤무병, 1987, 한국청동기문화연구』, 예경문화사

이남규 2002, 「한반도 초기철기문화의 유입양상」, 『한국상고사학보』 36

이청규, 2007, 「선사에서 역사로의 전환―원삼국시대 개념의 문제」, 『한국고대사연구』 46, 한국고대사학회

이청규, 2010, 「다뉴경 형식의 변천과 분포」, 『한국상고사학보』 67. 한국상고사학회

이현혜, 1982, 『삼한사회형성과정연구』, 1982, 일지사

이희준 2004, 「초기철기시대 원삼국시대 재론」, 『한국고고학보』 52

정인성, 2012, 「와질토기의 출현과 역연대 재론」, 『원삼국 · 삼국시대 역연대론』, 세종문화재연구원 학술총서 3, 학연문화사

조진선 2005, 『세형동검문화의 연구』, 학연문화사

한수영 2004, 「청동촉소고」, 『연구논문집』 4, 호남문화재연구원

미야자토 오사무, 2010, 『한반도 청동기의 기원과 전개』, 한빛문화재연구총서 4.

中村大介 2008, 「청동기시대와 초기철기시대의 편년과 연대」, 『한국고고학보』 68.

石川岳彦 · 小林靑樹, 2012, 「春秋戰國期の燕國における初期鐵器と東方への擴散」, 國立歷史民俗博物館硏究報告, 第167集, 1~40쪽.

村上恭通 2008, 「東アジアにおける鐵器の起源」『東アジア 靑銅器の系譜』, 雄山閣

On Some Matters Regarding Early Iron-age Culture in the Southern Korean Peninsula

Lee, Chung-kyu

Professor, Youngnam University

The ironware sets which were supplied to the eastern part of the southern Korean peninsula and those to the western part of it, around the 3rd- the 1st century BCE, differed from each other. In the western part of the southern Korean peninsula around the 2nd century BCE, the casted ironwares such as axes(斧), chisels(鑿), and javelins(鉇) were concentrically spreaded; but in the eastern part of it, the forged ironwares such as swords(劍), lances(鉾), and spears(戈) were. When archeological materials obtained till now are compared with the circumstances in textual records, such differences seems to have the most provability to be related with the material and technical interchanges with Wiman-Joseon and with the migrators displaced by the fall of Wimanjoseon.

[Keywords] iron-age culture, ironware, southern Korean peninsula, Wiman-Joseon

Part 2. 동아시아의 철기문화

중국 동북 지역내 燕·秦·漢 長城과 초기철기시대 문화 ·················· 주 영 강

주영강(朱永剛)

지린(吉林)대학 歷史系 및 동대학원 졸업.
현) 중국 지린(吉林)대학 변경고고연구센터(邊疆考古硏究中心) 교수.
주요논저 : 「東北古代民族考古与疆域」, 「肇源白金宝遺址第三次發掘与松嫩平原漢代以前古文化遺存的年代序列」, 「東北靑銅文化的發展階段与文化區系」

I. 동북 지역내 燕·秦·漢 長城의 考定

『사기(史記)』「흉노열전(匈奴列傳)」에는 "연(燕)의 현장(賢將) 진개(秦開)가 호(胡)에 인질로 있었는데, 호(胡)는 그를 매우 신뢰하였으나, 돌아와서는 동호(東胡)를 기습 공격하여 물리쳤는데, 동호(東胡)는 천리(千里)나 퇴각하였다. …… 연(燕) 또한 장성(長城)을 축조하였는데, 조양(造陽)에서 양평(襄平)에 이르렀으며, 상곡(上穀), 어양(漁陽), 우북평(右北平), 요서(遼西), 요동군(遼東郡)을 설치하여 호(胡)를 막았다."고 기재되어 있다. 이 글에는 연소왕시기(燕昭王時期)(기원전 311년~기원전 284년)에 연인(燕人)이 동북(東北) 남부(南部)지역에 들어가 잇달아 두 가지 중요한 정책을 시행하였음을 기록하고 있는데, 첫째로 군(郡)을 설치하고 관리를 두어 행정관리를 강화하였고, 둘째로는 장성(長城)을 수리 건축하여 군사방어를 강화하였던 점이다.

기원전 221년 진(秦)은 중국(中國)을 통일하여, 수백 년의 오랜 할거혼전의 국면을 끝내고, 중국 역사상 첫 번째로 중앙집권제(中央集權制)의 봉건제국(封建帝國)을 건립하였다. 진(秦)은 연(燕)이 점령하였던 동북(東北) 남부(南部)지역을 취하고 나아가 그들의 지방에 대한 관할을 공고히 하였을 뿐 아니라 더욱이 동북지역을 다민족국가 통일의 정치체제 가운데에 집어넣었다. 『사기(史記)』「몽염열전(蒙恬列傳)」에는 "진(秦)이 천하를 병합한 뒤, 곧 몽염(蒙恬)으로 하여금 30만의 무리를 이끌고, 북으로 가서 융적(戎狄)을 축출하고, 하남(河南)을 거두어 장성(長城)을 축조하였는데, 지형(地形)에 맞춰 요새를 지어 방어를 하였으며, 임조(臨洮)에서 시작하여 요동(遼東)에 이르기까지 만(萬)여 리(里)에 이어져 있었다."고 기재되어 있다. 한무제 시기(漢武帝時期)(기원전 140년~기원전 88년)에는 무력으로 영토를 넓혔는데, 먼저 막북(漠北)에 있는 흉노를 취하였고, 그 다음으로 동북(東北)으로 진주하여 지방에서 할거하는 세력을 제거하고, 연진(燕秦)의 옛 땅을 수복하였다. 한(漢)은 진(秦)의 체제를 계승하여, 전후로 동북(東北) 및 주변에 요동(遼東), 요서(遼西), 우북평(右北平), 창해(蒼海), 낙랑(樂浪), 현도(玄菟), 진번(眞番), 임둔(臨屯) 등 팔군(八郡)[뒤의 오군(五郡)은 지금의 조선에 설치을 설치하였다. 『사기(史記)』「흉노열전(匈奴列傳)」에는 한무제(漢武帝) 원삭이년(元朔二年)(기원전 127년) 장성(長城)을 축조하여,

"옛 진나라 때 몽염(蒙恬)이 만든 요새를 다시 보수하고, 강으로 둘러 견고히 하였다."고 한다.

장성(長城)은 일종의 특수한 선 모양의 고대 유적으로, 2000여 년을 거쳐 온 장성(長城)의 연선지대(沿線地帶)는 수토(水土)의 유실(流失)과 인구의 팽창, 땅을 일구고 황무지를 개간하면서 이로 인하여 지형의 모양이 이미 급격한 변화가 발생하였으며, 장성(長城)의 지면 건축은 이미 부지불식간에 거의 다 사라지게 되었다. 이러한 상황은 연(燕)진(秦)한(漢) 장성(長城)에 대한 조사와 고증에 매우 커다란 영향을 주고 있으며, 또한 어려움을 증가시키고 있다.

지난 1960년대 초에 시작하여, 고고학자들은 내몽고(內蒙古) 동부(東部), 요녕(遼寧) 서부(西部) 및 많은 시(市)와 현(縣) 지역의 연(燕)진(秦)한(漢) 장성(長城)에 대한 여러 차례의 고고 조사를 진행하였는데, 장성연선(長城沿線)에서 발견된 때로는 끊기고 때로는 지속적으로 잔존하고 있는 장체(牆體), 성새(城塞), 돈대(墩台) 및 널리 분포되고 있는 도기(陶器)와 건축재료(建築材料)에 근거하여, 현재 이미 기본적으로 연(燕)진(秦)한(漢) 장성(長城) 서쪽의 방향을 파악하고 있다.[1] 서쪽 연(燕) 장성(長城)은 하북성(河北省) 풍녕현(豐寧縣), 위장현(圍場縣)—내몽고객라심기(內蒙古喀喇沁旗)—적봉현남(赤峰縣南)—건평현북(建平縣北)—오한기중부(敖漢旗中部)—북표현북부(北票縣北部)—부신시북(阜新市北)을 거치면서 이곳에서 요동(遼東)으로 뻗어나가고 있다.

고고학자들이 조사 중 발견한 또 다른 장성(長城)은, 위장현(圍場縣)에서 시작하여 동북(東北)으로 꺾여 작은 길로 190km이며, 여기서부터 동쪽으로 향해 적봉(赤峰)지역내로 들어가서 음하(陰河)와 영금하북안(英金河北岸)를 따라 적봉(赤峰)—오한기(敖漢旗)—내만기(奈曼旗)—료녕부신현(遼寧阜新縣)으로 동과 서쪽을 가로지르고 있으며, 총 거리가 약 400km에 이른다. 이 장성(長城)은 연(燕) 장성(長城)의 북쪽에 위치하고 있으며, 두 장성(長城)은 기본적으로 평행을 이루고 있는데, 그 서

---

1) 李慶發, 張克擧 :《遼寧西部漢長城調査報告》,《北方文物》1987年第2期 ; 李殿福 :《吉林省西南部的燕秦漢文化》,《社會科學戰線》1978年第2期.

로간의 거리가 20~30km로, 진(秦) 장성(長城)으로 여겨진다.

내몽고(內蒙古) 동부(東部)와 요녕(遼寧) 서쪽에서 발견된 세 번째 장성(長城)은, 연(燕) 장성(長城)의 남쪽에 위치하여 한(漢) 장성(長城)으로 여겨진다. 이 장성(長城)은 하북(河北) 승덕(承德) 서북(西北)쪽의 란평(灤平)에서 륭화(隆化)에 이르며, 조사 중에 이 장성(長城)은 땅을 달구질한 담벽의 몸으로 되어있다는 것을 발견하였고, 총 거리는 125km이다. 내몽고(內蒙古) 영성현(寧城縣) 지역내로 진입하여, 대영자향(大營子鄕)을 지나 동쪽으로 흑성(黑城)에 이르러서 동북(東北)으로 꺾여, 대성자(大城子)와 소성자(小城子)를 지나 객라심기경전자향(喀喇沁旗經甸子鄕)으로 들어가 동쪽으로 향하고 노합하(老哈河)를 넘어 다시 동남(東南)으로 꺾여 요녕(遼寧) 건평현(建平縣)으로 들어가 와불사(臥佛寺)에 이른다. 이 장성(長城)의 길이는 130km로, 모두 돈대(墩台) 125좌(座)를 발견하였는데, 돈태(墩台)사이의 호구(壕溝)는 서로 연결되어있다. 와불사(臥佛寺)로부터 동쪽으로 향하고 있는 길은 그다지 분명하지 않으며, 대체로 오한기(敖漢旗) 최남단을 지나 북표현(北票縣)을 넘어 망우하(牤牛河) 서안(西岸)에까지 뻗어나가고 있다. 이 장성(長城)은 지금까지 담벽의 몸이 많이 훼손되었고, 호구(壕溝)는 흙탕으로 침적되어 평탄해졌으며, 다만 돈대(墩台)만이 비교적 돌출되어 나와 있기 때문에 사람들은 이 장성(長城)이 돈대(墩台)로 구성(構成)되어 있다고 여긴다. 사실, 이 장성(長城)은 아마도 성장(城牆), 돈대(墩台)와 호구(壕溝)가 서로 맞물려 이어져 구성되었을 것이다.

요동(遼東) 지역의 장성(長城) 방향은 이제껏 불분명하였으나, 1980년대 초(初)를 시작으로, 요녕(遼寧)의 고고학자들은 무순(撫順)지역내 혼하(渾河) 연안과 혼하(渾河)의 지류(支流)인 소자하(蘇子河) 선상에서 모두 합쳐 60여 좌(座)의 한 대(漢代) 봉수(烽燧)를 발견하게 되었는데, 도로는 서쪽으로는 침양동교(沈陽東郊) 고감(高坎)까지, 동쪽으로는 료녕신빈왕청문진(遼寧新賓旺淸門鎭)에 이르기까지 동서로 150km이다. 봉수는 흙으로 축조하였으며, 사이간격이 1.5~2.5km이고, 잔존(殘存)의 높이는 3~5m 중간이다. 이 봉수는 낮은 산언덕 혹은 하안(河岸) 대지 위에 많이 위치하고 있으며, 이 지역은 산등성이 구불구불 멀리 이어진 모양을 따라 뻗어나가고 있는 성벽의 잔해로 인식할 수 있는데, 그 구조는 서쪽 한(漢) 장성(長城)

과 서로 같고, 또한 부근에서 한 대(漢代) 유물이 있는 것을 발견하였다. 손수도(孫守道) 선생은 "이것은 한대(漢代) 요동(遼東) 장성(長城)의 나열된 봉화 유적"이라고 단정하고 있다.[2] 소경전(蕭景全) 등은 무순(撫順) 지역 내의 서로 다른 시기의 장성(長城) 유적(遺跡)의 분석을 통해, 한무제시기(漢武帝時期) 건설한 변방의 요새라고 인정하고 있다.[3] 최근 길림성(吉林省) 고고학자들은 통화(通化) 지역에 대해 진행한 한(漢) 장성(長城)의 전문적인 고고학적 조사에서 모두 합쳐 장성(長城) 장새(障塞) 1좌(座), 봉수(烽燧) 12좌(座)를 발견하였는데, 이 요새와 봉수는 한 줄로 되어, 서쪽으로는 료녕성신빈왕청문진(遼寧省新賓旺淸門鎭)과 부이강(富爾江)을 사이에 두고 서로 바라보고 있으며, 동쪽으로는 서한성지(西漢城址) 적백송(赤柏松)에 이르기까지, 총 길이가 51.8km에 달한다.[4]

현재, 부신(阜新)에서 동쪽으로 심양(沈陽)에 이르는 쪽의 장성(長城)의 방향은 여전히 불분명하며, 이곳 지역은 요하(遼河) 평원(平原)에 놓여있어, 지세가 평탄하고 인구가 조밀하며, 원래의 모습에 이미 많은 변화가 발생하였다. 이 장성(長城)의 방향은 일반적으로 창무(彰武)에서 동쪽으로 법고(法庫)을 거치고 철령(鐵嶺)과 개원(開原) 사이를 가로질러 동쪽으로 향하고 있는데, 이 작은 길 노선은 여러 차례 고고학적 조사 중에 결코 발견되지 않았던 장성(長城)의 유적(遺跡)으로 추측된다. 주의할 만한 것은, 과거 일찍이 발견된 몇몇 전국(戰國)에서 한대(漢代)에 이르기까지의 대형 유적지, 예를 들어 철령오가대(鐵嶺五家台) 유적지는 면적이 수만 평방미터에 달하고, 대량의 건축재료(建築材料), 도기(陶器)와 공구(工具), 병기(兵器), 화폐(貨幣)를 발견하였으며; 철령홍산(鐵嶺紅山)지맥은 면적이 약 1만 평방미터에 달하고, 한식(漢式) 회도편(灰陶片), 두파(豆把)와 한대(漢代) 화폐(貨幣)가 수집되었고; 법고엽무태석주촌(法庫葉茂台石柱村) 유적지에서는 전국(戰國)과 한대(漢代) 니질회도판와(泥質灰陶板瓦), 두파(豆把)와 승문도편(繩紋陶片)이 발견되었다. 위에

---

2) 孫守道 : 《漢代遼東長城列燧遺跡考》, 《遼海文物學刊》1992年 第2期.
3) 蕭景全 : 《遼東地區燕秦漢長城障塞的考古學考察硏究》, 《北方文物》2000年 第3期.
4) 吉林省文物考古硏究所, 通化縣文管所 : 《吉林通化縣長城遺跡調査報告》, 待刊.

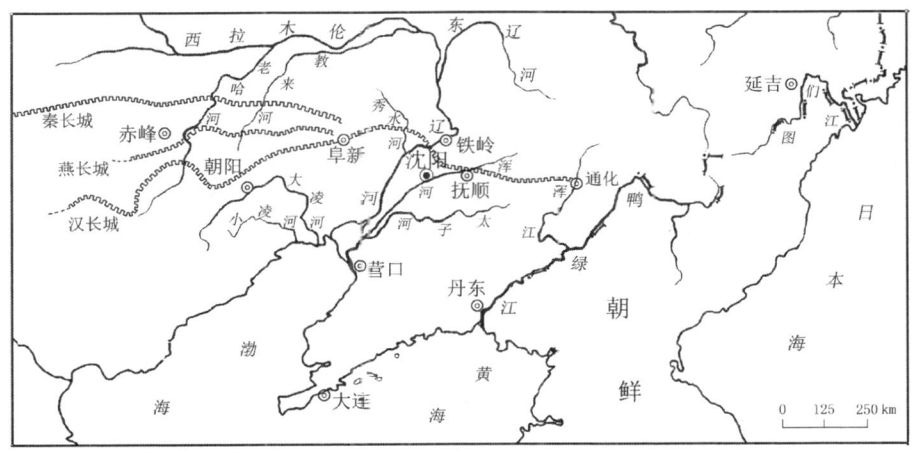

图一　东北燕秦汉长城示意图

서 언급한 지점들은 아마도 이 지역에서 전국(戰國)에서 한대(漢代)에 이르는 장성(長城) 작은 길의 지리 좌표를 찾을 수 있다고 본다. 다만 어떤 학자들이 "요하평원지구(遼河平原地區)에 흙으로 축조된 장성(長城)이 존재 했느냐"하는 문제를 제기하고 있는데, 『사기(史記)』「사마상여전(司馬相如傳)」의 색인에 의거하여, 장읍(張揖)은 "변방의 경계란 요새이다. 목책과 물로 오랑캐와의 경계를 삼는다."고 말하였다. 그리하여 목책을 서로 연결하여 변방을 막아 적을 방어할 가능성도 배제할 수는 없다.

이상의 고증에 근거하여, 연(燕)진(秦)한(漢) 장성(長城)의 방향은 동서로 내몽고 동부(內蒙古東部), 요녕서부(遼寧西部), 요하평원(遼河平原), 요동북부(遼東北部)와 길림통화지구(吉林通化地區)를 건너, 끊임없이 길게 이어져 대략 1000km로 그 작은 길 선로의 지리적 위치는 기본적으로 북위 42° 남북 선상을 따라 움직인다.<도 1> 동북지역내의 연(燕)진(秦)한(漢) 장성(長城)은 거대한 방어 시스템일 뿐만 아니라, 또한 특정한 역사 시기에 확정한 서로 다른 민족과 변방지역 그리고 서로 다른 문화와 생존 상태를 나누어 정한 구분선이다. 이로 인해 연(燕)진(秦)한(漢) 장성(長城)의 출현은, 동북지역 고대 문화의 양상을 엄청나게 변화시켰으며, 아울러 동북지역 전국양한시기(戰國兩漢時期)의 역사와 주변 지역 문화에 깊은 영향을 미쳤다.

Ⅱ. 燕·秦·漢 長城 이북지역에 있는 초기鐵器의 유적지와 고분

　연(燕)진(秦)한(漢) 정권은 전후로 동북지역으로 들어가, 행정구역을 나누고, 기구를 설치하였으며, 장성(長城)을 축조하고, 군대를 주둔시키며, 동북 남부지역의 관할과 통치를 확립하였다. 중원(中原) 인구의 대량 이주에 따라 동북(東北)과 내지(內地)의 경제(經濟) 왕래와 문화 교류는 강화되었으며, 더욱이 철기(鐵器) 사용의 확대는 사회 생산력의 수준향상을 촉진하여, 동북남부(東北南部) 지구(地區)로 하여금 내지(內地)와 물질문화 면모에서 그다지 큰 구별이 없게 하였다. 이와 동시에 철제 생산도구가 동북 지역의 북부(北部) 지구(地區)에까지 파급되었다. 지금 가지고 있는 자료로 보아, 동북(東北) 지역내 연(燕)진(秦)한(漢) 장성(長城) 이북에서 발견된 여러 종류의 초기 철기시대 문화의 공통된 표지는 유적지 혹은 고분에서 균등하게 철기가 출토되고 있다는 점이다.<표 1, 2>

　송눈평원(松嫩平原)에는 이미 초기 철기(鐵器)를 가지고 있는 유적지와 고분으로 알려진, 눌하이극천묘지(訥河二克淺墓地)의 두 차례 발굴에서 모두 고분 94좌(座)를 처리하였는데, 출토된 철기(鐵器) 13건(件)은 금속에 녹이 나서 부식되는 것이 엄중하여 기형(器形)으로 보아 삭(削), 비(匕), 족(鏃)으로 판별하였다. 이극천묘지(二克淺墓地)는 초기와 말기로 양분하는데, 발굴자는 출토된 철기(鐵器)의 매장품이 말기에 속하며, 연대는 응당 늦은 춘추말(春秋末)로 대략 중원(中原) 지역의 전국(戰國)에서 한대(漢代)에 해당한다고 여겨진다.[5] 눌하고륵천묘지(訥河庫勒淺墓地)는 초기와 말기로 양분하며, 말기에 속하는 15좌(座) 고분중 철기(鐵器) 14건(件)이 출토되었는데, 개별(個別) 식품(飾品)을 제외하고 전체적으로 소형(小型) 도구로, 기형(器形)으로 보아 삭(削) 6건(件), 족(鏃) 6건(件), 모(矛) 1건(件), 포식(泡飾) 1건(件)으

---

5) 安路, 賈偉明 :《黑龍江訥河二克淺墓地及其問題探討》,《北方文物》1986年第2期 ; 黑龍江省文物考古硏究所 :《訥河市二克淺靑銅時代至早期鐵器時代墓葬》,《考古》2003年第2期.

표 1

区域	出土地点	品名	件数	文化性质	年代、碳十四数据	备注
松嫩平原	讷河二克浅墓地	削、匕、镞	13	汉书二期文化	战国至汉代	锈蚀严重
	讷河库勒浅墓地	削 镞 矛 泡饰	6 6 1 1	汉书二期文化	战国至汉代	
	齐齐哈尔大道三家子墓地	棍 削 剑(采) 泡饰(采)	1 2 1 1	汉书二期文化	战国至西汉中期	
	泰来平洋墓地	削 镞 矛 管饰 圆片 丝	12 10 1 35 2 3	汉书二期文化	战国晚期 树轮校正年代 公元前410-前364年	
	肇东东八里墓地	少量铁器			战国时期 树轮校正年代 公元前481-前386年	种类、数量不详
	肇东哈土岗子遗址	削	1	汉书二期文化		锈蚀严重
	肇源小拉哈遗址	削	1	汉书二期文化	战国晚至西汉 树轮校正年代公元前331-公元30年	
	大安汉书遗址	斧 削		汉书二期文化	战国 树轮校正年代公元前481-前213年	数量不详
	宾县庆华遗址	削 锸 镞	2 1 1	庆华类型	战国至西汉	
	宾县索离沟遗址	削	2	庆华类型		
西流松花江流域	吉林泡子沿遗址	锛 钁	1 1	泡子沿文化	战国至西汉	伴出有"汉陶"
	榆树老河深(中层)墓地	钁、斧、锸、剑、刀、矛、铜柄铁剑、T型柄首铁剑、镞、箭囊、带扣、马衔、马镫、车軎等	540	泡子沿文化	西汉末至东汉初	随葬品中伴出有"四神规矩镜"、"五铢钱"带钩

표 2

区域	出土地点	品名	件数	文化性质	年代、碳十四数据	备注
东辽河与鸭绿江中上游流域	东丰大架山遗址（上层）	钁、凿、镰、掐刀、锄、锸、削		大架山文化	西汉距今1976±62年（公元前26±72年）	数量不详
	东丰宝山遗址（上层）	钁、剑、削等		宝山文化	战国至西汉初 树轮校正年代 公元前398-前212年	数量不详
	桦甸西荒山屯盖石墓	锛 削 镰	5 4 3	西荒山屯类型	战国晚期	
	西丰西岔沟墓地	钁、斧、锛、剑、刀、矛、触角式铜柄铁剑、长杆穿环铜柄铁剑			西汉中期前后	出土汉式铜镜、陶器
	新宾旺清门龙头山盖石墓	铜柄铁剑 刀 斧	1 1 1		西汉中期前后	
	长白干沟子圆坛积石墓	钁 刀 刀（采）	1 1 2		战国晚至西汉	伴出"半两"、"一刀钱"
图绥们芬江河流与域	东宁团结遗址（下层）	斧、镰、锥		团结文化		数量不详
	东宁大城、珲春一松亭、汪清新安闾、图们下嘎等	环、残断铁器		团结文化	西汉至东汉初 已测得的6个碳十四年代数据，树轮校正年代跨度为：公元前200-公元62年	种类、数量不详
三江平原	双鸭山滚兔岭遗址	小刀、凿、镖、甲片、扣环		滚兔岭文化	西汉 公元前190—前5年	数量不详
	蜿蜒河遗址（下层）	出土铁器		蜿蜒河类型	树轮校正年代 公元前90-公元130年	种类、数量不详
呼伦贝尔草原	满洲里扎赉诺尔墓地	刀、矛、镞、马衔（伴出有"规矩镜""如意纹饰"木胎漆奁）		扎赉诺尔类型	东汉	数量不详
	额尔古纳右旗拉布达林墓地	刀、镞、环、扣、钉	300余	扎赉诺尔类型	东汉	"规矩镜" "大泉五十钱"
	鄂温克旗孟根楚鲁墓地	刀、矛、镞、鸣镝、带钩、马衔、当铲等	145	扎赉诺尔类型	东汉 距今2120±80年 2190±95年	
	陈巴尔虎旗完工墓地	刀、镞、带扣		完工类型	西汉	数量不详

로 판별된다.[6] 고륵천(庫勒淺) 달기 고분과 이극천묘지(二克淺墓地) 말기 유적문화의 형태는 서로 비슷하며, 연대(年代)가 비교적 가깝다. 제제합이대도삼가자묘지(齊齊哈爾大道三家子墓地)에서 이미 처리된 4좌(座) 고분중, 철곤(鐵棍) 1건(件), 철삭(鐵削) 2건(件)이 출토되었으며, 다른 무덤 발굴 지역 안에서는 또한 철검(鐵劍) 1건(件)과 포식(泡飾) 1건(件)이 수집되었는데, 이 무덤의 연대(年代)는 전국(戰國)에서 서한(西漢) 중기(中期)로 여겨진다.[7] 태래평양묘지(泰來平洋墓地)는 두 고분군(群)으로 나뉘지는데, 전창묘지(磚廠墓地)에서 정리된 97좌(座) 고분중, 15좌(座) 묘(墓)에는 수장삭(隨葬削), 족(鏃), 모(矛). 관(管) 등 철기(鐵器) 63건(件)이 수장되어 있다. 그 중 출토된 철삭(鐵削) M140의 방사성탄소 연대측정의 교정후 수치는 기원전 410년에서 기원전 364년으로 모두 전국(戰國)말기에 해당한다.[8] 조동동팔리묘지(肇東八裏墓地)에서 발굴된 고분 59좌(座)에는 수장품(隨葬品) 중에 적은 양의 철기가 있는데, 종류와 수량은 아직 발표되지 않았다. M34의 방사성탄소 연대측정의 교정후의 수치는 기원전 481년에서 기원전 386년으로 모두 전국시기(戰國時期)에 해당한다.[9] 조동합토강자(肇東哈土崗子) 유적지에서 출토된 철기 1건(件)은 금속에 녹이 나서 부식되는 것이 엄중(嚴重)하였는데 그 형태가 삭(削)과 유사하다.[10] 조원소랍합(肇源小拉哈) 유적지의 발굴지역 밖에 정리된 1좌(座) 고분 중에는 철삭(鐵削) 1건(件)이 수장되어 있는데, 발굴자의 이 유적 시기 구분에 따르면 제3기 유적에 속한다. 이 시기의 방사성탄소 측정연대는 기원전 331년에서 기원후 30년으로, 그 절대적 연대는 전국(戰國) 말기에서 서한시기(西漢時期)에 해당한다.[11] 대안한서

---

6) 黑龍江省文物考古硏究所:《黑龍江訥河市庫勒淺靑銅至早期鐵器時代墓地》,《考古》2006年第5期.
7) 黑龍江省博物館, 齊齊哈爾市文管站:《齊齊哈爾大道三家子墓葬淸理》,《考古》1988年第12期.
8) 黑龍江省文物考古硏究所:《平洋墓葬》, 文物出版社, 1990年.
9) 黑龍江省文物考古工作隊:《肇東縣靑銅時代墓葬》,《中國考古學年鑒》1984年.
10) 黑龍江省文物考古硏究所, 吉林大學北方考古硏究室:《黑龍江省肇東縣哈土崗子遺址試掘簡報》,《北方文物》1988年第3期
11) 黑龍江省文物考古硏究所, 吉林大學考古學系:《黑龍江肇源縣小拉哈遺址發掘報告》,《考

(大安漢書) 유적지에서 진행한 두 차례의 발굴에서 출토된 철기에는 공형(銎形) 부(斧)와 삭(削)이 있는데 수량은 상세하지 않다. 철기가 발견된 한서(漢書)유적지이기(二期)문화의 F5는 방사성탄소 측정연대가 기원전 481년에서 기원전 213년으로 전국시기(戰國時期)에 해당한다.[12] 빈현경화(賓縣慶華)와 색리구(索離溝)유적지 중, 전자에서는 철삭(鐵削) 2건(件), 철삽(鐵鍤) 1건(件), 철족(鐵鏃) 1건(件)이 출토되었으며[13]; 후자에서는 철삭(鐵削) 2건(件)이 발굴되었다.[14] 이 두 곳 유적 문화의 형태는 서로 동일하며, 연대는 한서이기(漢書二期)문화와 대체로 일치한다.

서류송화강(西流松花江)유역은 현재 파악된 초기 철기를 포함하고 있는 주요 유적지와 고분인, 길림시포자연(吉林市泡子沿)유적지는 상하 양층으로 나누는데, 하층에는 서단산(西團山)문화가 속하고, 상층에서 출토된 철기[분(錛), 곽(钁) 각 1건]은 '한도(漢陶)'와 함께 나왔는데, 문화의 특징이 하층과 다르며, 연구자들은 '포자연유형(泡子沿類型)'이라고 부르며, 연대는 전국(戰國)에서 서한시기(西漢時期)로 추정된다.[15] 유수로하심중층묘지(榆樹老河深中層墓地)에는 모두 고분 129좌(座)가 발굴되었는데, 철기 540여 건(件)이 발굴되었고, 그 연대는 서한말(西漢末)에서 동한초(東漢初)에 해당한다.[16] 출토된 철기중에는 수량이 대단히 많이 그 안에 들어간 중원식(中原式)의 곽(钁), 부(斧), 삽(鍤), 차세(車軎), 장검(長劍)과 환수단도(環首短刀) 등이 있으며, 또한 대량으로 지방 특색을 갖춘 철제품이 있는데, 예를 들어 동병철검(銅柄鐵劍), T형 수철검(T形 首鐵劍), 장용모(長筩矛), 산형쌍인족(鏟形雙刃鏃), 삼익족(三翼鏃), 전낭(箭囊), 삭(削), 대구(帶扣), 마함(馬銜), 마표(馬鑣) 등이다. 백운상(白

古學報》1998年第1期.
12) 吉林大學歷史系考古專業:《大安漢書遺址發掘的主要收獲》,《東北考古與歷史》(第一輯), 文物出版社, 1982年.
13) 黑龍江省文物考古研究所:《黑龍江賓縣慶華遺址發掘簡報》,《考古》1988年第7期.
14) 黑龍江省文物考古研究所:《黑龍江省賓縣索離溝遺址發掘簡報》,《北方文物》2010年第1期.
15) 吉林市博物館:《吉林市泡子沿前山遺址和墓葬》,《考古》1985年第6期;張立明:《吉林泡子沿遺址及其相關問題》,《北方文物》1986年第2期.
16) 吉林省文物考古研究所:《榆樹老河深》, 文物出版社, 1987年.

雲翔) 선생은 이러한 B 중원식 철기(鐵器)를 "당연히 중원(中原)지역으로부터 수입된 철 재료를 현지에서 가공 제작한 것"이라고 여겼다.[17]

동요하(東遼河)와 압록강(鴨綠江) 중상류유역에서 발견된 초기 철기(鐵器)의 유적지와 고분은 동요하(東遼河) 상류의 요원(遼源), 동풍(東豊), 서풍(西豊), 화전(樺甸)과 압록강(鴨綠江) 오른편 연안의 통화(通化), 신빈(新賓), 장백(長白) 등지에 집중되어 있다. 동풍현대가산(東豊縣大架山)유적지 상층에서 출토된 철기(鐵器)의 수량은 비교적 많으며, 생산도구 위주로 괄곽(括钁), 착(鑿), 렴(鐮), 겹도(拾刀), 서(鋤), 삽(鍤), 삭(削) 등을 포함하고 있고, 더욱이 철곽(鐵钁)의 수량이 가장 많다. 대가산(大架山) 유적지 상층은 방사성칸소 연대 측정 수치는 지금으로부터 1976±72년(기원전 26±72년)정도 떨어져 있으며, 그 시기는 대략 서한(西漢)에 해당한다.[18] 동풍현보산(東豊縣寶山)유적지 상층과 대가산(大架山) 상층 문화의 형태는 서로 비슷하며, 연대도 대체로 엇비슷하다. 이 유적지에서 출토된 철기(鐵器)에는 곽(钁), 검(劍), 삭(削) 등을 포함하고 있으며, 그중 곽(钁)의 수량이 가장 많고, 기물의 형상과 구조가 기본적으로 일치한다.[19] 화전현서황산둔(樺甸縣西荒山屯)에서 정리한 개석묘(蓋石墓) 7좌(座)에서는 분(錛) 5건(件), 렴(鐮) 3건(件), 삭(削) 4건(件) 등 철기(鐵器) 12건(件)이 출토되었다. 철기와 공존한 동북계통의 청동단검형식(靑銅短劍形式)과 더불어 분석하면, 서황산둔묘(西荒山屯墓)의 연대는 전국(戰國)말기로 판단된다.[20] 서풍현서차구묘지(西豊縣西岔溝墓地)에서는 대량의 한식(漢式) 철기(鐵器)가 출토되었는데, 도구로 곽(钁), 부(斧), 분(錛), 서(鋤) 등이 있으며; 병기(兵器)로 장검(長劍), 환수장도(環首長刀), 모(矛) 등이 있는데, 그러나 촉각식(觸角式)과 장간천환식(長杆穿環

---

17) 白雲翔:《先秦兩漢鐵器的考古學研究》第311頁, 科學出版社, 2005年.
18) 洪峰:《吉林省東豊縣南部古遺址調査》,《考古》1987年第6期;吉林省文物考古研究所 等:《1985年吉林東豊縣考古調査》,《考古》1988年第7期.
19) 吉林省文物考古研究所:《吉林省文物考古五十年》,《新中國考古五十年》第115頁, 文物出版社, 1999年.
20) 吉林省文物工作隊, 吉林市博物館:《吉林樺甸西荒山屯靑銅短劍墓》,《東北考古與歷史》(第一輯), 文物出版社, 1982年.

式) 동병철검(銅柄鐵劍)은 강렬한 동북민족 특색을 지니고 있는 병기임이 분명하다. 서차구(西岔溝)에 수장(隨葬)되어 있는 대량의 한식(漢代) 유물(遺物)로 말미암아, 더욱이 동경(銅鏡), 화폐(貨幣)와 도기(陶器)의 연대는 서한중기(西漢中期) 전후로 판단된다.[21] 신빈현왕청문룡두산(新賓縣旺清門龍頭山)에서 발굴된 3좌(座) 석개묘(石蓋墓)는 그 연대가 서차구묘지(西岔溝墓地)와 대체적으로 엇비슷하다. 동병철검(銅柄鐵劍), 철과(鐵戈), 철공수부(鐵空首斧) 각각 1건(件)[22]씩 출토되었다. 장백현간구자원단적석묘(長白縣幹溝子圓壇積石墓)에서는 철곽(鐵钁) 1건(件), 철도(鐵刀) 1건(件)이 출토되었으며, 달리 묘 위에서 철도(鐵刀) 2건(件)이 수집되었다. '반양(半兩)'과 '일도(一刀)' 화폐 시대 구분에 의거하여, 무덤의 연대(年代)는 전국(戰國) 말기에서 서한시기(西漢時期)로 정해진다.[23] 그밖에 보도에 의하면 통화만발발자(通化萬發撥子)유적지 제4기유물에서 한식(漢式) 철곽(鐵钁)이 출토되었다고 한다.[24]

수분하(綏芬河)과 도문강(圖們江) 유역, 동녕현단결(東寧縣團結)유적지 하층에 이름 붙여진 '단결(團結)문화'에서는 이미 철공구(鐵工具)가 출현하고 있는데, 기형(器形)에 부(斧), 렴(鐮), 추(錐) 등이 있는 것을 확실히 알 수 있으며, 유적지에서는 또한 적지 않은 려석(礪石)이 발견되는 것으로 보아, 아마도 금속봉인기(金屬鋒刃器)를 마지(磨砥)한 도구일 것으로 보인다.[25] 발굴을 거치며 문화의 형태가 서로 비슷한 유적에는 또한 동녕대성(東寧大城), 혼춘일송정(琿春一松亭), 왕청신안려(汪清新安閭) 상층과 도문하알(圖們下嘎)유적지가 있는데, 단지 각각의 지점에서 철환(鐵環)과 잔단철인기(殘斷鐵刃器) 등이 나타나고 있다.[26] 현재 이미 측정된 6개의 방사성탄소 연대측정의 교정후 수치의 연대(개별적으로 지나치게 이른 것을 제외하고)는 범

---

21) 孫守道：《匈奴西岔溝文化古墓群的發現》,《文物》1960年第8, 9期.
22) 肖景全：《新賓旺淸門鎭龍頭山石蓋墓》,《遼寧考古文集》(二), 科學出版社, 2010年.
23) 吉林省文物考古研究所：《吉林長白縣幹溝子墓地發掘簡報》,《考古》2003年第8期.
24) 吉林省文物考古研究所：《吉林省文物考古的世紀回顧與展望》,《考古》2003年第8期 ; 金旭東等：《探尋高句麗早期遺存及起源—吉林通化萬發撥子遺址發掘獲重要收獲》,《中國文物報》2000年3月19日第一版.
25) 林沄：《論團結文化》,《北方文物》1985年第1期.
26) 王亞洲：《吉林汪淸百草溝遺址發掘簡報》,《考古》1961年第8期.

위가 기원전 200년에서 기원후 52년으로, 그 주요 수치는 기본적으로 서한(西漢)에 있으며, 하한 시기는 동한초(東漢初)쯤이다.[27]

삼강평원(三江平原)일대 쌍압산시곤토령(雙鴨山市滾■嶺) 유적지 소재지 안에서 출토된 철기(鐵器)에는 소도(小刀), 착(鑿), 표(鏢), 갑편(甲片), 구환(扣環) 등이 있는데, 기형(器形)은 모두 지방 특색을 지니고 있으며, 그 방사성탄소 연대측정의 수치는 기원전 190년에서 기원전 5년으로, 모두 서한시기(西漢時期)와 엇비슷하다.[28] 수빈현완연하(綏濱縣蜿蜒河) 유적지 하층에 남아있는 문화는 흑룡강(黑龍江) 중하류의 러시아 지역 안에 있는 '파이채(波爾采)문화'와 매우 유사하며, '파이채(波爾采)문화' 유적은 이미 여러 곳이 발굴되었는데, 자주 족(鏃), 도(刀) 등 작은 철기(鐵器)가 출토됨으로 이미 초기 철기시대(鐵器時代)에 진입하였음을 내포하고 있다. 완연하(蜿蜒河) 유적지 하층의 방사성탄소 연대측정 교정후의 수치는 기원전 90년에서 기원후 130년으로, 그로 인해 시기의 상한이 한대(漢代)보다 이를 수는 없다.[29]

호륜패이(呼倫貝爾) 초원, 만주(滿洲) 리찰뢰낙이(里紮賚諾爾)에서는 모두 네 차례의 발굴이 이루어져, 앞뒤로 고분 53좌(座)가 정리되었는데, 출토된 철기(鐵器)에는 환수도(環首刀), 모(矛), 족(鏃), 마함(馬銜) 등이 있다. 수장품(隨葬品) 중 규구경(規矩鏡), "여의문식(如意紋飾)", 목태칠렴(木胎漆奩) 등은 모두 중원(中原) 동한시기(東漢時期)의 생산품으로, 찰뢰낙이(紮賚諾爾)고분 시대 구분의 주요 근거이다.[30] 액이고납우기랍포달림(額爾古納右旗拉布達林)에도 전후로 두 차례 발굴이 이루어졌고, 모두 고분 27좌(座)를 정리하여 철기(鐵器) 300여건(件)[片]을 출토하였는데 대부분

---

27) 中國社會科學院考古研究所:《中國考古學中碳十四年代數據集1965—1991》, 文物出版社, 1991年.
28) 黑龍江省文物考古研究所:《黑龍江省雙鴨山市滾■嶺遺址發掘報告》,《北方文物》1997年 第2期.
29) 譚英傑, 趙虹光等:《黑龍江區域考古學》第54頁, 中國社會科學出版社, 1991年.
30) 鄭隆:《內蒙古紮賚諾爾古墓群調査記》,《文物》1961年第9期;內蒙古文物工作隊:《內蒙古紮賚諾爾古墓群發掘簡報》,《考古》1961年第12期;王成:《紮賚諾爾圈河古墓清理簡報》,《北方文物》1987年第3期;內蒙古文物考古研究所:《紮賚諾爾古墓群1986年清理發掘報告》,《內蒙古文物考古文集》, 中國大百科全書出版社, 1994年.

금속에 녹이나 부식이 된 갑편(甲片)이고, 기형(器形)으로 도(刀), 족(鏃), 환(環), 구(扣), 관정(棺釘) 등을 식별하였다. 또한 규구동경(規矩銅鏡) 잔편(殘片)과 '대천오십(大泉五十)'동전(銅錢)을 발견하였다.[31] 악온극기맹근초로(鄂溫克旗孟根楚魯)에서는 모두 고분 11좌(座)를 정리하여, 철기(鐵器) 145건(件)이 출토되었는데, 절대 다수가 갑편(甲片)이고, 기타 종류로는 환수도(環首刀), 모(矛), 족(鏃), 명적(鳴鏑), 대구(帶鉤), 마함(馬銜), 당호(當鈩) 등이 있다.[32] 맹근초로(孟根楚魯)에서 제공하고 있는 방사성탄소 측정연대는 지금으로부터 2120±80년과 2190±95년 정도 떨어져 있으며, 고분 형제(形制)와 수장기물(隨葬器物)을 비교하면, 그 문화에서 내포하고 있는 것이 찰뢰낙이(紮賚諾爾)과 랍포달림(拉布達林)고분과 서로 동일하며, 그리하여 그것들의 시기가 대체로 모두 기원후 1세기 후로, 대략 중원(中原)의 동한(東漢)이었다. 진파이호기완공(陳巴爾虎旗完工)고분에는 두 차례 발굴로 모두 고분 6좌(座)를 정리하였는데, 출토된 철기(鐵器)가 비교적 적으며, 도(刀), 족(鏃), 대구(帶扣) 등이 있다. 완공(完工)고분에는 시기를 구분할만한 물건이 결여되었지만, 그러나 수장기물(隨葬器物)에 포함되어 있는 한서이기(漢書二期)와 포자연(泡子沿)유적지의 문화 성분을 분석해보면, 시기가 서한시기(西漢時期)보다 늦지 않을 것으로 추정된다.[33] 그밖에 그 시기에는 문화 성격이 서로 동일한 통유현흥륭산(通楡縣興隆山)고분을 통해 진일보한 증거를 얻을 수 있다. 흥륭산(興隆山)고분에서 출토된 한대(漢代) 오수전(五銖錢)과 한서이기(漢書二期)를 모방한 동격(銅鬲)의 시기 구분에 근거하여, 완공(完工)으로 대표되는 고분군(群)의 연대는 당연히 서한시기(西漢時期)보다 늦지 않을 것이다.[34]

---

31) 趙越:《內蒙古額右旗拉布達林發現鮮卑墓》,《考古》1990年第10期 ; 內蒙古文物考古硏究所等:《額爾古納右旗拉布達林鮮卑墓群發掘簡報》,《內蒙古文物考古文集》, 中國大百科全書出版社, 1994年
32) 程道宏:《伊敏河地區的鮮卑墓》,《內蒙古文物考古》第2期(1982年).
33) 潘行榮:《內蒙古陳巴爾虎旗完工索木發現古墓葬》,《考古》1962年第11期 ; 內蒙古自治區文物工作隊:《內蒙古陳巴爾虎旗完工古墓葬淸理簡報》,《考古》1965年第6期.
34) 吉林省文物工作隊:《通楡縣興隆山鮮卑墓葬淸理簡報》,《黑龍江文物叢刊》1982年第3期.

Ⅲ. 漢式 鐵器의 전파와 동북지역 초기철기시대

위에서 언급한 유적지 혹은 고분에서 출토된 철기(鐵器)의 종류(種類)는 비교적 많아, 생산공구(生産工具)로는 곽(钁), 부(斧), 분(錛), 착(鑿), 삭(削), 삽(鍤), 서(鋤), 렴(鐮), 겹도(拾刀), 추(錐) 등이 있으며; 병기(兵器)로는 검(劍), 환수도(環首刀), 모(矛), 표(鏢), 족(鏃), 명적(鳴鏑) 등이 있고; 기타로 또한 갑편(甲片), 차마구(車馬具), 장식품(裝飾品) 등이 있다. 현재 이러한 철기(鐵器)는 아직 과학적 검토와 측정을 하지 않았지만 대다수 공구(工具), 병기(兵器), 차마구(車馬具)는 모두 주조(鑄造)하여 만든 것으로 형제(形制)에는 한식(漢式) 철기(鐵器)의 특징을 지니고 있어, 마땅히 중원(中原)지역으로부터 전입(傳入)되거나 혹은 철료(鐵料)가 수입되어 현지에서 가공 제작한 것이다. 대문화 배경으로부터 볼 때, 일찍이 전국만기(戰國晚期) 중원식 철기 계통은 이미 동북(東北) 남쿠(南部)지역으로 전입되었으며, 그 북방경계는 이미 동요하(東遼河), 서류송화강(西流松花江) 일대까지 도달하며, 이미 보도된 자료에서 리수이룽호고성(梨樹二龍湖古城)[35], 화전서황산둔(樺甸西荒山屯) 개석묘(蓋石墓)와 길림시포자연(吉林市泡子沿) 유적지에서 출토된 전국(戰國)말기 철기(鐵器)가 그 증거이다(북위 44°에 가깝다). 송눈평원(松嫩平原)에서 발견한 몇몇 철(鐵)을 함유한 기물의 유적지와 고분은 연대의 상한 또한 전국만기(戰國晚期)로 판정되며, 그리하여 동일한 시기 중원식(中原式) 철기(鐵器)가 더 북쪽 지방에까지 전파되었을 가능성이 있다. 양한시기(兩漢時期), 철기(鐵器)의 종류(種類)와 수량(數量)에 눈에 띄는 증가가 보이는데, 영향을 받는 범위가 도문강(圖們江), 수분하(綏芬河), 삼강평원(三江平原)과 호륜패이초원(呼倫貝爾草原) 등 더욱 넓은 지역에까지 더 확산되었다. 중원(中原) 계통의 철기(鐵器)는 동북(東北)으로 전파되어, 철기제조업(鐵器制造業)의 진일보한 발전을 촉진하였고, 그로 인해 독립된 산업부문을 이루었으며, 철기(鐵器)의 보급정도에 비교적 커다란 향상을 가져왔다. 지적하고자 하는 것은, 이 시

---

35) 四平地區博物館, 吉林大學歷史系考古專業:《吉林省梨樹縣二龍湖古城址調査簡報》,《考古》1988年第6期.

기 몇 고분에서 발견한 철기(鐵器)가 결코 모두 中原 계통에 속하지 않는다는 것으로, 예를 들어 유수로하심(榆樹老河深), 서풍서차구(西豊西岔溝), 신빈왕청문(新賓旺淸門)에서 출토된 촉각식(觸角式)과 장간천환식동병철검(長杆穿環式銅柄鐵劍), 평수무격철검(平首無格鐵劍) 등; 로하심(老河深), 찰뢰낙이(紮賚諾爾), 랍포달림(拉布達林), 맹근초로(孟根楚魯)에서 출토된 산형족(鏟形鏃), 쌍인첨봉족(雙刃尖鋒鏃) 및 개갑편(鎧甲片), 대구(帶扣) 등; 또한 곤토령(滾▨嶺)에서 출토된 표(鏢)와 왕청문(旺淸門)에서 출토된 과(戈) 등은 기형(器形)과 제작공예에 명확하게 지방 특징을 가지고 있다. 이것에 근거하여 연(燕)진(秦)한(漢) 장성(長城) 이북 및 호륜패이(呼倫貝爾) 초원지대는 한(漢)문화의 영향을 받았다는 것으로 여겨지는데, 한편으로는 대량으로 중원(中原) 계통의 철기(鐵器)와 철료(鐵料)를 수입하고, 다른 한편으로는 중원(中原) 주철기술(鑄鐵技術)을 흡수하여 현지에서 지방특색을 지니고 있는 단조철제품(鍛造鐵制品)을 가공 제조한 것이다.

이상의 상황으로 설명하자면, 동북(東北)지역 철기(鐵器)의 출현은 전국(戰國)말기에 시작하여 양한(兩漢) 시기에 진일보한 발전을 가졌고, 또한 연(燕)진(秦)한(漢) 장성(長城)으로 경계를 삼아 남북(南北) 지역의 서로 다른 발전 형세를 보이고 있다. 이때 비록 동북의 광대한 북부(北部)지역의 토착민들은 중원(中原)문화의 영향을 받는 동시에, 결코 자신들이 원래 가지고 있던 문화전통을 버리지 않았지만, 그러나 철기의 출현과 동북지역에서의 점진적 전파와 사용의 확대는 오히려 철기가 물질문화발전 진행과정의 새로운 시대의 시작을 상징한다.

전면적 검토를 통해, 본 글에서 나열하고 있는 초기 철기의 유적지와 고분은 대략 30처(處)[연(燕)진(秦)한(漢) 장성(長城)이북에서 발견된 전국(戰國), 한대(漢代) 성지(城址)와 비교적 단순한 '한도(漢陶)'유적지는 포함하지 않음로, 그중 11개 장소에서는 15개의 방사성탄소 연대측정 수치를 제공하고 있는데, 이러한 수치는 개별적으로 이른 시기로 치우쳐 있거나 혹은 측정연대가 명확하게 오류인 것을 제외하고는, 연대 사이의 간격이 기본적으로 기원전 410년에서 기원후 130년사이로, 가장 늦은 수치는 지금으로부터 2190±95년[맹근초로(孟根楚魯)]이다. 그밖에 '반량(半兩)', '일도(一刀)', '오수(五銖)', '대천오십(大泉五十)'동전(銅錢)과 한식동경

(漢式銅鏡), '여의문식(如意紋飾)', 목태칠기(木胎漆器) 등과 같이 시기를 구분하는 기물(器物)이 함께 나온 것을 증거로, 진일보하게 동북(東北)지역 초기 철기시대의 편년(編年)은 대체로 중원(中原) 전국(戰國)말기에서 양한시기(兩漢時期)에 상당하며, 개별적 고분의 연대는 아마도 위진시기(魏晉時期)까지 이어진다고 설명할 수 있다.

또한 몇 발굴된 유적지 혹은 고분에서 비록 철기를 발견하지 못하였다고 보도하고는 있지만, 그러나 그것들의 문화 특징 비교와 방사성탄소 측정연대 수치에 근거하여, 대략 이 시기의 범주를 벗어나지 않는다. 예를 들자면, 농안현전가타자(農安縣田家坨子)[36], 부여현장강자(扶餘縣長崗子)[37]에서, 전자는 출토된 형제(形制)와 무늬의 특징에 근거하면 이미 한서이기(漢書二期)문화와 유사한 점을 지니고 있으며, 또한 포자연유형(泡子沿類型)와 같은 종류의 그릇을 가지고 있고; 후자는 문화 속에 내포하고 있는 것이 단순하여 그 도기군(陶器群) 특징이 한서이기(漢書二期)문화에 속한다. 이로 인해, 두 곳의 연대는 전국(戰國)말기에서 한 대(漢代)에 해당한다. 다시 예를 들자면, 덕혜현왕가타자(德惠縣王家坨子)와 북령(北嶺)[38], 구태현관마산(九台縣關馬山)[39], 농안현형가점(農安縣邢家店)[40] 등에서 발견된 한 무더기 고분은 수교이관화루공천반두(豎橋耳罐和鏤孔淺盤豆), 주파두(柱把豆)를 기본 조합(組合)으로, 문화 양상이 비교적 통일(統一)되어있고, 문화 요소의 분석을 통해 그 주요 기형(器形)이 동요하(東遼河)유역의 보산(寶山)유적지 상층과 도문강수분하(圖們江綏芬河)유역의 단결(團結)유적지 하층의 같은 종류의 기형(器形)처럼 서로 비슷하게 제조되어진 것으로 분별된다. 어떤 연구자는 형가점(邢家店)으로 대표되는 이

---

36) 吉林大學歷史系考古專業:《吉林農安田家坨子遺址試掘報告》,《考古》1979年第2期.
37) 吉林大學歷史系考古專業:《吉林夫餘長崗子遺址試掘報告》,《考古》1979年第2期.
38) 劉紅宇:《吉林省德惠王家坨子·北嶺發現的古代遺存》,《北方文物》1985年第1期; 吉林省文物考古研究所:《吉林德惠縣北嶺墓地調查與發掘》,《考古》1993年第7期.
39) 吉林省文物考古研究所:《吉林九台市石砬山, 關馬山西團山文化墓地》,《考古》1991年第4期.
40) 吉林省文物考古研究所:《吉林農安縣邢家店北山墓地發掘》,《考古》1989年第4期.

러한 고분유물 시기는, 전국(戰國)말기에서 서한시기(西漢時期)로 추정할 수 있는데,[41] 형가점(邢家店) 고분의 방사성탄소 연대측정 교정후 수치는 지금으로부터 2150±85年정도로, 도기유형학(陶器類型學) 비교의 시대 특징과 방사성탄소 연대측정의 결과와 기본적으로 일치한다. 위에서 언급한 철기가 출토되지 않은 유적지와 고분도 실제로는 모두 초기 철기시대(鐵器時代)에 진입하였다.

초기 철기라는 개념은 국외에서는 비교적 유행하고 있지만, 그러나 중국(中國) 고고학계(考古學界)에서는 비교적 적게 사용하고 있는데, 그것은 중국에는 문자로 기록된 역사가 비교적 이르기 때문에, 역사 시기를 왕조의 교체가 이루어진 시기에 근거하여 시기를 구분하는 고고학상의 연대 개념에 의지하며, 한대(漢代)이전은 여전히 기존의 풍속대로 어떤 부족이 으뜸을 차지하고 있는 것을 시기 구분으로 약정한 고고학적 명칭, 예를 들어 하(夏)문화, 상(商)문화, 주(周)문화를 사용한다. 그러나 하(夏), 상(商), 주(周) 3대 왕조가 통치하던 범위이외의 주변지역은 비록 문자 기록이 있더라도, 도리어 대부분 사회발전사의 물질문화 발전 규율에 따라 석기시대(石器時代), 청동시대(靑銅時代), 철기시대(鐵器時代) 등으로 구분한다. 최근 30년 동안, 중국(中國) 변방지역의 한(漢) 및 한대(漢代) 이전의 고고(考古) 발굴과 연구는 장족의 발전을 거두었으며, 지금까지 각 지역 고고학 문화의 순서는 편년의 시간과 장소(지역)틀의 수립과 더불어 이미 기본적으로 완성되었다. 이러한 학술상의 배경아래, 학자들은 중국(中國) 변방지역에도 마땅히 중원(中原)지역과 일치되는 통일된 시기를 구분 짓는 고고학적 연대 개념이 채용되어야 한다는 점을 제기한다. 동북지역을 예로, 청동시대를 '하상주고고(夏商周考古)'로 개칭하고, 철기시대를 '전국진한고고(戰國秦漢考古)'로 개칭하여야 한다. 그리하여 여기서 또한 적지 않은 문제의 진일보한 생각이 필요한데, 그 첫째로 동북(東北)지역의 청동(靑銅) 혹은 초기 철기시대(鐵器時代) 각 지역 고고학적 문화의 연대가 중원(中原)지역의 하(夏), 상(商), 주(周) 삼대(三代)와 전국진한(戰國秦漢)의 시기구분을 하는

---

41) 金旭東 : 《試論邢家店類型及其相關問題》, 《博物館硏究》1993年第2期.

편년 체계와 서로 대응할 수 있는지; 둘째로 동북(東北)지역이 초기 철기시대(鐵器時代)에 진입한 시간(時間)이 중원(中原)과 결코 함께 발걸음을 하지 않았고, 더욱이 동북 연(燕)진(秦)한(漢) 장성(長城) 남북지역의 문화 형태가 매우 커다란 차이를 가지고 있는데, 이러한 상황 아래 통일된 시기 구분 고고학적 연대 개념을 사용하는 것이 유실편파(有失偏頗)하는 것은 아닌지; 셋째로, 중국(中國) 동북(東北)지역을 동북아 지역의 중요 조성부분으로 삼는다면, 만약에 채용한 시기 구분 고고학 연대 개념이 국제간에 서로 연결되지 못한다면, 장차 중원문화가 덮고 있는 범위 이외의 고고학문화와 주변 국가나 지역과의 비교연구에 있어서 큰 어려움에 처하게 될 것이다. 이상의 생각을 기초하여, 본 연구의 내용은 동북 연(燕)진(秦)한(漢) 장성(長城)이북지역이 마땅히 초기 철기시대의 개념을 사용하여야 한다는 것이다.

주의할 만 한 점은, 이제까지의 이 지역에서 출토된 초기 철기 유적지 혹은 고분에 대한 연구를 할 때, 이미 학자들이 철기의 출현이 시대를 나누는 상징적 의미를 지니고 있다는 점을 의식하고 있으면서, 그런 연후에도 매우 많은 상황에서 여전히 이러한 유적지와 고분을 모두 청동(靑銅)문화 범주에 귀납시키거나, 혹은 모호하게 청동에서 초기 철기시대의 유물로 경계를 정하고 있는데, 이러한 것은 명확히 사실과는 부합되지 않는 것이다. 위에서 언급한 유적지와 고분의 분석에 근거하여, 본 문은 동북(東北)지역의 초기 철기시대(鐵器時代)의 시간과 장소(지역)의 범주를 명확히 하였는데, 즉 전국만기(戰國晚期)에서 양한시기(兩漢時期)(기원전 5세기 말~기원후 3세기 전후)의 유적지 혹은 고분 및 문화에 내포되어있는 대체로 서로 동일한 것들은, 일반적으로 모두 초기 철기시대(鐵器時代)에 집어넣는 것을 고려할 수 있다.

Ⅳ. 東北 초기鐵器時代 문화와 족속

　전국양한시기(戰國兩漢時期), 동북(東北)지역에서 한 가지 높은 가치가 있는 특징은, 지역 사이의 문화 차이성과 발전의 불균형성이다. 시간과 장소(지역)의 범주와 내용과 형식에서 볼 때, 연(燕)진(秦)한(漢) 장성(長城) 이남 요하동서(遼河東西) 양쪽 지역 등의 중원(中原)문화가 영향을 미치는 범위에서 문화의 양상이 연(燕)진(秦)한(漢) 문화와 대체적으로 일치하며, 또한 보조를 맞춘 발전(發展)의 형세를 유지하고 있고; 연(燕)진(秦)한(漢) 장성(長城)이북 및 주변 지역은 지역 문화의 다양성과 교차가 병존하는 복잡성이 돌출하여 나타내고 있다.

　현재, 연(燕)진(秦)한(漢)문화가 영향을 받고 있지 않는 범위는 이미 판별된 동북(東北)지역 초기 철기시대(鐵器時代)문화에는 10여 종이 있으며, 비록 그중 어떤 유물의 문화성질은 여전히 논쟁거리일지라도, 그러나 그것들은 기본적으로 전국양한시기(戰國兩漢時期) 고고학(考古學)문화의 분포 양상을 반영하고 있다.<도 2>

(1) 송눈평원(松嫩平原): 한서이기문화(漢書二期文化), 경화유형(慶華類型)
(2) 서류송화강류역(西流松花江流域): 유수로하심중층(榆樹老河深中層)고분으로 대표되는 포자연문화(泡子沿文化), 형가점류형(邢家店類型), 전가타자류형(田家坨子類型)
(3) 동요하(東遼河)와 압록강(鴨綠江) 중상류 유역: 동풍보산상층(東豊寶山上層) 안에 포함되는 대가산상층문화(大架山上層文化), 서황산둔(西荒山屯) 유형과 길림성(吉林省)에서 발견된 장백현간구자(長白縣幹溝子), 통화만발발자대석개적석묘유존(通化萬發撥子大石蓋積石墓遺存)
(4) 수분하(綏芬河)과 도문강(圖們江)유역: 단결문화(團結文化), 동강유형(東康類型)
(5) 삼강평원(三江平原): 곤토령문화(滾■嶺文化), 완연하유형(蜿蜒河類型)
(6) 호륜패이초원(呼倫貝爾草原): 찰뢰낙이묘군(紮賚諾爾墓群)과 완공묘군(完工墓群)에 존재하고 있는 것을 대표로 하는 두 가지 문화(文化) 유형

동북지역 초기 철기시대문화는, 만약 그것들 각자의 분포지역과 상대적 위치 그리고 물질문화에 내포되어 있는 것들을 문헌(文獻)에 기재되어 있는 모든 고대민족(古代民族)과 서로 대조해보면, 이미 민족(民族)문화 지역의 기본 양상을 형성한다. 서진(西晉)과 남북조시기(南北朝時期)에 책으로 이루어진 『삼국지(三國志)』와 『후한서(後漢書)』등의 문헌을 근거하여, 동북지역의 고대민족의 비교적 상세한 방위에 대한 기록은 중원인(中原人)의 사관(史觀)으로, 동부(東部)는 장백산(長白山)과 그 연신(延伸) 지대(地帶)에서 활동하고 있는 동이집단(東夷集團)을 포함하는데, 서부(西部)는 대흥안령(大興安嶺)과 인근 지역에 분포하고 있는 오환(烏桓), 선비집단(鮮卑集團)을 포함하고 있다. 상소도(上溯到) 전국(戰國)에서 지초만시기(至稍晚時期)에 오환(烏桓), 선비집단(鮮卑集團)은 원래는 동호족계(東胡族系)에 기원하며; 동이집단(東夷集團)은 곧 예(穢), 맥(貊) 두 족계(族系)에서 기원을 찾는다. 양한시기(兩漢時期)에 예(穢)과 맥(貊)과 족계(族系) 관계(關系)를 가지고 있던 부여(夫餘), 고구려와 주변에서 멀리 떨어진 옥저(沃沮), 읍루(挹婁) 등 동북지역의 고대민족(古代民族)이 있었다.

한(漢)위(魏) 문헌에 기록되어 있는 것을 따라, 본 문에서 열거한 동북(東北)지역 초기 철기시대 문화와 대비하여 보면, 족속연구(族屬硏究) 방면에 이미 아래와 같은 인식을 갖게 되었다. 서류송화강류역(西流松花江流域), 길림시(吉林市)를 중심으로 분포한 포자연(泡子沿)문화와 동료하보산(東遼河寶山)유적지 상층과 대가산(大架山) 상층문화는 부여계(夫餘族) 유물로 여겨진다.[42] 문헌상의 고고학적 연구를 결합하면 부여(夫餘)는 예맥족계(穢貊族系)에 속하는 지류로, 그 연원은 광범위하게 이 지역에 분포되어 있는 서단산(西團山)문화로 추측된다. 압록강중상유류역(鴨綠江中上遊流域)은, 고구려 문화 기원의 핵심 지역으로, 현재 전국말(戰國末)에서 서한시기(西漢時期)까지 대석개묘(大石蓋墓)—대석개적석묘(大石蓋積石墓)—적석석광묘(積石石壙墓)로 연변되는 순서는 이미 발견되었는데, 의심할 것 없이 '선고구려

---

42) 金旭東 :《西流松花江, 鴨綠江泝域兩漢時期考古學遺存研究》, 吉林大學博士學位論文, 2011年.

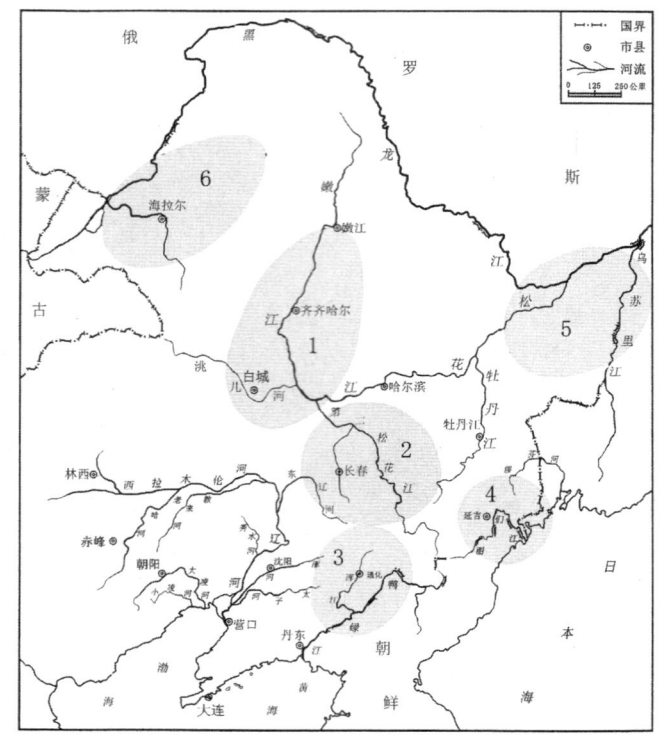

图二 东北早期铁器时代文化分布示意图
1、松嫩平原 2、西流松花江流域 3、鸭绿江中上游流域
4、绥芬河与图们江流域 5、三江平原 6、呼伦贝尔草原

(先高句麗)' 혹은 고구려 문화의 유물이다.[43] 도문강(圖們江), 수분하류역(綏芬河流域)의 단결(團結)문화는 러시아 지역내의 '극라오낙부잡(克羅烏諾夫卡) 문화', 한국 함경북도의 무산호곡동(茂山虎穀洞) 제륙기(第六期) 유물 등을 포함하고 있는데, 어떤 학자는 명확하게 『삼국지(三國志)』「동이전(東夷傳)」에 기재된 옥저(沃沮)에 속한다고 지적하였다.[44] 삼강평원(三江平原)은 이미 판별된 양한시기(兩漢時期)의 고고

---

43) 金旭東等:《探尋高句麗早期遺存及起源―吉林通化萬發撥子遺址發掘獲重要收獲》,《中國文物報》2000年3月19日第一版.
44) 林沄:《論團結文化》,《北方文物》1985年第1期.

유물에 완연하(蜿蜒河)유형과 곤토령(滚■嶺)문화가 있다. 완연하(蜿蜒河)유형은 러시아 지역내의 흑룡강(黑龍江) 좌안(左岸)지역의 "파이채(波爾采)문화"라고 지칭되고 있으며, '파이채(波爾采)문화'와 '곤토령(滚■嶺)문화'는 밀접한 관계를 가지고 있다. 어떤 학자는 이 두 종류 문화의 족속은 읍루(挹婁) 혹은 읍루족계(挹婁族系)에 속하는 유물이라고 지적한다.[45] 호륜패이초원(呼倫貝爾草原)은 일찍이 악륜춘기알선동(鄂倫春旗嘎仙洞) 유적지 북위제조축문석각(北魏祭祖祝文石刻)에서의 중대한 고고학 발견으로 말미암아[46], 척발선비(拓跋鮮卑)족이 이곳에서 기원하였다는 매우 유력한 증거를 제공하였다. 그리하여 양한시기(兩漢時期) 호륜패이초원(呼倫貝爾草原)은 찰뢰낙이묘군(紮賚諾爾墓群)으로 대표되며, 랍포달림(拉布達林)과 맹근초로(孟根楚魯) 등의 문화 양상이 서로 비슷한 고분을 포함하고 있으며, 대체적으로 초기 척발선비(拓跋鮮卑) 유물로 인정된다.[47] 송눈평원(松嫩平原)은 한서이기(漢書二期)문화 및 서로 관련이 있는 유물 족속에 대한 탐색과 논의는 목전에 두 가지 관점을 가지고 있는데, 첫째는 부여(夫餘)의 초기 문화와 관련이 있는데, 이는 부여(夫餘)문화 공동체(共同體)중의 중요한 지류중 하나로 여겨지며[48]; 둘째는 인종의 체질적 특징으로 관찰해보면, 한서이기(漢書二期)문화[평양(平洋)고분]의 고대 주민은 완공(完工)고분조(組)와 매우 가까우며, 또한 찰뢰낙이(紮賚諾爾)고분조(組)와는 정도는 다르지만 서로 유사한 성격을 지니고 있다.[49] 최근 고고학계에서는 또한 한서이기(漢書二期)문화의 영향이 이미 초기 척발선비(拓跋鮮卑)가 분포되어 있던 호륜패이초원(呼倫貝爾草原)에까지 번졌고, 또한 그것과 함께 상호작용 관계를 유지함고 있음을 발견하였다. 그렇다면 초기 척발선비(拓跋鮮卑)가 최초 남쪽으로

---

45) 林沄：《肅愼, 挹婁和沃沮》,《遼海文物學刊》1986年第1期；賈偉明, 魏國忠：《論挹婁的考古學文化》,《北方文物》1989年第2期.
46) 米文平：《鮮卑石室的發現與初步硏究》,《文物》1981年第2期.
47) 喬梁, 楊晶：《早期拓跋鮮卑遺存試析》,《內蒙古文物考古》2003年第2期.
48) 金旭東：《西流松花江, 鴨綠江流域兩漢時期考古學遺存研究》, 吉林大學博士學位論文, 2011年.
49) 潘其風：《平洋墓葬人骨的硏究》,《平洋墓葬》, 文物出版社, 1990年.

이주하는 과정에서 이러한 문화를 수용하였거나, 심지어는 부분적 사람의 무리가 그 안에 들어갔을 가능성도 매우 많다. 그런 까닭에 한서이기(漢書二)期문화 또한 초기 척발선비(拓跋鮮卑)의 앞선 세대의 문화를 구성하고 있는 것이다. 그리하여, 위에서 언급한 두 가지 관점은 대체로 논증의 증거가 부족한 것이 드러나지만, 그런 까닭에 그 부속에 대한 판단은 마땅히 심사숙고하는 태도를 견지하여야 할 것이다.

The Great Wall of Yan·Qin·Han and Early Iron-age Cultures in Northeast China

Zhu, Yonggang
Professor, Jilin University

This paper is to examine the Great Wall of Yan·Qin·Han and early iron-age cultures in northeast China. The chapter 1 estimates the approximate location of the Great Wall of Yan·Qin·Han, and then the chapter 2 presents the iron relics discovered from the sites and the tombs in the north of the Great Wall. The chapter 3 estimates the age of those iron relics, and argues that since the origin of ironwares was the central China area, the Han culture of the central China area was widely spread in and influenced the north of the Great Wall area. Through it, it is asserted that despite that the existence of independent cultures can be seen as in the north of the Great Wall are tombs which do not belong to the central China area style, the iron-age culture in the area was formed by absorbing the central China's technology manufacturing ironware. Then, the chapter 4 categorizes various iron-age cultures in the northeast China area and traces back their origins within the eastren Dong-yi tribes and the western Ohuan·Xianbei tribes: ①the Buyeo tribes' culture in the west of the Songhua river, ②the Pre-Goguryeo and Goguryeo culture in the mid and upper stream of the Yanlu river, ③The Tumen and Subunha river valley's Dangyeol culture originating Okjeo, ④Sangang plain's Boercai culture and Guntuling culture originating Eupru tribes, ⑤Holunpei plain culture originating Tuobaxianbei tribe, and ⑥Hanshu 2nd period culture in Songnun plain originating the early Buyeo culture and the early Tuobaxianbei culture.

[Keywords] Yan, Qin, Han, early iron-age culture, the Great Wall, northeast China

연해주의 철기시대 문화

유리 보스뜨레쪼프

유리 보스뜨레쪼프(Yury Vostretsov)

현) 러시아과학원 극동지소 역사고고민족학연구소(Institute of History, Archaeology, and Ethnology of the People of the Far East Vladivostok) 교수.
주요논저: "Interaction of Maritime and Agricultural Adaptations in the Japan Sea Basin"

※ 이 연구는 RFFI 프로젝트 "동아시아에서의 농경의 출현과 발전" No. 11-06-12032-ofi-m-2011에 의해 수행 되었음.

I. 머리말

기원전 1천년기는 세계 곳곳에서 깊은 변혁의 시대였고, 인류 문화 발전에서 하나의 전환기였다. 이 변혁은 "철기시대의 한랭화"라 명명된 지구적 기후 한랭화와 깊은 관련이 있다. 유럽의 연구가들은 그 정점이 2,900~2,250년 전에 있었다고 추정한다.[1] 동해 연안의 자연 변화는 국지적인 현상이 있는 것도 사실이지만 전체적으로는 이와 상응한다. 이에 대한 자세한 내용은 아래에서 검토할 것이다.

대략 2,900년 전에 오랫동안 이어진 따뜻한 기후 단계가 끝나고 뒤이어 높은 습도를 수반하는 기후 한랭화 단계가 시작되었는데, 이 한랭화 단계는 2,250년 전까지 계속되었다. 내륙 지역의 농경 주민들에게 이것은 무엇을 의미하였는가? 기후 과정의 상대적 안정성이 특징적인 기후 온난화 단계와는 달리 한랭화 시기에는 내륙 지역의 동아시아 농경인들에게는 재앙적인 과정들이 일어났다. 다음의 내용들이 이에 해당된다.

날씨 조건의 비예측성과 불안정성으로 표현되는 기후 균형의 파괴,
가뭄의 증가와 여름 전반기에의 극단적인 가뭄들,
여름 후반기에의 태풍 활동으로 인한 재앙적인 강의 범람 및 홍수의 증가,
겨울 동안의 동토 현상 강화,
만주, 한반도, 연해주에의 짧은 생장기의 더한 감소.

그렇지만 농경인들에게 가장 당면한 문제는 어느 정도 적응이 가능한 한랭화 자체가 아니라, 파종기와 수확기에 강화되고 있던 예측할 수 없는 날씨 변화였다. 이는 짧은 파종기와 수확기 그리고 더 짧아진 생육기에 특별한 중요성을 띠었다.

---

1) Гриббин Дж., Лэм Г.Г. Изменение климата за исторический период // Изменение климата. Под ред. Дж. Гриббина. Л: Гидрометеоиздат, 1980 С. 102-121. (그리빈 J., 렘 G.G. 역사시대의 기후 변화 // 기후변화. 그리빈 편집. 레닌그라드: 기드로메쩨오출판사, 1980.)

그 외에도 이 시기에는 농업 기후 자원의 토양성분에서 장기적이고 증대하는 부정적인 질적 및 양적 변화가 일어났다. 한랭화 단계들과는 또한 내부 저수지(호수와 늪지의 면적)의 증가 및 이로 인한 저수지로 흘러드는 강의 하류 충적지의 늪지화가 관련된다. 우리가 관심을 가진 지역에는 자연적 변화가 다음과 같은 방식으로 일어났다. 남연해주와 서연해주에서는 이 기후 단계에 홍수의 수위가 급격하게 올라갔는데, 이는 계곡들의 바닥, 특히 강 하구들이 늪지화되게 하였다.[2] 서연해주에서는 이 단계에 현재 면적 4,070㎢인 한까호의 면적이 급격하게 증가한다.[3] 만주 평원의 북부 지역에서는 이 시기에 송화강과 눈강 합류지역의 고(古)호수들이 크게 확장된다. 이 고호수들은 크기가 한까호보다 3~4배에 달하였다.[4] 이 고호수들의 유월과 홍수는 고호수들로 흘러드는, 지금의 눈강, 제2송화강, 그 지류들 등과 같은 강들의 충적지 저지대의 점진적인 늪지화를 초래하였다. 현대의 홍수 영향지역은 송화강과 눈강의 합류지역에서 길림시까지 이른다(그림 16).[5] 자연 변화의 결과는 동만주와 연해주 농경인들에게 자원적 토대의 감소였고, 또한 그 북동부 및 동부 지역의 비옥한 농경지의 축소였다.

해안 주민들에게는 기후 한랭화가 해수면의 하강, 해안선의 직선화, 석호의 충만 혹은 소멸, 폭풍우와 소용돌이 상황의 강화, 바다 속의 환경 구조 변화 등과 관련된다. 이 모든 것은 생산성과 해양 자원 다양성의 감소 및 익숙한 자원 토대의

---

2) Короткий А.М. Колебания уровня Японского моря в четвертичном периоде (северо-западный шельф) // Изменения уровня моря. М. 1982. С. 104-114. (꼬로뜨끼 А.М. 제4기의 동해 해수면 변동 (북서 모래톱) // 해수면의 변화. 모스크바. 1982.)
3) Короткий А.М., Караулова Л.П., Троицкая Т.С. Четвертичные отложения Приморья: стратиграфия и палеогеография.-Новосибирск: Наука, 1980. (꼬로뜨끼 А.М., 까라울로바 L.М., 뜨로이쯔까야 Т.S. 연해주의 제4기 퇴적: 지층과 고지리. 노보시비르스크: 나우까. 1980.)
4) Атлас географических карт к наброску истории Китая (Чжунго шигао диту цзи) Под общей редакцией Го Можо. Пекин: Чжунгодиту чубаоньша, 1996. На кит. яз. (перевод А.Л. Ивлиева)· (중국사지리지도집, 북경, 중국지도출판사, 1996)(중국어번역 А.L.이블리예프)
5) Мурзаев Э.М. Северо-Восточный Китай. Физико-географическое описание. Изд-во АН СССР. М. 1955. 252 с. (무르자예프 Э.М. 북동중국. 물리-지리적 기술. 소비에트 과학원 출판사. 모스크바. 1955.)

변화를 초래하였다.

Ⅱ. 초기철기시대 문화 출현 이전의 사건들

송화강 상류지역에는 청동기시대에 밭농사와 돼지 사육에 종사한 서단산문화 (3,000~2,300 BP) 주민들이 거주하였다. 문헌자료는 그들을 예(濊)족과 관련짓는다. 두만강 중류지역과 그 북쪽에는 서단산문화와 친족인 유정동 문화 주민들이 거주하였다.[6] 이 문화들은 연해주의 문화들에 얼마간의 영향을 끼쳤다.

검토대상 지역들에서는 고고학적으로 서로 차이가 나는 주민 그룹들의 물결이 확인되는바, 이들은 고금속시대의 "새로운" 고고학 문화들을 형성한다. 예를 들어, 3,600~3,300년 전의 기간에 연해주의 동 및 북동 해안지역에 청동기시대 (과거 마르가리또브까 문화로 생각하였던) 푸순 그룹 유적들을 남긴 주민 그룹들이 출현한다 (글라스꼬브까 2, 모나스뜨이르까 3, 쁘례오브라쉐니예 1, 자랴 1, 올가 10 주거유적)(그림 1). 몇몇 저자들은 푸순 그룹을 리도브까 문화의 4개 그룹 중 가장 이른 시기로 생각하기도 한다. 리도브까 문화는 3,000~1,600년 전 기간에 존속하였고, 떼뚜헤 그룹, 아호빈 그룹, 꾸날레이 그룹 유적들로 대표된다.[7] 이 유적들은 내륙 지역들에 알려져 있지만, 연해주의 남부 및 동부 해안지역에 더 많이 확인된다. 3,000~2,800년 전 기간에 남연해주의 내륙지역들에서 고금속시대 시니가이 고고학 문화가 확산된다. 확보된 연대들을 통해 볼 때에, 소비 형태의 자원이 생산 형태의 자원보다

---

6) Чжао Биньфу. Исследование археологических культур Северо-Восточного Китая времени от Восточного Ся до Чжаньго (Чжао Биньфу. Чжунго дунбэй дицюй ся чжи чжаньго шици-дэ каогусюэ вэньхуа яньцзю) // Пекин: 《Кэсюэ》, 2009. 318 с. На кит. яз. (перевод А.Л. Ивлиева). (趙賓福 中國東北地區夏至戰國時期的考古學文化研究, 科學出版社, 2009.) (번역 A.L.이블리예프) pp.257~262.

7) Сидоренко Е.В. Северо-восточное Приморье в эпоху палеометалла// Владивосток: Изд-во Дальнаука, 2007.- 271с. (시도렌꼬 E.V. 고금속시대의 북동연해주 // 블라디모스톡: 달나우까 출판사. 2007).

우위를 점한 지형-기후적 및 자원적 특성을 가진 비교적 고립된 지역인 동연해주 해안과 같은 외딴 지역들에서는, 늦은 시기 "청동기시대 주민들"이 "철기시대 주민들"과 일정 기간 공존 및 혼합되었다. 따라서 청동기시대와 초기철기시대 사이에는 과도기가 나타난다.

최근의 토기 전통에 대한 연구들은 청동기시대에 푸순(마르가리또브까) 그룹 이외에도 다음과 같은 4개의 문화 그룹 유적들을 구분할 수 있게 하였다: 수보로보 그룹, 아누치노-시니가이 그룹, 리도브까-찌뻬바이 그룹, 그리고 체르냐찌노 2 유형 유적들(그림 1).[8] 이 자료들은 커다란 문화적 다채로움을 보여준다.[9] 아직 분명하지 못한 이 문화적 다양성 속에는 해안지역과 내륙지역에 거주하였던 서로 적응을 달리 한 문화 그룹들이 선명하게 구분된다.

철기시대로 진입하면서도 비슷한 상황이 전개된다. 대략 기원전 8세기부터 해안지역에서는 분명 얀꼽스끼 문화에 속하는 몇몇 국지적-편년적 변종들의 존재를 확인할 수 있지만, 내륙지역에서는 문화적 다양성이 더 많이 관찰됨에도 불구하고 유적들이 확실한 문화적 영역을 이루지 못한 채 개별 층들로만 존재하기 때문에 아직은 구체화할 수가 없다. 얀꼽스끼 문화의 해안 유적들과 내륙 유적들 간의 물질문화의 차이에 대해 세부적으로 논하지는 않을 것이나, 후자의 경우 아무르 유역의 철기시대 우릴 문화 유적들과 유사성을 지님을 지적할 필요가 있다.[10] 몇몇 연구자들의 의견에 따르면, 우릴 문화는 얀꼽스끼 문화와 함께 단일한

---

8) Яншина О.В. Поселение Лидовка-1 и проблемы его интерпретации // VI Дальневост. конф. молодых историков.-Владивосток, 2001.-С. 40-49. (얀쉬나 O.V. 리도브까 1 주거유적과 그 해석의 문제 // 제6차 극동 젊은 학자들 학술회의. 블라디보스톡, 2001.)

9) Яншина О.В., Клюев Н.А. Поздний неолит и ранний палеометалл Приморья: критерии выделения и характеристика археологических комплексов // Российский Дальний Восток в древности и средневековье: открытия, проблемы, гипотезы / отв. ред. Ж.В. Андреева.-Владивосток: Дальнаука, 2005.-С. 187-233. (얀쉬나 O.V., 끌류예프 N.A. 연해주의 후기 신석기시대와 초기 고금속시대: 고고학 복합체의 분리 범주와 특성 // 고대와 중세의 러시아 극동: 발견들, 문제들, 가설들 / 책임편집. J.V.안드레예바. 블라디보스톡: 달나우까, 2005.)

10) Яншина О.В., Клюев Н.А. Поздний неолит и ранний палеометалл Приморья:

우릴-얀꼽스끼 문화를 이룬다.[11] 다른 저자들은 모든 범주의 자료들에 대한 비교 분석을 토대로 이 두 문화의 공통적 단계성에 대한 결론만 지적한다.[12] 아마도 내륙 유적들에 보이는 독특성과 문화적 다양성은 따뜻한 기후 단계 말과 기후 한랭화 초에 연해주의 내륙 지역으로 아무르 유역의 철기시대 여러 그룹 주민들이 침투하였음을 말할 것이다.

Ⅲ. 초기철기시대 남연해주와 남동연해주 주민들의 문화 적응 – 얀꼽스끼 고고학 문화

얀꼽스끼 문화(1972년까지 남연해주 문화 혹은 시지미 문화로 지칭)의 물질 자료들은 연해주 초기철기시대 내륙지역 유적들과 비교하여 차별성을 가짐과 동시에 문화적 공통성도 보인다(그림 2). 동해 연안지역들에서는 이 시기(일본의 신석기시대 말기)에 다양한 생태 시스템에서 해양 자원의 개발에 방향을 둔 기술이 정점에 도달한다. 일본 신석기시대(죠몽) 말기 문화[13]와 얀꼽스끼 문화의 해양 자원 개발에 토대를 둔 적응 모델의 유사성, 그리고 이 둘의 동시대성은, 우리 의견으로는, 해당 지역

критерии выделения и характеристика археологических комплексов // Российский Дальний Восток в древности и средневековье: открытия, проблемы, гипотезы / отв. ред. Ж.В. Андреева. - Владивосток: Дальнаука, 2005. - С. 187-233. (얀쉬나 O.V., 끌류예프 N.A. 연해주의 후기 신석기시대와 초기 고금속시대: 고고학 독합체의 분리 범주와 특성 // 고대와 중세의 러시아 극동: 발견들, 문제들, 가설들 / 책임편집. J.V.안드레예바. 블라디보스톡: 달나우까, 2005.), pp.210~215.

11) Деревянко А.П. Ранний железный век Приамурья. - Новосибирск: Наука, Сиб. отд-ние, 1973. - 354 с. (데레뱐꼬 A.P. 아무르 강 유역의 초기 철기시대. 노보시비르스크: 나우까, 1973.)

12) Андреева Ж.В., Жущиховская И.С., Кононенко Н.А. Янковская культура. - М.: Наука, 1986. - С. 216. (안드레예바 J.V., 쥬쉬홉스까야 I.S., 꼬노넨꼬 N.A 얀꼽스끼 문화. - 모스크바, 나우까, 1986)

13) Habu J. Ancient Jomon of Japan // Case studies in early societies. - Cambridge University Press, 2004.

에서의 자연적 변화의 동시성으로 인한 것이다.

얀꼽스끼 문화 영역은 함경북도의 가장 북쪽 지역(북한), 피터 대제 만 해안지역, 그리고 동연해주를 포함한다(그림 2). 이 지역에는 150곳 이상의 얀꼽스끼 문화 유적들이 알려져 있는데, 그 중 대략 절반 정도는 패총유적이다.

중국의 문헌자료에 따르면, 얀꼽스끼 문화는 동예(東濊) 종족들과 관련지을 수 있다. 이 문화의 편년은 미약하게 연구되었다. 대부분은 저자들은 유형적 유사성을 통해 이 문화의 존속 시기를 기원전 8~3세기로 판단한다.[14] 숯에 대한 보정하지 않은 방사성탄소연대들은 기원전 8세기에서 기원전후 사이에 해당된다. 그 외에도 화분포자학 자료들은 얀꼽스끼 문화 주민들은 피터 대제 만의 남서 해안지역(하산 지구)에서 2,200년 전 이후에서 존재하였음을 보여 주었는데, 당시 대부분의 얀꼽스끼 문화 영역은 이미 끄로우노브까 문화 주민들이 차지하고 있었다.[15] 이 외에도 연해주의 동부 해안지역에서 기원후 초에도 존재하였던 가장 늦은 잘 연구되지 못한 얀꼽스끼 문화 유적들도 구분되어 지는데, 당시 이 지역에는 이미 끄로우노브까 문화 주민들이 거주하고 있었다.[16] 인구 분포 시스템, 마을 내부 평

---

[14] Андреева Ж.В., Жущиховская И.С., Кононенко Н.А. Янковская культура. - М.: Наука, 1986. - С. 216. (안드레예바 J.V., 쥬쉬홉스까야 I.S., 꼬노넨꼬 N.A. 얀꼽스끼 문화. - 모스크바, 나우까, 1986)

[15] Верховская Н.Б., Кундышев А.С. Природная среда Южного Приморья в период неолита и раннего железного века // Вестник ДВО РАН. - 1993. - № 1. - С. 18-26. (베르홉스까야 N.B., 꾼드이쉐프 A.S. 신석기시대와 초기철기시대 남연해주의 자연환경 // 러시아과학원 극동지소 베스뜨닉. 1993. № 1)

[16] Cassidy J., Kononenko N., Sleptsov I., Ponkratova I. Margarita Archaeological Culture: Bronze Age or Final Neolithic? // Проблемы археологии и палеоэкологии Северной, Восточной и Центральной Азии: материалы междунар. конф. 《Из века в век》, посвящ. 95-летию со дня рождения акад. А.П. Окладникова и 50-летию Дальневост. археол. экспедиции РАН. - Новосибирск: Изд-во Ин-та археологии и этнографии СО РАН, 2003. - С. 172-175. (Cassidy J., Kononenko N., Sleptsov I., Ponkratova I. Margarita Archaeological Culture: Bronze Age or Final Neolithic? // 북, 동, 중부아시아의 고고학과 고생물학의 문제들: 아카데믹 A.P.오끌라드니꼬프 탄생 95주년 및 러시아과학원 극동 고고학 학술조사 50주년 기념 국제학술회의 "세기에서 세기로" 자료. 노보시비르스크: 러시아과학원 시베리아지소 고고학민족학연구소 출판부, 2003.); Сидоренко Е.В. Северо-восточное

면 상태, 위세품과 무기의 사용 등은 피터 대제 만의 얀꼽스끼 인들에게 사회적 계층이 존재하였음을 증명한다.

토기 분석을 통해 얀꼽스끼 문화 유적들은 전기와 후기 두 단계로 구분되었다. 여기에는, 조건적이긴 하나. 다음과 같은 3개의 지역적 변종이 존재한다(그림 3, 4): 남서 해안 변종(자이사노브까 2, 끌레르크 5, 슬라뱐까 1, 2, 뻬샨느이 1, 차빠예보 1), 남동 해안 변종(끼예브까, 끼예브까 3, 발렌찐, 자랴), 후기의 "내륙" 변종(말라야 빠두쉐치까, 바라바쉬 3).[17] 여기에서 "내륙" 변종의 "내륙"은 꽤 상대적인데 왜냐하면 기본 유적인 말라야 빠두쉐치까가 해안에서 20km도 안 떨어진 아(в)내륙지역에 농경에 편리한 강안 지역에 위치하기 때문이다. 다른 한편으로, 만약에 시기구분을 생활보장 시스템에서의 변화들과 관련시킨다면, 시기구분은 "전기 단계" 속에서만은 약간 더 복잡하게 보일 것이다. 예를 들어 뻬샨느이 1 주거유적의 "전기" 단계에 해당되는 층위에는 유적 점유의 여러 단계가 확인된다. 처음에는 굴을 채취하지 않는 사람들의 집들이, 다음에는 약 2,450~2,400년 전에 적극적으로 굴을 채취한 사람들이 집들이, 그 다음에는 굴 채취가 이미 중단된 때의 집들이 기능하였다(그림 5, 6, 8). 뻬샨느이 1 유적의 그와 같은 점유 역사는 얀꼽스끼 문화의 다른 유적들에 대한 관찰내용들과도 부합한다.

예를 들어, 글라드까야 강 하구에 위치하는 자이사노브까 2 주거유적에서는 두께 3.2m의 패총에서 25개의 연속적인 파각층이 확인되었고, 제19층은 2,480~50년 전(Beta-124173)으로 편년되었는데, 이는 뻬샨느이 1 주거유적의 패각층과 거의 동시기이다(그림 7).[18]

Приморье в эпоху палеометалла// Владивосток: Изд-во Дальнаука, 2007.- 271с. (시도렌꼬 E.V. 고금속시대의 북동연해즈 // 블라디보스톡: 달나우까 출판사. 2007).
17) Жущиховская И.С. Очерки истории древнего гончарства Дальнего Востока России. - Владивосток: ДВО РАН, 2004. - 312 с. (쥬쉬홉스까야 I.S. 러시아 극동의 고대 도예 역사 개관. 블라디보스톡: 러시아과학원 극동지소, 2004.)
18) Вострецов Ю.Е., Раков В.А. Стратиграфия и малакофауна поселения янковской культуры Зайсановка-2 // Вперед … в прошлое: к 70-летию Ж.В. Андреевой. - Владивосток: Дальнаука, 2000 - С. 43-102. (보스뜨레쪼프 Yu.E., 라꼬프 V.A. 자이사노브

남서변종 유적들은 해양 및 지상 자원들에 대한 최대의 생산성과 안정성을 가진 해안 지역들에 분포한다. 이곳에는 주민들의 최대의 밀도와 숫자, 마을들의 계층 분화 징후들, 물질문화의 최대의 풍부성과 다양성 등이 관찰된다(그림 8). 예를 들어, 이곳에는 토기 형태의 유형들이 얀꼽스끼 문화 전체 토기 유형의 80%를 구성하며(그림 4, 5), 문양 모티브와 구도의 다양성이 최대에 이른다.[19]

　　남동 연해주의 해안 변종 유적들은 해양 및 지상 자원들에 대한 보다 낮은 생산성과 안정성을 가진 지역들에 분포한다. 이곳에는 유적의 밀도, 마을과 집의 면적, 물질문화의 다양성이 줄어든다. 끼예브까와 끼예브까 3과 같은 유적들에서는 토기 형태의 유형들이 얀꼽스끼 문화 전체 토기 유형의 35~40%를 구성한다(그림 4, 5).[20]

　　남연해주의 내륙 변종 주거유적들은 소비 경제 형태를 유지하면서 농경기후 자원들에 대한 분명한 방향성을 보인다. 이곳에는 토기 형태의 유형이 얀꼽스끼 문화 전체에 특징적인 토기 유형의 60%를 구성한다(그림 4, 5).[21]

　　꾸나레이 그룹으로 구분할 수 있는 동부해안 및 북동해안의 가장 늦은 시기 얀꼽스끼 문화 유적들은 서기 첫 세기들에 더 열악한 자원 조건 속에서 존속하였다. 이 유적들의 몇몇 물질문화는 선행하였던 리도브까 인들과 혼합된 특성을 보인다(그림 9).[22]

　　까 2 얀꼽스끼 문화 주거유적의 층위와 연체동물 // J.V.안드레예바 70주년 기념 미래와 과거. 블라디보스톡: 달나우까, 2000)

19) Жущиховская И.С. Очерки истории древнего гончарства Дальнего Востока России. - Владивосток: ДВО РАН, 2004. - 312 с. (쥬쉬홉스까야 I.S. 러시아 극동의 고대 도예 역사 개관. 블라디보스톡: 러시아과학원 극동지소, 2004.), pp.185~187.

20) Жущиховская И.С. Очерки истории древнего гончарства Дальнего Востока России. - Владивосток: ДВО РАН, 2004. - 312 с. (쥬쉬홉스까야 I.S. 러시아 극동의 고대 도예 역사 개관. 블라디보스톡: 러시아과학원 극동지소, 2004.), p.190.

21) Жущиховская И.С. Очерки истории древнего гончарства Дальнего Востока России. - Владивосток: ДВО РАН, 2004. - 312 с. (쥬쉬홉스까야 I.S. 러시아 극동의 고대 도예 역사 개관. 블라디보스톡: 러시아과학원 극동지소, 2004.), p.189.

22) Сидоренко Е.В. Северо-восточное Приморье в эпоху палеометалла// Владивосток: Изд-во Дальнаука, 2007.- 271с. (시도렌꼬 E.V. 고금속시대의 북동연해주 // 블라디모스톡: 달나우까 출판사. 2007), p.157.

이른 시기 여러 그룹 얀꼽스끼 문화 주민들의 생활보장 시스템은 여러 저자들의 공동 단행본에서 다양한 자료를 기초로 복원되었다.[23] 이 복원은 이후의 연구들에 의해 많은 점에서 입증되었고 그리고 구체화되었으며, 전체적으로 지금까지도 의미를 갖는다.[24] 오늘날 얀꼽스끼 문화 주민들의 기본적인 3개 생활보장 모델을 설정할 수 있는데, 이는 서로 다른 환경의 지형조건을 가진 세 곳의 주거

---

23) Андреева Ж.В., Жущиховская И.С., Кононенко Н.А. Янковская культура. - М.: Наука, 1986. - С. 216. (안드레예바 J.V., 쥬쉬홉스까야 I.S., 꼬노넨꼬 N.A. 얀꼽스끼 문화. - 모스크바, 나우까, 1986.)

24) Беседнов Л.Н., Вострецов Ю.Е Морской промысел рыб и млекопитающих в раннем и среднем голоцене в бассейне Японского моря // Известия ТИНРО. - 1997. - Т. 122. - С. 117-130. (베세드노프 L.N., 보스뜨레쪼프 Yu.E. 홀로센 전기와 중기 동해연안의 해양 물고기 및 포유류 수렵 // ТИНРО 소식지. - 1997. 122호); Вострецов Ю.Е., Раков В.А. Стратиграфия и малакофауна поселения янковской культуры Зайсановка-2 // Вперед ... в прошлое: к 70-летию Ж.В Андреевой. - Владивосток: Дальнаука, 2000. - С. 43-102. (보스뜨레쪼프 Yu.E., 라꼬프 V.A. 자이사노브까 2 얀꼽스끼 문화 주거유적의 층위와 연체동물 // J.V.안드레예바 70주년 기념 미래와 과거. 블라디보스톡: 달나우까, 2000); Епифанова А.В., Беседнов Л.Н., Вострецов Ю.Е. Промысловая ихтиофауна бухты Экспедиции залива Посьет (по археологическим материалам раковинной кучи поселения янковской культуры Зайсановка-2) // Проблемы археологии и палеоэкологии Северной, Восточной и Центральной Азии: материалы междунар. конф.- Из века в век-, посвящ. 95-летию со дня рождения акад. А.П. Окладникова и 50-летию Дальневост. археол. экспедиции РАН. - Новосибирск: Изд-во Ин-та археологии и этнографии СО РАН, 2003. - С. 379-382. (예피파노바 A.V., 베세드노프 L.N., 보스뜨레쪼프 Yu.E. 포시엣 만의 엑스뻬지찌야 소만의 수렵 어류상 (자이사노브까 2 얀꼽스끼 문화 주거유적 패총 자료를 통해) // 북, 동, 부아시아의 고고학과 고생물학의 문제들: 아카데믹 A.P.오끌라드니꼬프 탄생 95주년 및 러시아과학원 극동 고고학 학술조사 50주년 기념 국제학술회의 "세기에서 세기로" 자료. 노보시비르스크: 러시아과학원 시베리아지소 고고학민족학연구소 출판부, 2003.); Раков В.А., Вострецов Ю.Е. Региональные особенности малакофауны Амурского залива в раннем железном веке (по материалам археологических раскопок поселений на полуострове Песчаном) // Этноистория и археология Северной Евразии: теория, методология и практика исследования: материалы междунар. конф. 19-24 мая 2007 г. - Иркутск, 2007. - С. 314-319. (라꼬프 V.A., 보스뜨레쪼프 Yu.E. 초기 철기시대 아무르 만 연체동물의 지역적 특성들 (뼤샨늬이 반도 주거유적 발굴조사 자료를 통해) // 북유라시아의 민족사와 고고학: 조사의 이론, 방법론, 그리고 실제: 국제학술회의 자료. 2007년 5월 19-24일. 이르쿠츠크, 2007.)

유적으로 대표된다.

첫 번째 모델은 글라드까야 강 하구에 위치하는 자이사노브까 2 주거유적에서 복원되었다. 이곳에서는 수렵에서 어로, 그리고 기본적으로 지상의 사슴과 노루와 같은 포유류 동물에 대한 사냥이 우세하였다. 농경의 흔적은 발견되지 않았고, 개와 돼지 사육은 대단하지 못하였다. 어로 감소 시기에는 바다 연체동물(기본적으로 굴)에 대한 채집이 널리 행해졌다. 주민들은 34종의 물고기를 잡았고,[25] 돌과 뼈로서 도구와 집기를 만들었다(그림 10).

두 번째 모델은 뻬샨느이 반도에 위치하는 대규모 주거유적 뻬샨느이 1로 대표된다. 이곳에서는 주민들이 기장류를 재배하였고, 돼지와 개를 활발하게 사육하였다. 또한 49종의 바다 어류가 구분되었고, 연체동물(기본적으로 굴)을 채집하였으며, 지상과 바다의 포유동물을 사냥하였다.[26] 이 주거유적에서는 물질문화의 다양성이 피크에 달하며, 금속으로 만든 유물들도 자주 발견된다(그림 11, 12).

세 번째 모델은 남연해주 아(亞)내륙지역의 말라야 빠두쉐치까 주거유적에 알려져 있다. 이곳에서는 주민들이 작은 주거지에서 거주하였고, 기분적으로 보리 재배에 종사하였다. 식량 채취를 위한 농기구는 전체 도구의 69.9%를 차지한다. 얀꼽스끼 인들은 돼지, 개, 소를 사육하였다. 그 외에도 사람들은 사냥, 어로에 종

---

25) Вострецов Ю.Е., Раков В.А. Стратиграфия и малакофауна поселения янковской культуры Зайсановка-2 // Вперед ... в прошлое: к 70-летию Ж.В. Андреевой. - Владивосток: Дальнаука, 2000. - С. 43-102. (보스뜨레쪼프 Yu.E., 라꼬프 V.A. 자이사노브까 2 얀꼽스끼 문화 주거유적의 층위와 연체동물 // J.V.안드레예바 70주년 기념 미래와 과거. 블라디보스톡: 달나우까, 2000)

26) Гасилин В.В., Вострецов Ю.Е., Васильева Л.Е. Сравнительный анализ фауны многослойного поселения Клерк-5 (предварительные результаты)// Дальний Восток России в древности и средневековье: проблемы, поиски, решения. Материалы региональной научной конференции (Владивосток, 26-27 апреля 2010г.) отв. ред. Н.А. Клюев. - Владивосток: ООО 《Рея》, 2011. С.179-186. (가실린 V.V., 보스드레초프 Yu.E., 바실리예바 L.E. 클레르크 5 다층위 주거유적 동물상 비교분석 (예비 결과들) // 고대와 중세의 러시아 극동: 문제들, 탐색들, 해결. 지역학술회의 자료 (블라디보스톡, 2010년 4월 26-27일), 책임편집 N.A.끌류예프. 블라디보스톡: ооо "레야", 2011.)

사하였고, 연체동물을 채취하기 위해 바다로 나갔다. 이 주거유적은 토기 생산의 지역 중심지였다.[27] 바로 이곳에서는 야금술 활동의 흔적도 발견되었다. 말라야 빠두쉐치까 주거유적 출토 유공부와 끌에 대한 금속성분 분석은 남연해주에서 채취한 원료를 정련하여 제작하였음이 밝혀졌다. 그 외에도 야금술 작업장이 다른 아(亞)내륙지역의 주거유적 바라바쉬 3에서도 발굴되었다.[28]

얀꼽스끼 문화 주민들의 밀도와 수는 그 영역의 서쪽 지역들에서 피크에 달한다. 동시에 기후 한랭화의 결과로 인한 자원 토대가 감소되는 시기에 주민들은 양자택일적 자원에 의지할 수밖에 없었는데, 이에 대해서는 연체동물 채집의 강화와 정치망을 위한 다형 어망추의 등장과 같은 대형 어당추의 등장이 증명한다. 그 외에도 얀꼽스끼 인들에게는 자원을 위한 경쟁이 강화되었는데, 기지 마을을 위한 입지 선정이 이전과는 달리 자원에 가까운 곳이 아니라 주변을 잘 조망할 수 있는 곳이 선호되었다.

IV. 연해주의 끄로우노브까 문화

기원전 6세기 이후에 다음의 기후 단계가 도래하였다. 이때에는 계속된 기후 한랭화와 약간의 기후 건조화가 특징적이었다. 이 단계에 해수면의 하강과 해안 평야의 부분적인 건조화가 일어났다.[29] 따라서 농경인들에 부정적인 상기한 자연적

---

27) Андреева Ж.В., Жущиховская И.С., Кононенко Н.А. Янковская культура. - М.: Наука, 1986. - С. 216. (안드레예바 J.V., 쥬쉬홉스까야 I.S., 꼬노넨꼬 N.A. 얀꼽스끼 문화. - 모스크바, 나우까, 1986)

28) Клюев Н.А., Гарковик А.В. Итоги исследований памятника Барабаш-3 в 2007-2009 гг. // Приоткрывая завесу тысячелетий .... К 80-летию Жанны Васильевны Андреевой. Владивосток. 2010. с.224-245. (끌류예프 N.A., 가르꼬빅 A.V. 1007~2009년도 바라바쉬 3 유적 조사 결과 // 천년의 장막을 젖히면서.. 쟌나 바실리예브나 안드레에바의 80주년을 기념하여. 블라디보스톡. 2010.)

29) Короткий А.М. Колебания уровня Японского моря и ландшафты прибрежной зоны

변화는 기원전 3세기 중엽까지 계속해서 증대되었다. 이 시기에 다음의 사건들이 일어났다. 고고학 자료들이 보여 주듯이 기원전 약 3세기에는 서단산문화에 매우 빠른 사회적 변화의 폭넓은 스펙트럼이 관찰되는데, 이는 매장방식에, 토기의 제작기술과 형태에, 방어취락의 건설에, 농경의 강화에 핵심지역의 주민의 증가에, 철과 말과 같은 일정한 핵심자원의 새로운 도입에 반영되었다.[30] 인구밀도의 증가와 경작토지 면적의 축소는 잉여 주민들을 동쪽 방향으로 밀어내었고, 이는 곤토령, 동강, 끄로우노브까-단결 등과 같은 새로운 문화 그룹들의 형성을 촉진하였다.

예를 들어, 기원전 3세기에 길림성 동부지역과 러시아 연해주의 내륙 서쪽지역에서 단결-끄로우노브까 문화(기원전 3세기~서기 2-3세기)를 남긴 주민들이 출현한다. 이 문화의 근원은 끄로우노브까-단결 문화 유적의 두만강 그룹 영역을 차지하였던 유정동 문화의 늦은 단계에서 확인된다. 끄로우노브까 문화는 3그룹의 유적들 - 한까유역 그룹(한까 호의 서쪽 가장자리), 끄로우노브까 그룹(라즈돌나야수이푼강의 중류), 두만강 중류지역 주거유적들의 두만강 그룹(북한지역) -로 대표된다(그림 2). 역사적 전통은 이 문화를 중국 문헌자료에 알려져 있는, 부여국 및 고구려국 주민들과 친족인, 그 기원이 예족에 있는 옥저족들과 관련시킨다. 문헌자료와 고고학 자료를 통해 볼 때에 이들은 드러나는 사회적 계층화가 없는 발달된 농경공동체였다. 기장류, 콩류, 보리, 밀 재배를 위해 밭고랑 시스템이 적용되었는데, 그 흔적이 2003년도에 끄로우노브까 1 주거유적에서 발견되었다(그림 13).[31]

(этапы развития и тенденции) // Вестник ДВО РАН. 1994.-N3.-C. 29-42. (꼬로뜨끼 А.М. 동해의 해수면 변동과 해안지역의 지형 (발전 단계들과 추세) // 러시아과학원 극동지서 베스뜨닉. 1994 제3호.); Короткий А.М., Вострецов Ю.Е. Географическая среда и культурная динамика в среднем голоцене в заливе Петра Великого // Первые рыболовы в заливе Петра Великого. Природа и древний человек в бухте Бойсмана / Отв. ред. Ю.Е. Вострецов.-Владивосток, 1998.-С. 9-29. (꼬로뜨끼 А.М., 보스뜨레쪼프 Yu.E. 홀로센 중기 피터 대제 만의 지리환경과 문화 역동 // 피터 대제 만의 첫 번째 어로들. 보이스만 만의 자연과 고대인 / 책임편집 Yu.E.보스뜨레쪼프. 블라디보스톡. 1998.)

30) Byington M.E. A History of the Puyo State, its People, and Its Legacy. Unpublished Dr. Phil Thesis. Harvard Univ. - Cambridge, Massachusetts, 2003, p.145.

31) Krounovka 1 Site in Primorye, Russia. Report of excavation in 2002 and 2003 // Study of

끄로우노브까 인들에게는 골조-기둥 구조의 두 가지 유형 주거지가 있었다. 수직의 벽이 있는 점토 대형 주거지가 끄로우노브까 그룹 유적들에서만 확인되었고(그림 13, 14), 니브흐 인들의 "토르이파" 유형 사각 피라미드 모양의 작은 규모 주거지는 모든 그룹의 유적들에서 확인되었다(그림 15, 16) 주거지들에서는 3가지 유형의 난방시스템이 조사되었다: 한 줄, 두 줄, 세 줄의 구들(그림 16, 17, 18, 19), 개방식 노지(그림 13, 14), 반구상의 흙 부뚜막(한국의 부뚜막 유형)(그림 13, 12호 주거지).

이주는 여러 방향의 물결로 일어났는데, 이에 대해서는 연해주 내륙 지역에서의 끄로우노브까-단결 문화 내에서의, 물질문화의 특성, 성활보장과 이주 시스템, 사회-인구적 조변수 등이 모두 차이가 나는, 그리고 어쩌면 연대도 차이가 있는 2개 그룹 유적들의 형성이 증명한다(그림 2). 한까유역 그룹(한까 호수 지역)을 형성한 이주의 물결은 아마도 끄로우느브까 문화로부터 개별적이었던 것 같고 그리고 덜 강력하였다. 이 그룹의 토기에는 얀꼽스끼 시기 내륙 그룹 "토착" 주민들의 문화영향이 확인된다(그림 20).

끄로우노브까 그룹 유적들(라즈돌나야 수이푼 강 우역)은 보다 다수이고, 보다 확고한 문화전통을 가졌으며, 그리고 그렇기 때문에 물질문화에서 지역 주민들의 동화의 흔적을 남기지 않았다(그림 21). 이 그룹은 고로우노브까 문화 영역 내에서 가장 좋은 농업 기후 자원을 가진 경제 지역에 정착한 결과 가장 성공적이었다. 이곳에는 가장 많은 종류의 물질문화, 가장 큰 선적 구획의 주거유적들, 몇몇 소가족을 염두에 둔 대형 주거지들, 다량의 철제 유물, 그리고 수입한 청동유물을 포함하는 다양한 장신구들이 관찰된다(그림 23).

두만강 그룹(두만강 유역)은 끄로우노브까 그룹 유적들에 매우 가깝다. 이 그룹 유적에는 오동, 단결, 대성자, 대소, 일송정 유적 등이 있다. 이 유적들의 물질문화는 최대의 다양성을 보인다.

그 결과 대략 기원전 2~3세기 동안에 연해주 해안지역에 적응 모델상 일본 신

Environmental Change of Early Holocene and the Prehistoric Subsistence System in Far East Asia. Eds by Komoto M. and Obata H. Kumamoto: Shinoda Print Co. Ltd., 2004.

석기시대 말기 주민들과 유사한 얀꼽스끼 문화 주민들이 아직 존재할 동안, 연해주 내륙의 중앙지역에서는 얀꼽스끼 문화와 우릴 문화에 친족적인 내륙 유적들로 대표되는 주민들이 거주하였고, 연해주 내륙 서부 지역으로는 끄로우노브까-단결 문화의 두 그룹 주민들이 이동하여 갔다. 따라서 서로 다른 적응 모델을 가진 3개 문화 그룹 주민들이 수 세기 동안 공존하였던 것이다.

V. 급격한 기후 한랭화 단계의 문화적 사건들

대략 기원전 3세기에 시작된 다음 단계에는 계속적인 그렇지만 급격한 기후 한랭화가 일어났다. 이 한랭화는 동해 해수면의 현 수면과 비교하여 0.8~1.5m까지의 하강, 해안지역 평지의 부분적인 건조현상, 해안선의 정렬 등을 수반하였다. 해안지역에서는 봄과 여름 전반기에 안개가 심해진 것으로 추정되는데, 이는 (연해주의) 차가운 기류가 남서쪽으로 뒤섞기 때문이었다. 해수면의 하강 피크는 대략 기원전 1세기까지 이어졌으며, 동해의 해안지역에 상응하는 지형 변화를 수반하였다. 이 시기의 특성은 단기간에 일어난, 이와 같은 경향을 가진, 인류에게 재앙적으로 부정적인 자연의 변화이다. 해양경제의 일상적 자원토대를 파괴하는 중대하고 빠른 변화는 주민들에게 생활보장 시스템의 최적화를 위해 매우 빠르게 새로운 적응결정을 탐색하게 하였다. 확보된 고고학 자료에 따르면, 동해의 북쪽(얀꼽스끼 문화 주민들)과 남쪽(서일본 신석기시대 말기 주민들) 모든 곳의 해안 그룹 주민들은 빠른 지형-기후 변화에 최상으로 적응하지를 못하였다. 이는 연해주에서는 얀꼽스끼 문화 주민들의 급격한 인구 및 밀도 감소 그리고 영역 축소로 확인된다. 내륙지역의 주민들에게 있어 자연변화는 가뭄의 증가, 재앙적인 강 범람의 증가, 강안지역의 늪지화, 그리고 생육기의 축소 등을 초래하였다. 이 자연 과정들은 초과 주민들의 일부를 범람이 없고, 가뭄의 위험이 크게 적은, 바다와 강의 자원을 선택할 수 있는 해안지역으로 밀어내었다.

핵심지역들로부터의 인구분산은 5개 방향으로 일어났는데, 그 중 3개 방향이 연구되었다. 첫 번째는 남쪽 두만강 하구 지역 방향이었고, 나머지는 동쪽과 남동쪽 방향이었다. 이 사건들의 사회-경제적 결과들은 이주 과정에서 취락 주변 지역들의 자원에서의 변화에 반영되었다. 핵심지역에는 농경자원이 우위를 점하였다. 주민들은 밀과 기장류를 재배하였다. 동쪽과 남동쪽으로의 이주 과정에서는 채집, 사냥, 어로로의 자원 균형이 변화되었다. 이와 같은 스트레스 상황은 이주자들에게 새로운 적응 결정을 내리게 하였다.

일부 주민들은 강 중류 지역의 아(亞)내륙 지역에, 폐쇄된 계곡지역에 정착하였다. 끼예브까와 같은 크지 않은(2000㎡ 이하) 마을들이 생겨났고(그림 2, 15, 21, 22), 그 주민들은 농경에 계속해서 종사하였지만 그 방향성은 바뀌었다. 주민들은 기본적으로 기장을 재배하게 되었고, 야생 식물 채집 및 어로의 비중과 종류가 크게 증가하였다.

다른 일부 주민들은 기본적으로 해안의 하만(河灣)지역들에 거주하였다(그림 2). 이곳에는 개별적인 크지 않은(3000㎡ 이하) 마을들이 생겨났다. 주민들은 아마도 계속해서 농경에 종사하였을 것이지만 생활보장 시스템 속에서의 그 역할에 대해서는 아직 평가하기가 쉽지 않다. 도구들을 통해 강어로의 역할 증대와 바다어로의 출현을 확인할 수 있다.

끄로우노브까 인들의 세 번째 이주 방향은 지형의 구조와 자원이 핵심지역과 가까운 동쪽 지역이었다(그림 2; 아누치노 1 주거유적). 이 변종에서는 생활보장 시스템과 마을 시스템이 핵심지역과 비교하여 큰 차이를 보이지 않았다.

동쪽과 남동쪽 이주 과정에서는 마을 구조가 바뀌었다. 마을들의 면적이 줄어들었고, 군을 이루지 않았으며, 추정 주민의 수도 모든 마을에서 감소되었다. 집들은 하나의 소가족을 염두에 둔 작은 면적이었다. 집 건축과 구들 난방 시스템이 단순화되었다. 물질문화에서 다양성이 줄어들었는데, 장신구와 철제 물품의 양이 줄어들었고, 도구가 단순화되고, 토기의 모양과 그 제작 기법이 단순화되었다(그림 21, 22). 물질문화 변화의 다른 요인은 얀꼽스끼화한 주민들의 동화와 관련된다. 가장 잘 드러나는 얀꼽스끼화 속성들은 내륙지역에서 관찰된다(아누치노 그룹 유적들. 그림 24, 25, 26). 왜냐하면 얀꼽스끼 문화어 가까운 내륙 주민들에게는 한랭화가 그렇게 재앙적인 영향을 미치지 못하였고 그리고 동화의 속성이 잘 보이지 않는 해안지역과는 달리 큰 인구감소가 일어나지 않았기 때문이었다. 층위적 관찰은 끄로우노브까 인들이 얀꼽스끼 인들이 버린 지역을 충분히 오랫동안 점유하였음을 보여준다.

전체적으로 끄로우노브까 인들의 이주는 연해주 지역에서는 얀꼽스끼 문화 잔여 주민들의 동화, 생활보장 시스템 및 인구 분포 시스템의 변화, 물질문화의 쇠퇴, 그리고 점유지역에서의 인구밀도의 감소와 관련된다.

끄로우노브까-단결 인들의 개별적인 그리고 늦은 시기의 이주 방향은 한반도의 중앙지역으로서, 이곳에서 그들은 중도문화를 형성하였다.[32] 이 이주의 원인은 아직 연구되지 않았다. 단순한 추정인데, 북쪽에서부터의 읍루-뽈쩨 주민들의 팽창, 또한 서쪽에서부터의 층위적으로 잘 구분되는 세미빠뜨나야 3 유형 유적을 남긴 주민들의 팽창과 관련될 수도 있다.

Ⅵ. 맺음말

따라서 연해주의 철기시대에는 선행하였던 시대와 마찬가지로 해안지역과 내륙지역이라는 구분이 남아있었다. 두 지역 문화들의 혼합은 기후 한랭기에 가장 강하게 일어났다. 문화기원 과정은 피터 대제 만의 해안지역 및 아(亞)내륙지역에서 가장 적극적으로 일어났는데, 이곳에는 도래 주민 그룹들의 문화적 독창성이 형성되었다.

---

[32] Субботина А.Л. Памятники раннего железного века типа чундо на корейском полуострове : автореф. дис. ... канд. ист. наук : 07.00.06. - Новосибирск, 2008. - 18 с. (수보찌나 A.L. 한반도 초기 철기시대 중도유형 유적들: 박사학위논문 요약본: 07.00.06. 노보시비르스크, 2008.)

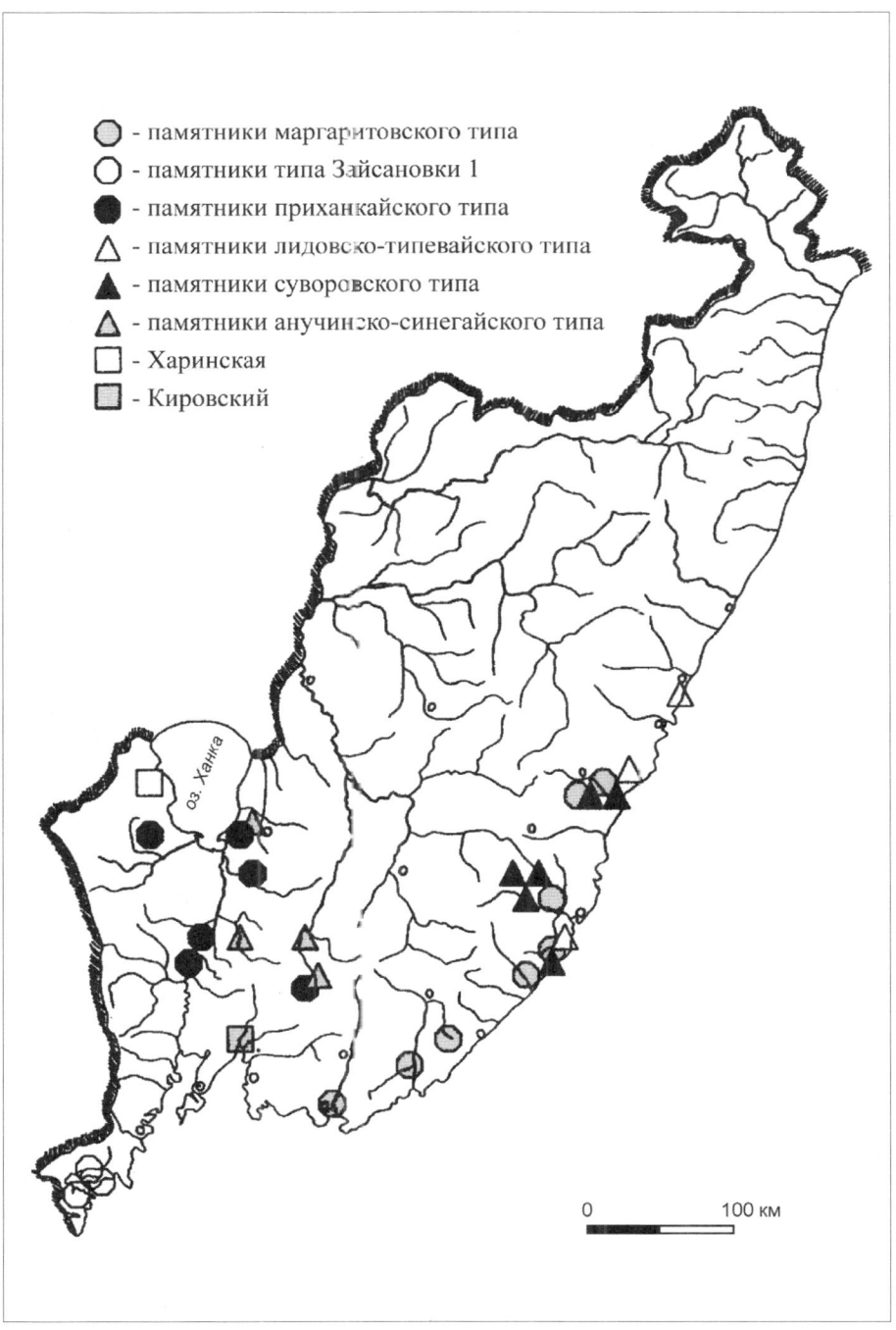

그림 1 연해주 신석기시대-청동기시대 유적 분포(얀쉬나, 2001: 22).

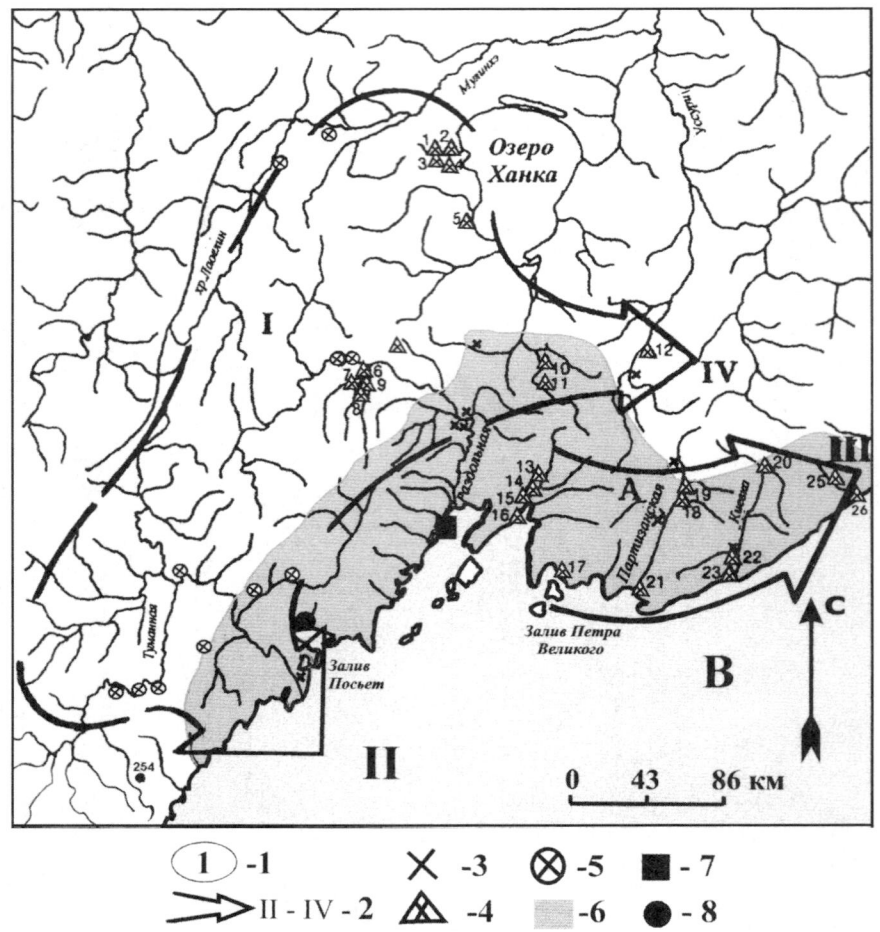

그림 2 끄로우노브까 문화 확산 설명도: 1 - 핵심지역, 2 - 이주 방향, 3 - 러시아 연해주 지역 끄로우노브까 문화 주거유적, 4 - 발굴조사가 된 그리고 환경에 대한 평가가 이루어진 러시아 연해주 지역 끄로우노브까 문화 주거유적, 5 - 단결 문화 주거유적(임, 1985), 6 - 얀꼽스끼 문화 영역, 7 - 뻬샨느이 1 유적, 8 - 자이사노브까 2 유적.

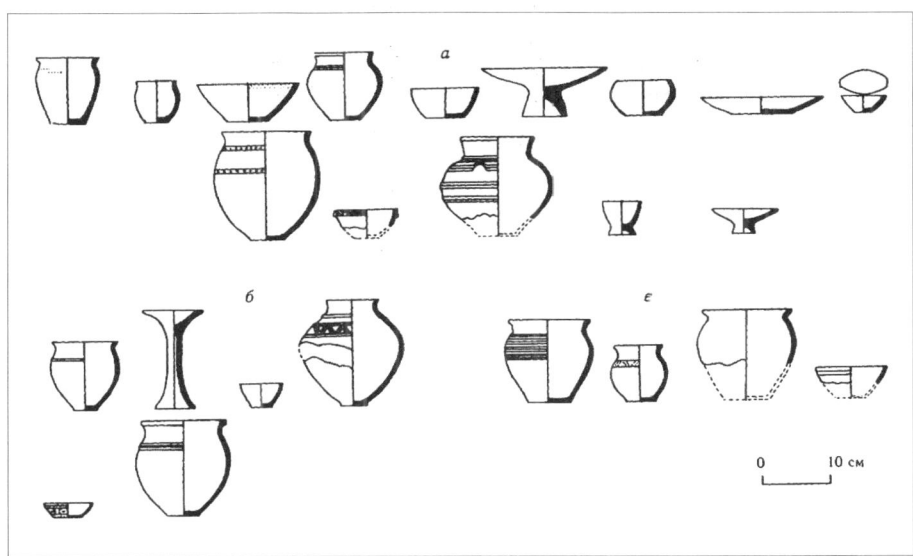

그림 3 얀꼽스끼 문화 지역 변종 유적들의 토기: a - 남서해안변종, b - "내륙" 변종, c - 남동해안변종(쥬쉬홉스까야, 2004).

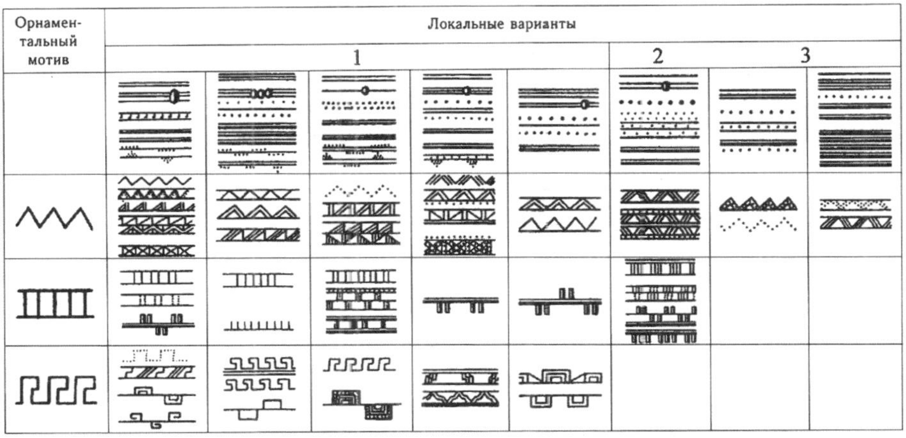

그림 4 얀꼽스끼 문화 지역 변종 유적들의 토기 문양: 1 - 남서해안변종, 2 - "내륙"변종, 3 - 남동해안변종(쥬쉬홉스까야, 2004).

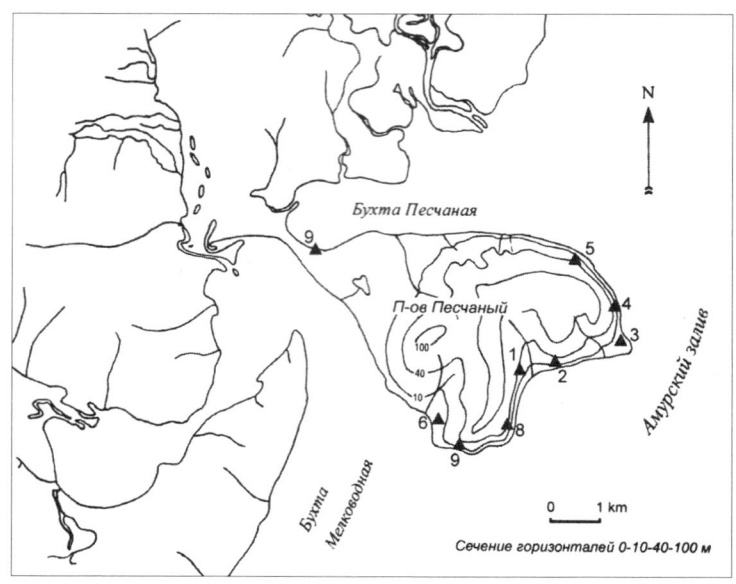

그림 5 뻬샨느이 반도의 얀꼽스끼 문화 유적 분포도.

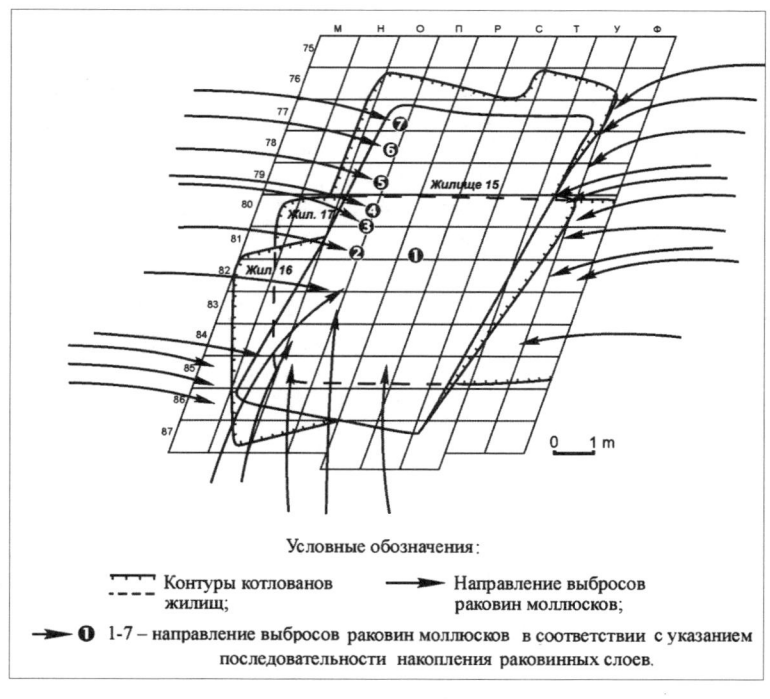

그림 6 뻬샨느이 1 주거유적. 1987-1990년 발굴. 15호, 16호 주거지 수혈에서의 패총 형성 도식.

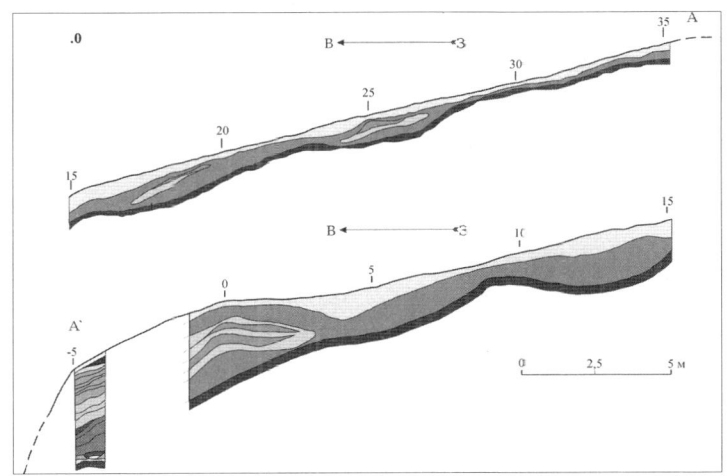

그림 7 자이사노브까 2 주거유적 A-A'선 토층

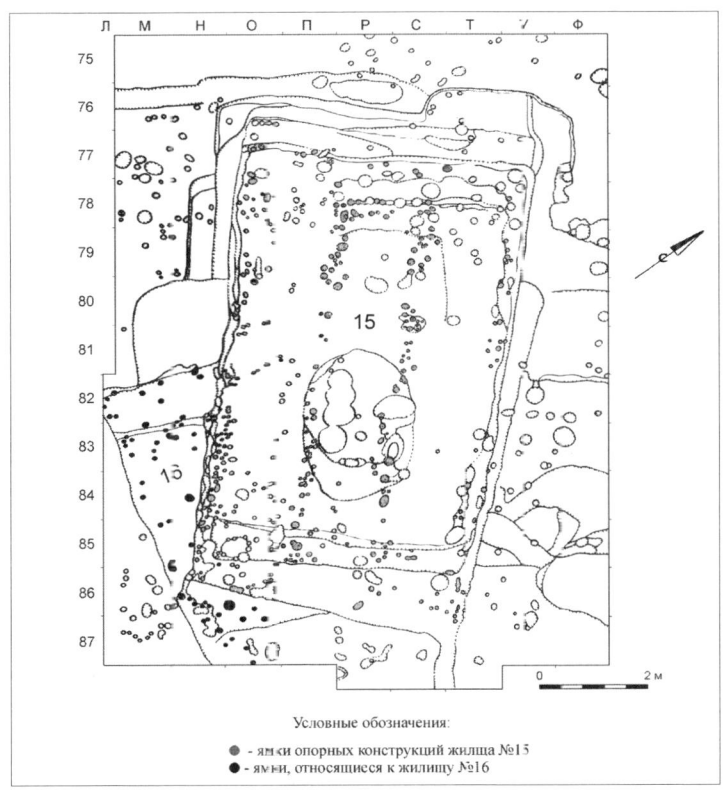

그림 8 뻬샨느이 1 주거유적. 1987-1990년 발굴. C-1층 제거 후의 발굴구역 상면(주거지 바닥)

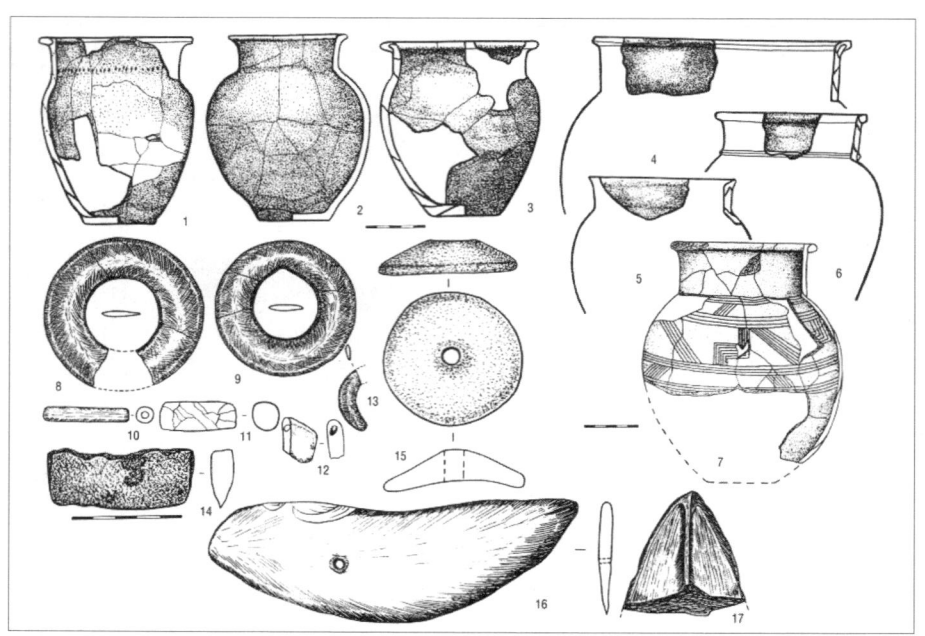

그림 9 꾸날레이 그룹 유물(시도렌꼬, 2007).

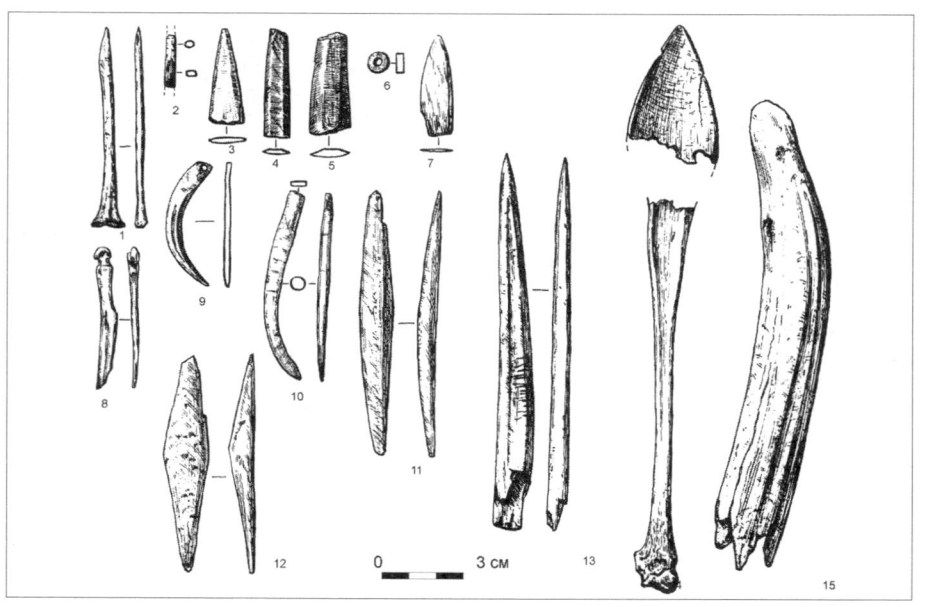

그림 10 자이사노브까 2 주거유적. 1998년 시굴. 골제유물: 1 - 두르개, 2 - 화살촉 받침 혹은 예봉, 3-5, 7 - 화살촉편, 6 - 구슬, 8,9 - 조합식 고리의 정면 부분, 11,12 - 회전작살 예봉, 13 - 찌르개, 14 - "숟가락-체", 15 - "남근"

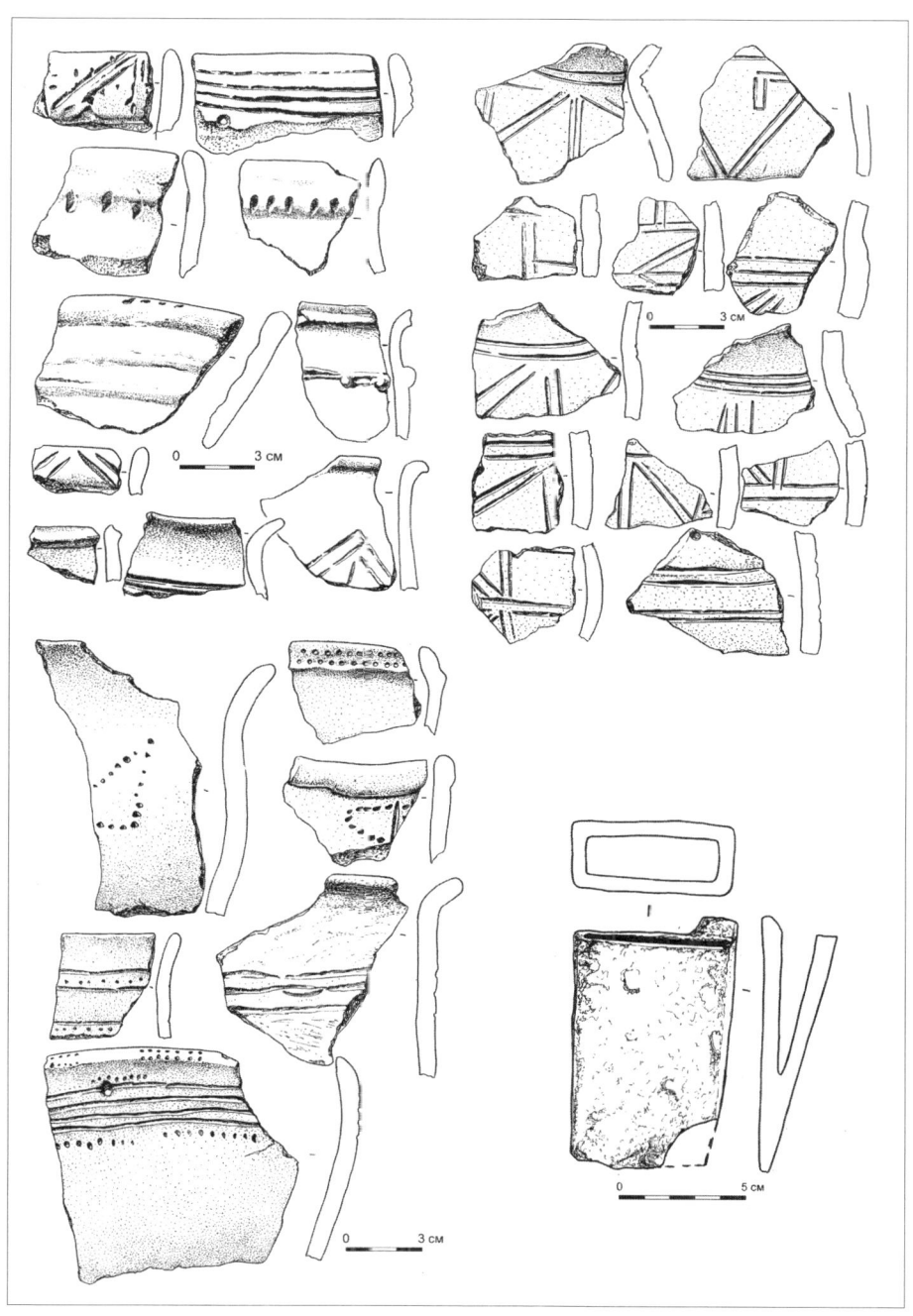

그림 11 뻬샨느이 1 주거유적, 1987-1990년 발굴. 구연이 시문된 토기 샘플들, 기하문이 있는 토기 샘플들, 주철제 유공부.

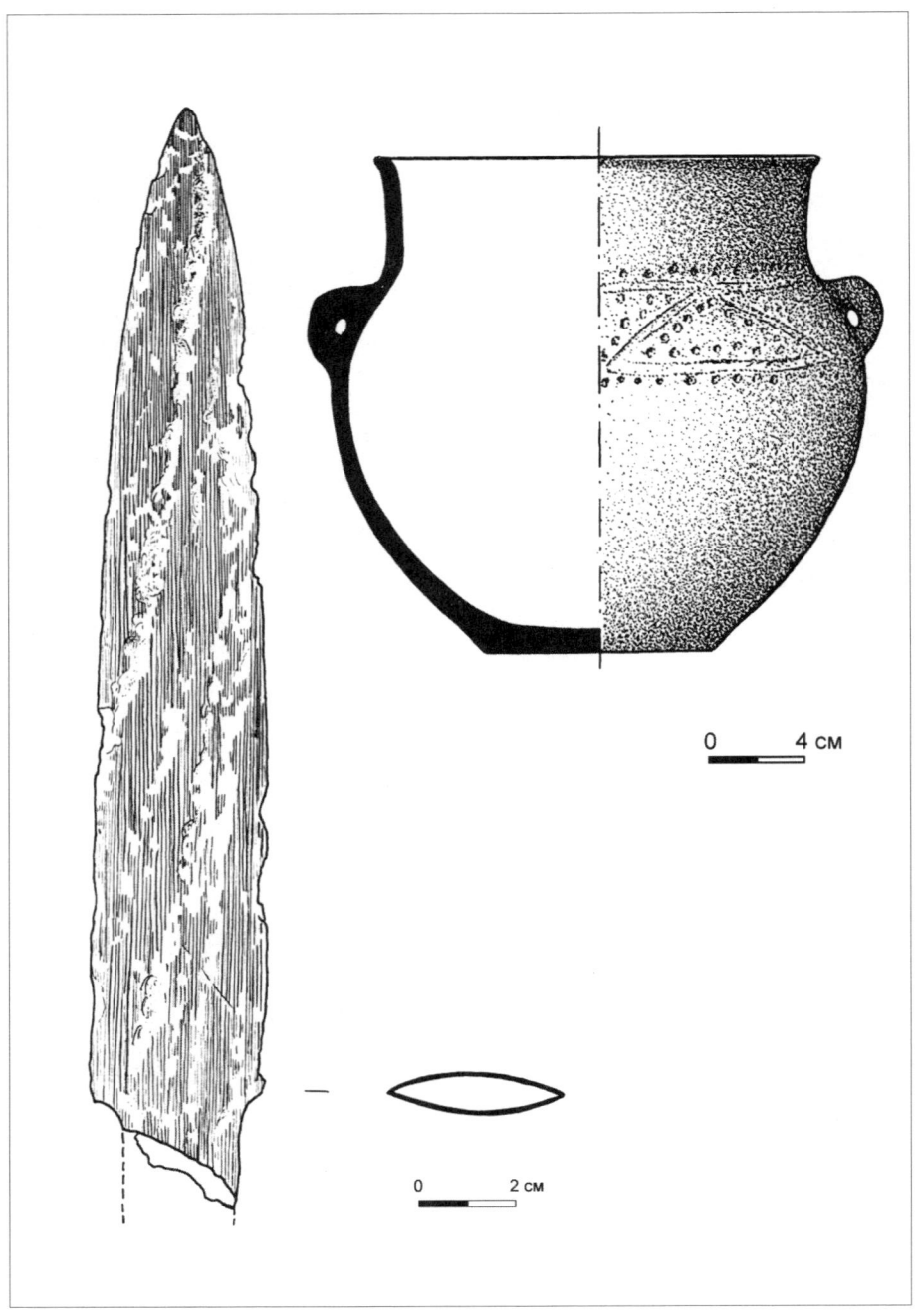

그림 12 뻬샨느이 1 주거유적, 1987-1990년 발굴. 15호 주거지 어깨 부분 출토 귀 달린 토기(복원), 마제 석검편

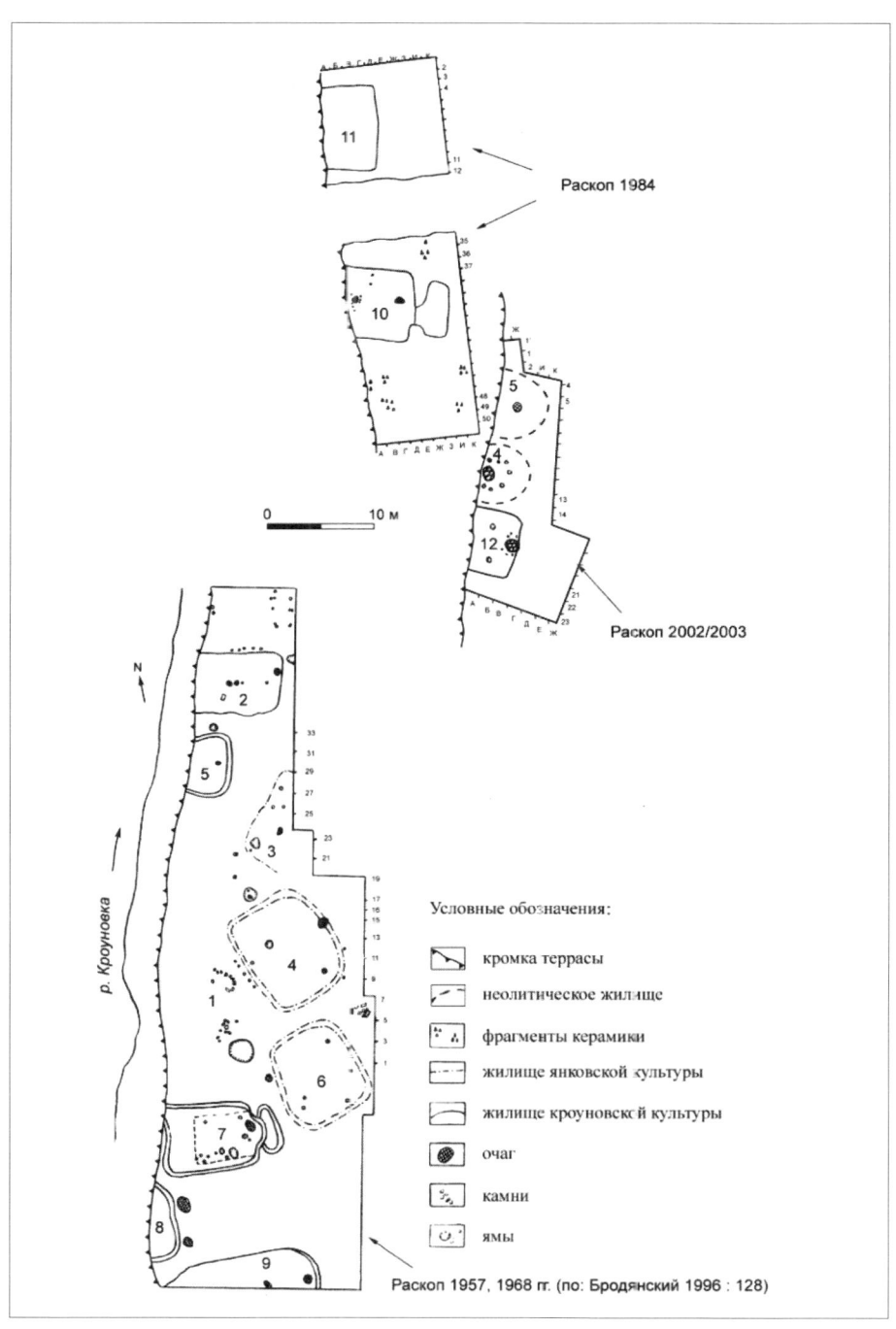

그림 13 끄로우노브까 1 주거유적. 여러 시기 발굴지역의 상대적 위치.

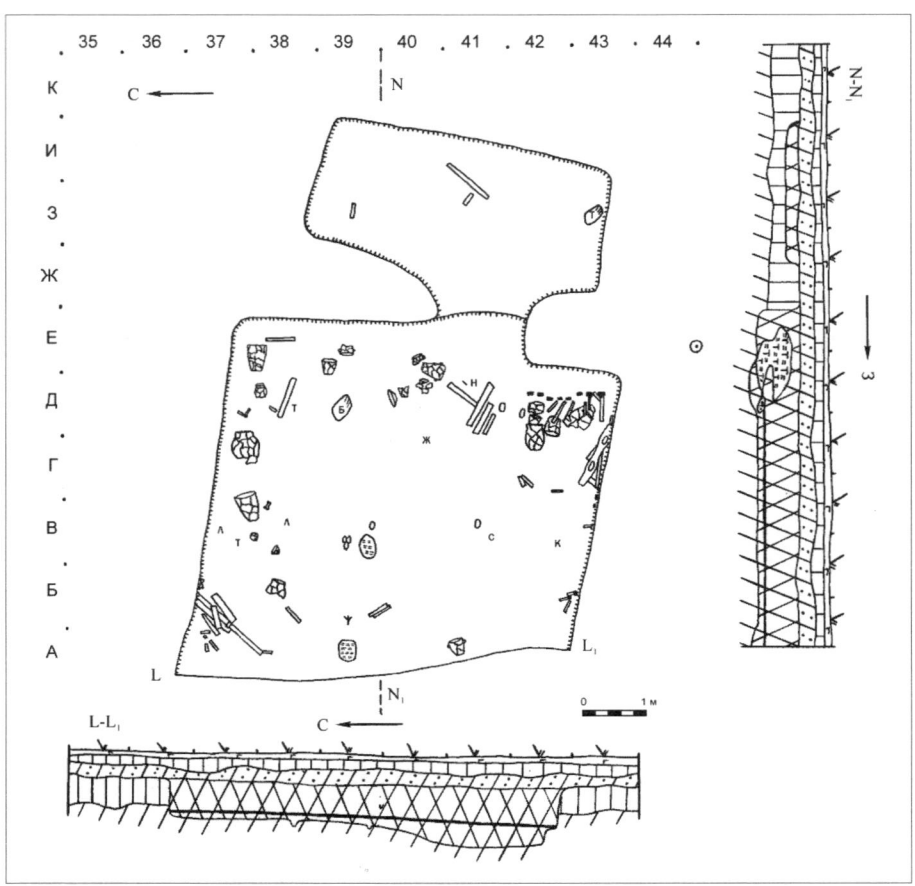

그림 14 끄로우노브까 1 주거유적. 11호 주거지 유물 분포 현황

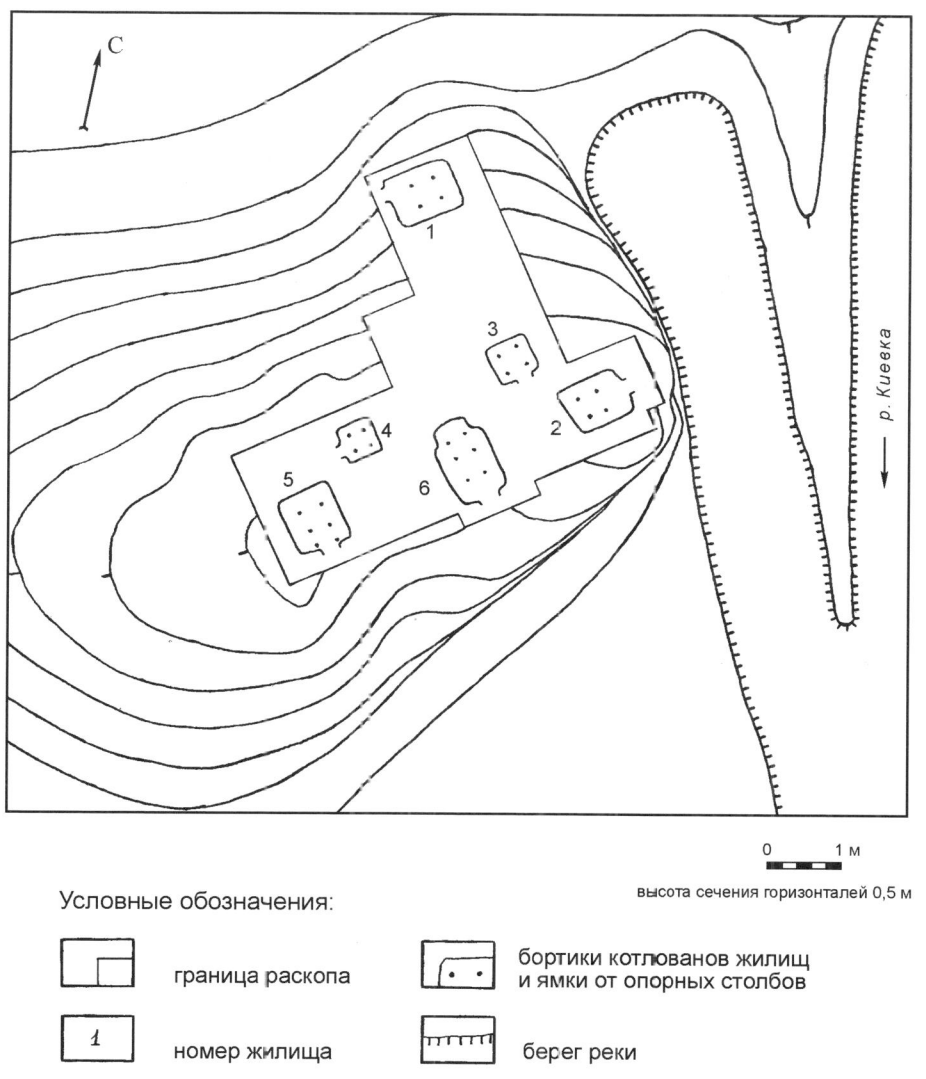

그림 15 끼예브까 주거유적. 발굴구역 유구배치도

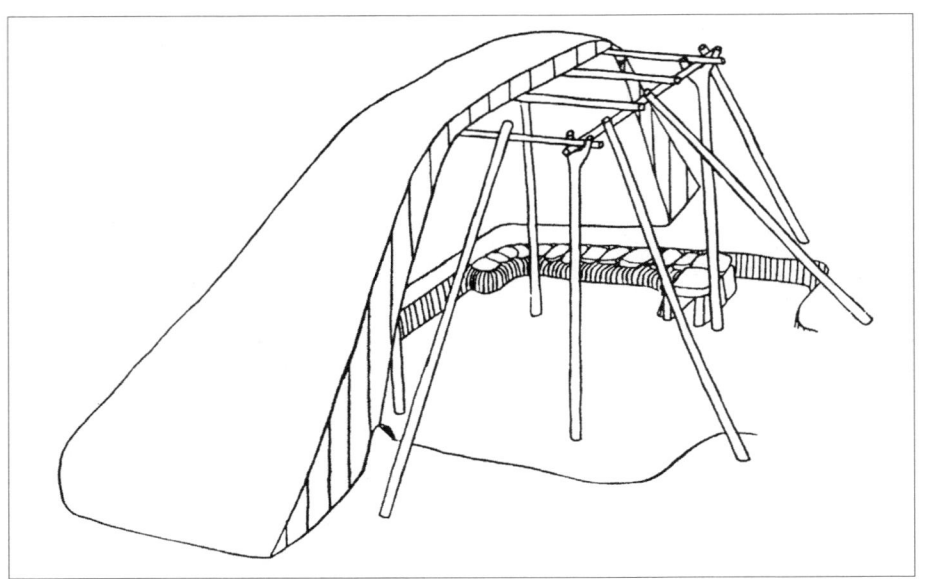

그림 16 끼예브까 주거유적. 4호 주거지 복원도(Yu.E.보스뜨레쪼프 복원)

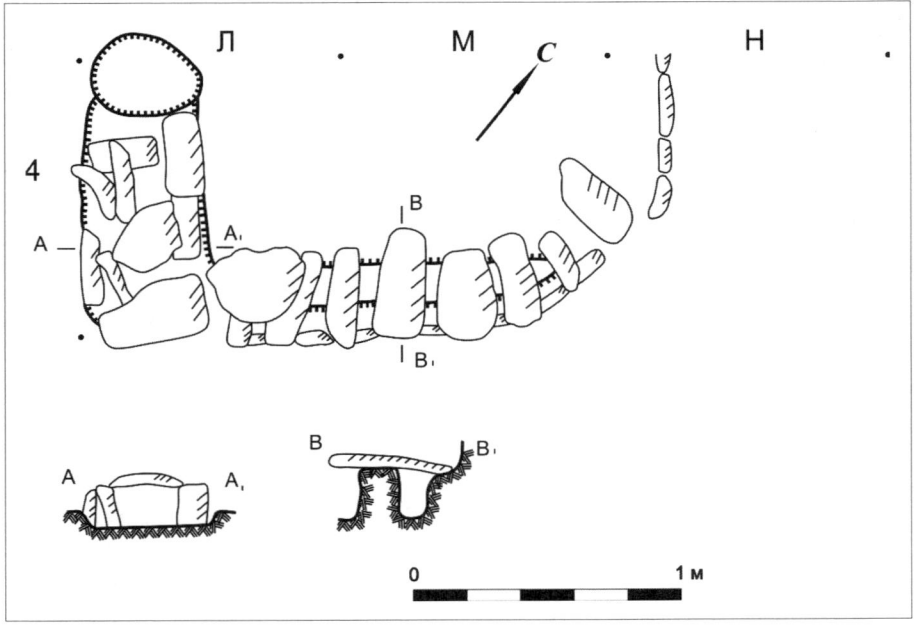

그림 17 끼예브까 주거유적. 4호 주거지 구들

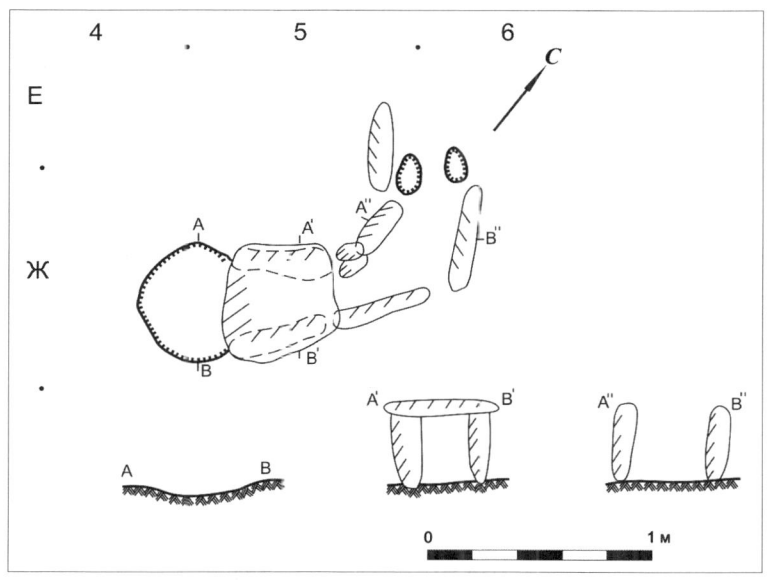

그림 18 끼예브까 주거유적. 3호 주거지 구들

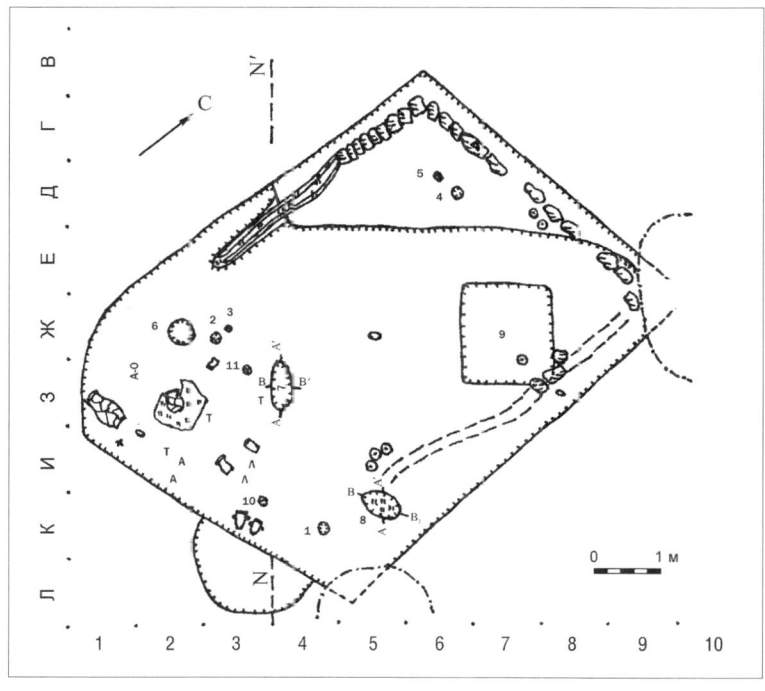

그림 19 꼬르사꼬브까 2 주거유적. 'ㄷ'자 모양 구들. 1호 주거지 유물 분포 현황

유리 보스뜨레쯔프 | 연해주의 철기시대 문화

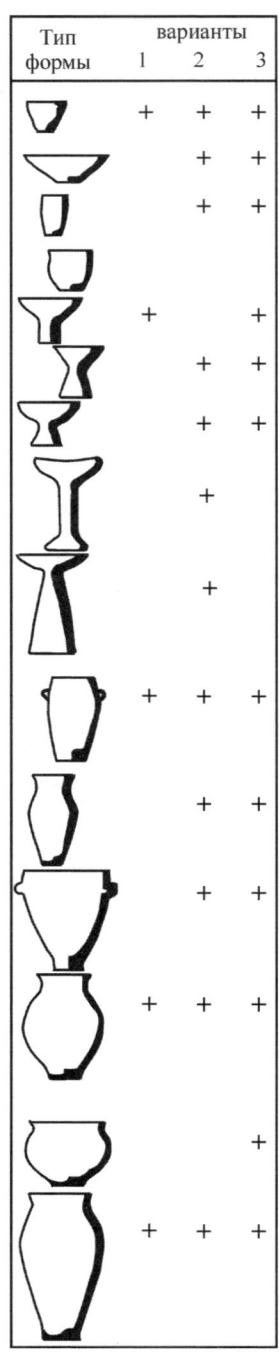

그림 20 끄로우노브까 문화 3개 지역적-편년적 변종 주거유적들의 토기 형태 유형들의 상관관계

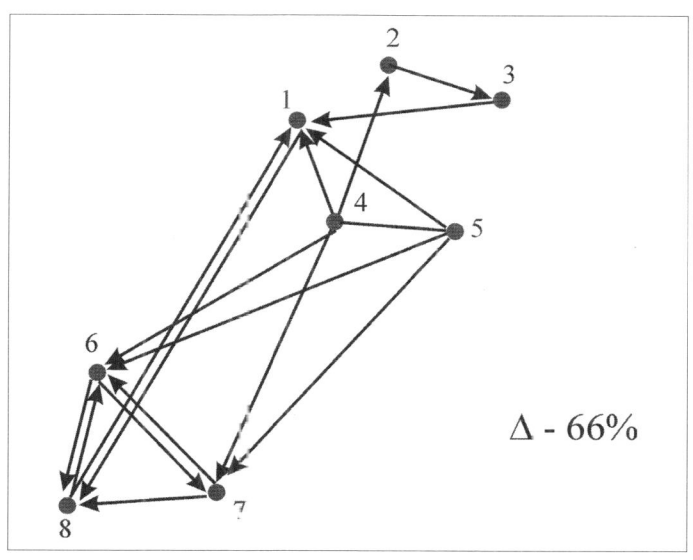

그림 21 끄로우노브까 문화 주거유적 꼬예브까(1~6), 끄로우노브까 1(7, 8), 꼬르사꼬브까 2(8) 출토 토기 복합체들의 종류에 따른 상호관계 그래프(쥬쉬홉스까야, 1990)

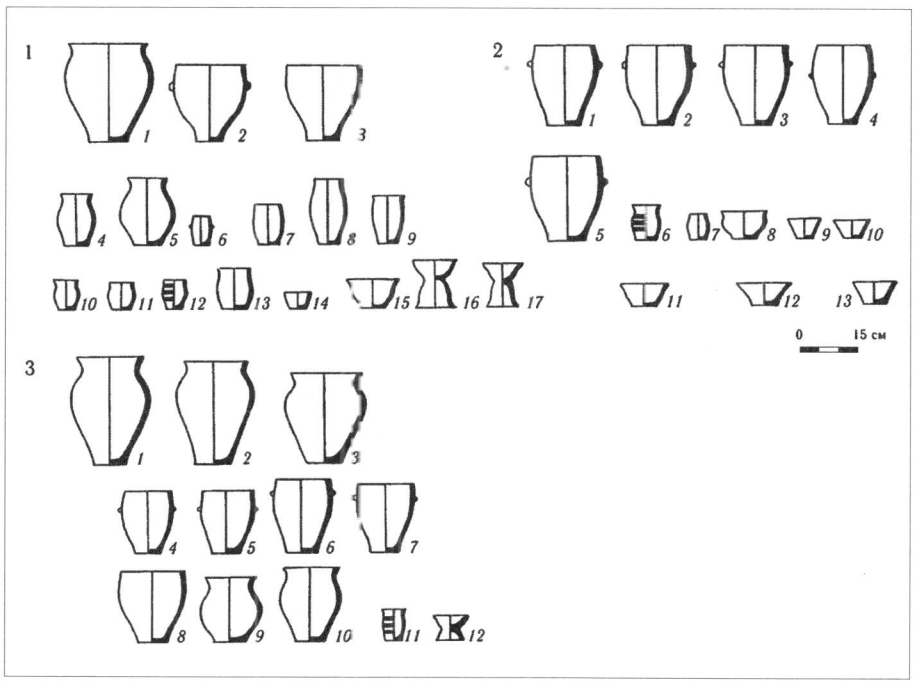

그림 22 끄로우노브까 문화. 찌예브까 주거유적 1호~3호 주거지 출토 토기복합체

유리 보스뜨레쪼프 | 연해주의 철기시대 문화   269

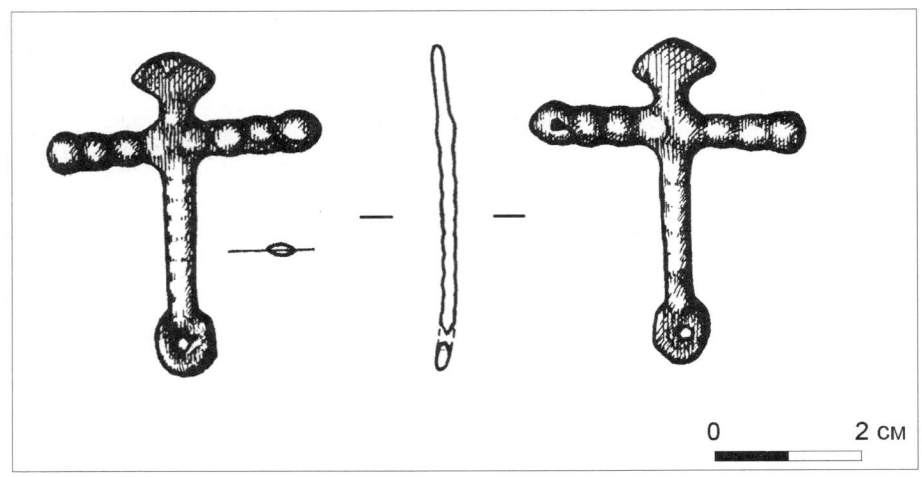

그림 23 끄로우노브까 문화. 끄로우노브까 1 주거유적. 11호 주거지 바닥 출토 청동 펜던트

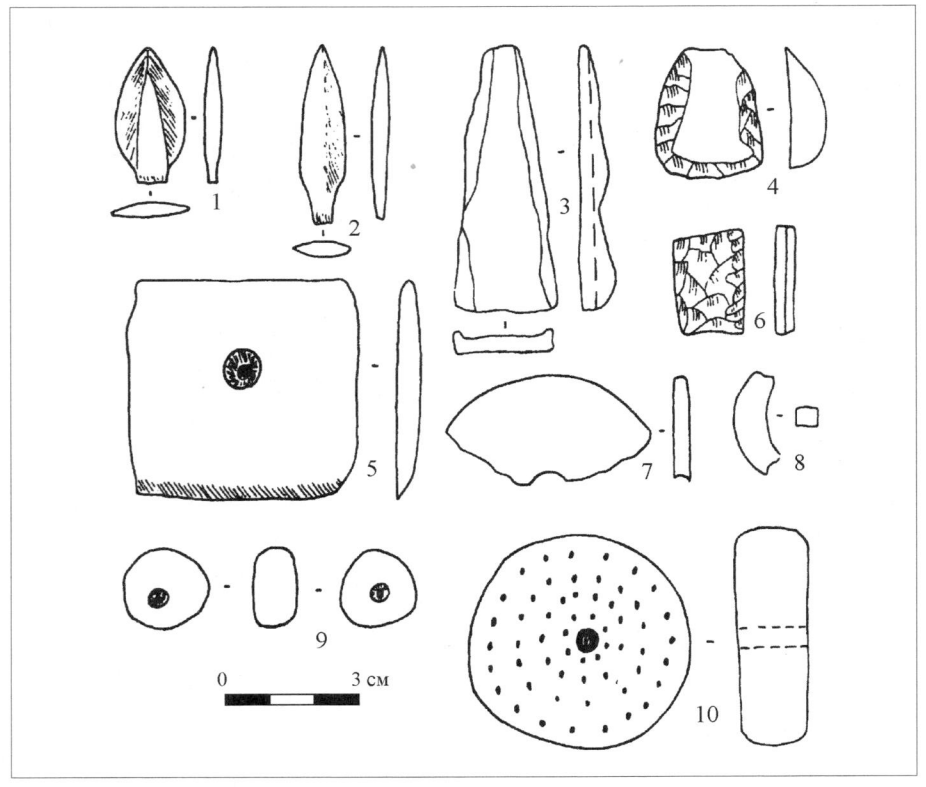

그림 24 아누치노 1 주거유적. 1-8 - 1987년도 발굴 유물, 9, 10 - 1997년도 발굴 유물(글류예프, 얀쉬나, 2000)

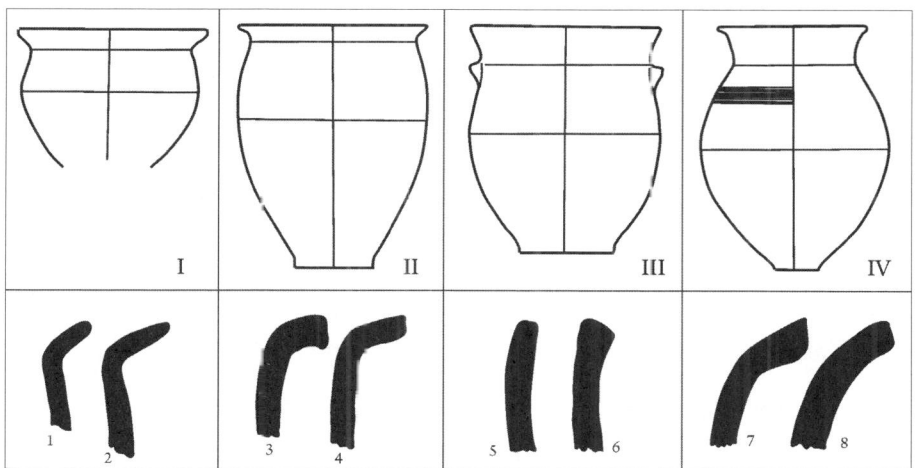

그림 25 아누치노 1 주거유적. 아누치노 복합체의 1~4유형 토기와 관련 토기 구연부 모양(끌류예프, 얀쉬나, 2000)

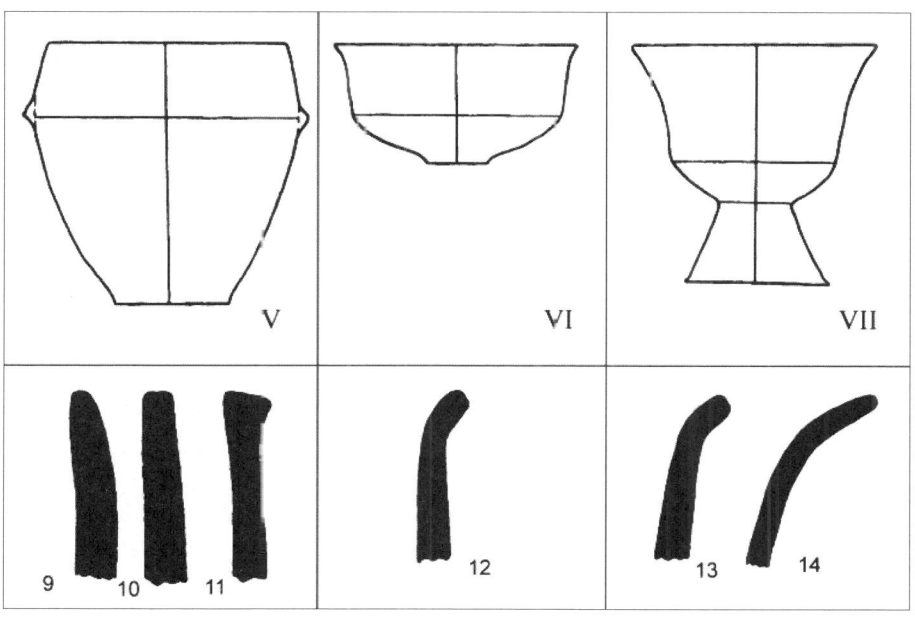

그림 26 아누치노 1 주거유적 1997년 발굴. 아누치노 복합체의 6~7유형 토기와 관련 토기 구연부 모양(끌류예프, 얀쉬나, 2000)

참고문헌

Андреева Ж.В., Жущиховская И.С., Кононенко Н.А. Янковская культура. - М.: Наука, 1986. - С. 216. (안드레예바 J.V., 쥬쉬홉스까야 I.S., 꼬노넨꼬 N.A. 얀꼽스끼 문화. - 모스크바, 나우까, 1986)

Атлас географических карт к наброску истории Китая (Чжунго шигао диту цзи) Под общей редакцией Го Можо. Пекин: Чжунгодиту чубаоньша, 1996. На кит. яз. (перевод А.Л. Ивлиева). (중국사지리지도집, 북경, 중국지도출판사, 1996)(중국어번역 A.L.이블리예프)

Беседнов Л.Н., Вострецов Ю.Е. Морской промысел рыб и млекопитающих в раннем и среднем голоцене в бассейне Японского моря // Известия ТИНРО. - 1997. - Т. 122. - С. 117-130. (베세드노프 L.N., 보스뜨레쪼프 Yu.E. 홀로센 전기와 중기 동해연안의 해양 물고기 및 포유류 수렵 // TINRO 소식지. - 1997. 122호)

Byington M.E. A History of the Puyo State, Its People, and Its Legacy. Unpublished Dr. Phil Thesis. Harvard Univ. - Cambridge, Massachusetts, 2003.

Верховская Н.Б., Кундышев А.С. Природная среда Южного Приморья в период неолита и раннего железного века // Вестник ДВО РАН. - 1993. - № 1. - С. 18-26. (베르홉스까야 N.B., 꾼드이쉐프 A.S. 신석기시대와 초기철기시대 남연해주의 자연환경 // 러시아과학원 극동지소 베스뜨닉. 1993. No 1)

Вострецов Ю.Е., Раков В.А. Стратиграфия и малакофауна поселения янковской культуры Зайсановка-2 // Вперед ... в прошлое: к 70-летию Ж.В. Андреевой. - Владивосток: Дальнаука, 2000. - С. 43-102. (보스뜨레쪼프 Yu.E., 라꼬프 V.A. 자이사노브까 2 얀꼽스끼 문화 주거유적의 층위와 연체동물 // J.V.안드레예바 70주년 기념 미래와 과거. 블라디보스톡: 달나우까, 2000)

Гасилин В.В., Вострецов Ю.Е., Васильева Л.Е. Сравнительный анализ фауны многослойного поселения Клерк-5 (предварительные результаты)// Дальний Восток России в древности и средневековье: проблемы, поиски, решения.

Материалы региональной научной конференции (Владивосток, 26-27 апреля 2010г.) отв. ред. Н.А. Клюев. - Владивосток: ООО «Рея», 2011. С.179-186. (가실린 V.V., 보스드레쵸프 Yu.E., 바실리예바 I.E. 클레르크 5 다층위 주거유적 동물상 비교분석 (예비 결과들) // 고대와 중세의 러시아 극동: 문제들, 탐색들, 해결들. 지역학술회의 자료 (블라디보스톡, 2010년 4월 26-27일), 책임편집 N.A.끌류예프. 블라디보스톡: ООО "레야", 2011.)

Гриббин Дж., Лэм Г.Г. Изменение климата за исторический период // Изменение климата. Под ред. Дж. Гриббина. Л: Гидрометеоиздат, 1980. С. 102-121. (그리빈 J., 렘 G.G. 역사시대의 기후 변화 // 기후변화. 그리빈 편집. 레닌그라드: 기드로몌쩨오 출판사, 1980.)

Деревянко А.П. Ранний железный век Приамурья. - Новосибирск: Наука, Сиб. отд-ние, 1973. - 354 с. (데레뱐꼬 A.P. 아무르 강 유역의 초기 철기시대. 노보시비르스크: 나우까, 1973.)

Епифанова А.В., Беседнов Л.Н., Вострецов Ю.Е. Промысловая ихтиофауна бухты Экспедиции залива Посьет (по археологическим материалам раковинной кучи поселения янковской культуры Зайсановка-2) // Проблемы археологии и палеоэкологии Северной, Восточной и Центральной Азии: материалы междунар. конф. «Из века в век», посвящ. 95-летию со дня рождения акад. А.П. Окладникова и 50-летию Дальневост. археол. экспедиции РАН. - Новосибирск: Изд-во Ин-та археологии и этнографии СО РАН, 2003. - С. 379-382. (예피파노바 A.V., 베세드노프 L.N., 보스뜨레쪼프 Yu.E. 포시엣 만의 엑스뻬지찌야 소만의 수렵 어류상 (자이사노브까 2 얀꼽스끼 문화 주거유적 패총 자료를 통해) // 북, 동, 중부아시아의 고고학과 고생물학의 문제들: 아카데믹 A.P.오끌라드니꼬프 탄생 95주년 및 러시아과학원 극동 고고학 학술조사 50주년 기념 국제학술회의 "세기에서 세기로" 자료. 노보시비르스크: 러시아과학원 시베리아지소 고고학민족학 연구소 출판부, 2003.)

Жущиховская И.С. Гончарство древних культур юга Дальнего Востока СССР как социально-экономическое явление (некоторые аспекты изучения). - Владивосток, 1990. - 53 с. (쥬쉬홉스까야 I.S. 사회-경제적 현상으로서의 소비에트 극동의 고대문화의 도예(몇몇 연구 양상들). 블라디보스톡, 1990.)

Жущиховская И.С. Очерки истории древнего гончарства Дальнего Востока России. - Владивосток: ДВО РАН, 2004. - 312 с. (쥬쉬홉스까야 I.S. 러시아 극동의 고대 도예 역사 개관. 블라디보스톡: 러시아과학원 극동지소, 2004.)

Клюев Н.А., Гарковик А.В. Итоги исследований памятника Барабаш-3 в 2007-2009 гг. // Приоткрывая завесу тысячелетий .... . К 80-летию Жанны Васильевны Андреевой. Владивосток. 2010. с.224-245. (끌류예프 N.A., 가르꼬빅 A.V. 1007~2009년도 바라바쉬 3 유적 조사 결과 // 천년의 장막을 젖히면서... 쟌나 바실리예브나 안드레에바의 80주년을 기념하여. 블라디보스톡. 2010.)

Короткий А.М. Колебания уровня Японского моря в четвертичном периоде (северо-западный шельф) // Изменения уровня моря . М. 1982. С. 104-114. (꼬로뜨끼 A.M. 제4기의 동해 해수면 변동 (북서 모래톱) // 해수면의 변화. 모스크바. 1982.)

Короткий А.М. Колебания уровня Японского моря и ландшафты прибрежной зоны (этапы развития и тенденции) // Вестник ДВО РАН. 1994.-N3.-С. 29-42. (꼬로뜨끼 A.M. 동해의 해수면 변동과 해안지역의 지형 (발전 단계들과 추세) // 러시아과학원 극동지서 베스뜨닉. 1994 제3호.)

Короткий А.М., Вострецов Ю.Е. Географическая среда и культурная динамика в среднем голоцене в заливе Петра Великого // Первые рыболовы в заливе Петра Великого. Природа и древний человек в бухте Бойсмана / Отв. ред. Ю.Е. Вострецов.-Владивосток, 1998.-С. 9-29. (꼬로뜨끼 A.M., 보스뜨레쪼프 Yu.E. 홀로센 중기 피터 대제 만의 지리환경과 문화 역동 // 피터 대제 만의 첫 번째 어로들. 보이스만 만의 자연과 고대인들 / 책임편집 Yu.E.보스뜨레쪼프. 블라디보스톡. 1998.)

Короткий А.М., Караулова Л.П., Троицкая Т.С. Четвертичные отложения Приморья: стратиграфия и палеогеография. - Новосибирск: Наука, 1980.

(꼬로뜨끼 A.M., 까라울로바 L.M., 뜨로이쯔까야 T.S. 연해주의 제4기 퇴적: 지층과 고지리. 노보시비르스크: 나우까. 1980.)

Krounovka 1 Site in Primorye, Russia. Report of excavation in 2002 and 2003 // Study of Environmental Change of Early Holocene and the Prehistoric Subsistence System in Far East Asia. Eds by Komoto M. and Obata H. Kumamoto: Shimoda Print Co. Ltd., 2004.

Мурзаев Э.М. Северо-Восточный Китай. Физико-географическое описание. Изд-во АН СССР. М. 1955. 252 с. (무르자예프 E.M. 북동중국. 물리-지리적 기술. 소비에트 과학원 출판사. 모스크바. 1955.)

Cassidy J., Kononenko N., Sleptsov I., Ponkratova I. Margarita Archaeological Culture: Bronze Age or Final Neolithic? // Проблемы археологии и палеоэкологии Северной, Восточной и Центральной Азии: материалы междунар. конф. 《Из века в век》, посвящ. 95-летию со дня рождения акад. А.П. Окладникова и 50-летию Дальневост. археол. экспедиции РАН. - Новосибирск: Изд-во Ин-та археологии и этнографии СО РАН, 2003. - С. 172-175. (Cassidy J., Kononenko N., Sleptsov I., Ponkratova I. Margarita Archaeological Culture: Bronze Age or Final Neolithic? // 북, 동, 중부아시아의 고고학과 고생물학의 문제들: 아카데믹 A.P.오끌라드니꼬프 탄생 95주년 및 러시아과학원 극동 고고학 학술조사 50주년 기념 국제학술회의 "세기에서 세기로" 자료. 노보시비르스크: 러시아과학원 시베리아지소 고고학민족학연구소 출판부, 2003.)

Раков В.А., Вострецов Ю.Е. Региональные особенности малакофауны Амурского залива в раннем железном веке (по материалам археологических раскопок поселений на полуострове Песчаном) // Этноистория и археология Северной Евразии: теория, методология и практика исследования: материалы междунар. конф. 19-24 мая 2007 г. - Иркутск, 2007. - С. 314-319. (라꼬프 V.A., 보스뜨레쪼프 Yu.E. 초기 철기시대 아무르 만 연체동물의 지역적 특성들 (뻬샨느이 반도 주거유적 발굴조사 자료를 통해) // 북유라시아의 민족사와 고고학: 조사의 이론, 방법

론, 그리고 실제: 국제학술회의 자료. 2007년 5월 19-24일. 이르쿠츠크, 2007.)

Сидоренко Е.В. Северо-восточное Приморье в эпоху палеометалла// Владивосток: Изд-во Дальнаука, 2007. -271с. (시도렌꼬 E.V. 고금속시대의 북동 연해주 // 블라디보스톡: 달나우까 출판사. 2007).

Субботина А.Л. Памятники раннего железного века типа чундо на корейском полуострове : автореф. дис. ... канд. ист. наук : 07.00.06. - Новосибирск, 2008. - 18 с. (수보찌나 A.L. 한반도 초기 철기시대 중도유형 유적들: 박사학위논문 요약본: 07.00.06. 노보시비르스크, 2008.)

Чжао Биньфу. Исследование археологических культур Северо-Восточного Китая времени от Восточного Ся до Чжаньго (Чжао Биньфу. Чжунго дунбэй дицюй ся чжи чжаньго шици-дэ каогусюэ вэньхуа яньцзю) // Пекин:《Кэсюэ》, 2009. 318 с. На кит. яз. (перевод А.Л. Ивлиева). (趙賓福, 中國東北地區夏至戰國時期的考古學文化研究, 科學出版社, 2009.) (번역 A.L.이블리예프)

Habu J. Ancient Jomon of Japan // Case studies in early societies. - Cambridge University Press, 2004.

Яншина О.В. Поселение Лидовка-1 и проблемы его интерпретации // VI Дальневост. конф. молодых историков. - Владивосток, 2001. - С. 40-49. (얀쉬나 O.V. 리도브까 1 주거유적과 그 해석의 문제 // 제6차 극동 젊은 학자들 학술회의. 블라디보스톡, 2001.)

Яншина О.В., Клюев Н.А. Поздний неолит и ранний палеометалл Приморья: критерии выделения и характеристика археологических комплексов // Российский Дальний Восток в древности и средневековье: открытия, проблемы, гипотезы / отв. ред. Ж.В. Андреева. - Владивосток: Дальнаука, 2005. - С. 187-233. (얀쉬나 O.V., 끌류예프 N.A. 연해주의 후기 신석기시대와 초기 고금속시대: 고고학 복합체의 분리 범주와 특성 // 고대와 중세의 러시아 극동: 발견들, 문제들, 가설들 / 책임편집. J.V.안드레예바. 블라디보스톡: 달나우까, 2005.)

The Iron Age Culture of the Littoral Province of Siberia

Vostretsov, Yury. E.

Professor, Institute of History, Archaeology, and Ethnology of the People of the Far East Vladivostok

For the iron age of the littoral province of Siberia, the distinction between the coastal area and the inland area still remained like the previous ages. The mixture of the two areal cultures most strongly occurred during the cold-climatal period.

When these contents were examined step by step, firstly the events before the appearance of the early iron age culture are premised. They indicate the certain period of transition in which the bronze age people and the iron age people lived together in the area. The main contents can be studied through the unique cultural diversities shown in inland sites. It implies that for the late warm-climatal period throughout the early cold-climatal period various groups of iron age people migrated from the Amur river basin to the inland of the Littoral Province of Siberia.

The cultural situations in the areas during the period can be understood from two perspectives. Firstly, the cultural adaptation of the iron age people in the southern and the southeastern littoral province can be examined through the anthropological Yankovski culture. As this culture is linked to the written records, it can be related to Dongye(東濊). Secondly, the increase of population density and the decrease of arable land, both caused by climatal cool-down and dryness from the 6th century BCE throughout the 3rd century BCE, pushed people toward the East; and it triggered the formation of new cultural groups such as Gontoryeong, Donggang, and Krounovka-dangyeol. The culture representing them is related to Okjeo(沃沮) people, who are, according to the Chinese written records, closely connected to the people of Buyeo and Goguryeo who were originated from Ye tribe. Examined through the written records and the archaeological materials, they lived in advanced agricultural communities without any social hierarchy.

Eventually, the period around 1000 BCE was the period of drastic changes throughout the world, and a shifting period in human cultural development. Moreover, the drastic global climatal cool-down begun in the 3rd century BCE rapidly decreased the population density of Yankovski culture people and their territory. Those changes pushed the people into coastal areas in which they could select material resources. Such population dispersions occurred toward 5 directions, 3 of which have been researched. The first was toward the South, that is the mouth of Tumen River; and the other two were toward the East and the Southeast. On the extension of such migrations, the direction of the individual and late migration of Krounovka-Dangyeol culture people was toward the central area of the Korean peninsula, and they built the Jungdo culture.

[Keywords] the littoral province, iron age, climatal cool-down, Yankovski culture, Krounovka-Dangyeol culture

몽골 하노이(Khanui) 강 계곡에서 발견한 초기 철기 시대의 고고학 유물들

디마자브 에르덴바타르

디마자브 에르덴바타르(Diimaajav Erdenebaatar)

몽골과학아카데미(Mongolian Academy of Science) 교수 역임.
현) 몽골 울란바타르대학(University of Ulanbaatar) 교수.
주요논저: 『A Xiongnu Cemetery Found in Mongolia』(공저),
『Khirigisuurs, Ritual and Mobility in the Bronze Age of Mongolia(공저)』

I. 머리말

이 글은 울란바타르대학교 고고학과, 피츠버그대학교 고고학과, 몽골 과학아카데미 역사연구소가 2000년부터 공동 진행한 몽골 "하노이(Khanui)강 계곡: 유목민들의 삶"이란 명칭의 고고학 조사 프로젝트의 결과를 설명하기 위한 것이다. 조사의 범위는 아르항가이 아이막(Arkhangai aimag)의 언더르-올랑 솜(Öndör-Ulaan sum)의 하노이 박(Khanui bag)의 지역에 있는 하노이강 계곡 유역의 길이 65km, 폭 27-35km에 이르는 장소이며, 합동조사팀은 4,000여 점의 고고학 유물을 발견하고, 이들을 지도상에 표기하였다.

유적들은 크게 두 부류로 구분되는데, 제1유물군은 후기 청동기시기부터 초기 철기시기 역사와 관련된 판석고와 원형둘레돌과 사슴돌이 딸린 케렉수르의 유물, 판석묘, 사슴돌 들이며, 제2유물군은 하노이강 계곡 지역에 있는 발가싱 탈(Balgasiin tal)이라는 지역에서 발견한 200여 기의 고분과 흉노시대 왕족·귀족의 무덤이 있는 골 모드-Ⅱ(Gol Mod-Ⅱ)의 고고학 유물들이다. 제1유물군에 속하는 유적들을 발굴한 결과, 항가이 산 지역에 경계를 맞대고 살고 있었던 고대 청동기-철기시대의 부족들을 대표하는 "사슴돌이 딸린 케렉수르 문화"인들과 "판석묘 문화"인들이 남긴 고고학적 유물들에서 발견한 청동 유물들은 몽골지역 금속 가공업이 매우 높은 수준에 도달해 있었음을 알 수 있었다.

제2유물군은 흉노제국시대의 고고학적유물들인데, 구슬형 장신구, 철봉, 등잔대, 동경, 금 장신구, 청동 쟁반, 유리잔, 칠그릇, 반월형 철제장신구 등이 발굴되었다. 이번 합동조사 가운데, 발가싱 탈에서의 발굴조사를 통해 흉노시대 귀족묘에 평민무덤을 함께 배장하였다는 것이 확인되었다. 또한, 발굴된 유리잔이 로마시대 유럽형식의 것으로 확인되어 실크로드를 통한 상거래의 흔적을 찾을 수 있었다.

Ⅱ. 하노이강 계곡의 고고학적 발굴조사

울란바타르 대학교의 고고학과, 미국 피츠버그 대학교의 고고학과, 과학아카데미 역사연구소가 공동으로 진행한 고고학 조사를 2000년부터 "하노이(Khanui)강 계곡: 유목민들의 삶"이란 명칭의 프로젝트 중의 하나로 진행하기 시작하였다. 이 프로젝트 합동조사의 범위는 아르항가이 아이막(Arkhangai aimag)의 언더르-올랑 솜(Öndör-Ulaan sum)의 하노이 박(Khanui bag)의 지역에 있는 하노이강 계곡 유역의 길이 65km, 폭27-35km에 이르는 장소에 대해 정밀한 고고학적 발굴 조사를 진행하여 4,000여 점에 이르는 고고학 유물들을 발견하였고, 이것을 지도상에 표기하였다.

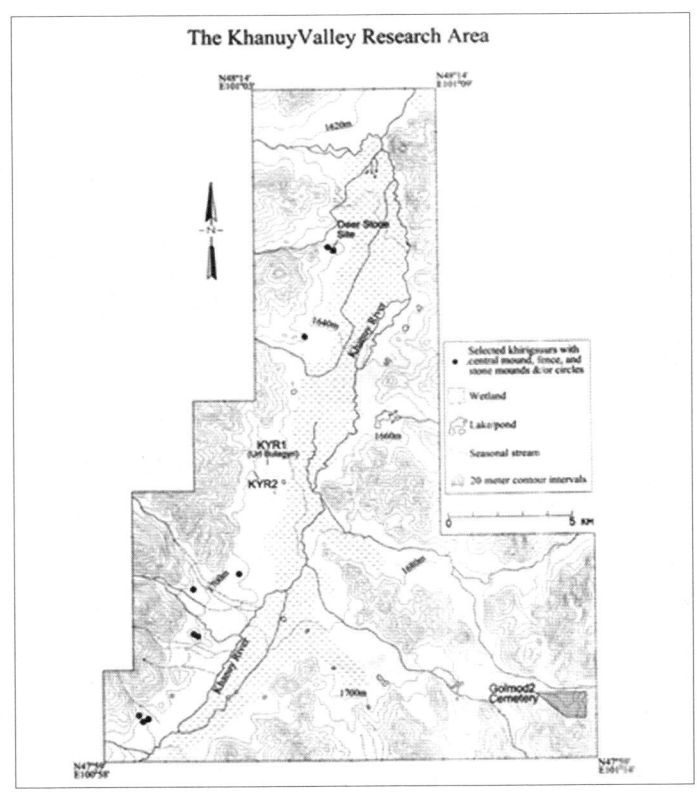

그림 1 하노이강 계곡에서 진행된 고고학 발굴조사 평면도

그림 2 하노이강의 오르트 볼락의 케렉수르의 전체적인 사진

그림 3 하노이강 계곡의 "사슴돌 딸린 케렉수르"

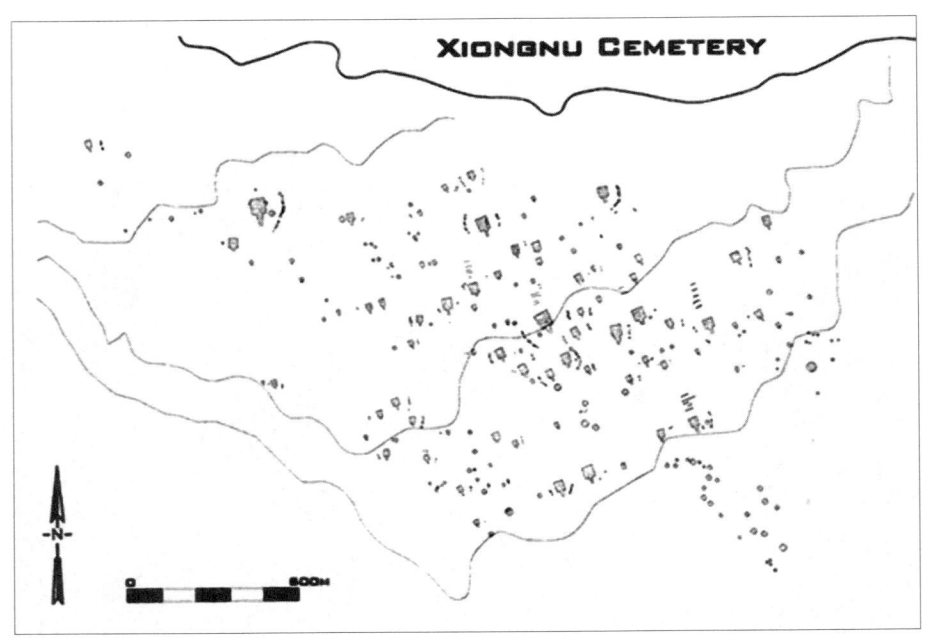

그림 4 발가싱 탈 지역에 있는 "골 모드-Ⅱ"의 평면도

그림 5 제1호분 정리 작업 후의 모습

그림 6 발가싱 콜 지역에 있는 "골 모드-Ⅱ"의 평면도

그림 7 제1호분 정리 작업 후의 모습

[그림 1] 하노이강 계곡에서 발견 · 조사한 수많은 종류의 고고학 유물들을 크게 2가지 유물군(群)으로 분류하여 조사를 진행하였다. 제1유물군은 후기 청동기시기부터 초기 철기시기 역사와 관련된 판석묘와 원형둘레돌과 사슴돌 딸린 케렉수르의 유물, 판석묘, 사슴돌들[그림 2, 3]이며, 제 2유물군은 하노이강 계곡 지역에 있는 발가싱 탈(Balgasiin tal)이라는 지역에서 발견한 200여 기의 고분과 흉노시대 왕족 · 귀족의 무덤이 있는 골 모드-Ⅱ(Gol Mod-Ⅱ)의 고고학 유물들이다.[그림 4, 5] 이 유물들에 대한 조사 · 연구는 이전에 이미 여러 차례 연구논문 및 보고서를 통해 발표하였다.[1]

2001년에 아르항가이 아이막의 언더르-올랑 솜 하노이 박 오르트 볼르깅 암(Urt bulgiin am)에 위치한 2기의 소 · 대형 케렉수르 유구의 평면도를 작성하였다. 대형 케렉수르에 딸린 제사 유구(遺構)에서 2 기의 고리형 유구와 케렉수르의 북쪽에 위치한 2기의 판석묘를 각각 발굴 조사하였다.[그림 6, 7]

오르트 볼르깅 암의 대형 케렉수르는 GPS 좌표상 북위48°05'35", 동경101°03'25"가 교차하는 하노이강의 계곡에 위치해 있으며 하노이강에서 서쪽으로 2km 떨어진, 계곡 서쪽의 보르한트 올(Burkhant uul)의 남사면에서 동쪽 1km 떨어진 곳에 위치해 있다.

이 대형 케렉수르를 GPS를 이용하여 평면도를 작성하였다. 이 케렉수르는 중심부 높이 4.9m, 직경 26m 크기의 대형 석조(石造) 유구로, 남북의 길이가 대략 410m, 동서의 길이는 388m 규모의 네모난 형태의 둘레돌이 쳐져 있다. 네 귀퉁이에 높이 1.7m, 직경 7~8m되는 4개의 원형 석조물이 있고, 둘레돌의 바깥쪽에 직경 2.5~5m정도 크기의 총 1,752개의 원형 석조물이 있으며, 그것의 바깥쪽에

---

1) D.Erdenebaatar & others. A Xiongnu cemetry found in Mongolia.–ANTIQUITY.76(2002):, D.Erdenebaatar & others. A Xiongnu tomb complex; Excavations at Gol mod-2 cemetery, Mohgolia (2002-2005) – Mongolian Journal of Anthropology, Archaeology and Ethnology. Officail Journal of the National University of Mongolia. Volume2,No.2(271) December2006.:, Francis Allard, D.Erdenebaatar. Khirigsuurs, ritual and mobility in the Bronze Age of Mongolia – ANTIQUITY. Volume 79, Number 305 September 2005.

그림 8 하노이강 계곡의 1,752기의 배장 유구 딸린 케렉수르

직경 약 1~3m 정도의 1,021개 석조물이 원형으로 둘레를 두르고 있다. 이 케렉수르의 북쪽에 17기의 판석묘가 동서방향으로 운집해있다.[그림 8]

오르트 볼르깅 암의 대형 케렉수르에서 서쪽으로 620m 거리에 위치한 소형 케렉수르의 평면도 역시 작성하였다. 이 케렉수르는 GPS의 좌표로 북위48°05′30″, 동경101°02′56″ 교차점에 위치해 있다. 중심부에 직경 16m의 원형 석조물이 있고, 동서의 길이 3.7m, 남북길이 58m 크기의 네모난 형태의 둘레돌이 쳐져 있다. 네 귀퉁이에 직경 3.2~4.1m의 4개의 원형 석조물이 있고 둘러쳐진 사각형 둘레돌의 바깥쪽에 직경 1.6~2.5m 규모의 총 106개의 원형 제사유구가 있으며, 그 것의 바깥쪽에는 직경 약 0.9~2.5m정도 되는 108 개의 고리형 적석유구들로 구성되어 있다.

우리가 발굴 · 조사한 제1호 돌석묘는 대형 케렉수르의 북쪽에 위치해 있고 판석묘군의 서북쪽 가장자리에 위치해 있다. 이 고분의 지상으로 드러난 적석들의 규모는 6.2m×6.2m이며 네 귀퉁이에 길다랗게 박힌 말뚝 돌들이 있고, 이 말뚝 돌들은 지표 위로 노출되어 있는데 각각 동남쪽 귀퉁이는 53cm가, 동북쪽 귀퉁이 50cm, 서남쪽 귀퉁이 65cm, 서북쪽 귀퉁이는 42cm가 튀어나와 있다. 표토를 제거하고 5m×5m 크기로 아래로 파 내려가 75cm 깊이에서 판석으로 세워 놓은 돌벽의 동북쪽 귀퉁이로부터 30cm 떨어진 공간에서 사람의 아래 턱뼈를 발견하였다. 발굴 깊이가 95cm가 되었을 때, 처음 매장 상태 그대로 안장된 인체 하부 다리뼈를 발견하였다. 인골의 가슴 부분에서 전완골과 부서진 말의 턱뼈 이외에는 아무것도 발견되지 않았다. 이 무덤은 피장자를 동북쪽(70°)을 향하게 안치하였고 온전히 흙으로만 채운 다음 그 위를 커다란 평석으로 덮어 놓았다. 묘광의 크기는 50×190cm이다. 시신과 함께 부장된 어떠한 것도 발견되지 않았다. 피장자를 발견한 층보다 더 아래로 발굴해 나갔을 때 여타의 것들이 발견되지 않는 원토(原土)가 나왔기 때문에 발굴을 중단하고 덮었다.

　제2호 판석묘는 제1호분에서 동북쪽으로 20m 거리를 두고 위치해 있고 4개의 모서리에 길쭉하게 세워진 말뚝 돌들이 있었다(지표 상에 노출된 서남쪽 귀퉁이의 말뚝 돌의 높이는 27cm, 서북쪽은 49cm, 동남쪽은 30cm, 동북쪽은 27cm이다). 적석의 규모는 4.6×4.1m이다. 표토를 정리하고 적석들을 들어내니 길이 103cm, 윗부분 너비 37cm이고 하부의 너비가 35cm 규격을 가지고 북동쪽을(65°) 향한 묘광을 발견하였다. 하부로 계속 발굴해 나가니 묘광 구멍이 계속 작아지며 깊이 1.4m에 다달아서는 사라져 버리고, 원토(原土)가 나왔기에 발굴을 중단하고 덮었다.

　아르항가이 아이막의 언더르-올랑 솜의 하노이 박 지역에 있는 짜르갈란팅 암(Jargalantiin am) 유적에 사슴돌이 딸린 케렉수르는 몽골 지역에 있는 초기 철기시대의 가장 대표적인 대형 유적이다. 이 유적은 GPS 좌표상 북위 48°10'32", 동경 101°05'34,49"의 교차점에 위치하며, 해발고도 1,639m, 남북 길이 109m, 동서길이 109m 규모의 지역에 600여 개나 되는 원형 적석이 있는 제사유구들이 남아있다. 이 제사터들의 중간에 매우 커다란 사슴돌이 원래 있던 자리에 그대로 남아 있고 나머지 사슴돌들은 원래의 위치에서 그 자리가 변형되었다.[그림 9] 이것은 "사슴돌이 딸린 케렉수르"에 이웃하고 있었던 "판석묘 문화"를 남긴 사람들이 이 사슴돌들을 자신들 무덤 유구의 벽으로 사용한 것과 직접적인 관련성이 있다. 이 유물을 1970년대 말에 러시아의 고고학자 V. V. Volkov가 처음으로 자신의 연구 성과물인 "몽골에 있는 사슴돌(원제: Оленные камни Монголии)"이란 저서에 취급하였

그림 9 하노이강 계곡의 짜르갈란팅 암의 사슴돌 딸린 케렉수르

고,[2] 후에 사슴돌을 이용해 판석묘의 벽과 뚜껑을 만든 무덤에 대해서는 러시아의 고고학자 E. Novgorodova가 "몽골의 선사시대(원제: Древние Монголия)"란 저서에서 자세히 기술하였다.[3]

Ⅲ. 하노이강 지역의 고대문화와 발굴조사의 의의

하노이강의 계곡에서 4,000~3,000년간 살았던 고대(청동과 철기를 이용했던) 철제시대의 씨족들에게 보편적으로 존재했던 것은 바로 생활과 정신문화의 융합성이다. 이 것은 고대 씨족들이 유목생활을 영위했던 것과 관련이 있다. 다른 보편적인 한가지는 정신적 보편성이다. 이것은 그들의 세계관인 무속신앙(샤머니즘)과 관

---

2) В.В.Волков. Оленные камни Монголии. УБ., 1981 г.
3) Э.А.Новгородова. Древняя Монголия. Москва., 1989 г. стр.214-232

련하여 설명할 수 있다.

 항가이 산 지역에 경계를 맞대고 살고 있었던 고대 청동기-철기시대의 부족들을 대표하는 "사슴돌이 딸린 케렉수르 문화"인들과 "판석묘 문화"인들이 남긴 고고학적 유물들에서 발견한 청동 유물들은 몽골지역 철제 가공업이 매우 높은 수준에 도달해 있었음을 매우 분명하게 보여주고 있다.

 예를 들면, 항가이 지역에 있는 사슴돌 표면에 그 당시 자기 부족의 영웅적인 인물들을 상징적으로 묘사했다. 사슴돌 위에 새겨진 큰 사슴 문양은 고대 영웅들의 몸에 새긴 문신을 보여주는 것이다. 그 이외에 사슴돌 위에는 인간에게 반드시 필요한 특히, 전사들에게 반드시 갖추어야 하는 허리띠와 거기에 차는 칼, 활과 화살, 화살통, 방패, 거울, 목걸이, 귀걸이, 모자와 관 등 유물들이 모두 묘사되어 있다. 이것은 해당 석상의 주인이 그 당시 걸출하고도 영웅적인 남성이었음을 표현해 주고 있다.[4] 이와 같이 신체에 큰 사슴 문신을 한 고대인이 알타이 산맥의 동토대(凍土帶)에서 발견되고 있다.[그림 10]

 오늘날의 몽골 항가이 지역의 판석묘에서 청동기-철기 시대의 고대인들이 사용하였었던 청동 투구 총 4점이 발굴되었으며 이 중에서 2점의 청동 투구는 볼강 아이막(Bulgan aimag) 호탁-언더르 솜(Khutag-Öndör sum)의 한타이 박(Khantai bag)의 지역에 있는 에깅(Egiin) 강의 계곡에 위치한 판석묘에서 발견되었다.[5] 3번째 청동 투구는 어워르항가이 아이막(Övörkhangai aimag) 지역에서, 네 번째 투구는 잡항 아이막(Zavkhan aimag) 지역에서 각각 발견되었다.[6] 이것은 몽골지역이 아주 오래전부터 철제 가공의 큰 중심지였음을 증명해주며, 청동기-철기를 자신들의 일상생

---

4) Д.Эрдэнэбаатар, А.А.Ковалев. Археологические культуры Монголии в бронзовом веке. – Социогенез в северной Азии. Иркутск., 2009 г. стр.

5) Д.Эрдэнэбаатар, Ю.С.Худяков. Находки бронзовых шлемов в плиточных могилах Северной Монголии - Российская археология. №1. М., 2002 г.

6) Д.Эрдэнэбаатар. Хүрлийн үеийн байлдааны зэвсэглэл. – Монгол цэргийн түүх судлал өнөө ба ирээдүй. / Цэргийн Их Сургуулийн эрдэм шинжилгээний хүрээлэн/ УБ., 1996.

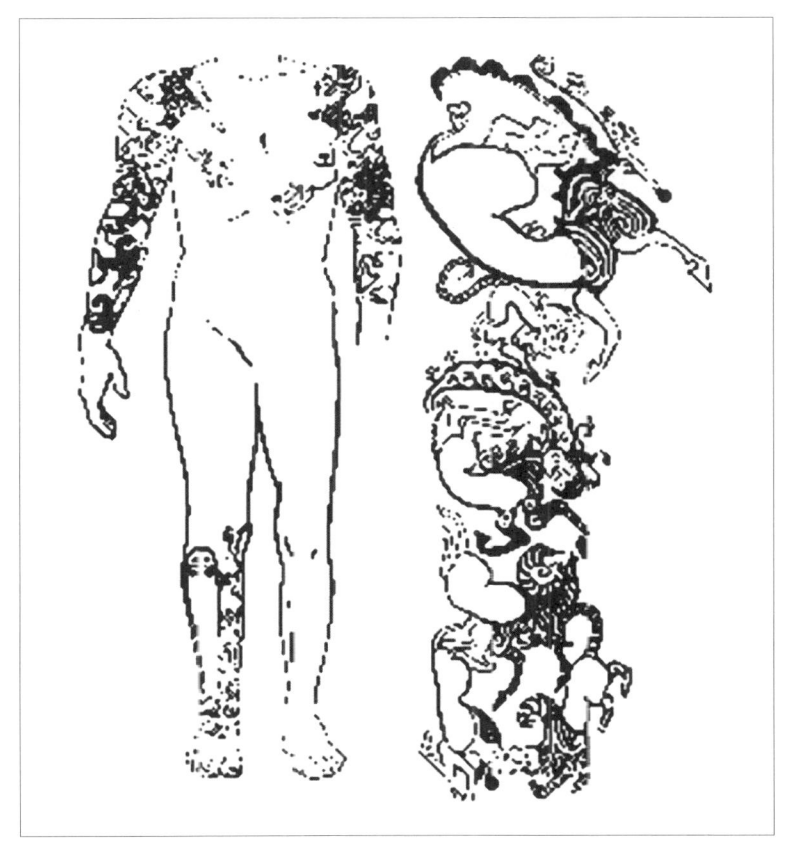

그림 10 파즈 리크 고분에서 찾은 문신을 한 사람

그림 11 · 12 판석묘에서 발견한 청동 투구들

그림 13 돈드고비 아이막의 홀드 솜에서 발견한 동경

활뿐만 아니라 전쟁용 무기, 방어용 갑옷과 투구로 널리 사용하고 있었다는 증거들이 매우 풍부하다는 것을 말해주고 있다.[그림 12.]

돈드고비 아이막(Dondgovi aimag) 홀드 솜(Khuld sum)의 지역에서 발견된 동경은 이 시기가 철제 무기를 사용했었다는 가장 확실한 증거물이다. 이 동경 위에는 전투준비를 하고 있는 기마전사 2명이 아주 세밀하고 화려하게 묘사되어 있다. 두 기마전사 중 한 명은 투구와 갑옷을 차려입은 완전무장한 전사이고 상대편 전사는 활을 찬 경기병(輕騎兵)임이 분명해 보인다.[7][그림 13]

청동기-철기 시대에는 상술한 "사슴돌 딸린 케렉수르 문화"와 "판석묘 문화"라는 2개의 커다란 문화를 남긴 이들 이외에도 현재 몽골 지역에는 "텝시 문화(Tevshiin culture)", "멍흐하이르한 문화(Mönkh-khairkhan culture)", "멍겅 타이깅 문화(Möngen Taigiin culture)" 등 문화, 장례 풍습, 적석 구조와 시기적인 측면으로 볼 때 서로서로 상당히 구별되는 5~6개의 고대 부족들이 살고 있었던 것이 고고학적 증거로 이미 확인되고 있다.[8]

우리가 발굴한 고대 철제 시대와 연관되어 있는 그 다음 유물군은 청동기-철기 시대의 가장 대표인 흉노제국 시대의 고고학 유물들이다. 현 몽골 영토에는 흉노

---

7) П.Эрдэнэчулуун, Д.Эрдэнэбаатар. Тэнгэрийн илд. Уб., 2010 он.

8) Д.Эрдэнэбаатар. Новая археологическая культура Бронзового века в Монголии. - NOMADIC STUDIES. International for the Study of Nomadic Civilizations. No.17. 2010.

시대의 역사와 관련된 귀족 및 평민들의 무덤, 거주터와 암각화 등의 유물유적들이 현재까지 보존되어 오고 있다. 오늘날 항가이 지역에서 고대 흉노 귀족무덤이 있는 대형 매장지는 두 곳이다. 즉, 아르항가이 아이막 ᄒ-이르한 솜 지역에 있는 골 모드-Ⅰ(Gol mod-Ⅰ)과 언더르-올랑 솜 하노이 박 지역에 위치한 골 모드-Ⅱ(Gol mod-Ⅱ)이다.

발굴 조사 작업은 2001년부터 시작되었다. 아르항가이 아이막의 언더르-올랑 솜의 하노이 박 지역에 있는 발가싱 탈이라는 지역에 위치한 골 모드-Ⅱ(Gol mod-Ⅱ)라는 흉노시대 왕족·귀족 고분군에 대한 조사가 미국의 연구자들과 몽골국립 울란바타르대학교의 고고학과와 함께 2011년까지 몽골자본을 통해 중단없이 연속하여 진행되어 왔으며 초기 연구 성과에 대해서 미리 소논문들을 발표한 바가 있다.[9] 발가싱 탈 지역에 위치한 골 모드-Ⅱ의 제1호분의 동쪽에는 서북쪽에서 서남쪽을 향하여 반달모양으로 나란히 놓여진 27기의 배장묘가 있고, 제1호분의 정북쪽에 한 기의 무덤, 고분의 서쪽에 한 기, 동쪽에 한 기가 있다. 전체 30기의 배장묘들을 2002~2006년도까지 매년 지속적으로 몽골-미국 합작 "하노이 계곡" 프로젝트 팀이,[10] 2006~2009년도 까지는 울란바타르대학교 사회과학대학 고고·역사학과 학생들이 하계 연수 및 발굴실습 훈련을 위해 제1호분과 30기의 배장묘들의 정리 등의 작업을 작은 규모로 실시해 왔다.[11]

---

9) D.Erdenebaatar & others. A Xiongnu cemetry found in Mongolia.–ANTIQUITY.76(2002):, D.Erdenebaatar & others. A Xiongnu tomb complex; Excavations at Gol mod-2 cemetery, Mohgolia (2002-2005) – Mongolian Journal of Anthropology, Archaeology and Ethnology. Officail Journal of the National University of Mongolia. Volume2,No.2(271) December2006.:, Д.Эрдэнэбаатар, Ф.Аллард, Н.Батболд, Ч.Ерөөл-Эрдэнэ. Хүннүгийн булшнаас олдсон тамгатай шагай. - Түүхийн судлал. Studia Historica Instituti Historiae Academiae Scientiarum Mongolici. Tomus XXXIII, Fasc, 17. УБ., 2002.

10) Монгол-Америкийн хамтарсан "Хануйн хөндий" төслийн Аранхайгай аймгийн Өндөр-Улаан сумын Хануй бегийн нутагт ажилласан археологийн шинжилгээний ангийн тайлан. УБ., 2004 он.

11) Улаанбаатарын Их Сургуулийн НУФ-ын Археологийн тэнхэмийн археологийн үйлдвэрлэлийн дадлагын тайлан. УБ., 2006 он, 2007 он, 2008 он, 2009 он.

2001년에 새롭게 발견한 흉노 왕·귀족 고분이 있는 무덤군집지에서 기간, 인력, 경비문제로 말미암아 2002년부터 첫 발굴조사가 시작되었다. 이 때 우리는 200여기 가까이 되는 흉노 왕·귀족들의 고분 가운에 제1호분을 선택하여 발굴조사를 개시하게 되었다. 제1호분은 이 지역에 위치한 무덤들 가운데 가장 큰 고분으로 무덤군집지 서북쪽 가장자리에 위치해 있다. GPS 좌표상으로는 북위 48°00′ 22.7″, 동경 101°12′ 26.6″ 355˚에 위치하고 있다.

 발굴조사를 시작하기 전 제1호분의 외형은 북측 폭이 42m, 양측 변의 길이는 각각 46m, 높이는 3.6m이었다. 묘도는 그 서쪽 길이가 37.5m, 동쪽 길이는 26.5m 이며, 시작 부분의 폭은 8m, 묘도 끝부분의 폭은 19.5m이다. 동쪽 벽 6.5m 지점에는 고리형의 석조유구가 딱 붙어 있었고 서쪽에는 1기의 작은 원형무덤이, 북쪽에도 역시 1기의 무덤이 각각 있었다. 그 이외에도 고분의 북쪽에는 돌을 이용해 나란히 조형한 3줄로 된 선을 만들어 놓고 있었다. 고분 동쪽에는 직경 12m의 독립적인 무덤 1기가 있고 그보다 더 동쪽으로는 반월형 모양으로 배치된 27기의 원형 적석을 가진 배장묘들이 위치해 있었다. 이 배장묘들은 남북방향으로 연달아 이어져 놓여 있었다. 이 배장묘들을 발굴·조사하여 제1호분과 어떠한 관련성을 지니고 있는지 밝히는데 그 목적이 있다.[그림 14참조]. 이러한 유형의 고고학 유물들을 (러시아 부리야트의 차람(Tsaram)이라는 지역의) 연구·조사하고 있는 러시아 상트페테르부르크(Saint Petersburg)의 고고학자 S. S. 미냐예프(S. S. Minyaev)의 연구에 따르면,[12] 이것들은 귀족의 대형 무덤에 함께 배장된 것으로 작은 고분들이 아래쪽에서부터 위쪽으로 조성되었고, 유년기 아이들의 무덤에서 시작하여 가장 위쪽 즉 북쪽에 위치해 있는 무덤은 나이든 사람들의 무덤이 들어섰다는 것을 확신할 수 있게 되었다.

 1956~1957년도에 몽골의 고고학자 Ch. 도르찌수렌(Ch. Dorjsuren)이 아르항가이 아이막 의 하이르한 솜 지역의 골 모드-1에서 상술한 것과 유사한 형태의 귀족무

---

12) Д.Эрдэнэбаатар 2001 онд ОХУ-ын Санкт-Петербург хотод ажиллаж байхдаа археологич С.С.Миняевтай санал солилцох үед авсан мэдээлэл

덤에 배속된 배장묘들을 발굴 조사한 연구결과들[13]에 포함시키긴 하였지만 자세한 설명을 하지는 않았다.

왜 이 지역이 고고학 연구의 중심지로 선택했는지에 대한 의문에 대해 간략히 설명해 보자. 몽골의 항가이(Khangai) 산맥 지역은 고대 청동기시대부터 수 많은 부족들이 서로의 경계를 맞대며 살아가고 있었고 많은 문화들이 융합된 지역이다. 이곳에 "사슴돌이 있는 헤렉수르(Hereksur)문화", "명건 타이가 문화(Möngön taiga culture)", "멍흐 하이르한 문화(Mönkh khairkhan culture)", "판석묘 문화(Дөрвөлжин булшны соёл)" 등을 남겨 놓았으며, 청동기 중기의 고대인들이 4,500~2,500년간 그곳에서 거주하고 있었다는 것은 확실한 사실이다. 이들 중 하나가 서로 다른 기원과 문화들을 가진 씨족들을 하나의 문화 범위에 통합시켰으며, 하나의 정권 아래 통합된 문화로의 통일을 가능하게 했던 국가와 사람들이 바로 흉노인들이였다. 그 가운데 우리가 연구하기 위해 선택한 이 하노이(Khanui) 강의 계곡의 옛이름이었다고 전해져 내려오는 명칭이 바로 "왕의 계곡(Хааны хөндий, Valley of Khaan)"이다. 고전 몽골문자로 "한-온(Khan-un)"으로 전사하여 쓰는 이 형태가 현대 몽골키릴문자 철자법으로 "하노이(Хануй, Khanui)"라고 잘못 기록되면서 오늘날의 몽골사람들은 "왕의 계곡(Хааны хөндий)"이라는 몽골 명칭을 점차적으로 잊어버리는 현상이 일어났다.

우리가 선택하고 종합적인 연구를 하고 있는 이 "왕의 계곡(Хааны хөндий)"은 각 시대마다 왕과 귀족들이 살고 있었던 요람지였기 때문에 이러한 명칭을 얻게 되었다고 볼 수 있다. 이유는 하노이강의 계곡에는 오늘날 청동기와 흉노시대의 왕·귀족들의 고분과 능묘, 제단이 있으며, 또한 고대 몽골 시기의 도시 터 흔적까지 있는 역사-문화의 매우 큰 유적이 있는 계곡이기 때문이다.

---

13) Ц.Доржсүрэн. Умард Хүннү. УБ., 1962.

그림 14 하노이강 계곡의 발가싱 탈 지역에 있는 흉노시대 배장묘들

Ⅳ. 흉노제국시대의 무덤-골모드2의 발굴 조사

2001년부터 "골 모드-2" 흉노왕의 고분이 있는 유적지를 우리가 발굴 조사하기 위해 선택한 제1호분 발굴은 2011년에 완료되었고, 이 기간 가운데 2001~2009년에는 제1호분의 배장묘 30기와 제1호분의 뒤편에 있는 13곳의 석조물을 함께 완전히 발굴함과 동시에 복구작업을 완료하였다. 2011년에는 몽골국의 "Jenko" 그룹의 "투멘 히식텐(Tumen khishigten)"사의 재정지원 아래 제1호분의 발굴을 5개월 동안 진행하여 성공적으로 마치게 되었다.

제1호분에는 모두 30개의 배장묘가 딸려 있었는데 그 중 하나인 29호 배장묘는 후돌궐-몽골 시기의 무덤이었다. 이 무덤은 제1호분의 서쪽에 조성할 때 서쪽 벽에 쌓여있던 돌들로부터 돌을 가져와 사용하였다. 남은 29기의 배장묘 가운데 28기의 배장묘는 사람의 무덤이며, 1호 배장묘의 바로 북쪽에 있던 28호 배장묘

하나는 머리가 없는 말의 무덤이었다. 이 배장묘에는 말 이외의 여타 다른 물품을 부장하지 않았다.

1~27호 배장묘들은 제1호분의 동쪽에서 반월형으로 휘어진 형태로 남에서 북으로 줄지어 조성되어 있다. 이 27기의 배장묘 가운데 크기상 큰 무덤에 속하는 30호 배장묘는 제1호분과 27기의 배장묘들 사이에 별도로 만들었는데 이는 다른 27기의 배장묘들의 피장자들보다 좀더 높은 지위를 가졌건 사람이었을 가능성이 있다. 그 이유는 이 30호 배장묘가 비록 매장부가 모두 도굴당했다고 하지만 이 무덤에서부터 발견된 고고학적 유물들에는 로마산 유리병, 중국산 적색 칠이배(漆耳杯) 2점, 큰 토기 그릇, 등불촛대 등 상당히 혈통 있는 귀족이 사용하였던 도구들이 포함되어 있었기 때문이다.

제1호분의 1호 배장묘: 이 배장묘 적석들의 행태는 상당히 많이 파괴된 상태로 무질서하였고, 2~2.3m정도 되는 약간 원형모양이다. 36cm 아래로 발굴해 내려갔을 때 길이 1.5m, 폭 60cm 크기의 굴광선(掘壙線)이 확인되었다. 이러한 묘광 위에 발견된 7개의 판석은 묘광을 채우던 돌들로 보인다. 발굴 깊이 102cm에서는 대패질해 만든 판자의 흔적, 118cm 깊이에서는 목관의 바닥이 확인되었지만 사람의 무덤인지 확인되지 않았다. 그러나 목관의 중심부에서 토기편 1점이 출토되었다. 여기서 출토된 나무의 규격을 통해 유추해 볼 때 어린아이 무덤일 것으로 추정되고 있다.

제1호분의 2호 배장묘: 이 무덤 적석들의 모양 또한 파괴된 상태였지만 원래 원형이었다는 것은 분명히 알 수 있었다. 발굴 깊이 82cm에서 길이 145cm, 폭 45cm의 목관 형태가 발견되었으나 그 내부는 심하게 교란되어 있었고 사람의 대퇴골과 토기편들만이 출토되었다. 발굴깊이가 103cm에 이르러서는 턱뼈가 유실된 유아의 두개골을 발견하고서 이 무덤의 발굴을 종료하였다. 이 두개골의 뒤통수 부위에는 호미 종류인 듯한 둔기로 몇 차례 가격당하여 생긴 네모난 구멍이 있었다. 이 무덤에서 철제 허리띠 장식, 4~5개의 철편, 철제 고리 등이 출토되었지만 습한 모래 흙에 심하게 부식된 상태였다.

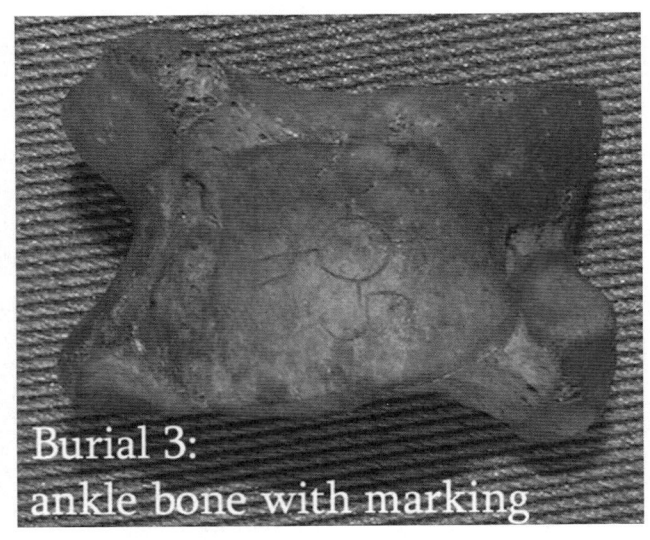

그림 15 하노이강 계곡의 발가싱 탈 지역에 있는 흉노시대 3호 배장묘 출토 인장이 새겨진 복사뼈

제1호분의 3호 배장묘: 이 무덤 적석의 북쪽 부근은 많이 파괴되어 적은 돌만 남았으며, 남쪽은 비교적 완전한 형태를 가진 돌들이 쌓여져 있는 상태였다. 그 지름은 3.8m로 중심부에는 돌이 없는 상태였다. 발굴 깊이 120cm에서 길이 138cm, 폭 40츠 크기의 목관 흔적이 발견되었다. 125cm의 깊이에서는 묘광 북편이자 머리쪽 부위의 목관 외부에는 대형가축(말, 소, 낙타)의 머리뼈 1점, 발굽뼈 4점, 소형가축(양이나 산양) 머리뼈 3점, 정강이뼈 6쌍 등으로 순장해 제를 올렸던 유물이 발견되었다. 목관 내부 머리 부근에서 소형가축의 복사뼈가 발견되어 나오기 시작하였다.

발굴 깊이 150츠에 이르렀을 때 심하게 도굴당한 아이의 무덤이 발견되었고, 목관의 위쪽에서 다량의 소형가축의 복사뼈들이 3단으로 널린채 깔려 있었다. 여기서 모두 267점의 복사뼈가 깔려 있었고 이 중 30개의 복사뼈에는 인장모양, 낙서문양, 뼈나 살 등을 말끔히 제거하거나 구멍을 뚫은 복사뼈가 있다는 것이 확인된다. [그림 15참조.]

또한 이 무덤에서 철편들이 적지 않게 발견되었는데 그 중 철제 버클, 용도가 불분명한 철편들도 있었다.

제1호분의 4호 배장묘: 이 무덤의 적석들 또한 모양이 심하게 훼손되어 있었고, 구멍을 메우던 돌들 아래로 49cm 하강하였을 때 묘광의 전반적인 형태가 확인되었다. 굴광선을 정리하고 75cm 깊이로 내려갔을 때 구멍을 채우던 돌, 인골, 철편이 발견되었고 123cm의 아래에서 얇게 대패질한 나무로 만든 목관의 흔적이 발견되었다. 젖은 도래흙으로 겹겹이 쌓여 있었던 관의 보존상태는 매우 나빴다. 관의 북쪽인 머리 부근에서 불명확한 원형형태의 분홍색 유물이 나왔지만 실제 무엇이었는지는 정확하지 않다.

관의 규모는 대략 길이 130cm, 폭 30~40cm 정도였다. 유물이 발견되지는 않았다.

제1호분의 5호 배장묘: 이 무덤의 적석들은 모두 파괴되어 있었다. 둥그렇게 생긴 석렬들의 서북쪽, 동쪽에 쌓여져 있었던 것이 확실하다. 발굴 깊이가 52cm가 되었을 때 길이 160cm의 굴광선의 흔적이 확인되기 시작하였고 본 묘광 깊이는 84cm되었지만 관이나 유물 등은 발견되지 않았다.

제1호분의 6호 배장묘: 이 무덤은 본래의 작은 방형무덤에서 북쪽으로 2m 정도 거리를 두고 위치하 있으며 이 무덤의 원래 적석들은 온전한 형태가 아닌듯 보이며 가로가 긴 타원형(4.8m~3.6m)로, 북쪽지역은 적석이 소실되어 버렸다.

적석들을 깨끗이 제거하고 발굴해 내려가 깊이 50cm가 되었을 때 서북쪽을 향한 타원형의 긴 굴광선이 확인되었다. 묘광의 동쪽 하부 모서리에 지름 20cm의 목탄 흔적이 확인되었다. 깊이 62cm되었을 때 지름 15~20cm의 목탄자국, 원형의 아가리를 가진 갈색 얼룩의 목제 원형 용기 4점을 발견하였지만 보존상태가 상당히 좋지 않아 실제 어떠한 용도를 지닌 물건이었는지는 확인 할 수 없었다.

그러나 깊이 110cm가 되었을 때, 길이 145cm, 폭 70cm의 묘광에 폭 40cm의 얇은 목관의 흔적을 확인하였으며 매장주체부와 관은 도굴당해 파괴되어 있었다. 본 묘광의 머리 부분인 위쪽 부분에서 3점의 철제 고리, 관의 중간부, 다리 부분에는 평평한 철제 목관 장식으로 추정되는 물건이 출토되었다. 발굴은 이 정도에서 완료되었다.

제1호분의 7호 배장묘: 이 무덤은 원형 적석이 있고 서남쪽의 적석들의 위치가 훼손되고 무질서한 상태로 되어 있었다. 적석을 들어내고 파보니 31cm 깊이에서 평석을 사용하여 덮어 놓았으며, 이 돌들의 중심부에서 불에 탄 나무 조각이 확인되었다.

발굴한 깊이가 63~160cm까지 이어진 층위에서 묘광을 중간 크기의 돌로 채운 적이 있었고 160cm의 깊이부터는 묘광의 관 윗부분을 덮고 있던 평석의 뚜껑돌들, 판자, 가죽편, 쇠못 조각 등의 것들을 발견하기 시작하였지만 정확히 어떠한 용도로 사용되었는지는 알 수 없었다.

193cm의 깊이가 되었을 때 길이 약 2m, 폭 70cm의 관의 판자편, 목관의 외부를 둘러싼 둘레돌들이 각각 확인되었다. 정리를 하고 다시 연이어 파 내려가니 깊이가 230cm에 이르렀을 때 장례식에 썼던 도구들이 완전히 도굴되고 파손된 묘임을 알 수 있었다. 관의 외부 머리부분에 말로 제사를 지내고, 제물로 바쳐놓았다. 관 안에서는 사람의 가슴뼈, 아랫부분에 오른쪽 정강이 뼈, 대퇴골, 왼쪽 정강이 뼈, 진주 목걸이, 철편, 철제 고리 등의 것들이 발견되었다. 관의 서남쪽 모서리에서 모직으로 감싼 지름 12.5cm, 두께 3mm의 청동 거울이 발견 되었다.

제1호분의 8호 배장묘: 이 무덤은 7호 배장묘와 바로 연결되어 있고, 돌들을 빼곡하게 쌓아 놓았고, 가로가 긴 타원형, 중심부는 돌이 없고 움푹 꺼져 있었다. 적석을 제거한 후 25에서 118cm 깊이까지 묘광을 채운 적석들이 계속해서 나오고 있었다. 118cm 깊이에서부터 묘광을 채운 돌들의 가운데에서 두개골이 발견된 것은 이 무덤이 이미 도굴당했다는 것을 보여주는 것이다. 발굴을 계속적으로 진행하여 깊이 148cm 묘광의 하단부에서 또 다른 묘광을 가득 채운 돌들이 계속적으로 나왔고 묘광의 윗부분에서 철제고리, 용도가 분명치 않은 철편들을 찾았다. 발굴을 계속적으로 진행해 깊이 152cm에서 길이 190cm, 폭 60cm, 대패질해 만든 얇은 목관을 발견하였다. 관의 머리부분의 외부에서 3점의 고리형 철기, 철편들이 162cm 깊이까지 계속적으로 출토되었고 뼈, 비골, 대퇴골들이 발견되었다. 관의 머리부분의 외부에서 단단한 회색판을 발견하였고 그 위에 2점의 철제고리, 1점의 소형 교구가 각각 발견되었다. 관의 높이는 37~40cm, 관의 상하부 네 귀퉁이에는 10cm 길이의 손잡이가 있었다.

제1호분의 9호 배장묘: 이 무덤의 적석부는 상당히 파괴되어 있었고, 약 5.5m 정도의 타원형이다. 적석을 제거한 뒤 밑에서 묘광의 가장자리를 따라 발굴하여 정리해서 보았을 때 180cm 깊이에서 목관의 흔적이 매우 잘 남아 있는 것이 확인되었다. 높이 23cm, 두께 약 2cm, 길이 193cm, 폭 53cm 크기의 목관으로, 관의 위치를 볼 때 동북쪽을 향해 시신이 안치되어 있었음을 알 수 있었다. 20~25살로 추정되는 남성의 인골 흔적이 발견되었다. 철제 고리, 흑색 토기의 밑부분, 쇠와 붙어버린 천 조각 등이 발견되었다.

이 무덤은 9호 배장묘의 바로 북쪽에, 인접한 위치에 있다. 표토를 제거하고 난 후 관찰해 보니 상당히 많이 파괴된 형태로, 적석의 양이 적은 약 4m 정도 크기의 무덤임이 확인되었다. 발굴 층위가 3층인 69cm 깊이에서 길이 2m, 폭 1.2m의 타원형의 적석이 동북쪽을 향해 위치해 있는 것을 발견하였다. 이 적석은 묘광을 채우던 돌이었던 같다. 발굴 깊이가 107.5cm가 되었을 때 묘광을 채우던 마개돌들이 계속적으로 나오기 시작했다. 발굴 깊이가 130cm, 5단계 층위에서는 묘광의 마개돌들의 숫자가 적었고, 돌들의 위와 중간 사이에서 사람의 두개골, 가축의 뼈, 철편 등의 유물들이 각각 발견되었다. 묘광의 깊이가 135cm가 되었을 때 묘광의 마개돌들의 개체수가 더욱 줄어들었고, 머리부분에 한 무더기로 있던 11개의 돌을 제거하였다. 발굴 깊이가 176cm가 되었을 때 얇은 판자로 된 관을 확인하였는데 관은 길이 2.2m, 폭 0.4m 크기로, 관의 서쪽 귀퉁이는 167cm의 깊이에, 동쪽 귀퉁이는 166cm에, 동쪽 밑 귀퉁이는 178cm에 서쪽 밑 귀퉁이는 174cm 깊이에 각각 위치해 있었다. 관의 동북쪽 귀퉁이에 사람의 턱뼈, 철편들을 발견하였고 관의 서북쪽 귀퉁이에서 타원형의 길쭉한 돌, 관의 동쪽에는 연달아 3개의 큰 돌이 위에서 아래로 박혀 있었다. 관벽을 따라 밑바닥이 드러날 때까지 제거하고 보았을 때 높이 약 20cm, 두께 5cm로 된 대패질해 만든 관이 있었고 상하부에 5~10cm 정도 길이의 만든 손잡이를 만들었다. 관의 중간부분에서 사람의 양쪽 정강이뼈, 오른족 대퇴골, 척추뼈, 철제 유물의 많은 파편들이 각각 출토되었다. 관을 전체적으로 조망해 보면 북쪽으로 기울어져 놓아졌던 것이 단면도와 관의 위치에서 보여지고 있다.

제1호분의 11호 배장묘: 11호 배장묘도 또한 10호 배장묘의 북쪽에 연이어, 인접한 위치에 있다. 표토 제거 작업을 마치고 제 2단계 발굴 깊이 31cm가 되었을 때 원형의 빽빽하게 적석이 있는 지름 3.2~3.6m 정도 크기의 중심부에 돌이 없이 에워싼 석렬들을 분명히 확인할 수 있었다. 적석들을 제거하고, 발굴을 계속하여 51cm 깊이에서 폭 1.3m, 길이 2.5m 크기의 묘광의 모습을 확인할 수 있었다. 이 묘광의 형태가 나타난 층에서 동북방향으로 된 묘광의 마개돌로 추정되는 몇 개의 돌들이 또한 발견되었다.

제1호분의 12호 배장묘: 약 4.5m 크기의 원형의 적석부가 있는 무덤으로 13호 배장묘와 붙어 있다. 이 무덤은 심각하게 도굴 되었고 묘광 내부의 마개돌이 거의 소실되어 있었고, 발굴 깊이가 120cm가 되었지만, 관의 흔적은 확인되지 않았다. 묘광의 위치로 볼 때 사람을 5°~15° 정도 비스듬히 안치했던 것 같다. 17~25살 정도로 추정되는 남성 인골을 발견하였다.

제1호분의 13호 배장묘: 12호 배장묘의 북쪽에 붙어 있다. 약 5m 크기의 타원형으로 적석이 있고 중심부에는 돌이 없는 무덤이다. 발굴을 진행하여 묘광으로부터 말의 턱뼈, 철편을 발견하였지만 본 무덤 또한 상당히 도굴당한 상태였다. 묘광을 발견하여 그것을 따라 발굴을 진행하여 깊이 129cm에서 목관을 발견하였는데 관의 크기는 182×52cm였다. 시신은 32° 가량 동북쪽을 향해 안치되어 있었다. 이 무덤에서 35~40살 가량의 남성 인골을 찾았다. 또한 소, 말과 소형가축으로 부장하였고, 화살촉, 각종 철 제품 등이 부장되어 있었는데 심각하게 도굴당한 듯 널부러져 있었다.

제1호분의 14호 배장묘: 약 4m 크기의 타원형 무덤으로, 적석들이 많이 흩어져 있었다. 발굴과정에서 또한 이 무덤이 상당히 심각하게 도굴당했다는 것을 확실히 알 수 있었다. 아래로 파내려 간 깊이가 101cm가 되었을 때, 220cm×52cm 크기의 목관이 발견되었다. 관의 위치로 볼 때, 시신은 13° 가량 동북쪽을 향해 안치되어 있었다. 무덤은 많이 도굴된 상태로 유물로는 철제고리 조각, 칼 조각을 찾았다.

제1호분의 15호 배장묘: 지름 2.5m의 소형 무덤이다. 중심부에는 적석이 없다.

발굴과정에서 또한 이 무덤이 도굴당했다는 것을 분명히 알 수 있었다. 묘광을 크고 작은 많은 양의 돌들로 가득 채워서 막아 놓았다. 185cm 깊이에서 185cm×42cm 크기의 목관을 발견하였고, 시신은 22˚ 가량 동북쪽을 향해 안치되어 있었다. 가축, 토기, 화살촉, 마구 등을 같이 부장한 것은 출토되고 있는 철제 유물로 확인된다.

제1호분의 16호 배장묘: 지름 4m의 중심부에는 적석이 없는 무덤이다. 발굴과정에서 이 무덤이 많이 도굴당했다는 것을 분명히 알 수 있었다. 발굴 깊이 152cm가 되었을 때 묘광의 안에서 185cm×60cm 크기의 목관을 확인하였고, 시신은 22˚ 가량 동북쪽을 향해 안치되어 있었다. 25~30세 가량되는 남성 인골을 발견하였다. 말을 부장하였고, 마구에 사용되었던 철제 유물들, 크고 작은 고리들과 3점의 화살촉을 발견하였다.

제1호분의 17호 배장묘: 약 4.2m 크기의 타원형 무덤이다. 적석들이 많이 흩어져 있었다. 발굴 깊이 130cm가 되었을 때 153cm×62cm 크기의 목관을 발견하였고, 시신은 16˚ 가량 동북쪽을 향해 안치되어 있었다. 무덤이 심하게 도굴당한 상태여서 장례형태가 분명하지 않았다. 많은 양의 스형 철편들이 발견되었다.

제1호분의 18호 배장묘: 약 3m 크기의 원형 무덤이다. 중심부에 돌이 없이 드문드문 적석이 놓여 있었다. 12cm 깊이에서 187cm×58cm 크기의 목관이 발견되었다. 시신은 동북방향으로 15˚ 가량 동북쪽을 향해 안치되어 있었다. 동경조각을 발견하였다.

제1호분의 19호 배장묘: 약 4m 크기로, 타원형 무덤이며, 동남쪽의 적석들은 소실되었다. 153cm 깊이에서 185cm×51cm 크기의 목관을 평석들로 둘러쌓아 놓았다. 시신은 3˚ 가량 동북쪽을 향해 안치되어 있었다. 흑색 토기편들, 7점의 철촉, 마구에 사용되었던 철제 유물을 발견하였다. 말, 소와 소형가축으로 부장하였다.

제1호분의 20호 배장묘: 약 6m 크기로 원형 적석이 있는 무덤이며, 중심부에는 적석이 없다. 발굴 깊이 114cm가 되었을 때 210cm×60cm 크기의 목관이 발견되었고 시신은 3˚ 가량 동북쪽을 향해 안치되어 있었다.

제1호분의 21호 배장묘: 지름 5m 정도의 크기로, 동북쪽의 적석은 흩어져 있는 상태였다. 발굴과정에서 이 무덤이 심하게 도굴당했다는 것을 확실히 알 수 있었다. 195cm로 파내려갔을 때 189cm×45cm 크기의 목제 뚜껑이 있는 목관이 확인되었다. 시신은 15° 가량 동북쪽을 향해 안치되어 있었다. 토기편, 철편들을 찾았다.

제1호분의 22호 배장묘: 7m 정도의 타원형의 적석이 있는 무덤이다. 동측에 있었던 돌들이 서쪽편에 많이 쌓여 있었다. 발굴과정에서 심하게 도굴당했다는 것을 확인할 수 있었다. 발굴 깊이 201cm가 되었을 때 193cm×46cm 크기의 목관을 발견하였고 시신은 17° 가량 동북쪽을 향해 안치되어 있었다. 30~40살 가량으로 추정되는 남성 인골이 나왔다. 무덤은 심하게 도굴당했지만 백동경(TLV형), 금으로 장식한 철제 유물, 철솥, 12점의 화살촉, 원형·방형의 버클들, 철제마구 등이 발견되었다.[그림 16.]

그림 16 하노이강 계곡의 발가싱 탈 지역에 있는 흉노시대 22호 배장묘 출토 백동경(TLV형)

제1호분의 23호 배장묘: 9m 정도의 원형의 적석이 있는 무덤이다. 적석의 중심부에서 돌들이 확인되지 않았다. 발굴작업과정에서 이 무덤이 심하게 도굴당했다는 것을 분명히 확인할 수 있었다. 묘광깊이 201cm가 되었을 때 이중목관이 확인되었는데, 외부용 관의 크기는 298cm×76cm, 내부용 관의 크기는 184cm×62cm였다. 시신은 3° 가량 동북쪽을 향해 안치되어 있었다. 무덤에 말, 소, 송아지 등 가축을 부장하여 놓았고, 거울집에 쌓여있는 청동거울, 반구(半球)형 걸쇠, 원형 호박(琥珀), 도금한 철제 유물, 허리띠의 철제 버클 2점, 16점의 화살촉, 1점의 뼈로 된 둥그스름한 화살촉 등의 유물들을 발견하였다.

제1호분의 24호 배장묘: 약 5.5m 크기의 원형으로, 빽빽하게 적석들이 있는 무덤이다. 발굴과정에서 이 무덤 역시 심하게 도굴당했다는 것을 분명히 확인 할 수 있었다. 발굴 깊이가 111cm가 되었을 때, 180cm×58cm 크기의 목관이 발견되었다. 말, 소 등의 가축으로 부장했고, 제사함 밑바닥에 삼지창형태의 인장이 그려진 흑색 토기편, 쇠종, 2개의 버클, 2개의 방형 버클, 20개 정도의 철편들을 찾았다.

제1호분의 25호 배장묘: 약 6m 크기의 적석들이 심하게 흩어지고 소실 되어져 버린 타원형의 무덤이다. 적석의 중심부 돌들은 소실되었다. 발굴과정에서 이 무덤이 심하게 도굴당했다는 것을 분명히 알 수 있었다. 발굴 깊이가 149cm가 되었을 때, 215cm×55cm 크기의 목관이 발견되었고 대형 가축으로 부장을 하였다. 관의 위치는 서북쪽을 향해 -8° 가량 틀어져 안치되어 있었다. 청동그릇, 도금한 철제 유물편, 2개의 갈고리, 3점의 허리띠의 철제 버클, 3점의 화살촉, 30여점의 철편들을 찾았다.

제1호분의 26호 배장묘: 약 6.2m 크기의 타원형의 무덤이다. 적석은 빼곡하게 있지만 중심부의 돌들은 적다. 발굴 깊이 159cm가 되었을 때 190cm×58cm 크기의 목관이 확인되었고 시신이 서북향을 향해 354° 가량 돌려져 안치되어 있었다. 대형 가축들의 견갑골로 부장하였고, 녹색의 평석 유물, 광택낸 철제고리, 금제 장식품, 청동제 유물조각, 도금한 철편, 4점의 버클, 9점의 철반지, 방형·원형의 철제 버클들, 5점의 못, 못대가리들(釘頭), 2개가 연결되어 있는 고리, 4점의 화살촉들, 칼의 조각, 2점의 버클, 마구 조각들, 4점의 고리, 6점의 못대가리, 3점의 방형 갈고리들, 2점의 옷장속, 3점의 타원형 버클, 한 쌍의 갈고리 등이 놓여져 있었다.

제1호분의 27호 배장묘: 제1호분의 동쪽에 반월(半月)형으로 만든 27기의 배장묘 가운데 가장 큰 규모로 가장 북쪽에 위치해 있다. 무덤의 크기는 약 10m로, 타원형이며, 중앙부 적석들을 파 내고 밖으로 쌓아 놓은 듯 하다. 발굴과정에서 이 무덤이 심하게 도굴당했다는 것을 분명히 확인 할 수 있었다. 발굴 깊이가 212cm가 되었을 때 묘광 안쪽에서 208cm×57cm 크기의 이중 목관이 확인되었다. 이 목관은 이중의 돌로 둘레를 쌓아 보호되고 있었다. 목관의 외벽은 얇은 철로 격자문양을 넣어 장식하였다. 시신은 서북향으로 344° 가량을 향하여 안치되어 있었다. 30~35살 가량으로 추정되는 남성 인골을 발굴하였다. 무덤에 말을 부장하였다. 갈고리가 있는 청동 고리, 철제 갈고리, 갈고리들, 4점의 고리, 4점의 촉 등의 유물들이 남아 있었다.

제1호분의 28호 배장묘: 제1호분의 바로 북쪽에 위치한 무덤이다. 이 무덤은 3.5m정도의 원형 무덤이다. 이 무덤을 180cm로 파 내려갔을 때 어떤 유물도 나오지 않았고, 머리가 없는 한 마리의 말을 동북쪽을 향하여 눕히고 발을 굽혀 놓았다.

제1호분의 29호 배장묘: 이 무덤은 제1호분의 서쪽에 단독으로 있는 무덤이고 1호분 서벽에서부터 2m의 거리를 두고 조성되었다. 무덤의 크기는 약 5.5m이며, 적석이 많이 흩어져 있는 상태의 무덤이다. 심하게 도굴당했고, 파 내려간 깊이가 150cm가 되었을 때 묘광이 망가진 자국이 확인되었다. 두개골이 발견되었는데 어린아이의 머리였다. 이 무덤은 훗날 중세 시기에 제1호분의 벽에 있던 돌을 이용하여 만들었음이 분명하다.

제1호분의 30호 배장묘: 이 무덤은 제1호분의 모든 30기의 배장묘들 가운데 가장 큰 규모로 또한 제1호분의 동쪽에 반월형으로 만들어진 배장묘들로부터 떨어져서 조성되어 있고 제1호분과 배장묘들의 중간부분에 단독으로 위치하고 있다. 2006년에 발굴조사를 시작하였지만 완료할 수 없었고, 2010년에야 모든 발굴조사를 끝마쳤다.[14]

이 무덤은 지름 19.5m로 표토 상에서 약간 북쪽에서 남쪽을 향한 타원형이며 중심부에는 적석이 없다. 표토 정리 과정에서 적석들의 중심부에서 부서진 토기편, 동물의 뼈 등이 발견되는 것은 이 무덤이 고대에 도굴당했을 가능성이 있다

---

14) Эрдэнэбаатар Д., Идэрхангай Т., Мижиддорж Э., Галбадрах Б., Оргилбаяр С. Улаанбаатарын Их сургуулийн Нийгмийн ухааны факультетийн Археологи, Түүхийн ангийн оюутнуудын хээрийн танилцах ба үйлдвэрлэлийн дадлагын 2009 оны тайлан. //УбИС-ийн НУФ-ийн Археологийн тэнхимийн ГБСХ. УБ., 2009

는 것을 말해주고 있다. 발굴 과정에서 무덤의 최초 외부구조는 방형이었을 수도 있다는 것을 적석이 된 형태를 통해 알수 있었다. 적석들을 제거하는 과정에서 대·소형 가축의 뼈, 토기편, 철제 유물, 목탄 등의 유물들이 적석들의 사이에서 계속적으로 출토되었다. 또한 적석 제거작업 후 무덤의 중앙부에서 목탄, 대형가축의 사지뼈가 나왔다.

발굴 깊이가 1.1m가 되었을 때, 묘광은 확실한 동북쪽에서 서남쪽을 향해 있었고, 6m×3.8m 크기의 형태로 발견되었다. 이 층에서 대·소형 가축의 뼈 파편들, 목탄편 등 유물들이 묘광의 여기저기에서 지속적으로 출토되어 나왔다. 이 층부터 밑으로 30~40cm 더 깊이 파내려 가니 동북쪽에서 서남쪽을 향한 크기 4.4m, 서쪽에서 동쪽방향으로 크기는 3m의 타원형으로 묘광 크기가 이전 층보다 약간 작아졌다. 묘광의 북쪽 및 남쪽 부분에서 적은 양의 돌들이 드러나 있는 것이 보이며 북쪽 부근에서 드러난 돌들의 가운데 관의 장식이었던 격자문양과 철제 장식물들의 파편들이 널브러져 있는 것을 발견하였다. 묘광의 크기는 이전 층의 발굴 시점부터 점점 작아져서, 동북쪽에서 서남쪽으로 크기 3.65m, 서북쪽에서 동남쪽으로 크기 2.6m가 되었다. 묘광의 남쪽과 동쪽 부분에서 동토(凍土)가 나왔다. 묘광의 깊이는 2.3m가 되었다.

이 발굴 층에서 적석들의 수가 이전 층보다 늘어났고 제거 작업 중에 적석들의 가운데서 목관의 파편을 발견하였다. 또한 목관의 위에서 적색 원형 칠배(漆杯)의 위쪽 가장자리가 나왔고 방형 관의 격자문양, 철제 장식물의 파편을 묘광의 서북쪽에서 더 찾았다. 묘광의 깊이가 3.3m가 되었다. 여기서 밑으로 통나무 관의 파편, 그것을 둘러싼 마개돌들이 확인되었다. 또한 이 발굴층에서 제사와 장례를 별도로 진행하였던 것도 확인되었다. 그러나 이 무덤은 옛날에 도굴당해 장례풍습이 어떠했는지는 자세히 알 수 없을 정도로 교란되었다. 그러나 제의 부분은 전혀 교란되지 않았음이 분명하였다. 제의부의 서쪽 귀퉁이에서 가장자리가 깨진 큰 흑색도기(陶器)가 서남쪽으로 기울어진 상태로 발굴되었고, 그 위에 제사함을 막은 상당히 얇은 판자의 파편이 확인되었다.

매장주체부에서 관을 둘러싼 격자무늬 장식이 많이 발견되었다. 관의 서쪽 위

귀퉁이에서 작은 철제 갈고리, 동쪽에서는 발굴 5층위에서 발견된 것과 같은 적색 칠배(漆杯) 2점이 포개져 쌓여 있었다. 또한 이 겹쳐 쌓아놓은 칠배 위에 소형 가축으로 제사용 음식을 바친 듯 가축 골수뼈를 올려놓았다. 나무 그릇에 올려진 제의용 음식 앞에 비단에 싸서 꿰매 장식품을 넣어놓았을 가능성이 있는 얇은 통, 그 옆에 23점의 적갈색과 푸른색 유리목걸이를 발견하였다. 묘광의 아래 부분에서 크고 작은 적석들이 밑으로 박혀있었다.

관은 전체 길이 2.8m, 폭 1m이다. 그러나 매장주체부 안의 내부 길이는 2.25m, 제의부 내부는 0.5m의 공간이 있다. 관의 내부 폭은 0.75m이다. 목관의 파편, 제물 그릇의 파편들로 미루어 볼 때 시신이 동북향으로 안치되었음을 알 수 있다.

목관의 중심부에서 금판(金板), 관의 서북쪽 귀퉁이에서 동경편, 아랫부분에서 철봉 등의 유물들이 각각 발견되었다. 그러나 제의함의 동남쪽 귀퉁이에는 대형 가축의 대퇴골, 그것의 서북쪽에서는 아가리가 벌어진 제물용 토기, 등잔, 크고 높은 도기 아래에서 백색 줄무늬가 있는 푸른색의 유리잔 등이 출토되었다. 관의 머리측, 제의함 부근에 철제 반월형(半月形) 장식을 발견하였다. 또한 매장부와 제의부 두 곳을 분리시켜 만든 가로로 된 관의 판자 밑에서 사람의 두개골, 몇 개의 이빨 등 발견된 것들은 보존된 상태가 매우 나빴다. 묘광의 깊이가 3m 40cm이다.

V. 출토 유물의 유형

30호 배장묘로부터 다음의 것들이 출토되었다.

구슬형 장신구: 발굴한 곳에서 적갈색의 타원형의 길이 1~1.5cm, 두께 0.8~1cm의 8점의 호박(琥珀) 목걸이, 검푸른색의 두께 0.5cm의 15점의 유리 목걸이를 발견하였고 그 옆에는 비단을 씌운 손잡이가 있는 목걸이 장신구를 담던 동기(銅器)가 있었다. 이러한 종류의 장신구는 1924년에 노욘 올(Noyon uul)에서 발굴

· 조사한 흉노시대의 귀족묘[15]와 러시아의 부리야트 공화국 지역의 데르스팅 콜톡(데레스토이스코고 콜토카)이라는 지역에서 발굴·조사한 7호분, 10호분, 14호분, 24호분, 28호분, 32호분 등 흉노 무덤들에서 발견되었다.[16] 몽골지역에서 조사한 흉노 무덤들에서 이러한 종류의 목걸이 장신구가 출토되었다는 소식은 현재까지 없다.

철봉: 흉노 귀족묘에서 출토되는 보편적인 유물의 하나는 청동(靑銅)과 철로 된 봉(棒)이다. 30호 배장묘 피장자의 다리의 밑부분의 중간 근처에서 길이 26cm, 가운데 얇은 부분의 두께는 2.5cm이며, 끝의 두께는 3.8cm인 중간부위에서 양 끝으로 갈수록 굵어지는 철봉을 발견하였다. 이런 종류의 봉은 1924년에 F. K. 코즐로프(П.К.Козлов)의 조사팀이 발굴한 24호분에서 1점의 청동봉, 25호분에서 4점이 처음 발견되었다.[17] 러시아의 학자, A. N. 베른쉬탐(А.Н. Бернштам)은 노욘 올의 흉노시대 귀족묘에서 발굴된 이러한 청동봉들이 어떠한 의례와 관련있는 유물이라고 했지만 고대 중국 사료의 기사(記事)에 있는 "чи ба(chi ba)"라는 무기 명칭과 연관시켜 봐야 한다고 기술하였다.[18] 후에 몽골의 홉드 아이막(Khovd aimag)의 만한 솜(Mankhan sum)의 타힐팅 호트그르(Takhiltiin khotgor)유적의 "공주묘(公主墓, Gunjiin bulsh)"에서 비단끈이 달린 것이 발견되었고, 또한 아르항가이 아이막의 하이르한 솜의 후누이(Khunui)강 계곡에 있는 골 모드 I 의 제1호분에서 청동봉, 75호분에서 철봉을 각각 발견하였다. 이 봉들에 관해 이전 연구자들은 무기의 한 종류라고 생각하지 않았고 흉노 귀족 지위를 나타내는 상징물이었을 수 있다는 견해를 제시하였다.[19] 당시 이 청동 봉이 중심부가 철로 되어 있고, 밖을 둘러싼 부분은 청

---

15) С.И.Руденко. Культура Хуннов и НоинУлинские курганы. М-Л., 1962 г. Табл. LXX.

16) П.Б.Коновалов. Хунну в Забайкалье. Улан-Удэ., 1976 г. Стр. 169. Табл. 4, 19, 20.

17) С.И.Руденко. Культура Хуннов и НоинУлинские курганы. М-Л., 1962 г. Стр. 121-122. Табл. XXX.

18) А.Н.Бернштам. Очерк истории Гуннов. Л., 1951 г. Стр.41-44.

19) Ч.Ерөөл-Эрдэнэ. Гол модны Хүннү булшны судалгааны зарим үр дүн. – Археоллогийн судлал. SA, Тогп (II) XXII Fasc.8. УБ., 2004 он. Т.91-92

동이었다고 설명하였으며 그 뿐만 아니라 전체가 철로 만들기도 했음을 증명하기도 했다.[20] 아르항가이 아이막의 언더르-올랑 솜 지역의 하노이강 계곡에 있는 발가싱 탈의 골 모드-Ⅱ의 제1호분의 30호 배장묘에서 나온 이 철봉은 크기나 형태의 경우 골 모드-Ⅰ의 제75호분에서 나온 철봉과 비슷하다. 이 철봉과 청동봉의 용도는 흉노의 왕족 및 귀족의 지위고하의 차이를 나타내는 것이 분명하지만 어떤 의례에 사용했는지를 아직까지 명확하게 증명해 줄 증거가 우리의 연구에서는 존재하지 않는다. 그러나 이 청동 및 철로 만든 봉들은 비단으로 쌓인 상태로 관의 밖에 부장되어 있던 상태로 발견되는 것으로 미루어 볼 때 그 당시 시신의 관을 이동할 때 사용했었던 손잡이로 썼을 가능성이 있다. 아무리 숫자상으로는 1,2,4 개정도로 소수가 발견되고 있지만 이렇게 발견된 무덤이 도굴을 당했다는 것을 고려해보아야 한다.

등잔대: 흉노 장례풍습에 따라 부장하는 토기 종류에 속하는 이 토기 유물을 연구자들은 '등잔대'라고 불러왔다. 발굴 과정에서 관 안의 제의함의 북쪽에서 높이 4cm, 폭 14.5cm, 두께 1.2cm의 토기인 작은 통을 찾았다. 20세기 초인 1900년대에 지금의 러시아 부리야트 지역에 있는 일르밍 호쇼(Ilmiin khoshoo, Ильмовой падь)라는 유적에서 러시아 연구자 Yu. D. 탈리코-그린체비츠(Yu. D. Taliko-Grintsevich)가 고대 무덤을 발굴하여 인굴을 조사하는 과정에서 같이 부장했던 유물들 중에 토기와 함께 이러한 토기 유물[21]을 발견하였지만 정확한 쓰임새를 설명하지 않았다. 당시 연구자 자신도 발굴하고 있는 무덤이 흉노무덤이라고 생각하지 않았다. 홉드 아이막의 만한 솜 지역 타힐팅 호트고르의 제1호 귀족묘, 어워르항가이 아이막의 얼지트 솜(Ölziit sum) 지역 바르잔 올(Barzan uul)의 제2호 흉노고분[22]에서 각각 발굴되어 연구되었다. 이러한 종류는 1995~1999년에 볼간 아이막

---

20) Г.Андре, Ч.Ерөөл-Эрдэнэ. Нэгэн хүүрэм шийдэмийн тухай. - Археоллогийн судлал. SA, Tom (II) XXII Fasc.9. УБ., 2004 он. Т.110-117.

21) Ю.Д.Таль-Грынцевич. Материалы к палеоэтнологии Забайкалья. Санкт-Петербург., 1999 г. Табл. XYII.

22) Д.Наваан. Хүннүгийн өв соёл. УБ., 1999 он. : Д.Наваан. Археологийн 100 ваар сав.

의 호탁-언더르 솜 지역 에깅 강의 계곡에서 실시한 고고학 발굴·조사 과정에서 발견되어 조사된 흉노무덤에서 또한 발굴된 바가 있다.[23] 또한 헨티 아이막(Khentii aimag)의 바얀-아다르가 솜(Bayan-Adarga sum) 지역 도를릭 나르스(Duurlig nars)의 흉노 귀족묘 3호분, 4호분에서 각각 발견되었다.[24] 흉노시대 귀족묘와 평민묘 모두에서 발견되고 있는 등잔은 2가지의 기본형태를 가진다. 하나는 청동, 철로 된 대고 하나는 토기로 만든 대이다. 토기 "등잔대"의 아가리는 홑으로 된 형태와 이중으로 된 형태 두 종류가 있다. 뿐만 아니라 가운데 부분에 꽂이가 있는 것과 꽂이가 없는 것 2가지 종류로도 나눌 수 있다. 이러한 토기 유물이 실제로 "등잔용 대"로 사용되었는지에 대해 확인할 필요가 있다.

동경: 흉노인들의 장례풍습에 따라 전통적으로 부장하던 물품 가운데 하나는 두 말할 필요 없이 동경이었다. 흉노 사회 모든 계층의 사람들이 장례에 동경을 같이 부장하였으며 이 때 동경을 깨지 않고 온전히 부장하는 것과 훼기하여 부장하는 두 가지 풍습이 있었다. 제 30호 배장묘에서 발견된 이 백동경 위에 새겨진 호랑이, 용 모양으로 유추해 볼 때 중국 한나라의 Shou-tai의 동경에 묘사한 모양과 일치하고 있다.[25]

금 장신구: 무덤의 머리부분과 중간부분에서 다양한 나선형 무늬가 있는 복식용 장신구인 작은 금판과 목제 제품 위에 씌워놓았던 것 같은 은판 장신구 또한 발견되었다.

아가리가 벌어진 것과 둥글게 펴진 입구를 가진 둥근 몸체의 토기: 흉노시대 장례풍습에 따라 부장하던 유물가운데 하나는 제사함에 있는 토기 그릇들이며 대부분 솥이나 액체 보관용 그릇으로 사용되었다. 제1호 토기는 높이 30cm, 폭 26cm, 두께 1cm이며 물레 위에서 만들어진 아가리가 벌어진, 솥용으로 만들어진

УБ., 2002 он.
23) Д.Эрдэнэбаатар.
24) Дуурлиг нарсны Хүннү булш. – ШУА-ийн Археологийн хүрээлэн, Монголын Үндэсний Музей, Солонгосын Үндэсний музей. Сөул., 2009 он. 65-р, 80-р тал
25) Bulding A. The decoration of mirrors of the Han period. Switzerland, 1959

그릇이 있었다. 안에는 소형가축의 뼈 조각이 있었다. 제2호 토기는 높이 50.5cm, 폭 41cm, 두께 약1cm로 액체보관용이며, 이 또한 물레를 사용하여 만들었다. (토기) 밑바닥 부분의 옆쪽 벽에 작은 원형 구멍이 있다. 흉노시대 귀족들과 평민들의 무덤에 둘 다 제의용 함에 있는 토기 및 음식물이 함께 있을 뿐만 아니라 액체 보관용의 큰 토기들도 반드시 함께 부장되어 있다. 이 풍습은 제 30호 배장묘의 제의함에도 똑같이 보여진다. 흉노시대의 토기의 일반 분류와 용도에 대한 이전 연구자들의 선행 연구를 통해,[26] 상술한 두 토기는 용도와 형태·규격으로 미루어 볼 때 흉노의 대표적인 토기모양임을 분명히 보여준다.

청동 쟁반: 이 평평한 원형 청동 쟁반은 몇몇 조각으로 깨진 상태로 출토되었지만, 일반적인 크기는 확인 가능하였다. 높이 5cm, 폭 23.5cm, 두께는 0.2cm이다. 바깥쪽으로 벌어졌고, 평평하며 밑부분은 원형바닥을 가지고 있다. 흉노 귀족묘에 청동 쟁반을 부장해 놓을 때 그 위에 제의용으로 바쳐진 음식을 놓는 풍습이 있었던 것으로 보인다. 홉드 아이막의 만한 솜의 타힐팅 호트고르 유적의 흉노시기 귀족묘, 아르항가이 아이막의 하이르한 솜지역에 있는 골 모드Ⅰ의 제1호분 등에서 각각 청동 쟁반이 출토되었는데 같은 용도로 사용되었다.

유리잔: 이 유리잔은 30호 배장묘에서 나온 가장 흥미로운 유물 가운데 하나이다. 이 잔은 푸른색 바탕에 하얀색 줄무늬가 있다. 이 무늬를 유리병에 삽입한 과정은 뜨거울 때 하얀 무늬를 빙빙 둘러서 흘러내리게 하고, 마무리는 잔의 밑바닥에 빙 둘러서 바름으로써 끝냈다. 잔의 형태는 지름 7.5cm, 입구가 일직선으로 열려 있으며, 둥그런 몸통을 가지고 있다. 이 몸통을 가진 유리잔이 뜨거울 때 집게로 집어 상하로 이어진 줄모양을 만들어 장식하였다. 둥그런 몸통 부분은 지름 10cm, 높이 7cm, 잔의 두께는 1mm으로 매우 얇은 유리잔이다. 250g의 액체가 들어갈만한 크기이다.[그림 17] 이러한 종류의 유리잔은 고대 나노 테크놀로지의 기술로 만든 성과물이며 고대 이집트, 그리스, 로마 등의 나라에서 기원전 2천년 대

---

26) Цэвээндорж.Д, Батсайхан.З. Хүннүгийн шавар ваар. – Археологийн судлал. SA. Tom XIY, Fasc. 5. УБ., 1994. 76-107-р тал

그림 17 하노이강 계곡의 발가싱 칼 지역에 있는 흉노시대 30호 배장묘 출토 "로마 유리잔"

부터 만들기 시작했다.[27] 30호 배장묘에서 나온 이러한 유리잔과 닮은 유리잔이 독일 지역에서 발굴·조사했던 로마제국 시기의 일부 무덤에서 발견되었다.[28] 따라서 이 유리잔이 유라시아를 연결하던 고대 "실크로드"의 상거래, 즉 이웃국가들의 선물교환용으로 흉노인들에게 전해 온 것으로 볼 수 있다. 특히 본(Bonn)시 박물관에 보관되고 있는 밤색의 유리잔과는 그 색깔은 다르지만 디자인, 문양 장식, 만든 방법 등이 거의 유사하다.[29] 동일한 모양의 이러한 유리잔은 유럽형식의

---

27) Romischer Import im Norden. Warenaustausch zwischen dem Romischen Reich und dem freien Germanien wahrend der Kaiserzeit unter besonderer Berucksichtigung Nordeuropas Ulla Lund Hansen. DET KONGELIGE NORDISKE OLDSKRIFTSELSKAB – KOBENHAVN 1987. Pp.157-159.

28) Fritz Kampeer. Veirrtausend Jahre Glas. Bilder von Klaus G.Beyer. VEB Verlag der Kunst Dresden. 1966. Pp.23-24. GLAS.;Anna-Barbara Follmann-Schulz. Die romischen Glaser im Rheinischen Landesmuseum Bonn. – Rheinland-Verlag GmbH Koln in Kommission bei Dr. Rudolf Habelt GmbH Bonn. 1992. Pp.,; Die Verbreitung der <<Zarten Rippenschalen>> - Jahrbuch RGZM, 14, 1967, pp. 153-166.

29) Anna-Barbara Follmann-Schulz. Die romischen Glaser im Rheinischen Landesmuseum Bonn. – Rheinland-Verlag GmbH Koln in Kommission bei Dr. Rudolf Habelt GmbH

잔임이 분명하다.

칠그릇(漆器): 매장부의 동쪽의 목관 위쪽에서 겹겹이 쌓여져 있었다. 입구가 크게 벌어진 이 칠그릇은 발굴 6층위에서 발견되었다. 뚜껑과 한 쌍으로 이루어진 칠그릇은 묘광 밑으로 파 내려갔을 때 출토 되었다. 이 칠그릇의 뚜껑에는 심하게 부식된 소형가축의 대퇴골로 보이는 조각이 남아 있었다. 흉노의 장례풍습에 따라 부장되던 적색 칠그릇은 노욘 올의 흉노묘에서 출토되었는데,[30] 이렇게 뚜껑과 한 쌍으로 이루어진 적색 칠그릇이 출토되었다는 기록은 없다.

반월형 철제 장신구: 이 장신구는 매장부와 제의부를 따로 분리한 빗장나무의 위에서 출토되었다. 이러한 종류의 장신구는 흉노시대 왕족 · 귀족묘에서 많이 발굴되었다는 것이 이전 고고학 발굴 조사들에서 나온 유물을 통해 알 수 있다. 예를 들면, 해나 반월형 모양의 장신구를 매장부와 제의함의 중간, 사람의 머리부분 관의 북벽 위에 금 · 은 · 철 · 자작나무 등으로 만들어 넣었다[31]는 것이 최근의 연구로 분명히 확인되고 있다.

VI. 맺음말

골 모드2의 제1호분에 모두 30기의 배장묘가 있는데 이 중 29기의 배장묘는 사람의 무덤이고, 1기는 말의 무덤이었다. 이 29기의 사람들의 묘들은 모두 도굴당했으나, 이 중 16기의 무덤들에서 어떠한 상태로든 피장자의 나이나 성별을 확인할 수 있을 만한 인골 조각을 발견하였다. 나머지 무덤에서도 인골은 나왔지만 나이 · 성별을 확인할 수 없을 정도로 도굴 당하였다. 제1호분의 서쪽에 위치한

Bonn. 1992. Pp.,;Die Verbreitung der <<Zarten Rippenschalen>> - Jahrbuch RGZM, 14, 1967, pp. 153-166.

30) C.Trever. Excavation in Northern Mongolia. (1924-1925). Leningrad., 1932.

31) Ц.Төрбат, Ч.Амартүвшин, У.Эрдэнэбат. Эгийн голын сав нутаг дахь археологийн дурсгалууд. УБ., 2003 он.

단 한기의 배장묘를 우리가 29호 배장묘라고 번호를 매겼다. 이 무덤은 흉노시기와 관련된 것이 아니라 후대에 제1호분의 적석들 중 무너진 것들을 이용하여 만든 훗날 중세 시기의 것으로 도굴된 묘라는 것이 분명하였다.[32]

이전에는 러시아의 쿠리아트 지역에 있는 차람(Tsaram)에서 발굴한 무덤[33]이 아닌 여타의 흉노시대 구족묘 전체를 완전히 발굴·조사했던 경험이 없었다. 흉노시대 귀족묘에 평민들의 무덤을 배장하였다는 기록이나 알려진 것이 없다[34]는 점에 발가싱 탈에 있는 흉노시대 귀족묘의 연구를 전혀 다른 방법으로 접근해야 할 필요성이 요구되었다. 발가싱 탈에서 진행된 최초 고고학 발굴 조사 과정에서 흉노시대 귀족묘에 평민무덤을 함께 배장하였다는 것이 분명하게 확인되었다. 몽골 지역에서 발굴·조사했던 흉노시대 귀족묘가 있는 지역들인 노욘 올(Noyon uul), 골 모드(Gol mod), 드를릭 나르스(Duurlig nars) 등에서 고고학 발굴 조사를 할 때 귀족묘의 옆에 있는 평민 무덤을 한꺼번에 종합적인 형태로 하는 것이 아닌 개별적으로 발굴 조사를 진행하여 왔다.

그렇게 하여 발가싱 탈 지역에 있는 골 모드 Ⅱ의 제1호분은 몽골지역에 행해진 평민들의 무덤을 배장한 귀족묘에 대한 최초 종합 발굴·조사의 시작이었다. 러시아의 차람에서 발굴·조사한 흉노시대 귀족묘에서는 동과 서 양측 모두에 반월 모양으로 평민들의 무덤을 배장하였지만, 우리가 연구하고 있는 발가싱 탈 지역에 있는 제1호분은 단지 동쪽에만 반월 모양으로 평민들의 배장묘 27기가 있었고, 제1호분과 배장묘들의 사이에 하나의 큰 원형 두덤이, 바로 북쪽에 1개의 머리 없는 말의 무덤까지 전부 29기의 무덤이 있었다. 이 무덤들은 흉노시대에 해당하지만 제1호분의 서쪽에 있는 단 한기의 제 29호 배장묘는 이 귀족묘와 관련성이 없는 중세시대의 무덤이었다. 차람의 흉노시대 귀족묘처럼 양쪽에 평

---

32) Erdenebaatar D., Miller B. Gol mod-2 Excavation report (9-15 June 2006) University of Ulaanbaatar. UB., 2006.

33) С.С.Миняев, Л.Сахаровская. Сопроводительние захоронения "царского"комплекса №.7 в могильнике Царам. – Археологические вестник. №9. С-Пг., 2000 г. стр

34) Ц.Доржсүрэн. Умард Хүнну. УБ., 1962 он

그림 18 하노이강 계곡의 발가싱 탈 지역에 있는 흉노시대 귀족묘의 중심부를 따라 길게 이어진 석도(石道)

민들의 배장묘가 딸린 귀족묘는 골 모드-Ⅱ에서 2~3기 정도가 확인되고 있다.

　2011년에 몽골국의 Jenko그룹의 "투멘 히식텐(Tumen khishigten)"사의 100%의 재정적 지원 하에 우리는 제1호분 귀족 본묘에 대한 6개월 동안의 발굴·조사작업을 완수하였다. 이 무덤은 봉분과 묘도의 길이가 전체 84m로, 묘도의 길이는 38m, 봉분의 양측벽은 각각 46m였다. 동쪽벽의 바깥쪽에 있는 반월형의 석조물은 중세시대에 들어서 벽의 돌을 이용하여 조성한 무덤이었음이 확실하다. 북벽의 폭 45m, 높이는 4m이며, 서벽은 높이 2m, 동벽의 높이는 3m였다. 무덤의 중심부를 따라 폭 1m로 따라서 묘도에서 시작하여 북쪽 벽까지 돌을 놓았다. [그림 18.]

　무덤의 중심부에 놓여진 돌들의 양 옆 벽에 이르기 까지 각각 돌들을 쌓아 벽처럼 만들어 놓았다. 동쪽에는 8군데, 서쪽에는 9군데를 만들어 놓았다. 무덤에 쌓여진 돌들의 이 형태는 아래로 7~8m까지 지속되어 있었다. 6m 정도의 깊이가 되었을 때 돌벽의 북쪽 부근에서 묘광의 위층위에서 21마리의 말, 3마리의 양·염소 등을 제의용으로 바친 것을 발견하였다.

　발굴 깊이가 16m가 되었을 때 다량의 숯이 나왔는데 이 층은 의도적으로 다량

그림 19 하노이강 계곡의 발가싱 탈 지역에 있는 흉노시대 귀족묘 출토 제의용 말, 소형 가축

의 나무를 태워 만든 것이다. 탄층(炭層)의 두께는 0.60cm에서부터 1m까지 다양하였다. 숯 속에 덜 태워진 나무가 하나도 안 보이는 것으로 미루어 볼 때 나무를 완전히 태우고 난 뒤에 그 위에 다시 나무를 넣고 태운 것 같다. 이 탄층의 중심에 8~9m 정도 타원형으로 밑으로 움푹 들어간 구멍이 발견되었으며 이는 무덤이 밑으로 푹 꺼졌다는 것을 증명해준다. 이 움푹 들어간 구멍 위에 있었던 무덤의 적석들이 그대로 밑으로 내려앉잖다. 이 탄층 위에 나무로 만든 마차 한대를 온전히 묻었고, 7~8대의 수레는 의도적으로 부셔서 부품들을 남북방향으로 쌓아 놓았다. 이 탄층을 제거하고 나니 그 아래 1~1.5m 두께의 마개돌들을 모래와 섞지 않고 넣었다.

   이 마개돌들을 나무 곽(槨)의 위에 바로 눌러서 고정시켰다. 마개돌을 제거한 다음 곽의 안에서 통나무 관들이 나왔으며 밑으로 바닥까지 내려 앉은 것이 확연히 드러났다.

   발굴깊이 20m에서 6m×3.4m 크기의 굵은 통나무로 만든 곽이 존재한다는 것이 확인되기 시작했다. 이 통나무 곽은 4가지 부분으로 나뉘어진다. 첫 번째 부분

그림 20 하노이강 계곡의 발가싱 탈 지역에 있는 흉노시대 귀족묘 출토 옥 유물

에서는 제의용 음식을 담은 토기들이, 둘째 부분에서는 큰 청동 솥과 토기들이, 세번 째 부분에서는 관이, 네 번째 부분에서는 수레의 부품과 장식품들을 훼기하여 한군데에 모아 놓았다. 매장된 관에는 남은 게 거의 없이 도굴당했다. 관의 격자무늬 황금장식까지도 하나하나 빼서 훔쳐간 흔적이 확실히 보였다.

그러나 관의 동벽에 달라붙어 남은 지름 22cm의 짐승 조각이 있는 옥기가 완전한 형태로 발견되었다.[그림 20.]

이러한 종류의 유물은 왕이 사용했다는 것이 여러 측면에서 증명되고 있다. 이외에도 관의 밑을 발굴하여 깨끗하게 청소하는 과정에서 사람의 두개골 조각과 사지뼈 조각이 각각 발견되었다.

아직은 발굴조사 결과가 나오지 않은 상태이며, 유물들의 복원과 비교 연구가 완료되지 않은 상태이다. 하지만 우리가 가진 일부 유물들의 시기로 측정해봤을 때 이 무덤은 기원후 90~100년 대에 조성되었을 가능성이 있다. 왜냐하면 30호 배장묘에서 발견된 "로마 유리잔"은 기원후 80년대의 제품이기 때문이다. 이 제품은 직접 흉노인들에게 전해진 것이 아니라 일정한 기간이 지난 다음에 들어왔다 라고 봤을 때 필자가 제시한 시기가 적정한 것 같다.

그림 21 하노이강 계곡의 발가싱 탈 지역에 있는 흉노시대 귀족묘 출토 쌍으로 이루어진 원형 은제 장신구들

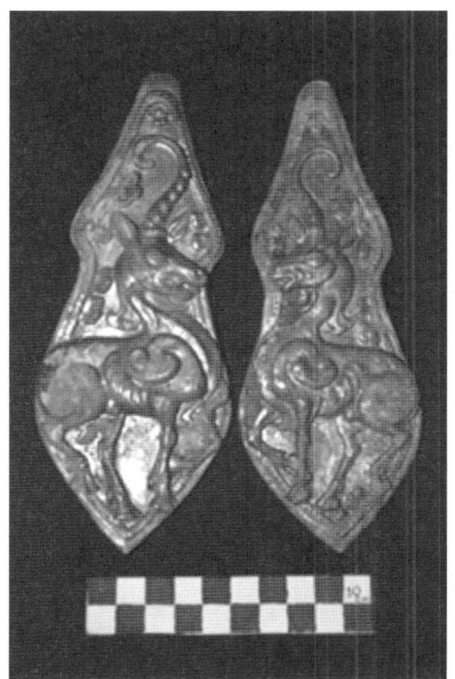 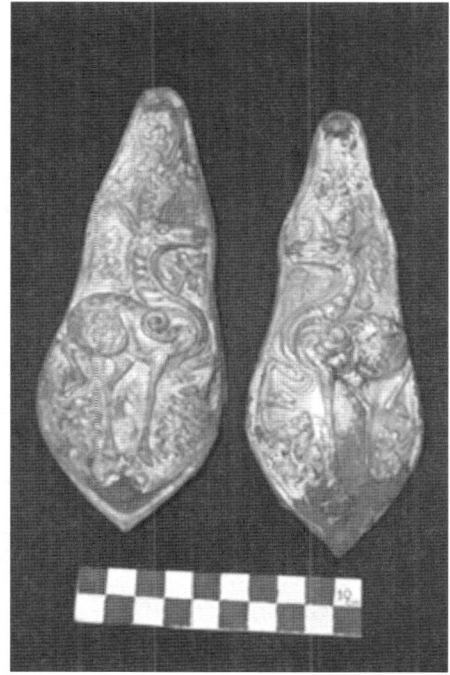

그림 22 하노이강 계곡의 발가싱 탈 지역에 있는 흉노시대 귀족묘 출토 양, 염소의 모습이 새겨진 18개의 배 형태의 은제 장신구들 가운데 쌍으로 이루어진 장신구들

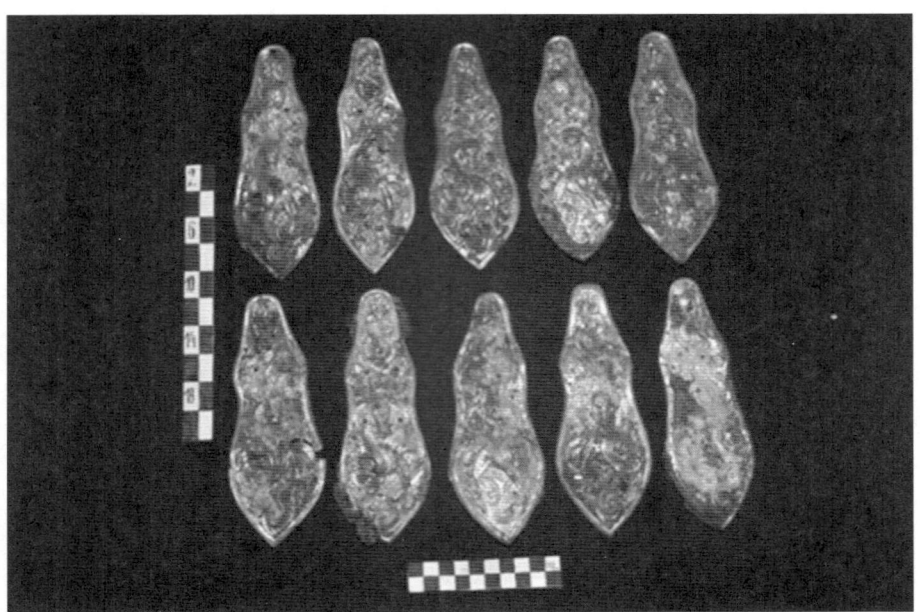

그림 23-1 하노이강 계곡의 발가싱 탈 지역에 있는 흉노시대 귀족묘 출토 한가르드(Khangarid)의 몸체에 호랑이의 머리형상을 지닌 동물의 모습이 새겨진 배 형태의 금제 장신구들

그림 23-2 하노이강 계곡의 발가싱 탈 지역에 있는 흉노시대 귀족묘 출토 항가르드(Khangarid)의 몸체에 호랑이의 머리형상을 지닌 동물의 모습이 새겨진 원형의 금제 장신구들

그림 24 하노이강 계곡의 발가싱 탈 지역에 있는 흉노시대 귀족묘 출토 외뿔 호랑이의 모습을 새긴 방형의 청동 장신구들

또 다른 한 가지 특징은 이 무덤에서 발견된 금·은·청동제 유물들 위에 호랑이의 머리에 가루다의 몸체를 지니고 외뿔을 가진 전설상의 동물 모양의 금 장식품, 외뿔 영양을 새긴 은장식, 외뿔 숫염소가 새겨진 은장식, 호랑이와 유사한 동물을 새긴 청동장식, 옥제품 등이 나왔다. 이는 모두 무덤의 주인이 "하늘의 아들(天子)"이라는 의미를 담아 부장했을 뿐만 아니라 이 유물들을 사용했던 칸도 역시 "하늘"을 기원으로 하는 천손(天孫)이었음을 확인해준다. 이 흉노시대 칸의 무덤에서 현재 완성되지 않은 조사를 통해 4500여 점의 고고학 유물들이 발견되었으며, 여기에는 토기, 유리잔, 청동솥, 청동 주전자, 마구, 5~7종류에 달하는 10여 대의 수레 등의 유물들이 포함된다.

표 1 '골모드-2' 1호분 배장묘의 형태와 출토유물

번호	묘관 길이	관의 형태	관의 크기	시신이 안치된 방향	연령	성별	동물뼈	유물들
1	118cm	목관	102×24cm	26°	유아?			토기 바닥 파편
2	103cm	목관	156×44cm	15°	15~20		말의 견갑골	구유 조각, 갈고리 2점, 핀 3점, 고리 3점, 못 4점, 의복 장신구 2점, 걸개 장신구 2점
3	125cm	목관	136×39cm	7°	6~7		양의 척추뼈, 갈비뼈 3점, 두개골, 말의 머리, 10 4점의 발가락뼈	267점의 소형가축 복사뼈, 이 중 36점의 복사뼈는 인장문양이 있다. 철제 고리, 철제 반지 6점, 여타 철제 유물들
4	125cm	목관	121×41cm	32°	7세 전후			철제 고리, 버클, 철제 유물
5		관이 발견 안 됨						철제 고리
6	136cm	목관	188×40cm	27°	5세 전후			철제 고리 파편, 버클 2점, 핀 2점, 여타 철제 유물
7	235cm	석곽이 있는 목관	205×62cm	2°	성인	남	말의 머리, 4점의 발굽뼈	자루딸린 동경, 석제 장신구 2점, 구체 호박, 철제 날, 의복용 철제 장신구 8점, 긴 칼, 양쪽에 갈고리가 있는 버클, 걸개용 철제 유물 3점, 방형 버클 4점, 재갈용 유물 2점.
8	196cm	석곽이 있는 목관	189×56cm	1°	25~30	남		철제 못, 철제 고리 3점, 반지 4점, 타원형 반지 3점, 버클 3점.
9	177cm	목관	193×52cm	35°	20~25	남	양의 상박골, 척추뼈	철제 고리, 못 3점, 토기 바닥, 철이 있는 섬유 조각 2점.
10	124cm	목관	203×55cm	16°	30~35	남	양의 상박골, 이빨	철검, 못, 유물들
11	154cm	목관	205×46cm	19°			양의 대퇴골, 대퇴골 끝부분	철제 고리, 2점의 버클, 2점의 못, 여타 철제 유물들의 파편
12	120cm	관이 발견 안 됨		5~15°	17~25	남	대형 가축의 뼈	철제 유물 파편들
13	129cm	목관	182×52cm	32°	35~40	남	말의 머리, 양의 머리뼈, 여타 뼈들	철제 유물 파편, 4점의 고리, 6점의 버클, 2점의 화살촉, 5점의 철제 유물 파편, 4점의 방형 버클
14	101cm	목관	220×52cm	13°	17~25			철제 고리, 칼날, 쇠사슬
15	185cm	목관	185×42cm	22°	40~45		말의 머리, 여타 뼈들	흑색 토기 그릇, 2점의 철제 고리, 2점의 화살촉, 방형 버클, 구유 조각, 재갈
16	152cm	목관	185×60cm	7°	25~30	남	말 뼈 조각	반달형 철제고리, 3점의 화살촉, 2점의 철제 장신구, 12점의 작은 고리, 6점의 못
17	130cm	목관	153×62cm	16°	25~30			철제 유물 파편, 7점의 소형고리, 철제 유물들
18	120cm	목관	187×58cm	15°	성인	남		동경, 동경 깨진 조각
19	153cm	석곽이 있는 목관	185×51cm	23°	성인		대형가축의 두개골, 여타뼈, 말의 머리	흑색 토기편들, 구체 호박, 7점의 화살촉, 마구 조각들, 철제 유물 파편, 재갈 조각

번호	묘관 길이	관의 형태	관의 크기	시신이 안치된 방향	연령	성별	동물뼈	유물들
20	114cm	목관	210×60cm	3°	25~30	남	말의 척추뼈들, 9거의 말의 발굽뼈	방형 및 원형 버클, 칼 조각, 3점의 의복 장신구, 3점의 못 대가리, 10점의 화살촉, 9점의 고리, 흑색 토기편들, 3점의 토기 입구가장자리
21	195cm	뚜껑 있는 목관	189×45cm	15°				흑색 토기편, 2점의 토기 가장자리 조각, 방형의 철제 유물, 2점의 타원형 고리, 7점의 소형 철제고리 유물
22	201cm	목관	193×46cm	17°	30~40	남		동경(TLV형)파편, 흑색 토기편들, 금장식 철제 유물, 철솥, 방형 및 원형 버클, 4점의 못, 12점의 화살촉, 효시(嚆矢) 촉, 4점의 철제 반지
23	218cm	이중목관	298×76cm (гадаадавс) 184×62cm (дотоодавс)	3°		성인	말의 머리, 대형 가축의 머리, 송아지 뼈	자루딸린 동경 반구체, 청동 걸쇠, 구체 호박, 철제 갈고리 2점, 도금한 철제 버클 3점, 2점의 원형 버클, 16점의 화살촉, 둥근 골제 효시(嚆矢) 촉, 5점의 원형 철제 반지, 금박, 2점의 못
24	111cm	목관	180×58cm	7°		성인	대형가축의 머리뼈 1점, 말의 머리뼈	흑색 토기 밑바닥 조각(인장이 있음), 쇠종, 2점의 버클, 원형 철, 12점의 반지, 6점의 의복 장신구, 2점의 버클, 금제 장신구(고리형)
25	149cm	목관	215×55cm	352°		성인	대형가축의 발굽뼈들	청동 그릇, 도금한 철제 유물 파편, 철제 유물, 2점의 갈고리, 3점의 버클, 2점의 걸쇠, 4점의 못, 3점의 화살촉, 20점의 철제 반지
26	159cm	목관	190×58cm	354°		성인	대형가축의 견갑골	평평한 녹색의 석기, 광택을 낸 철제 고리, 금제 장신구, 청동 유물 파편, 도금한 철제 유물 파편들, 4점의 버클, 9점의 철제 반지, 방형 및 원형 버클, 5점의 못, 접시들, 2점의 끈이 있는 타원형 갈고리들, 4점의 화살촉, 칼의 조각, 2점의 버클, 구유의 조각들, 4점의 고리, 6점의 그릇, 3점의 방형 갈고리들, 2점의 의복 장신구, 3점의 타원형 버클, 쌍으로 된 갈고리들
27	212cm	석곽이 있는 이중 목관, 철로 된 격자무늬 장식이 있음	208×57cm	344°	30~35	남	대형 가축의 갈비뼈	갈고리가 있는 청동 고리, 철제 걸쇠, 갈고리들, 4점의 고리, 4점의 촉
28	201cm	=	=				머리 없는 말뼈	유물이 발견되지 않음
29	150cm	=	=	=		=		전체 도굴됨, 후대의 무덤
30	340cm	판목관	280×100cm 관 내부공간은 225×075cm	10°		=		구슬형 장신구 8점, 철봉, 등잔대, 동경, 금제 장신구, 입구가 벌어진 토기, 청동 쟁반, 칠그릇 2점, 로마 유리잔, 반월형 철제 장신구

| 참고문헌 |

Allard, Francis, Diimaajav Erdenebaatar, Natsagyn Batbold and Bryan Miller. (2002). A Xiongnu cemetery found in Mongolia. Antiquity 76:637-8.

Davydova, A. (1995). Ivolginskii gorodische. Archaeological Sites of the Xiongnu. vol.1. St.Petersburg: AziatIKA.

Minyaev, Sergei S. and L.M. Sakharovskaya. (2002). Soprovoditel'nie zakhoroheniya "tsarskogo" kompleksa no.7 v mogil'nike Tsaram. Arkheologicheskie Vesti no.9: 86-118.

Mission archeologique francaise en Mongolie. (2003). Mongolie : le premier empire des steppes. Arles: Actes sud.

D.Erdenebaatar & others. A Xiongnu cemetry found in Mongolia. – ANTIQUITY. 76 (2002) :, D.Erdenebaatar & others. A Xiongnu tomb complex; Excavations at Gol mod-2 cemetery, Mohgolia (2002-2005) – Mongolian Journal of Anthropology, Archaeology and Ethnology. Officail Journal of the National University of Mongolia. Volume 2, No.2(271) December 2006.:, Francis Allard, D.Erdenebaatar. Khirigsuurs, ritual and mobility in the Bronze Age of Mongolia – ANTIQUITY. Volume 79, Number 305 September 2005.

D.Erdenebaatar & others. A Xiongnu cemetry found in Mongolia. – ANTIQUITY. 76 (2002) :, D.Erdenebaatar & others. A Xiongnu tomb complex; Excavations at Gol mod-2 cemetery, Mohgolia (2002-2005) – Mongolian Journal of Anthropology, Archaeology and Ethnology. Officail Journal of the National University of Mongolia. Volume 2, No.2(271) December 2006.:, Д.Эрдэнэбаатар, Ф.Аллард, Н.Батболд, Ч.Ерөөл-Эрдэнэ. Хүннүгийн булшнаас олдсон тамгатай шагай. - Түүхийн судлал. Studia Historica Instituti Historiae Academiae Scientiarum Mongolici. Tomus XXXIII, Fasc, 17. УБ., 2002.

Монгол-Америкийн хамтарсан "Хануйн хөндий" төслийн Аранхайгай аймгийн Өндөр-Улаан сумын Хануй багийн нутагт ажилласан археологийн шинжилгээний ангийн тайлан. УБ., 2004 он.

Улаанбаатарын Их Сургуулийн НУФ-ын Археологийн тэнхэмийн археологийн үйлдвэрлэлийн дадлагын гайлан. УБ., 2006 он, 2007 он, 2008 он, 2009 он.

Ц.Доржсүрэн. Умард Хүннү. УБ., 1962.

Эрдэнэбаатар Д., Идэрхангай Т., Мижиддорж Э., Галбадрах Б., Оргилбаяр С. Улаанбаатарын Их Сургуулийн Нийгмийн ухааны факультетийн Археологи, Түүхийн ангийн оюутнуудын хээрийн танилцах ба үйлдвэрлэлийн дадлагын 2009 оны тайлан. //УбИС-ийн НУФ-ийн Археологийн тэнхимийн ГБСХ. УБ., 2009

С.И.Руденко. Культура Хуннов и НоинУлинские курганы. М-Л., 1962 г. Табл. LXX.

П.Б.Коновалов. Хунну в Забайкалье. Улан-Удэ., 1976 г. Стр. 169. Табл. 4, 19, 20.

С.И.Руденко. Культура Хуннов и НоинУлинские курганы. М-Л., 1962 г. Стр. 121-122. Табл. XXX.

А.Н.Бернштам. Очерк истории Гуннов. Л., 1951 г. Стр.41-44.

Ч.Ерөөл-Эрдэнэ. Гол модны Хүннү булшны судалгааны зарим үр дүн. – Археоллогийн судлал. SA Tom (II) XXII Fasc.8. УБ., 2004 он. Т.91-92

Г.Андре, Ч.Ерөөл-Эрдэнэ. Нэгэн хүүрэм шийдэмийн тухай. - Археоллогийн судлал. SA, Tom (II) XXII Fasc.9. УБ., 2004 он. Т.110-117.

Ю.Д.Таль-Грынцевич. Материалы к палеоэтнологии Забайкалья. Санкт-Петербург., 1999 г. Табл. XYII.

Д.Наваан. Хүннүгийн өв соёл. УБ., 1999 он. : Д.Наваан. Археологийн 100 ваар сав. УБ., 2002 он.

Дуурлиг нарсны Хүннү булш. – ШУА-ийн Археологийн хүрээлэн, Монголын Үндэсний Музей, Солонгосын Үндэсний музей. Сөүл., 2009 он. 65-р, 80-р тал

Bulding A. The decoration of mirrors of the Han period. Switzerland, 1959

Цэвээндорж.Д, Батсайхан.З. Хүннүгийн шавар ваар. – Археологийн судлал. SA. Tom XIY, Fasc. 5. УБ., 1994. 76-107-р тал

Romischer Import im Norden. Warenaustausch zwischen dem Romischen Reich und dem freien Germanien wahrend der Kaiserzeit unter besonderer Berucksichtigung Nordeuropas. Ulla Lund Hansen. DET KONGELIGE NORDISKE OLDSKRIFTSELSKAB – KOBENHAVN 1987. Pp.157-159.

Fritz Kampeer. Veirrtausend Jahre Glas. Bilder von Klaus G.Beyer. VEB Verlag der Kunst Dresden. 1966. Pp.23-24. GLAS.

Anna-Barbara Follmann-Schulz. Die romischen Glaser im Rheinischen Landesmuseum Bonn. – Rheinland-Verlag GmbH Koln in Kommission bei Dr. Rudolf Habelt GmbH Bonn. 1992. Pp., ; Die Verbreitung der <<Zarten Rippenschalen>> - Jahrbuch RGZM, 14, 1967, pp. 153-166.

C.Trever. Excavation in Northern Mongolia. (1924-1925). Leningrad., 1932.

Ц.Төрбат, Ч.Амартүвшин, У.Эрдэнэбат. Эгийн голын сав нутаг дахь археологийн дурсгалууд. УБ., 2003 он.

Erdenebaatar D., Miller B. Khanuy Valley International Collaborative Project: Report for Excavation Work at Gol mod-2 Cemetery, Tomb-1 Complex. (Summers 2002, 2004, 2005).,

Erdenebaatar D., Miller B. Gol mod-2 Excavation report (9-15 June 2006) University of Ulaanbaatar. UB., 2006.

С.С.Миняев, Л.Сахаровская. Сопроводительние захоронения "царского"комплекса №.7 в могильнике Царам. – Археологические вестник. №9. С-Пг., 2000 г. стр

Ц.Доржсүрэн. Умард Хүннү. УБ., 1962 он

Archaeological Relics of Early Iron-age Discovered from the Khanui River Valley

Erdenebaatar, Diimaajav
Professor, University of Ulanbaatar

This paper is to explain the result of the archaeological investigation named "The Khanui River Valley: Life of the Nomads", which has been proceeded by the consortium of the Archaeology Department of the University of Ulaanbaatar, the Archaeology Department of University of Pittsburgh, and the Institute of History of the Academy of Science. The consortium investigated the 65km long and 27-35km wide area of the Khanui river valley in Khanui bag of Öndör-Ulaan sum region throughout Arkhangai aimag province. The consortium discovered approximately 4,000 archaeological relics and located them on the map.

The archaeological sites are categorized into two relic groups: the first relic group includes stone-plate graves, round stone-circuits, kheregsüürs with deer-stones, and deer-stones; and the second relic group consists of 200-some tombs discovered in the Balgasiin tal area of the Khanui river valley and of the royal and noble people's graves in Gol Mod-II. The result of the investigation on the relics of the first group proves that the bronze relics discovered from the sites of the "kheregsüürs with deer-stones" people and of the "stone-plate graves" people indicates the advanced height of metal-manufacturing technology in the Mongol area.

The second relic group is of the archaeological relics from the Hunnish Empire period: beed accessories, metal bars, oil-lamp stands, bronze mirrors, golden accessories, bronze trays, wineglasses, lacquered woodenware, and crescent-shape metal accessories were excavated. Through the excavation in Balgasiin tal, the consortium learned that the Hunnish commoners' graves were buried surrounding the their noble tombs. Also, the traces of commercial trades through the Silk Road was discovered as some excavated wineglasses were identified as those of European style during the Roman times.

[Keywords] early iron-age, Khanui River Valley, deer-stone, stone-circuit, stone-plate grave, Silk Road

일본 초기철기문화의 특질
- 야요이시대 야금(冶金)없는 금속문화 -

무라카미 야스유키

무라카미 야스유키(村上恭通)

熊本大學 문학부 사학과 졸업. 廣島大學 문학연구과 고고학박사.
현) 일본 에히메(愛媛)대학 동아시아 고대철문화연구센타 법문학부 교수.
주요논저: 『東アジア周縁域の鐵器文化』, 『弥生時代の鐵文化』, 『古代國家成立過程と鐵器生産』

I. 머리말

유라시아 대륙 동쪽 끝에 위치하는 일본은 사방이 바다로 둘러싸여 홋카이도 (北海道), 혼슈(本州), 시코쿠(四國), 큐슈(九州)라는 4개의 섬과 수많은 작은 섬으로 이루어져 있다(도1). 4개의 큰 섬은 각각 그 중앙에 산맥이 형성되어 남북 혹은 동서를 분단하고, 육로교통에 장해가 되고 있다. 더욱 복잡한 것은 아시아와의 교섭에 있어 열쇠를 쥐는 바다를 들러싼 환경이다.

야요이문화(弥生文化)를 특징짓는 도작기술과 금속기, 그 기술은 처음 수용한 북부구주지역을 기점으로 동으로, 북으로, 남으로 전파돈다. 이것이 일본열도에서의 외래기술, 문물전파의 기본형이다. 그러나 실제로는 육지와 도서가 형성하는 복잡한 해역이 존재하고, 도서가 없는 경우에도 해안지역의 차이로 인해 열도 내 교섭과 교역에도 복잡하고 다양한 환경이 보인다. 예를 들면, 산인(山陰)과 후쿠리쿠(北陸)를 연결하는 동해연안지역은 비교적 단조로운 해안선으로 이루어져 있지만, 태평양연안지역의 시코쿠 남부는 리아스식해안으로 연안지역에서 사람이 생활하기 곤란하다. 어떻든 이러한 복잡한 해역이 현대 일본 기본 항로인 세토나이카이(瀨戶內海)이다(도2). 본슈, 시코쿠, 큐슈로 둘러싸인 동서로 긴 해역은 크고 작은 무수한 섬으로 인해 좁은 해협[세토瀬戶]과「여울[나다灘]」로 불리는 곳을 형성하여 교역을 방해하였다. 이 해역 서부는 서부세토우치로 불리고, 북부구주와의 관계도 강한 한편, 여울이 많아 동으로부터의 교통경계가 되었다. 이 세토나이카이 연안지역의 해상교통은 필연적으로 육지와 섬을 잇는 단거리항로가 발달할 수 밖에 없었다.

연구자는 금속기 등장이 이전의 문화, 사회, 경제를 혁신시켰다고 기대하는 경향이 있다. 그러나 일본열도에 처음 철이 등장한 야요이시대(弥生時代)는 상술한 지리적 환경을 배경으로 복잡한 철기보급 현상이 있었음을 우선 설경해 두고 싶다.

図1 日本列島地図

図2 中国・四国地方と瀬戸内海(西部・中部・東部)

Ⅱ. 일본열도에서 철기보급 제1기
-야요이시대 전기말~중기초두-

1. 도작개시기의 철기 존재여부

일본에서 금속기가 출현하는 것은 도작이 생업의 중심이 된 야요이시대(弥生時代)이다. 수렵채집을 성업으로 하고, 일부 재배와 농경도 이루어진 죠몽시대(縄文時代)에 후속하는 시대이다. AMS연대측정법에 의해 야요이시대 개시 시기는 여러 설이 존재한다. 이르게 보는 경우는 기원전 10세기이다. 그때까지 상정되어 온 개시시기를 500년이나 소급시키는 견해는 그 후의 활발한 과학적 재검토에 의해 그 여세는 한 풀 꺽여, 학계는 지금 개시 연대가 어느 정도에 정착되는가를 지켜보고 있는 상황이다.

야요이시대 시작부터 철기가 있었다고 보는 설이 있었다. 그러나 이 설에도 철기가 일정량 보급되었다고 보는 견해와 극소수로 마제석기에 미치지 않는 미미한 존재였다고 보는 견해가 있다. 전자는 철기자체를 평가한 것이 아니고, 2차자료로 본 견해이고, 후자는 철기 존재를 꽤 낮게 평가하였다고 볼 수 있다. 또한 야요이시대 개시 기원전 10세기설에서 보면, 이 시기는 중국의 상주전기에 해당하고 철기는 희소가치가 있는 단계이다. 이 설에서 보는 한, 야요이시대 개시기의 철기 존재에 대해서는 부정적일 수 밖에 없다. 그렇다면 기원전 5세기 개시설에 따르면 야요이개시의 철기 존재를 납득할 수 있을까? 이것도 충분히 수긍할 수 없다. 기원전 5세기 전후의 철기는 그 양과 질에서 장강유역, 특히 초(楚) 지역이 탁월하고, 선철(銑鐵)생산은 이 지역에서 출현하였다고 생각된다. 그렇다면 한반도를 매개로 연(燕)과 제(齊)와의 관계를 중시하는 철기전파루트는 기원전 5세기에 충분히 그 기능을 발휘할 수 없었다고 판단된다. 이처럼 도작농경 개시기의 철기는 존재여부 혹은 보급정도, 중국과 한반도 상황과의 비교 등 아직 검토해야 할 문제가 산적해 있다.

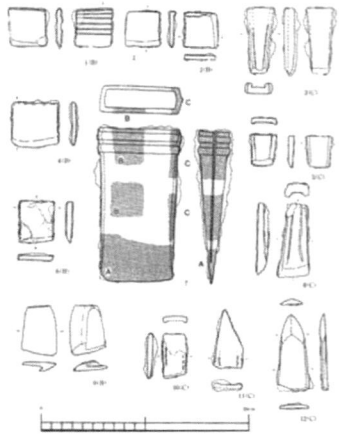

図3 鋳造鉄斧およびその破片の加工品

図4 青谷上寺地遺跡出土の鋳造鉄器片とその加工品

図5 弥生時代の鍛冶遺構

Fは I, II 鍛冶炉, fは第, 下級鍛冶炉を示す.
1：福岡・安武深田遺跡 50 号住居　2：宮崎・向原第 1 遺跡 3 号住居　3：福岡・赤井手遺跡 2 号住居　4：福岡・二子塚遺跡 143 号住居　5：同 256 号住居　6：宮崎・畑山遺跡 4 号住居　7：熊本・狩尾・海の口遺跡 27 号住居　8：広島・高平遺跡 2 号住居　9：広島・和田原 D 地点遺跡 17 号住居　10：同 19 号住居　11：愛媛・北井門遺跡 7 調査区 3 号住居　12：香川・旧神兵場遺跡 51 号住居　13：徳島・光勝院地内遺跡 101 号住居

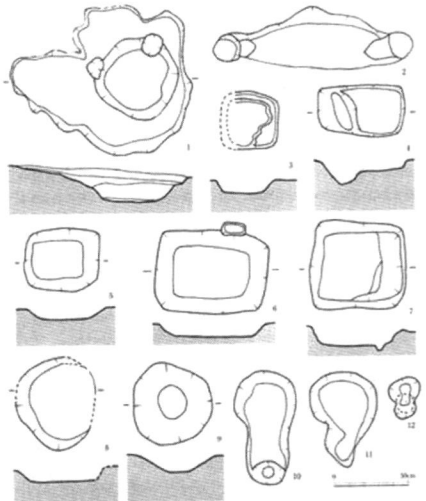

図6 弥生時代の鍛冶炉平面図

1：福岡・安武深田遺跡 50 号住居　2：広島・高平遺跡 2 号住居　3：福岡・赤井手遺跡 2 号住居　4：熊本・狩尾・海の口遺跡 29 号住居　5：同 13 号住居　6：同 2 号住居　7：同 27 号住居　8：福岡・野方久保遺跡 61 号住居　9：熊本・池田・古園遺跡 2 号住居　10：熊本・二子塚遺跡 143 号住居　11：同 256 号住居　12：島根・鱒遺跡加工段 41

2. 중국 전국시대후기의 혼란과 일본열도 철기보급 제1기

그러나 전기 말·중기 초두에 철기 출토량이 증가하고 북부구주에서 산인, 서부 세토우치에 걸친 분포권이 형성된다. 이 철기는 분명하게 중국에서 들여온 주조철부가 많고 파편으로 출토되는 예가 많다(도3 ④). 게다가 이들은 마연하여 인부를 형성하고, 소형판상철부, 착, 드물게 도자 등의 형태인 것이 많다. 이처럼 중기로 이행하는 단계에 주조철부 파편을 마연이라는 기술로 재가공하고 새로운 철기로 재생하여 사용하는 경향이 퍼져있었다. 일본열도의 철기생산사는 불을 사용하지 않고, 지석으로 마연만하는 특수한 철기생산 단계부터 시작한다. 실연대는 기원전 4세기에서 기원전 3세기로 축적되고 있는데, 역사적으로 완전하게 철기화를 달성하고 영역 확장과 정치불안에 의해 인적이동이 활발한 연국의 전국시대 후기 상황이 일본열도의 철기보급 제1기를 맞이하게 하였다고 볼 수 있다.

3. 주조철기의 문제

「재가공철기」로 주목되는 박재주조철기(舶載鑄造鐵器)는 이기라기코다 철소재로 파악된다. 자료가 증가하던 1980년대 후반, 주조철부편을 철소재로 평가하고 「오로시」라고 불리는 탈탄기술에 의해 단야용 소재로 소비되었다고 평가한 것이 카와고에테츠시(川越哲志)(川越1993)이다. 그러나 거의 동시기에 구주에서 야요이시대 단야유구에 관한 실증적 연구가 시작되어 단야로 정보도 증가하였다(村上 1994). 카와고에는 야요이 시대 단야로의 피열온도가 낮고, 주조품의 탈탄에 의한 강화(鋼化)가 불가능하다는 의견과 주조철부 파편의 재가공으로 생산된 소형판상철부가 확실하게 존재한다고 본 의견이 존재함을 알고 있었지만, 기본적으로 주조철기편을 강(鋼)소재로 보는 견해를 변경하지 않았다. 그러나 1992년 이후 계속해서 재가공철기에 관한 논고가 발표되어, 야요이 철기연구에도 주의가 기울어졌다(野島1992, 村上1994).

야요이시대에 지석에 의한 주조철기 마연이 어떻게 가능하였을까? 그것은 중

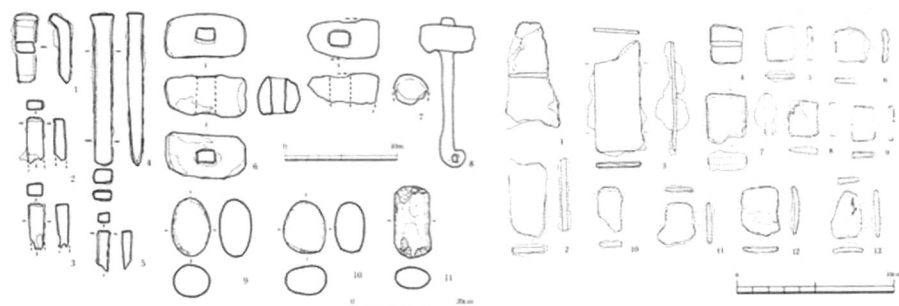

図7 弥生時代の鍛冶具
1：福岡・安武深田遺跡 2・3・5・9・10：熊本・子塚遺跡 4・11：福岡・東入部遺跡 6：長崎・原の辻遺跡 7：昌原・茶戸里 8：平壌・貞柏洞62号墓

図8 弥生時代の鉄素材各種

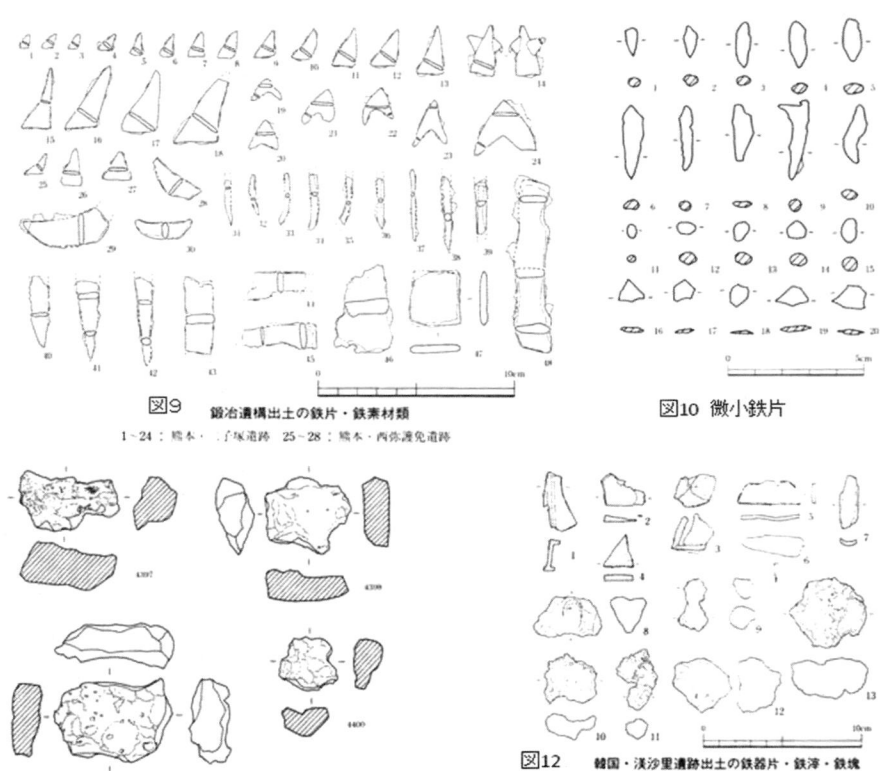

図9 鍛冶遺構出土の鉄片・鉄素材類
1～24：熊本・子塚遺跡 25～28：熊本・西弥護免遺跡

図10 微小鉄片

図11 二子塚遺跡出土の鍛冶滓

図12 韓国・渼沙里遺跡出土の鉄器片・鉄滓・鉄塊

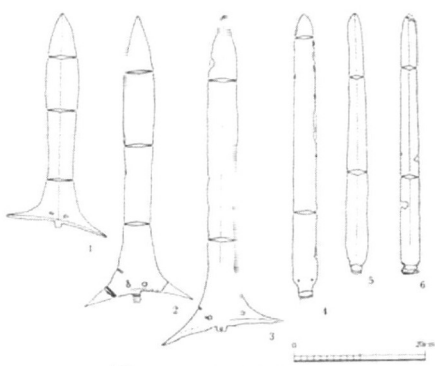

図14 北部九州の鉄戈と長剣
1：福岡・門田遺跡 2：福岡・吹田遺跡 3：福岡・立岩堀田遺跡 4：佐賀・横田遺跡 5：福岡・高田遺跡 6：長崎・鵠ハロウ遺跡

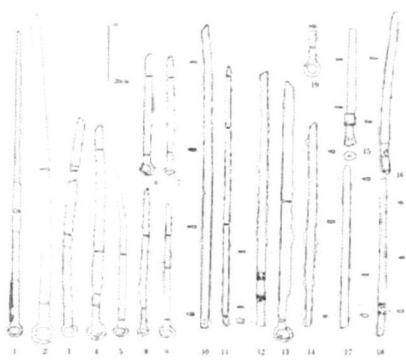

図15 弥生時代の素環頭大刀と大刀

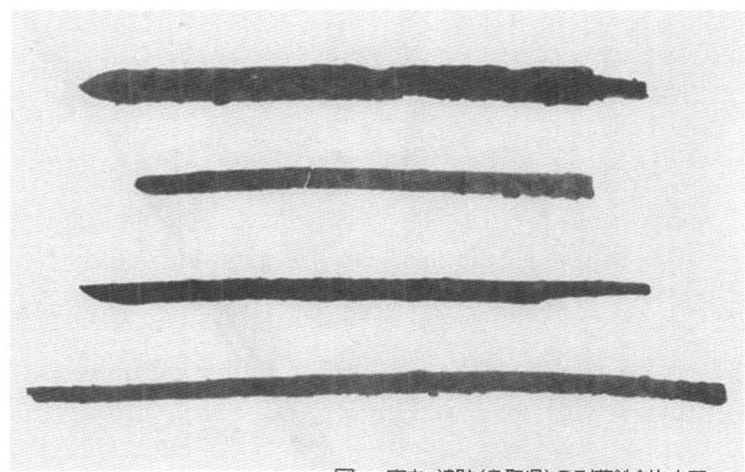

図16 宮内1遺跡（鳥取県）の副葬鉄剣と大刀
最下段：94.5cm

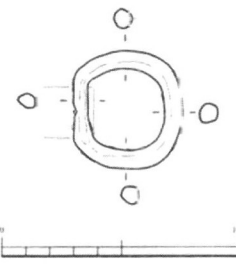

図17 切断された素環頭（青谷上寺地遺跡：鳥取県）

고, 다른 유형보다 일찍 도태되는 형태이고, 2류·3류·4류가 후기이후 주류를 점하지만 동일본에서는 3류·4류가 주류를 이루며, 구주에서는 2류가 주류를 이룬다. 일반적으로 3류·4류는 철의 용융능력이 낮은데, 실제로 그 지역에서 출토되는 철제품도 단순한 기술로 생산된 것이 많다(村上1998·2000·2007).

2. 단야공방 분포와 철기 보급

단야공방은 서일본 중에서도 북부·중부 구주지방에 집중 분포하고 그 외의 지역에서는 집중적으로 발견되는 지역도 있지만, 일반적으로는 동으로 갈수록 단야공방이 적어지고, 동일본의 태평양측에서는 그 수가 적다. 취락에서 발견되는 실용철기 수와 종류도 지역차가 현저하여, 단야공방의 분포밀도 격차를 반영하고 있다. 북부·중부 구주지방에서는 무기·수렵구, 공구, 농구 등 많은 종류가 철기화하고, 각 기종 중에서 더욱 사이즈 분화가 진행된다. 이에 대해 여타지역에서는 농구가 없거나 사이즈 분화가 없고, 제작기술도 떨어지는 현상이 보인다. 북부·중부 구주에서는 철소재 수급이 많아 철기생산의 경험수도 많았기 때문에 생산기술이 유지되었다고 생각되지만, 그 외 지역에서는 단야공방이 적고, 철소재 수급료가 적고 생산경험이 없어 생산된 철기도 질적으로 저하될 수 밖에 없었다.

3. 취락출토품과 부장품 -지리적 격차-

한편, 매장지에서 부장품으로 출토되는 철제품은 동해연안지역에서 일정량 출토되는데, 취락 출토 철제품과 비교하면 일견 편중되어 있다. 구주와 같이 실용품으로 소비하는 철제품을 위해 철재료를 투입하는 지역과 부장된 도검(도14·16), 철촉과 같은 무기류를 선택하는 동해연안지역, 긴키(近畿)지방과 같이 지역에 따라 철기 선택성이 있었다고 보여진다. 단, 후자의 도검류는 박재품 혹은 비재지 생산품일 가능성이 높고, 유통과 교환의 산물임을 주의해야할 것이다. 또한 박재된 도검의 경우도 소환두대도(素環頭大刀)의 소환두를 제거한 예가 있어(도17), 구

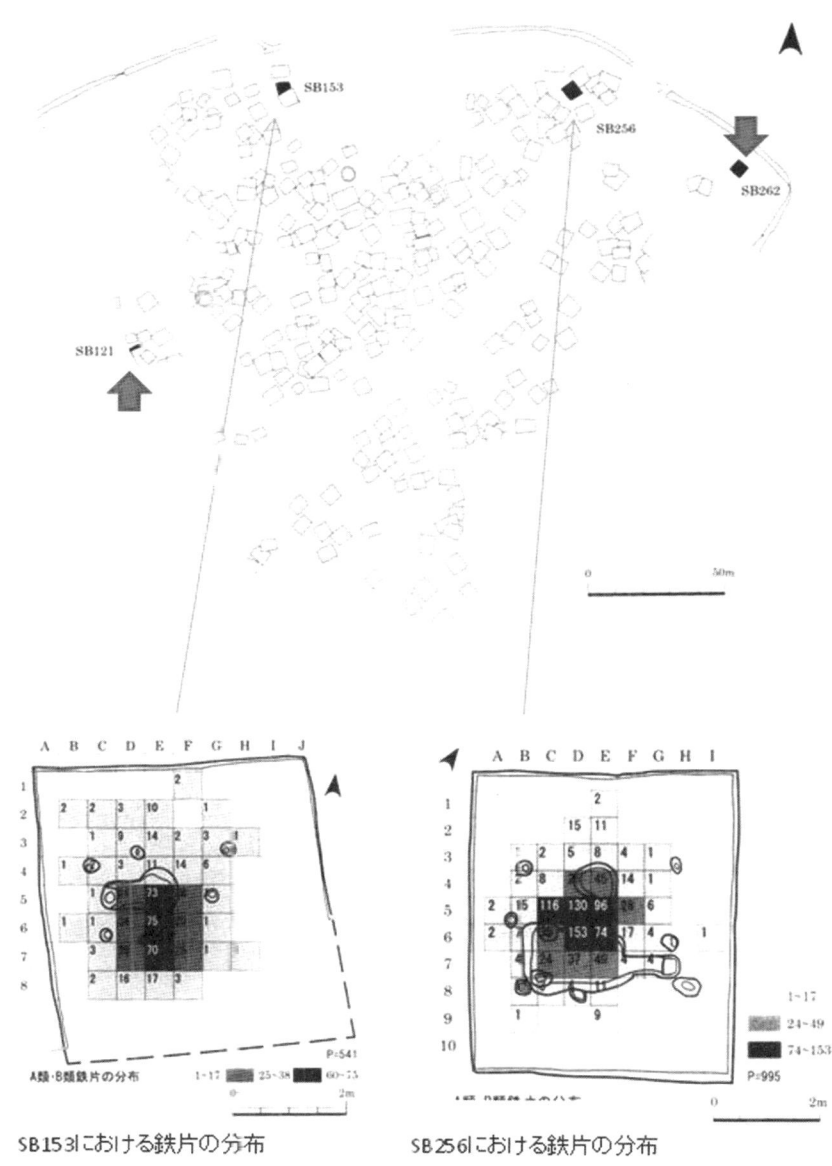

図13 環濠集落における鍛冶工房の例(弥生時代後期:熊本県二子塚遺跡)

국에서 이미 탈탄처리가 되어 표면이 연화되어 있었기 때문일 것이다. 이 점을 처음 지적한 것이 오오사와마사키(大澤正己)로, 북구주시 나카부세(中伏)유적 출토품 분석 결과에 의한 것이다(大澤1992). 이 탈탄처리를 거친 주조철기편은 표면이 연화되어 있지만, 탄소가 없는 순수한 철인만큼, 내열성이 높고 약간의 열로 용융하지 않는다. 아마 철기 주조가 시작되는 7세기말까지 용융에 의한 재이용은 불가능하였다고 생각된다. 한반도 남부 미사리유적을 예를 들면, 늦어도 3·4세기에는 가능하였음을 이미 지적한 바 있고(도12)(村上1997), 철의 리사이클이라는 점에서는 한반도의 기술력에 한참 뒤쳐져 있었음을 알 수 있다.

Ⅲ. 단야 개시와 철기보급 제2기

1. 단야공방과 단야로

마제석기 기술로 철기를 생산하는 단계에서 벗어나는 것이 야요이문화가 중기에서 후기로 이행하는 단계인데, 약 기원전 1세기후반에 해당한다. 단야로를 이용하여 철소재를 가공하고 철기를 생산하는 단계를 맞이하였다(村上1994). 철기보급 제2기의 시작이다. 일반적인 주거지와 동일한 수혈(반지하식) 공방을 만들고 바닥에 단야로를 설치하였다(도5·6). 유적에서는 단야로 주변에 철기 미제품, 철소재파편, 철편, 석제단야구, 목탄편 등이 검출되고(도8·10), 단야재(鍛冶滓)가 출토되는 경우도 있다(도12). 후타고츠카유적(二子塚遺跡, 熊本縣)예처럼 철편 등의 분포를 통해 공인의 작업지점을 알 수 있는 경우도 있다(도13).

단야공방의 심장부인 단야로는 다음의 4류로 분류된다. 1류는 깊은 토광을 파고, 그 안에 점토와 목탄을 쌓아 만들어 최상면을 노 바닥으로 한 것, 2류는 1류보다는 얕은 토광내에 목탄을 깔고 노 바닥을 만든 것, 3류는 약간의 움푹한 곳에 설치한 노, 그리고 4류는 굴착없이 지면을 그대로 노로 만든 것이다. 4개의 유형은 야요이시대 중기말 서일본 각지에서 거의 동시에 출현한다. 1류는 대형이 많주 외부에서는 중국과 한반도에서의 도검에 부여된 가치관이 변용되었을 가능성이 높다.

나아가서 동일본에서는 재지생산철기는 소형판상철부, 소형철촉 등에 한정되고 후기단계도 석기와 그 외 재질의 도구로 보완되는 경우가 많았다고 추정된다. 야요이시대 후기 종말기를 트아도 단야공방의 생산력과 분포밀도, 철기의 질·양·조성, 그리고 철기와 석기의 공존이라는 점에서 지리적 격차가 많았던 것이 사실이다.

Ⅳ. 야요이문화 철의 한계

1. 다양한 철기 획득수단과 특산품생산

야요이시대 철기생산 및 보급은 대체로 서고동저, 남고북저라고 표현할 수 있다. 그러나 그 경향속에서도 각지에서 걸출한 출토수를 자랑하는 유적이 점재한다. 그 중의 하나가 산인(山陰)지방의 아오야카미지치(青谷上寺地)유적이다(水村 2012). 이곳에서는 파편을 포함하여 300점을 넘는 철제품이 출토되었고 박재품도 많다(도18). 그러나 실용이기를 엄밀히 분류해 보면, 중국·한반도로부터의 박재품, 구주에서 생산되었다고 추정되는 철제품, 그리고 재지 생산철제품 3종으로 분류할 수 있고, 재지생산품은 간단한 기술로 제작된 소형품이 탁월하다(도19). 교역으로 양질의 농구, 공구류를 입수하고, 유통망에 관여할 필요가 있는데, 이는 빈번한 어민 활동에 기반한다(도22). 다만, 재지생산의 소형철기에는 일반 취락에서 출토되는 예가 적은 특수한 철기도 다수 포함되어 있다. 예를 들면, 봉상으로 다양한 인부를 가진 철제품과 소형인기(小型刃器)는 그 용도가 목제품 제작, 특히 세부가공에 적합하다고 볼 수 있고, 목기생산에 특화된 철기가 이 유적에서 생산되었을 가능성이 높다(도23·24). 사실 이 아오야카미지치유적에서는 화변고배(花弁高坏)라고 불리는 대형의 목제용기가 생산되었고, 그것이 일본열도 각지에 공

図18 青谷上寺地遺跡出土の舶載鉄器

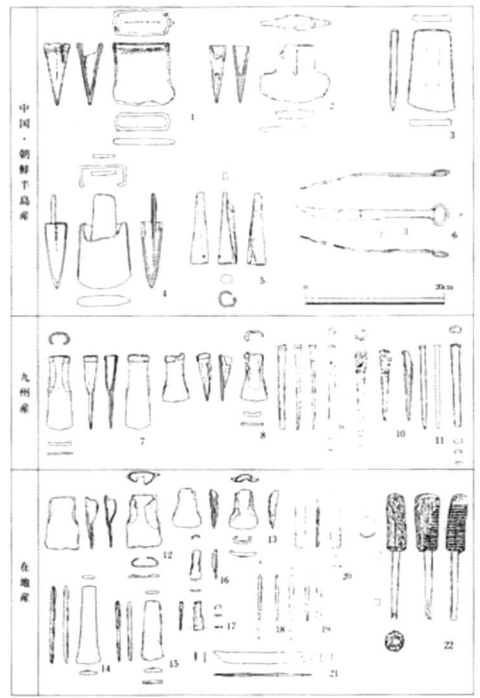

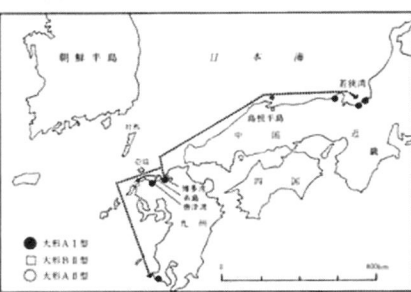

図20 九州型大型石錘の分布

図19 青谷上寺地遺跡出土鉄器の三相
（舶載鉄器・九州産鉄器・在地産鉄器）

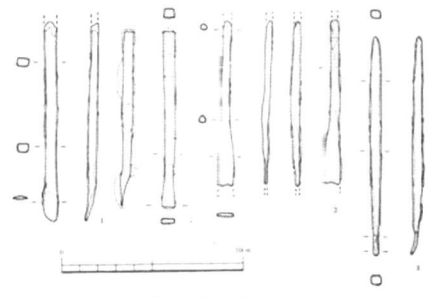

図21 特殊な棒状鉄製品

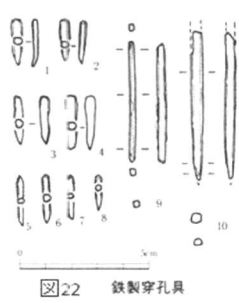

図22 鉄製穿孔具

1~8: 京都・全具岡遺跡 9・10: 鳥取・青谷上寺地遺跡

図23 青谷上寺地遺跡出土の木製容器各種

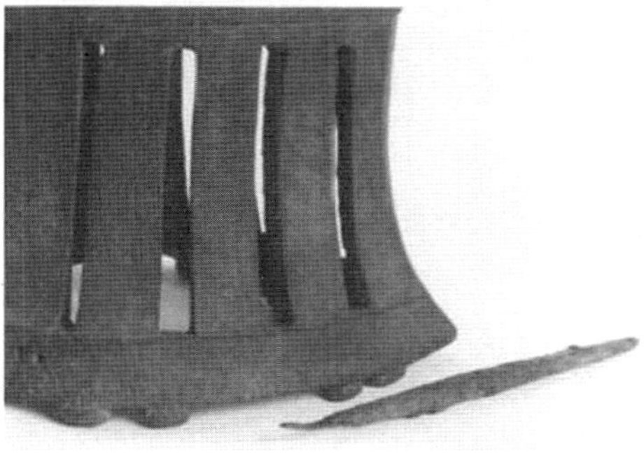

図24 特殊な棒状鉄製品と木製容器の細部加工

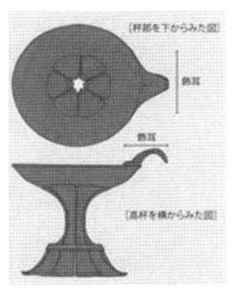

図25 花弁高坏模式図

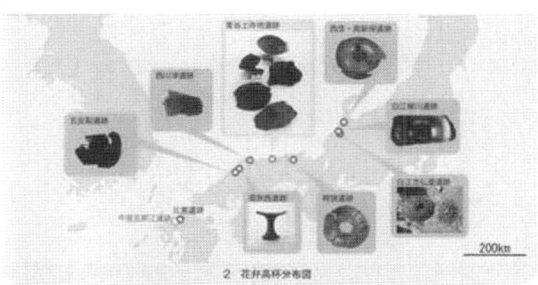

図26 各地で出土する花弁高坏

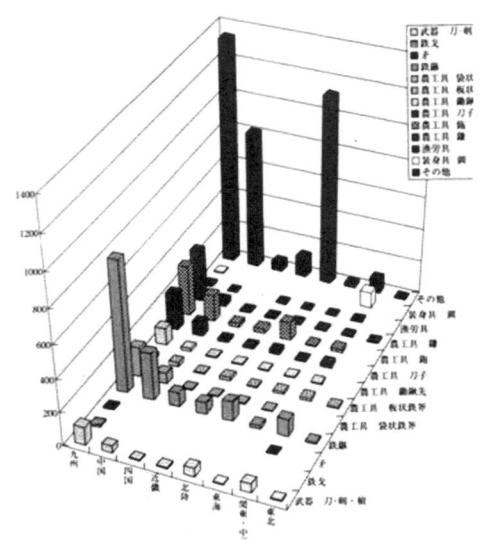

図27　全国の弥生時代後期·終末期機種別鉄器出土数(北條芳隆氏提供)

급되었으며, 이를 생산하기 위해 철이 투입되었다고 짐작된다(도25·26). 이 특수한 철제가공구는 단야 공인의 발상으로 창출된 것이라기보다는 목기생산 공인의 요구를 받아 단야 공인이 제품화한 것이다. 높은 단야기술을 필요로 하지 않고, 다른 수공업 생산에 종족적인 철기생산은 관옥(管玉)생산에서도 엿볼 수 있다(도22). 이러한 철기생산이 다른 수공업생산을 뒷받침하고 생산된 목기와 장식품 등의 특산품이 교역품이 되며, 박재품과 구주산 등의 외래철기 입수를 촉진시키는 순환을 낳았다는 점은 꽤 흥미롭다. 그러나 다른 수공업 생산에 종속적인 철기생산은 한계가 있었음을 인정하지 않을 수 없다(村上2007).

2. 철기생산과 사회 안정

그러면 철기생산·소비를 충분히 달성하고 철기화한 사회를 실현한 지역은 어떠한 한계도 없었을까?(도27).

중부 구주 쿠마모토현(熊本縣) 아소(阿蘇)지역은 야요이시대 후기의 철제품이 국내에서 가장 대량으로 출토되는 지역이고 단야공방의 밀도도 가장 높다(도28).

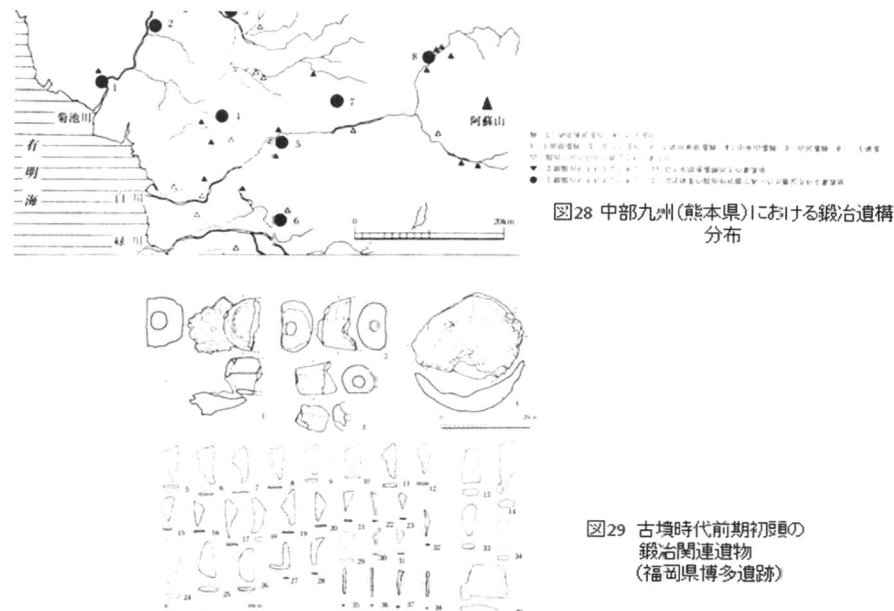

図28 中部九州(熊本県)における鍛冶遺構 分布

図29 古墳時代前期初頭の 鍛冶関連遺物 (福岡県博多遺跡)

단야공방이 있는 취락간에는 철기생산의 분업도 이루어진 것으로 보인다. 그러나 여기에서 생산된 철제품이 외부에 공급되거나 반대급부가 있었다고 보기 어려운데, 철기에 전략 물자적 평가를 부여하기는 어렵다. 오히려 과잉 생산되었다는 표현이 적합할 것이다. 이 지역에서는 후속하는 시기 즉 야요이시대 종말기, 고분시대 전기에 취락수가 격감하고, 철기생산 흔적이 전혀 보이지 않게 된다. 결국 철기의 대량생산과 대량소유가 시대 안정성을 보증하지 않았던 것이다. 철기가 탁월하면 사회가 안정되고 발전한다는 생각을「철주동인론(鐵主動因論)」이라고 표현할 수 있다면, 이 중 구주의 아소지역에서는 철주동인론은 전혀 성립되지 않는다. 이것도 야요이시대 철 한계를 보여주는 것일 것이다(村上2007).

3. 고분시대 전기초두의 철기생산 변혁

3세기에 들어 전방후원분이 출현하고 고분시대라는 새로운 시대를 맞이한다. 서일본의 고분에는 철제품을 대량으로 부장하는 단계이다. 그러나 취락에서 철제품 소비가 격변하는 것은 아니다. 고분시대 전기는 수장층의 위신재로서 철이, 서민층의 소비재로서 철이 무엇보다 중요시되던 시기였다. 단, 철기생산기술은 혁신적인 단계를 맞이하였다. 북부구주의 하카타(博多)유적에서처럼, 야요이시대를 훨씬 능가하는 고온의 단야가 가능하게 되고, 철재(鐵滓)를 대량으로 배출하고, 고철 재생도 가능해졌다(도28). 이 단야기술에 의해 정제도가 낮은 철소재에도 대응할 수 있게 되고, 리사이클이 가능해져 새로운 철기생산기술은 서서히 서일본 각지로 확산된다. 이 단계를 철기보급 제3기의 개시로 표현할 수 있을 것이다.

V. 맺음말 – 동아시아 주변지역의 야요이시대 철기문화

중국에서는 춘추시대에 선철(銑鐵)생산이 개시된 이래, 장강유역과 황하유역 각각이 철기를 보급하는데, 철기 재질과 조성에서 황하계 · 장강계로 파악할 수 있다. 그리고 황하유역, 장강유역에서 원거리에 있던 한민족의 주변지역에서는 다양한 철기 보급양상이 있었음이 알려져 있다(村上2011).

중국 서남지역, 동남지역에서는 완전히 철기보급 배경이 달랐음을 재인식할 수 있다. 전국 진(秦)이 서남이의 하나인 촉(蜀)에 철생산 거점을 둔 것이 이후의 남방에서 철기 보급의 촉매제가 되었다. 동남지역의 남월국(南越國)은 남방교역으로 얻은 사치품을 전한왕조와 교환하는 전략물자로써 철을 획득하였다. 그리고 그 철을 선박제조에 투입하여 남방교역을 더욱 확대하려 하였을지도 모른다. 한편, 장성외부의 동북 제민족은 남방에서 보이는 진왕조 성립전후의 획기적 비약을 이룩하지 못하고, 철기보급은 현저하게 쇠퇴한다. 북방기마민족 · 흉노에 대한 말, 무기, 철 수출금지령(馬弩關 설치)은 한민족사회가 안고 있던 흉노의 무력증강에 대한 공포심을 보여준다(江上1947). 서남지역에 대한 정치적 철생산 보급행위와 대비되는 북방에 대해서는 위험행위라는 인식이 철저하게 있었을 것이다. 이러한 중국 주변지역은 철보급의 성쇠도 한민족사회와의 직접적인 이해관계와 관련되었음을 볼 수 있다.

주변민족의 일원인 야요이인의 초기철기 보급에 대해서도 이러한 시점에서 재차 비교 검토할 필요가 있다.

| 참고문헌 |

江上波夫, 1947,「馬弩關と匈奴の鐵器文化」『ユウラシア古代北方文化』, 山川出版社.

大澤正己, 1992,「中伏遺跡二條突帶斧の金屬學的調査」,『中伏遺跡Ⅰ(北九州市埋藏文化財 調査報告書120)』, (財)北九州市教育文化事業団埋藏文化財調査室.

川越哲志, 1993,『弥生時代の鐵器文化』, 雄山閣.

野島 永, 1992,「破碎した鑄造鐵斧」『たたら研究』32·33, たたら研究會.

水村直人編, 2012,『海を渡った鏡と鐵～靑谷上寺地遺跡の交流をさぐる～』, 鳥取縣埋藏文化 財センター.

村上恭通, 1992,「吉野ケ里遺跡における弥生時代の鐵製品」『吉野ケ里(佐賀縣文化財調査報告書113)』, 佐賀縣教育委員會.

村上恭通, 1994,「弥生時代における鍛冶遺構の研究」『考古學研究』41 - 3.

村上恭通, 1997,「原三國·三國時代における鐵技術の研究 - 日韓技術比較の前提として -」『靑丘學術 論叢』11, 日韓學術振興財団.

村上恭通, 1998,『倭人と鐵の考古學』, 靑木書店.

村上恭通, 2000,「鐵器生産·流通と社會變革 - 古墳時代の開始をめぐる諸前提 -」『古墳時 代像を見なおす - 成立過程と社會變革 -』, 靑木諸点.

村上恭通, 2007,『古代國家成立過程と鐵器生産』, 靑木書店.

村上恭通, 2010,「北東アジアの初期鐵器文化」『北東アジアの歴史と文化』, 北海道大學出版會.

村上恭通, 2011,「東アジア周辺域の鐵器文化」『弥生時代の考古學 4 古墳時代への胎動』, 同成社.

Characteristics of Japanese Early Iron-age Culture
- Metalic Culture without Metallurgy during Yayoi Period -

Murakami Yasuyuki

Professor, Ehime University

In the Japanese Islands located in the east edge of the Eurasian Continent, use of iron implements started in the transition from the former stage to the middle stage of the Yayoi period (3rd centuries BC). These iron implements diffused on the western part of Japan centering on Kyushu were small tools which were made from the fragments of imprted casted iron implements from China or the Korean Peninsula. They were reproduced by polish.

The iron plements of this first phase were not produced using what is called blacksmith furnaces, and were produced by the same polish technique as the manufacturing of stone tools. However, this small ironware had deviation in distribution, and were only a complementary existence of the polished stone tools.

The iron implements produced by a blacksmith started in the end of the middle stage of the Yayoi period (1st century BC). After the blacksmiths emerged at that time, they were densely distributed in northern Kyushu. In another places in western part of Japan, they were thinly distributed. However, there were regional gaps also in the productional capacity of such factories and the areas which can produce large-sized iron implements and iron farm implements were limited.

In the eastern part of Japan, the varieties of iron implements produced in the local areas are limited and small iron implements increases in number. It is remarkable that also polished stone tools lived together with small amount of iron tools. The regional gaps were accepted in many respects, such as composition of sone tools and iron tools, iron implements composition and technique of iron tool making.

In the Sea of Japan coastal area, an eastern part Setouchi area and a Pacific coast area are dotted with settlement sites which have a lot of iron implements often intensively in such an overall tendency. For example, Aoyakamijichi site located in San'in region, yield a lot of iron implements. They are classified into three claster, imported, made in Kyushu and local production.

Although native iron tools were poor made, they were regarded as having been used as a processing implement of elaborate wooden goods which is a specialty of the area and supported trade of the area. However, the blacksmith section itself subordinate to wooden-goods production had a limit in the development.

On the other hand, such a limit is observed also in the northen Kyushu where iron tools were produced and consumed in large quantities. Although the Aso area in Kumamoto Prefecture is an area where iron implements and factories of blacksmith are the most densely distributed in Japan.

However, the number of iron implements and factories ob blacksmith decreased afer this stage and finaly even settlement sites disappeared. The economic advantage of producing iron implements in large quantities and possession of them guaranteed neither wealth nor prosperity in this area..

Thus, in the range of the Yayoi period, the regional gaps of iron implements and thire making are still large. It is noticed that production and possession of iron implements did not guarantee the development and prosperity of the society.

[Keywords] early iron-age, Yayoi period, metallurgy, Kyushu, Kumamoto prefecture

日本における初期鉄器文化の特質
- 弥生時代の冶金なき金属文化 -

村上恭通

愛媛大學 教授

　ユーラシア大陸の東縁に位置する日本列島では,弥生時代の前期から中期への移行期(紀元前3世紀)に鐵器の使用がはじまる.九州を中心とする西日本に擴散したこの鐵器は,そのほとんどが中國あるいは朝鮮半島から舶載された鑄造鐵器破片を素材とし,研磨により再生された小型鐵器である.この第1段階の鐵器は,いわゆる鍛冶爐を用いて生産されたものではなく,石器生産技術と同じ研磨によって生産されたのであった.ただし,この小型鐵器は分布に偏りがあり,磨製石器の補完的な存在に過ぎなかった.

　鍛冶による鐵器生産は,弥生時代中期末(紀元前1世紀)にはじまった.それ以降の鍛冶工房は,九州北半部では密度濃く分布し,西日本各地に点在する.ただし,そういった工房の生産能力にも地域格差があり,大型鐵製品や鐵製農具を生産できる地域は限定されていた.日本列島を東進するほど,在地生産可能な器種は限定され,小型鐵器が多くなり,共存する磨製石器類も多かったとみられる.利器組成,鐵器組成,鐵器生産技術など,多くの点で地域格差が認められた.

　そのような全体的な傾向のなか,しばしば集中的に大量の鐵製品を有する遺跡が,日本海沿岸地域,東部瀬戸内地域,そして太平洋沿岸地域に点在する.日本海沿岸の山陰地方では,青谷上寺地遺跡のように大量の鐵製品を出土する遺跡があり,ここでは舶載鐵器,九州産鐵器,在來鐵器に分類できる.在來鐵器は稚拙な作りであるが,地域の特産品である,精巧な木製品の加工具として使用されたとみられ,地域の交易を支えた.ただし,木製品生産に從屬した鐵器

生産部門そのものは, その發展に限界があった.

　一方, このような限界は, 鐵器を大量に生産し, 消費した九州北半地域でも觀察される. 熊本縣の阿蘇地域は, 日本でも鐵製品と鍛冶工房が最も密集する地域であるが, 弥生時代終末期になって, まったく鐵器生産の痕跡が見られなくなり, 集落そのものも著しく衰退する. 鐵器を大量に生産し, 所有するという経済的優位性が, 次代の富や繁榮を保証しなかった例である. このように弥生時代の範疇では, 鐵器や鐵器生産は地域格差も大きく, 次代の發展や繁榮の原資にはいたらなかったことを示している.